数字经济发展与安全

SHUZI JINGJI FAZHAN
YU ANQUAN

主编 秦荣生 赖家材

人民出版社

责任编辑：杨瑞勇

封面设计：徐　晖

责任校对：吕　飞

图书在版编目（CIP）数据

数字经济发展与安全 / 秦荣生，赖家材 主编 . — 北京：人民出版社，2021.7

ISBN 978 - 7 - 01 - 023463 - 2

I.①数… II.①秦… ②赖… III.①信息经济－经济发展－安全－研

究 IV.① F492

中国版本图书馆 CIP 数据核字（2021）第 102515 号

数字经济发展与安全
SHUZI JINGJI FAZHAN YU ANQUAN

主编　秦荣生　赖家材

人民出版社 出版发行

（100706　北京市东城区隆福寺街 99 号）

北京汇林印务有限公司印刷　新华书店经销

2021 年 7 月第 1 版　2021 年 7 月北京第 1 次印刷

开本：710 毫米 × 1000 毫米 1/16　印张：29.75

字数：469 千字

ISBN 978 - 7 - 01 - 023463 - 2　定价：88.00 元

邮购地址 100706　北京市东城区隆福寺街 99 号

人民东方图书销售中心　电话（010）65250042　65289539

目　录

序　言

目前，数字化浪潮汹涌澎湃，"互联网＋流量驱动""大数据＋数据驱动""人工智能＋算法驱动""区块链＋可信驱动""5G＋效率驱动"等数字技术快速发展。数字技术的迅猛发展，催生了数字经济的发展。"无数字，不经济"，数字技术与经济的融合发展已成行业共识。数字经济在世界范围内快速滋生蔓延，成为全球经济发展的新引擎。

2020 年 11 月 20 日，习近平主席在出席亚太经合组织第二十七次领导人非正式会议发表重要讲话时指出，数字经济是全球未来的发展方向。

《中华人民共和国国民经济和社会发展第十四个五年规划和 2035 年远景目标纲要》指出，迎接数字时代，激活数据要素潜能，推进网络强国建设，加快建设数字经济、数字社会、数字政府，以数字化转型整体驱动生产方式、生活方式和治理方式变革。擘画新篇章，为我国数字经济发展描绘了美好蓝图。

数字时代将是农业时代、工业时代、信息时代之后的第四次浪潮。数字经济成为继农业经济、工业经济之后新的经济形态，正深刻改变着人类生产生活方式。历史证明，每一次科技革命都使经济与科技融合程度不断加深，助推经济培育新优势、发挥新作用、实现新跨越。

全球步入数字时代，数据成为全球经济最活跃要素，成为主要经济体竞争的前沿阵地。世界正加速从"网联"向"物联""数联""智联"不断跃迁，数字化转型为经济发展带来翻天覆地的变化，带来无限机会，为深入贯彻新发展理念，加快构建新发展格局，推动高质量发展提供了不竭动力，插上了强有力的翅膀。

作为一本数字经济的教科书，为使读者对数字经济有一个全面、深入、系

1

统的理解，本书清晰地介绍数字经济概论、全球数字经济发展概况、数字经济发展与安全、数字化转型与安全管控、数字基础设施建设与安全、数据资源管理与安全、数字产业化发展与安全、产业数字化发展与安全、数字经济面临的挑战、趋势与应对。

统筹发展与安全是本书主基调，把控了数字经济的发展与安全，如同打通数字经济的"任督二脉"能助推数字经济健康发展，为高质量发展保驾护航。

数字经济概论这一章，论述了什么是数字经济、数字经济特点包括数据的关键性、经济增长的驱动性、需求与供给的模糊性、经济活动的普惠性，从发展数字经济是大势所趋、推动我国高质量发展的重要途径、增强我国经济发展韧性的客观要求等方面论述为什么发展数字经济；数字经济运行机理与技术范式，认为"计算力＋数据"是人类历史上空前的产业动力，数字经济能够降低经济运行成本、提升经济运行效率、创新经济组织方式、加速实际经济形态重构，"技术—经济范式"由关键生产要素、市场需求和发展保障构成；数字经济与数字技术关系，数字经济技术特质包括数字化、网络化、智能化，常见的数字技术，数字化生产方式、数字化商业模式、数字化管理范式、数字化产品形式等方面的数字技术应用。

全球数字经济发展概况这一章，论述全球数字经济发展概况，世界各国的数字经济政策共性趋势，美国、欧盟、英国、日本数字经济发展概况；我国数字经济发展政策布局、发展特点、发展亮点、存在的问题与不足；生产方式和世界经济格局在技术革命下的变迁，数字经济时代生产方式的趋势性变化，数字经济对世界经济格局的影响。

数字经济发展与安全这一章，论述了数字化已成为经济供给侧结构性改革的重要抓手，成为推动经济高质量发展的重要引擎，将持续推进经济社会高质量发展；数字经济发展核心内容即数字产业化和产业数字化，数字化治理是数字经济发展保障，数据价值化是数字经济发展基础，数字经济发展方向是筑基础、搭平台、促转型、建生态、兴业态，发展数字经济，实现社会生产的数字化变革，要从企业、行业、产业、生态四个层面出发，形成"点、线、面、体"一体化的发展格局；从数字生产关系、数字交换关系、数字分配关系与数字消费关系来分析我国数字经济发展的现实路径，数字经济发展瓶颈与对策，数字经济发展需处理关系即数字经济与实体经济、数字产业化与产业数字化、消费互联网与产业互联网、数字经济发展中监管与创新；如何进行数字经济发展评价。

数字化转型是企业实现战略的关键路径。数字化转型旨在价值创新，用新一代信息技术驱动业务变革，构建数据的采集、传输、存储、处理和反馈的闭环，打通数据壁垒，构建全新数字经济体系。数字化转型，以行制胜；数字化转型，行稳致远。数字化转型与安全管控这一章论述数字化转型目的、面临问题与风险、发展趋势；数字化转型机制、发展阶段与路径，数字化转型的价值包括数字化转型改进产业组织效率、数字化转型促进产业融合、数字化转型引发产业组织竞争模式变革、数字化转型推动产业结构升级，数字化转型能力和转型程度评价；数字化转型方法轮——SOCIAL，数字化转型常见误区及其防范；如何做好数字化转型中的安全管控工作。

在数字经济时代，生产要素是"上网"，在互联网、物联网等"网"上流动，"云—网—端"（云计算、网络、软硬件终端）成为全新基础设施。数字基础设施建设与安全这一章，介绍数字基础设施建设基础；论述传统基础设施数字化改造，包括传统基础设施数字化改造动因、传统基础设施数字化改造范围、传统基础设施数字化改造路径、传统基础设施数字化改造原则；新型数字化基础设施建设，包括"点线面体"成为数字基础设施建设新路径、"数字监管"引领数字基础设施建设新航向、"虚拟设计"奠定数字基础设施建设新基石、"智能建造"助力数字基础设施建设新范式、"数字孪生"推动基础设施运维进入新时代、"超前布局"引领数字基础设施建设新领域；如何做好数字基础设施建设的安全管控。

数据已成主要生产要素，虽然数据还没有被列入企业的资产负债表，但这只是一个时间问题。数据资源管理与安全这一章，论述数据相关概念、数据是基础性资源和战略性资源、数据资源特点、数据成为核心生产要素、数据要素的作用模式；如何收集、利用与确权数据，以及对数据资产进行定价与交易；介绍数据生产关系与数据要素市场；如何做好数据资源的安全与保护。

"数字中国"建设作为国家重大战略，加快了数字化发展，开启了我国数字产业化发展的新征程。数字产业化发展与安全这一章，论述数字产业化含义、意义、分类、发展路径、数字产业高质量发展建议。数字产业化可分为电信基础、电子信息制造、信息技术服务、互联网及服务共四个大类，本章分节分别论述这四大行业的发展与安全问题。

产业数字化，利用数字技术全方位、全角度、全链条的改造传统产业，提高全要素生产率，释放数字对经济发展的放大、叠加、倍增作用。产业数字化发展与安全这一章，论述产业数字化内涵、意义、特点、应用领域、发展的支撑条件。本章分节论述大健康产业、大教育产业、大能源行业、大制造产业、大金融行业的发展与安全问题。

数字经济正逐渐成为全球经济增长的新动能，面临一系列挑战。数字经济面临的挑战、趋势与应对这一章，论述数字经济面临的挑战，包括数字经济发展支撑不足、数字经济发展不均衡矛盾较为突出、数字安全风险与日俱增；数字经济发展趋势，包括数字化消费的新模式层出不穷、数字化产业能力不断增强、数字技术和基础设施建设进入新一轮布局、数字经济国际秩序将进入大变局时代；如何应对数字经济发展面临的挑战，顺应数字经济发展的趋势，包括主动有为提升数字技能、强化数字经济国际话语权、夯实数字经济发展基础、加强数字经济安全保障。

在云计算、大数据、人工智能、物联网、5G 和区块链等技术日益发展、万物皆数的今天，中华文明正以更多的、前所未有的数字表达、承继与发展……当面对新事物、新科技时，我们不妨将自己以往学到的知识和经验"归零"，排除杂念，全身心地接受、了解、学习、掌握数字技术和数字经济，紧跟时代步伐，持续充电、勤于思考、勇于实践。希望本书可以帮助奋斗在各行各业优秀人才尤其是广大党政干部了解数字经济的发展机遇，并且为用好数字技术的同时，做好数字经济发展与安全提供一些解决思路，为实现国家加快发展数字经济，乃至社会进步贡献一份力量。

百舸争流，奋楫者先；千帆竞发，勇进者胜。我们将见证一场伟大的数字革命，坚持新发展理念，在危机中育新机、于变局中开新局，加速发展数字经济，不断深化供给侧结构性改革，推动经济转型升级，奋力谱写新时代经济社会高质量发展的新篇章。

　　因为相信，所以看见。"看"数字化转型"未来蓝图"，"悟透"数字化转型的"战略路径"，将"云共千帆舞，遍地英雄花"。

　　数字经济，未来可期！

编者

2021 年 4 月 18 日

第一章 数字经济概论

习近平主席 2020 年 11 月 20 日在北京以视频方式出席亚太经合组织第二十七次领导人非正式会议并发表重要讲话时指出，数字经济是全球未来的发展方向，创新是亚太经济腾飞的翅膀。

联合国第九任秘书长安东尼奥·古特雷斯在联合国发布的《2019 年数字经济报告》的序言中指出，数字革命以前所未有的速度和规模改变了我们的生活和社会，带来巨大的机遇和严峻的挑战。

数字科技正在以波澜壮阔的迅猛态势席卷经济生态。数字时代将是农业时代、工业时代、信息时代之后的第四次浪潮。数字经济成为继农业经济、工业经济之后新的经济形态，正深刻改变着人类生产生活方式。历史证明，每一次工业革命都使经济与科技融合程度不断加深，助推经济培育新优势、发挥新作用、实现新跨越。

第一节 数字经济概念、特点与意义

数字经济正在席卷全球，在世界范围内快速滋长蔓延，成为全球经济发展的新引擎。人类经历了马力时代、电力时代，已进入算力时代，算法、算力和算料（数据）成为数字经济时代最基本生产基石，算料（数据）是新的生产资料，算力是新的生产力。

我们所处年代，在过去的"离线的世界"外又催生了一个"在线的世界"，数字世界与物理世界将共存、融合。我们生活方式产生巨大改变，传统组织形态也将被重构，传统中心化组织结构渐渐落伍，开始向分布式、扁平化方向发展。

一、数字经济概念

数字经济概念可往前追溯。1996 年，"数字经济之父"美国学者泰普斯科特（Don Tapscott）出版《数字经济：网络智能时代的前景与风险》（*The Digital Economy: Promise and Peril in the Age of Networked Intelligence*），但泰普斯科特并未明确定义"数字经济"，用它泛指互联网技术之后所出现的各种新型经济关系。泰普斯科特所提出的"数字经济"与当前的数字经济存在明显不同。从 1998 年到 2000 年，美国商务部连续发布《浮现中的数字经济》《浮现中的数字经济Ⅱ》《数字经济 2000》等报告，推动了数字经济概念的普及。《浮现中的数字经济》第一次明确指出了数字革命已成各国战略讨论的核心与焦点，将成为驱动新时代发展的强力引擎。

2016 年二十国集团（G20）杭州峰会提出全球数字经济发展理念。随着信息技术的高速发展，"数字经济"这一概念的内涵和外延在不断的演变中。各国政府和学界基于不同视角提出的概念也在不断刷新社会公众的认知，可谓仁者见仁，智者见智。

（一）社会特征

我们身处一个什么样社会？我们所处社会具有哪些特征呢？在讲解数字经济之前，我们先得对我们所有社会有一个了解。当前数字技术在社会上的纵向应用主要包括五个方面，即生产方式数字化、生活方式数字化、工作方式数字化、社会治理数字化以及基础设施数字化。同时，数字经济的线上化、智能化和云化平台应用范围不断扩大，支撑起经济社会的全面发展。随着数字技术的发展，数字技术与人类生存发展深度融合、休戚相关，对社会生活场景全方位渗透。

（二）数字经济概念的演变

马克思曾指出，各种经济时代的区别，不在于生产什么，而在于怎样生产，用什么劳动资料生产。手推磨产生的是封建主为首的社会，蒸汽磨产生的是工业资本家为首的社会。目前的时代或可描述一句：信息技术产生的是以科技引领的全民共享社会。继农业经济、工业经济之后的数字经济必然发展为更高级、更便捷也更为公平普惠的经济阶段。

经济形态		新的通用目的技术	新的基础设施		新的生产要素	新的生产方式	新的发展速度	新的全球化	新的公民素养	新的衡量标准
			类型	运输对象						
农业经济					土地劳动		缓慢			人口
工业经济	第一次工业革命	蒸汽机	交通运输普通运输电网	物质能量	资本	单件小批生产	线性增长	货物资本人	读写算	人口
	第二次工业革命	电力内燃机			企业家才能	大规模生产				GDP
数字经济		数字技术	信息网络系统	信息	数据	大规模定制			数字素养	

资料来源：腾讯研究院，2018 年 6 月。

　　数字经济是新一代信息技术与实体经济深度融合而产生的新型经济形态。数字经济的概念从早期现象式的描述，到逐渐接近本质性的描述这一演变过程中出现过许多经典定义。早期常见的现象式描述，着重描绘信息技术发展给经济活动带来的一些新变化；此后出现特征概括式描述，着重强调数据经济与传统经济在生产要素、载体、推动力等方面的不同。不难看出，数字经济的定义在过去乃至未来都不是一成不变的，随着数字技术的发展，对数字经济概念的定义也将不断变化发展。

　　《二十国集团数字经济发展与合作倡议》定义数字经济：以使用数字化的知识和信息作为关键生产要素、以现代信息网络作为重要载体、以信息通信技术的有效使用作为效率提升和经济结构优化的重要推动力的一系列经济活动。

　　数字经济是以数据资源为重要生产要素，以信息网络为主要载体，通过信息通信技术与其他领域紧密融合，实现全要素数字化转型的新经济形态。数字经济中的数据生产要素在 5G、云计算等新一代信息技术的驱动下，加速推动数字产业化和产业数字化发展，以及相关经济治理体系的形成，促进科技与经济的进一步融合。

数字经济范围广泛，不单指技术本身，更重要的是包含基于技术而衍生的各种各样经济活动。人类通过识别、选择、过滤、存储、应用大数据包括数字化的知识与信息，快速实现资源的优化配置。以 5IABCDE（5G、IoT——物联网、AI——人工智能、Blockchain——区块链、Cloud Computing——云计算、Big Data——大数据、Edge Computing——边缘计算）等为代表的新一代信息技术应用于信息的采集、存储、分析和共享过程中，改变了社会互动方式。数字化、网络化、智能化的信息通信技术使现代经济活动更加灵活、敏捷、智慧。

（三）数字经济的内涵

从数字经济经典概念可以看出，数字经济并非数字的经济，而是信息技术着力于实体经济、与实体经济深度融合的新型经济模式，是以数字技术进行生产的经济方式。数字经济，不是数字的经济，是融合的经济，落脚点是实体经济，总要求是经济高质量发展。

1. 数字经济的数字内涵

如果从字面来剖析"数字经济"的内涵，会发现其中的"数字"至少包括两方面含义。（1）数字技术，目前包括以 5IABCDE（5G、IoT——物联网、AI——人工智能、Blockchain——区块链、Cloud Computing——云计算、Big Data——大数据、Edge Computing——边缘计算）等为代表的新一代信息技术应用，这些技术推动传统产业转型升级，从传统实体经济向新实体经济转型，优化产业结构。（2）数据，在数字技术应用过程中产生的数据已经催生出一种新的生产要素，甚至演变为新消费品。一方面作为新生产要素，提高资本、劳动等其他生产要素的使用效率和质量，改变整个生产函数，另一方面作为新消费品催生出新的生产方式。

2. 数字经济的经济学内涵

数字经济具有丰富内涵。（1）数字经济在生产力层面通过不断进行技术创新，使生产成本迅速降低，并通过规模经济效应扩大影响范围，解放社会生产力。（2）在生产方式层面，数字经济通过收集、整合、分析挖掘与使用大规模数据，以生态系统（平台）为主要竞争优势，改变既有的商业模式，对整个经济发展模式产生根本性的变革。（3）在生产关系层面，数字经济使各类经济关系发生重构，促进企业管理组织结构的变革。裴长洪等在《数字经济的政治经济学分析》中提到"数字经济强调的是数据信息及其传送是一种决定生产率的技术手段，是先进生产力的代表"。学者专家阐述数字经济的角度有不同侧重，但数据信息已经成为一种重要的新型生产要素，依托收集融合、保存传送、分析挖掘方式的不同，改变甚至重构着传统行业的生产方式，也不断创造出全新的商业模式。

3.数字经济的技术性内涵

数字经济本身有三个层次。（1）研发数字技术的数字部门是整个数字经济的核心层，奠定了数字经济的基础。（2）数字技术应用产生的各类互联网平台、数字化服务以及数字基础设施是中间层，是整个数字经济的应用基础。（3）数字技术通过互联网平台和数字化服务不断改造传统行业，形成数字经济的最外层，智能制造、智慧城市等各类新型产业的出现使数字经济的辐射范围不断扩大。在可预见的未来，如果将数字经济衍生出的庞大价值可视化的话，这将是一棵神奇的成长之树，作为技术基础的数字技术将是这棵巨树的根，深埋大地、供给养分，树干、枝茎将托举、孕育无数的果实，为人类社会营造更美好的未来。

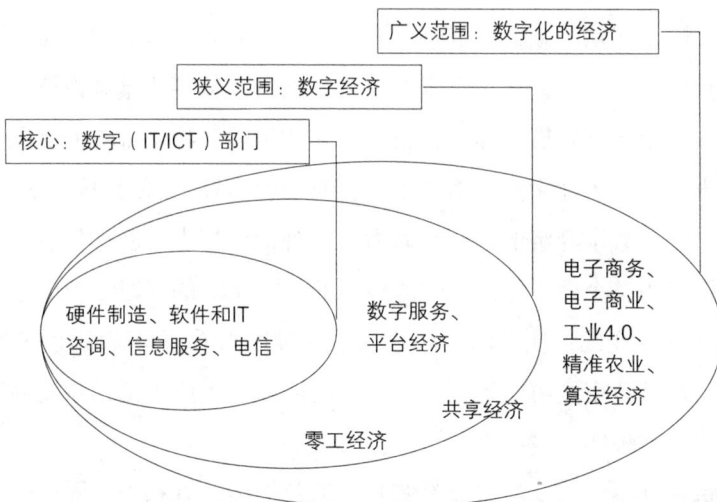

资料来源：Bukht，R.，and Heeks, R., 2017, Defining, Conceptualising and Measuring the Digital Economy, Development Informatics Working Paper, 68。

4.数字经济发展视角内涵

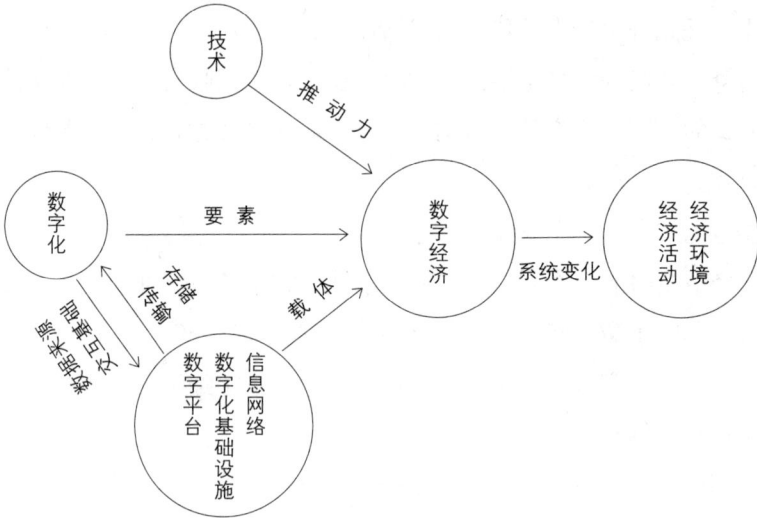

可从要素、载体、技术、系统四个维度认识和理解数字经济的内涵。

（1）从要素维度来看，数据作为数字技术的产出品，由于其数量的庞大，已经产生了从量到质的演变，成为继土地、资本、人力、技术之后核心生产要素，不但反过来成功驱动数字经济的发展，更对有限供给的传统生产要素的数字化产生重要影响。（2）从载体维度来看，网络、数字化基础设施、数字平台作为现阶段数字经济发展载体。在数据存储和传输、物理世界的互联互通和资源交互等方面为技术使用和创新提供了暂时的生态环境。（3）从技术维度来看，技术维度永远是数字经济的核心驱动力，各种信息技术不断迭代从实验室走向大规模应用，为整个数字经济提供源源不断"能量"的同时，更颠覆、引领着经济从量变到质变的一次飞跃。（4）从系统维度来看，系统维度是全新视角，人类世界已经被数字经济引领到一个全新的局面，生产生活的系统性变化是每个人不可回避的现实。

以上每一种不同角度的研究都有其价值及作用，有利于不同社会角色、不同行业的公众拓宽视野和认知维度。同历史上曾经出现的任何一种新生事物一样，数字经济在被不断探索中持续助力社会进步。人类通过直接或间接利用数字化的知识与信息从事生产生活，进而推动生产力发展。如果笼统地将一切直接或间接基于数字技术的经济活动都定义在数字经济范畴内，刻意模糊界限，或许可以囊括现在以及未来涌现出来的新技术对概念的不断刷新。

二、数字经济特点

数字经济呈现出高成长性、广覆盖性、强渗透性、跨界融合、开放共享等与生俱来的特性，更易形成规模经济和范围经济，实现全域性经济增长。数字经济不是数字的经济，而是融合的经济。工业经济对于农业的要求就是农产品、劳动力和土地，而数字经济不仅需要这些东西，更需要工业的基础、技术、知识和经验。数字经济是一种技术经济范式，数字技术具有基础性、广泛性、外溢性、互补性特征，将带来经济社会新一轮阶跃式发展和变迁，推动经济效率大幅提升。数字经济技术范式具有三大特征：数字化的知识和信息是最重要的经济要素，数字技术有非常强烈的网络化特征，数字技术重塑了经济与社会。

数字经济特征

（一）数据的关键性

数据的关键性是指数据成为数字经济中关键的生产要素。数字经济可以看作是农业经济时代、工业经济时代对等的经济发展阶段。正如劳动力和土地在农业经济时代、资本和技术在工业经济时代的地位，数据在数字经济时代已经成为关键的生产要素。在农业时代，人们为劳动力和疆土而战；在工业经济时代，人们为了争夺资金和技术开启了金融战、构筑了技术壁垒，在数字经济时代，数据也将成为企业间、地区间甚至国家间相互争夺的核心资产。

各经济时代主要生产要素

1. 数据是经济活动必需的基础生产要素

现代人都患了"手机综合征"，可以想象离开手机的一天吗？而手机承载的正是与生活、工作、商业活动息息相关的各类数据。目前商业经济中的物流、钱流、信息流无一不需要数据提供支撑。购物平台为你提供商业信息，数字货币帮助你完成支付，物流轨迹让你时刻可以掌握货物运送的状态……数据已经渗透到整个经济社会的各个方面。

2. 数据是支持经济活动持续发展的关键生产要素

数据像是有生命的个体，活跃又严谨，既平易近人，又成长迅速。它突破了传统束缚，可以永不停歇，无限供给。基于如此天赋异禀的特性，数据已经悄然改变了原有的商业模式，替代了传统的要素，逐渐成为经济活动的战略资源。随着 AI 等新技术广泛应用，挖掘数据的深度、广度和速度不断被提升，全新的商业平台及商业系统不断建立并完善，崭新的发展路径已在眼前。

（二）经济增长的驱动性

数字经济逐渐成为经济增长的新动能和重要引擎，数字经济产业就像"学习委员"，在自身不断迭代进步的同时，帮助其他产业提升改造，从而逐渐成为经济的"主心骨"，成为经济增长的新动能和重要引擎。

1. "无中生有"，自身高速发展

高科技含量的数字产品与服务经过推广，将创造新的市场需求，随着需求不断扩大，会吸引大量的生产企业和配套企业付出智慧与劳动，创造出新一代的产品与服务，如此反复循环，不断迭代，源源不断创造着财富和价值，随着从业企业规模、数量不断扩大，演变出经济发展的新模式与新业态，实现"无中生有"。

2. "有中出新"，协同提升效率

"学习委员"也将自己的产出转化成其他产业的生产要素，应用数字技术不断改变传统产业的模式与体系，帮助其提质增效，有效提升传统产业的生产效率，提高产品及相关配套服务的质量。

（三）需求与供给的模糊性

数字经济使需求与供给不再有明显界限。美国经济学家萨缪尔森曾说过，学习经济学只需要掌握两件事：一个是供给，另一个是需求，供给和需求原理也是传统经济学必须要研究的基础。随着数字经济时代的到来，需求方和供给方边界越来越模糊。人既是数据的创造者，与此同时也是数据的使用主体。只要人产生活动，数据就会被无穷无尽地生产出来。可以说在数字时代，供给侧和需求侧逐渐走向融合。

（四）经济活动的普惠性

经济活动的普惠性是指数字经济具有"普惠性"，每个人都可以享受到数字经济所带来的好处，数字经济惠及每个人生活的各个方面。（1）就普惠贸易而言，全球化使贸易实现自由化，各方贸易资源都可以参与其中，山区的农民可以将家乡土产卖给"老外"，城市的白领也可以海淘国外的各类商品。随着资源量的不断扩大，秩序不断迭代优化，贸易体系将更加完善，贸易流程更加便利，贸易信息更加透明、对称，参与的各方都可以从中得利。（2）就普惠金融而言，互联网大数据可以根据用户的个人信用和风险承受能力，"量身定做"相匹配的金融产品，金融机构的"门槛"逐渐降低，让更多人可以作为其用户，享受到适合的金融服务。（3）就普惠科技而言，云计算让传统的"拼桌"得以广泛实现，人们无须以独立个体购买软、硬件产品或设备，取而代之的是以更低的成本"共享"数字化资源。

经济活动的"普惠性"

三、数字经济意义

联合国发布的《2019 年数字经济报告》指出，数字经济扩张创造许多新经济机会，数字数据可用于发展目的，也可用于解决社会问题，包括与可持续发展目标相关的问题。可帮助改善经济和社会成果，成为创新和生产力增长的动力。从商业角度来看，通过数字化实现所有部门和市场转型，促进以更低成本生产更高质量商品和服务。数字化正在以不同方式改造价值链，并为增值和更广泛结构变革开辟新渠道。

管理大师彼得·德鲁克说过一句话，"所有创新都是因为成本降低了 30%以上"。奥地利经济学家约瑟夫·熊彼特认为，技术进步驱动了"创造性破坏的风暴"。

数字经济带来很多变化，带来的最重要的一个变化是什么？那是对社会组织的变化，对企业组织的变化，并且由此带来整个社会效率的变化。当前数字中国逐步走向高质量发展，改变政府的服务管理方式，提升国家治理能力；改变产业的生产经营方式，促进产业转型升级；改变人与人、人与物、物与物之间的交互体验方式，使得人民生活更加美好。

数字经济是推动经济发展质量变革、效率变革、动力变革的关键，数字经济是我国经济转型升级和高质量发展的必由之路。数字经济重塑产业新体系，激活发展新动能，实现高质量发展。方兴未艾的数字经济由于其高技术、高渗透、高融合、高增长等特性日益成为推动世界经济复苏、繁荣的重要动力。

（一）发展数字经济是新一轮科技革命和产业变革的大势所趋

当前，数字技术创新和迭代速度明显加快，成为集聚创新要素最多、应用前景最广、辐射带动作用最强的技术创新领域。数字技术同制造、能源、材料等技术加速交叉融合，智能制造、分布式能源、生物芯片等领域的渗透创新蓬勃发展，正在引发多领域系统性、革命性、群体性技术突破，孕育工业互联网、能源互联网等新产品新模式新业态新产业。近年来，世界各主要经济体纷纷出台中长期数字化发展战略，力图依托各自信息、科技等领域的优势，构建数字驱动的经济体系。是否加快发展数字经济，关系到能否抓住新一轮科技革命和产业变革机遇，赢得未来发展和国际竞争的主动权。

（二）发展数字经济是推动我国高质量发展的重要途径

（1）有利于推动产业结构优化升级。推动数字技术与实体经济深度融合，有助于牵引生产和服务体系智能化升级，带动产业向中高端迈进。（2）有利于加快新旧动能转换。数字经济成为推动经济增长的重要引擎。（3）有利于推动发展方式转变。发展数字经济，能够显著降低经济运行成本，从而提高全要素生产率。

（三）发展数字经济是增强我国经济发展韧性的客观要求

数字经济发挥了重要作用，加快我国数字经济优势从应用端向基础端、技术端拓展，强化数字技术创新能力，抓紧补齐基础技术、通用技术发展短板。通过加快传统产业数字化步伐，推广先进适用数字技术在农业生产、经营、管理等环节应用，引导企业加快工业网络和装备的数字化升级。通过加快建立数据资源产权、交易流通、跨境传输等基础制度和标准规范，推动数据资源开发利用。与此同时，要加强个人信息保护。提升全民数字技能，实现信息服务全覆盖。积极参与数字领域国际规则和标准制定。

第二节　数字经济运行机理与技术范式

英国演化经济学家卡萝塔·佩蕾丝在《技术革命与金融资本》一书中提出，

建立在技术之上的包括硬件的、软件的和文化制度在内的一整套"工具"共同改变了所有人的最佳惯行方式的边界，这套工具的易扩散的主要载体就是"技术—经济范式"。数字经济作为一种新型经济形态，有它自身的运行原理和技术范式。

一、"计算力 + 数据"是人类历史上空前的产业动力

2008 年国际金融危机以来，中国经济增速持续放缓，人口红利逐渐消失，资源环境约束不断增加，依靠要素投入（土地、劳动力、资本等）拉动经济增长的传统动力趋于减弱。加快科技创新、优化要素市场化配置是转变增长动力、实现经济高质量发展的重中之重，其衡量指标是全要素生产率（TFP），但是，TFP 对中国经济增速的贡献偏低且最近十年持续走低。

美国经济学家罗伯特·戈登（Robert Gordon）在其著作《美国增长的起落》中通过研究美国的生产率增长史发现，1970 年之后的生产率增速不及 1870—1970 年"黄金世纪"的一半。他认为，第三次工业革命（信息技术）在过去三十年对生产率增速的贡献远不如前两次工业革命，并推论第四次工业革命的各类新兴技术（AI、大数据、新材料、无人驾驶汽车、机器人等）对生产率的贡献有限，所以生产率增速会长期看低。

生产率增速放缓与新一轮科技革命和产业变革形成悖论。那么技术创新是否能够显著推动生产率？创新驱动能否引领中国经济走上高质量发展的轨道？完全可以。第三、四次工业革命对生产率的拉动将叠加出现，第三次工业革命打基础、蓄势能，第四次工业革命则利用新科技把势能释放为产业动能。其核心逻辑在于，第三次工业革命的 IT 和物联网技术实现万物数字化，其在各个行业中的扩散创造了永不枯竭的新能源——数据。正在发生的第四次工业革命是由大数据、云计算、人工智能等底层通用技术引领，它们提供了崭新的生产力——计算力。而第三次和第四次工业革命的结合，"计算力 + 数据"将成为空前的产业动力，这是一场全面智力革命，在打破人脑智力物理极限的同时也赋予万物思考的能力。中国三次产业的劳动生产率远低于发达国家水平，利用新技术将使三次产业具有巨大的提升空间。深刻认知"计算力 + 数据"是纵贯第一、二、三产业的新动力，将为中国经济高质量发展找到新方向、新路

径、新动能，创造经济新物种与产业新格局。

前两次工业革命分别通过蒸汽动力和电力突破了劳动者的体力限制；第三次工业革命以原子能、电子计算机、空间技术的应用为代表，通过信息化、自动化，大大提高了劳动生产率；第四次工业革命将通过"计算力＋数据"极大提升人类的认知水平，形成智力驱动型经济。总体上看，前三次工业革命的动力源于自然界能量转化：热能与机械能、化学能与电能，而"计算力＋数据"作为新动力是在第三次工业革命（信息技术应用）的基础上从非物质原料（数据）到智能的认知转化，在形式与内涵上有显著不同。

（一）"计算力＋数据"推动智力革命

"计算力＋数据"打破了劳动者与劳动工具的智力局限。人脑每秒钟能处理的并行信息有限，而且有疲劳极限，所以人脑的智力推演速度存在物理瓶颈。大脑容量限制了人一生能够消化吸收的信息总量，也决定了人脑的知识水平和可供开发智力的上限。计算力与大数据技术的发展推进了从海量数据中提取知识的深度、广度、速度。今天人工智能算法一分钟就能处理完一个人整个生命周期所接触的数据，大大超越了人类的认知。如果说前三次工业革命改变的是人类的生产、生活和工作方式，那么这次将提升人类的思考深度以及透过现象看本质的认知能力，例如在基因层面研究各种疾病的根源。更重要的是，工具设备的数字化可以带来生产线的智能化，通过设备端的实时数据与计算力结合实现智能化返控。因此"计算力＋数据"既能突破人类的智力极限，又能赋予机器和生产线的智商，让生产线像人一样思考，同时提升万物智能（包括人与物），它是空前的产业动力。

（二）"计算力＋数据"是增殖的永动力

1."计算力＋数据"是计算力的不断进化

承载计算力的各种硬件设备不断提升其计算性能（根据摩尔定律，电路上可容纳的元器件数目约每隔18—24个月便会增加一倍，性能也将提升一倍），而云计算把计算单元聚合为大规模计算集群的计算力再以统一调度的方式形成合力，通过虚拟技术理论上可以无限扩容服务器集群，能提供的算力也将无限增强。

2."计算力＋数据"是源源不断增长的数据资源

英国《经济学人》杂志曾将数据喻为新时代的"石油"，但石油是储量有限的不可再生资源，而数据却无时无刻不断增加。我们正处于一个"数据通胀"时代。随着数字技术发展以及传感器的普及，人类的劳动生产及社会活动被全面实时数字化。例如，农业生产的环境土壤传感（温度、湿度、墒情等）；工业生产线的实时状态监测（温度、压力、震动、转速、噪声等）；远程航班的发动机及飞行状态监控数据；全球近 50 亿用户在互联网上的行为记录等。类似于摩尔定律，有史以来人类创造的数据总量每过 18—24 个月将会翻一番。所以无限增长的计算力与数据共同推动"计算力 + 数据"的动力不断增殖，取之不尽，用之不竭。

（三）"计算力 + 数据"是提升生产力水平的全要素动力

生产力的四个基本要素为劳动者、劳动工具、劳动对象及管理水平。第一、二次工业革命主要通过蒸汽动力和电力改造劳动工具从而提高生产力水平。第三次工业革命则利用电子与信息技术实现劳动者和劳动工具协作的自动化程度以及推行现代化管理来提升生产力水平。而在第四次工业革命中，数字技术、智能技术等最终都殊途同归至以"计算力 + 数据"的形式直接变革生产力水平。例如，通过智力革命突破劳动者的智力局限（类似 Google 眼镜实现人工智能与人的混合智能）；让劳动工具变得更聪明（工业机器人、AGV、智能运维等）；优选及人造劳动对象（原材料配比优化、预加工过程优化、源源不断的数据）；让管理流程实现数字化、网络化与智能化（智能排产排程、柔性供应链）。

二、数字经济运行机理

数字经济时代依靠大数据和互联网，基于有效数据设定和落实经济运行方案和发展决策，运行过程中通过"跑测"和"纠错"自动优化经济。

数字经济是数字革命的产业化和市场化，以数字化丰富要素供给，以网络化提高配置效率，以智能化提升产出效能，是实现经济高质量发展的重要驱动力，成为全球新一轮产业竞争的制高点。

数字经济可认为是有数字化思维、数字硬件和数字软件三部分组成的系统。数字化思维指"人"分析问题、解决问题时都要使用数字化（量化）思维进行思考；数字硬件是数字经济运行过程涉及的感知、计算、存储等设备，如服务器、传感器；数字软件主要指新一代信息技术应用，如人工智能（AI）、虚拟现实、物联网。在软硬件的支持下，凭借人类的数字化意识，最终构成数字经济系统。

数字经济的构成

（一）影响数字经济的规律

支撑数字经济发展有梅特卡夫法则、摩尔定律及达维多定律。

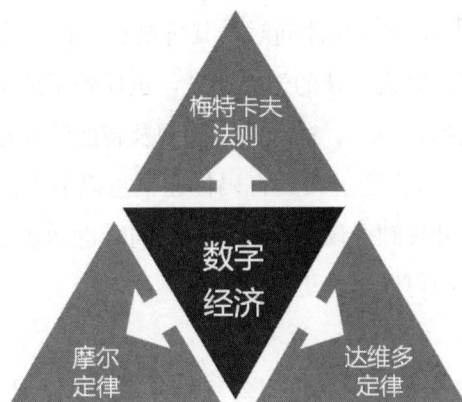

影响数字经济的规律

1.梅特卡夫法则

梅特卡夫法则是计算机网络先驱罗伯特·梅特卡夫所提出。该法则是指网络蕴含的价值与其用户数量的平方成正比。也就是说，如果网络规模或者说用户数量增长 10 倍，那么网络价值就增长 100 倍。可以说这个法则是我国多家互联网巨头公司成长的基石。中国网民数量近 10 亿，网络普及率超过 70%，庞大的网民规模保证了数字经济网络节点数量，是网络价值增值的关键。正是如此庞大到令同行艳羡的用户资源量，促使我国信息化发展迅猛向前。

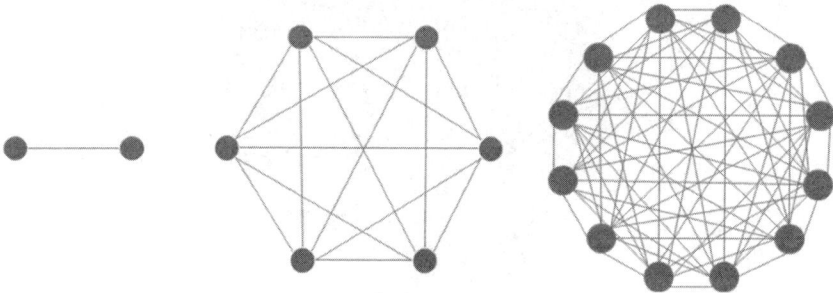

梅特卡夫法则示意图

2. 摩尔定律

摩尔定律虽叫定律，其实不是自然科学定律，是英特尔（Intel）公司创始人之一戈登·摩尔的经验之谈。他根据经验总结出，计算机硅芯片的处理能力每 18 个月就会增加一倍，而与此同时，其价格将会以减半的速度下降。这个定律不仅指出了现代计算机科技的迭代速度，也反映了成本降低的规律。低廉的成本可以换来更高的普及率，这正是互联网及智能终端近几年迅速发展的动力来源。BB 机时代，人们通过发送打码传递信息以节省流量费用，现在我们可以通过远程连线召开视频会议。科技创新的同时也加速了成本下降，普及率得以高速提升，互联网得以惠及更多的人。

3. 达维多定律

达维多定律是由曾任职于英特尔公司副总裁威廉·H.达维多提出的。该定律是指进入市场的首代产品将会获得至少 50% 的市场份额，其他企业只能瓜分剩余份额，也就是所谓的"赢家通吃"。因新产品才能够保证企业的市场占有率，所以想要抢占市场，就必须做"赢家"，保证自己的产品是市场第一代产品。这个定律也就是告诉我们，要抢占市场，就必须保证做出第一代产品。这一定律促使企业必须不断地进行技术革新，淘汰自身落伍产品，力争第一个开发出新一代产品。例如，腾讯公司在 QQ 火爆全国的情况下，推出同样是社交软件的微信，目前微信几乎垄断了国内智能终端即时通信市场。达维多定律成为企业创新的重要推力，倒逼企业时刻保持危机感，不断推翻、不断迭代、不断创新，这也正是数字经济蓬勃发展的核心。

（二）数字经济的作用机制

数字经济能够降低经济运行成本、提升经济运行效率、创新经济组织方式、加速实际经济形态重构，促进经济发展到更高的水平。

数字经济的作用机制

1. 数字经济降低经济运行成本

（1）降低信息获取成本。数字经济改变以往获取信息的方式方法，大幅降低了经济主体获取相关信息的时间成本和费用成本。例如一家工厂想找到上游匹配的设备供应商，需要通过翻看行业杂志或者派人参加行业展会，这可能需要几天甚至几个月的时间，花费几百甚至上万元，但是现在通过网络，不超过1分钟，就能提供相关供应商的信息，甚至在不到10分钟内，就完成了"货比三家"任务，金额的花费可能不足1元，极大降低了信息的获取成本。

（2）降低商业摩擦成本。数字经济打通线上线下空间，加速打破行业、场景、渠道之间的壁垒，降低商业环境中的摩擦成本，解决经济主体间信息不对称问题。阿里巴巴提出"让天下没有难做的生意"，推出淘宝增加了中小企业的曝光率，让资源容易被消费者所发现，推出旺旺降低了买家与卖家之间的沟通成本，推出支付宝建立了网上交易的信任机制，以第三方监督实施费用，启

动了商家与消费者之间的良性循环,使全球超 10 亿人及无数中小企业从数字
经济的发展红利中受益。

（3）降低资本专用性成本。数字经济改变了传统人力资本和固定资产的使
用模式,有效降低了资本专用型成本。数字经济培育共享经济蓬勃兴起,所有
权逐渐变得不再重要,经济主体可以通过花费较少的钱实现其目标:airbnb（爱
彼迎）让旅行者在度假时拥有梦想中的海景别墅,uber（优步）让无车一族享
受汽车的快捷代步,Wework 让初创公司在黄金地段获得宽敞明亮的办公室,
疫情期间盒马生鲜甚至共享西贝莜面村的员工去送外卖订单,这些都使资本专
用性成本不断降低。

降低
信息获取成本

降低
商业摩擦成本

降低
资本专用性成本

数字经济降低经济运行成本三个途径

2.数字经济提升经济运行效率

（1）深化产业专业化分工。数字经济加强了产业专业化分工程度。数字经
济通过透明化的信息传递方式,将传统企业内部的工作任务,以"外包"的形
式分配给本国其他企业甚至其他国家经济主体,发挥各自经济的比较优势,深
化产业、产品和模块化分工,推进专业化分工更加精细化、精准化。正如在数
字经济运作下,苹果公司创造出 iPhone 手机的商业奇迹:苹果公司只负责设
计、质控和市场销售,所有的生产加工环节都是以委托生产的方式外包给遍布
美国、德国、日本、韩国、中国台湾、中国大陆等 14 个国家和地区的 183 家
企业的下游制造商。专业分工使 iPhone 手机有效缩短了从研发到上市的时间,
成为手机领域的佼佼者。

（2）提升生产协同水平。数字经济提升生产主体间的协同水平。将分散的

生产主体连接在一起，通过相互协作完成单一经济体难以完成的任务或工作，提升生产效益。生产主体可以通过构建以任务为目标导向的临时团队，利用信息资源共享，加强生产经营活动的机动性和创新性，有效提升生产效率。

（3）助力供需精准匹配。数字经济打通了供求方的信息渠道，可以让市场需求和产品信息以更快捷、更高效、更准确的方式在供求方相互传递与交换，需求信息交换和匹配效率得到大幅提升。供需市场逐步从原来的 B2C（Business to Consumer，即企业到消费者）模式向 C2B（Customer to Business，即消费者到企业）模式转变，消费者在消费决策和消费过程中改变一味被动接受的角色，可以直接与生产者对接，参与到商品和服务的设计生产中。以小米手机为例，小米手机开了手机由消费者定制的先河，在生产之前，小米会在社区里面与网友们（消费者）交流他们理想中的手机，小米根据得到的讯息，生产出高性能的手机得到了市场的良好反馈，在手机领域迅速占有了自己的一席之地。

3. 数字经济创新经济组织方式

（1）变革传统企业内组织模式。传统企业因不断追求规模经济导致组织模式，而数字经济促使组织逐渐向扁平化发展。数字经济将工业经济时代形成的宝塔式组织结构逐渐瓦解，取而代之的是以工作任务为目标的平台生态等更为扁平化、柔性的组织方式。

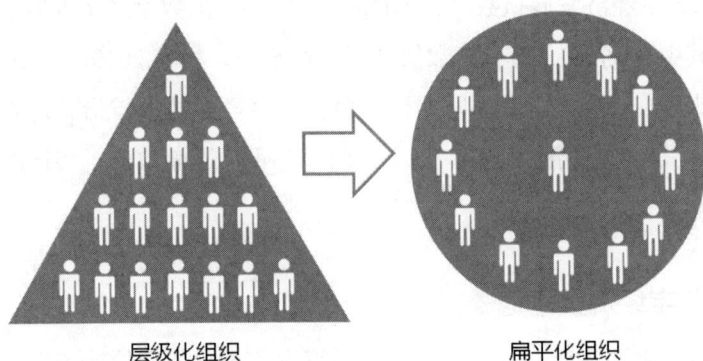

层级化组织　　　　　扁平化组织

数字经济变革组织模式

（2）催生新兴企业组织形态。数字经济催生并加速产业向平台化、生态化发展。近几年，平台类型企业壮大速度加快。20 年前全球上市公司市值前十的企业几乎没有一家平台企业；10年前微软作为唯一一家平台科技公司进入前十；2020年，苹果、微软、亚马逊、谷歌、facebook（脸谱）、腾讯、阿里巴巴等赫然列入全球前十市值公司，超越了沃尔玛的零售帝国和美孚石油等能源大佬。与此同时，目前95%以上的独角兽公司几乎都来自数字经济领域，字节跳动估值750亿美元，远超默多克执掌的百年企业新闻集团，新兴平台企业高歌猛进，迅猛发展。

4. 数字经济加速重构实体经济形态

（1）支撑国民经济发展数字经济的发展逐渐为国民经济发展提供重要基础设施支撑。国民经济发展的基础建设从传统仅有的"铁公基"（铁路、公路、机场、水利等重大基础设施建设）项目，逐步增加了新的基建内容，主要包括战略新兴领域的5G基建、工业互联网、大数据中心、人工智能等，还有由于疫情而受到重点关注的医疗信息化等数字经济的新基建。与此同时，新基建的兴建也促进了传统基建项目数字化深度融合，提升了国民经济发展的网络化和智能化水平，成为支撑经济发展不可或缺的力量。

（2）重塑经济发展模式数字经济中数据成为新的生产力，重塑传统经济结构，有力提升生产效率。数字经济深度融入国家经济社会各领域，正成为推动经济发展质量变革、效率变革、动力变革的重要驱动力。根据赛迪顾问发布的《2020中国数字经济发展指数（DEDI）》，2020年中国数字经济发展指数平均值为29.6，其中10个省（市）指数值高于平均水平。相较2019年，2020年共有8个省份排名有所上升，其中陕西、广西、云南等为西部省份。这表明数字经济逐步发挥其跨地理条件优势，缩小东西部差距，逐渐改变了传统的经济发展模式和分配方式。

三、数字经济技术范式

经济因技术而造就一种新的生态，经济脱胎于它依赖的技术当中，不但随着技术的变化而重新适应，还随着技术的变化而继续重构经济，经济的形式、形态、结构和特征随技术变化而不断变化。

英国演化经济学家卡萝塔·佩蕾丝在《技术革命与金融资本》一书中提出，建立在技术之上的包括硬件的、软件的和文化制度在内的一整套"工具"

共同改变了所有人的最佳惯行方式的边界，这套工具的易扩散的主要载体就是"技术—经济范式"。托马斯·库恩在《科学革命的结构》一书中最早提出"范式"一词，将"范式"定义为行业共识的价值观、方法论和思维原则。在经济领域，常采用"技术经济范式"一词。卡洛塔·佩雷斯在《结构性变革及新技术在经济社会体系中的吸收》中首次提出"技术—经济范式"的概念，将其描述为一种最优的生产组织技术形式。弗里曼和卢桑在《光阴似箭：从工业革命到信息革命》一书使用"技术经济范式"表示一定类型的技术进步通过经济系统影响产业发展和企业行为。一个新范式代替旧范式，实质为世界观的转变。

（一）"技术—经济范式"含义

数字经济是在新一代的信息技术作用下产生的一种"技术—经济范式"。"技术—经济范式"由关键生产要素、市场需求和发展保障三方面构成。

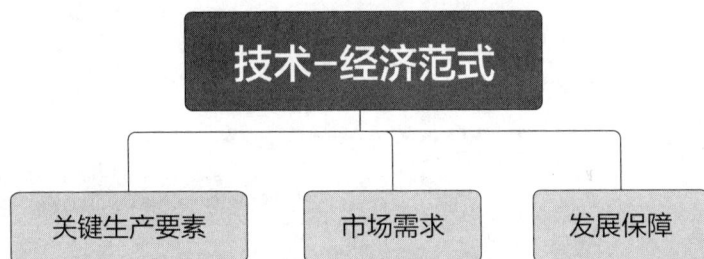

资料来源：结合中国信息通信研究院《中国数字经济发展白皮书（2017年）》中内容整理。

1. 关键生产要素

关键生产要素是"技术—经济范式"中的一项或一组特定的投入，其变迁是新一种"技术—经济范式"的形成条件，决定着"技术—经济范式"的特征和分类。关键生产要素可以表现为生产资源、技术、基础设施等，数字经济的关键生产要素具体表现为数据、数字技术、数字基础设施等。

2. 市场需求

市场需求是推进"技术—经济范式"演进的动力之一。只有适应市场需求，新技术才能在市场竞争中立足生存，获得一定的市场份额。成为技术范式的新技术，不是只在单一技术维度上保持最优，而是在多维度上满足市场需要的综合体。如果一种技术范式不再满足市场需要，那么必将被其他更加适应市场需要的新技术替代。因此，满足市场需求是新技术成为技术范式的必要条件。数字经济能否快速增长，取决于传统产业市场对数字经济的需要。

3. 发展保障

（1）良好的制度和政策环境是"技术—经济范式"的发展保障。技术产业发展既要遵循技术本身发展规律，还必须遵循经济规律。良好的制度和政策环境能够减少交易摩擦、降低交易费用、促进建立公平的竞争激励机制等，从而有利于促进技术创新，提高技术发展效率。（2）从成功实践来看，数字产业得以快速发展，得益于世界各国在技术产业发展方面形成了一整套健全有效的政策体系，比如产权与激励制度、国内和跨国投资制度以及税收优惠、政府担保贷款、直接资金帮扶等财政货币政策。（3）发展数字经济，必须做好制度改革工作，建立有利于高新技术及相关产业发展的制度体系，通过有效市场和有为政府相结合，激发技术产业市场活力。

（二）数字经济技术范式的意义

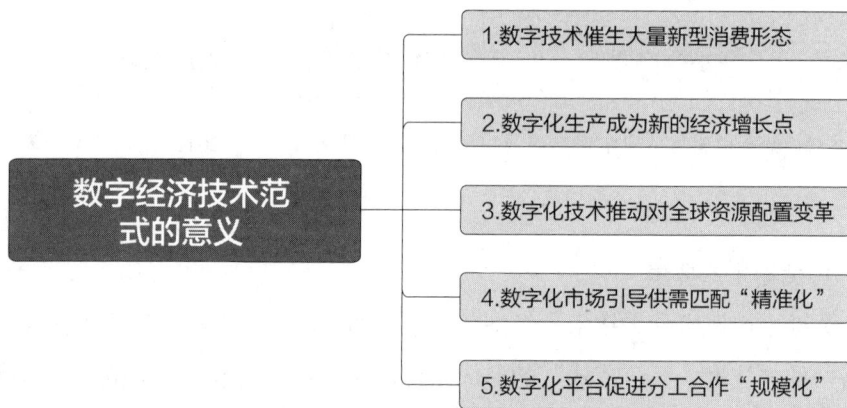

```
                          ┌─────────────────────────────────┐
                          │ 1.数字技术催生大量新型消费形态     │
                          └─────────────────────────────────┘
                          ┌─────────────────────────────────┐
                          │ 2.数字化生产成为新的经济增长点     │
                          └─────────────────────────────────┘
┌──────────────┐         ┌─────────────────────────────────┐
│ 数字经济技术范 │─────────│ 3.数字化技术推动对全球资源配置变革 │
│ 式的意义       │         └─────────────────────────────────┘
└──────────────┘         ┌─────────────────────────────────┐
                          │ 4.数字化市场引导供需匹配"精准化"   │
                          └─────────────────────────────────┘
                          ┌─────────────────────────────────┐
                          │ 5.数字化平台促进分工合作"规模化"   │
                          └─────────────────────────────────┘
```

资料来源：根据江小涓《数字经济具有广阔的发展空间》一文中内容整理。

1. 数字技术催生大量新型消费形态

数字技术的加持，促使消费模式发生质的变化。比如，疫情期间，公共卫生医疗服务受到较大限制，患者难以像以往一样安全地前往医院获得医疗服务，面对广大患者的医疗服务需求，5G 技术可以高速和低延迟地传输数字信息和文字信息，实现患者和医生的实时线上互动，让患者足不出户就得到专家医师的诊断。

2. 数字化生产成为新的经济增长点

数字化生产可以实现产业链、消费链、供应链的智能对接，促进供需两端的精准匹配。比如，在数字化车间生产过程中，智能监测系统可实现对生产现场数据的实时监测记录与传输，对生产设备的关键数据进行分析，进而提高生产效率。同时可以远程监测设备的运行状况，对维修备件进行智能化调度。

3. 数字化技术推动对全球资源配置变革

全球数字经济的快速发展，让一些复杂的高科技技术产品在一出生时就具有全球化的属性。比如，汽车整车生产商可以通过数字通信技术，将分散在全球的零部件供应商连接起来，同步为车企提供最新系统总成。数字技术还让汽车产业创新面临颠覆性改变，辅助驾驶、自动驾驶等数字技术，可以让数字化转型领跑在前的国家和地区可以通过数字技术"弯道超车"传统能源汽车产业，重新改写汽车产业价值链的分配方式。

4. 数字化市场引导供需匹配"精准化"

数字技术为生产方和消费方的精准对接提供条件，帮忙产品供需双方的有序对接。比如，互联网购物平台可以根据用户的检索数据生成匹配其需求的产品清单，做到准确洞察，快速响应，在满足客户的个性化消费需求的同时，为商家提供精准营销的机会，实现生产与消费的良性互动，从而全面提高产业效率。

5. 数字化平台促进分工合作"规模化"

在数字经济中，平台经济是最突出的新兴形态之一。数字平台的扁平化组织，能够有效降低交易成本，提高产业链分工协作能力，提升产出效率。比如，国内快速兴起的电商批发平台，让用户能够便捷获取各类供应商信息，在筛选确定目标产品后，可通过互联网在线发送订单，供应商可第一时间通过平台获取订单，及时发货。

第三节　数字经济与数字技术

数字技术影响，尤其伴随深度学习算法的成熟、网络海量数据的积累、信息系统算力的提升，将超越科学研究、产业发展范畴，从技术体系、产业结构、商业模式等方面带来全新技术手段和发展理念，促进经济社会的全面进步；重构生产、分配、交换、消费等经济活动各环节，形成从宏观到微观各领域的智能化新需求，进而引发链式突破，推动社会生产和消费从工业化向自动化、智能化转变，促进社会生产力大幅提升，劳动生产率将获得再次大飞跃。数字技术创新是数字经济持续发展的源动力。

未来学家凯文·凯利在《科技想要什么》一书中阐述，现在人类已定义生命形态仅包括植物、动物、原生生物、真菌、原细菌、真细菌六种，但技术演化和这六种生命体演化惊人相似，技术应是生命第七种存在方式。技术是生命的延伸，并非独立于生命之外的东西。

科技无疑是经济增长、社会发展和美好生活构建的重要驱动力。随着尼葛洛庞蒂的《数字化生存》一书的热销，数字化概念悄然兴起。数字化是一次技术革命和产业革命，包括数字化、网络化、智能化深度融合。

一、数字技术概念

"科学技术是第一生产力"，邓小平提出来的这个论断具有普遍性。未来的数字技术就像现在的电力一样，变成一种人人可用的基础设施。

数字技术的创新聚变，快速、高效、低成本的数据计算、处理及存储的新体系逐步建立，人类对客观世界的认知与探索从物理空间向信息空间急速迈进，在现实与虚拟之间、原子与比特之间搭建着可以彼此连接、精准映射、交互反馈、有效控制的通道、枢纽与平台。

数字技术实现物理世界到数字世界的抽象转化，是将客观世界事物转换成计算机能唯一识别机器语言，即二进制0和1，通过计算机、网络等设备表示、传输、处理所有信息的技术，是计算机技术、多媒体技术以及互联网技术的基础。中国科学院院士徐宗本在《把握新一代信息技术的聚焦点》一文中认为，数字化是指将信息载体（文字、图片、图像、信号等）以数字编码形式（通常是二进制）进行储存、传输、加工、处理和应用的技术途径。数字化是信息表示方式与处理方式，本质上强调信息应用的计算机化和自动化。数据化（数据是以编码形式存在的信息载体，所有数据都是数字化的）除包括数字化外，更强调对数据的收集、聚合、分析与应用，强化数据的生产要素与生产力功能。数字化正从计算机化向数据化发展，这是当前社会信息化最重要的趋势之一。数据化的核心内涵是对信息技术革命与经济社会活动交融生成的大数据的深刻认识与深层利用。

数字化概念可分为狭义数字化和广义的数字化。（1）狭义数字化主要利用数字技术，数字化改造具体业务、场景，更关注数字技术本身对业务的降本增效作用。（2）广义数字化利用数字技术，系统化、整体性变革企业、政府等各类组织业务模式、运营方式，更关注数字技术对组织的整个体系的赋能和重塑。

数字技术催生加工新型生产要素的新型工具，培训大批新型劳动者（如软件工程师、数据库管理员等），进而形成新的生产关系，构造新型的生产力，进而提升生产率。

数字技术是一种真正的通用技术，汽车、新能源、电气以及轨道交通等领域都能用到数字技术。数字技术好比魔法棒，它跟相关技术有效融合之后，就会发生化学反应，催生新型业态形成。

从技术视角，数字技术是支撑动力；从资源视角，数据是生产要素；从产业视角，数字技术是数字经济体系的核心组成部分。未来的发展方式就是以数字经济为主导，以数字技术创新应用为牵引，以数据要素价值释放为核心，以多元化、多样化、个性化为方向，通过产业要素重构融合衍生而形成商业新业态、业务新环节、产业新组织、价值新链条，激活产业活力，使中国经济增长更加强劲有力。

从发展理念看，是以数据共享为主线；从参与主体看，是一种跨界融合的方式；从投入要素的角度看，由技术推动转变为数据驱动；从价值实现的角度看，价值溢出效应凸显。通过数字化管理、智能化生产、网络化协同、个性化定制、服务化延伸来促进零工经济、共享制造、现代供应链、工业电子商务、产业链金融的发展。

二、数字经济技术特质——数字化、网络化、智能化

万物皆数据，一切都可以数字化。数字化已深入人们的衣食住行、工作生活、生产服务等方方面面，可以说是无处不在、无孔不入、无所不能。数字经济的"数字"属性是区别于传统经济模式的最显著特点，而"数字"的技术特性决定其在不断推进中表现出数字化、信息化、网络化、智能化等特质。在这诸多特质中，西安交通大学的徐宗本院士认为数字化、网络化、智能化是最为突出的特征。在人类社会、物理世界、信息空间构成的三元世界中，关联与交互决定了信息化的特征和程度。其中数字化是感知人类社会和物理世界的基本方式，为社会信息化奠定了基础；网络化是联结人类社会与物理世界（通过信息空间）的基本方式，为信息传播提供物理载体；而智能化是信息空间作用于物理世界与人类社会的方式，体现了信息应用的层次和水平。

（一）数字化（Digitalization）

中国国际经济交流中心副理事长黄奇帆在《结构性改革》一书中认为"数字化"是大数据、人工智能、移动互联网、云计算、区块链等一系列数字化技术组成的"数字综合体"。数字经济之所以被定义为"数字"，其内核自然源于复杂的物理世界可以以数字形式在计算机系统中被体现、虚拟出来。从莱布尼茨那枚标志着二进制诞生的银币到中国国防科技大学研发的"天问二号"，这朴素简洁的 1 和 0，或因背后蕴含"有"和"无"的东方智慧而改变了人类社会的进程。这是世界上最普遍性的，却又是最完美的逻辑语言。

数字化就是量化一切，用数据来说明、解释、证实事物的真相。人们日常工作生活中的一切事物，本质上都符合数学规律，都可以数字化成为数据。数字化是对大量的数据进行采样、存储、挖掘、共享和分析，涉及所有的文字、图片、声音、图像、表格等，可以说处处是沙子，到处是黄金。如果你不去使用它，它就成了没有多大价值的沙子；如果你深入去分析，挖掘

利用，它就是黄金。数字化的核心在于对数据进行处理，挖掘数据自身潜在的价值。他强调，数据可以还原过去、描述现实和规划未来。

时至今日，数字化如同基因一样影响着信息技术的成长走向。我们把复杂多变的信息转变为可以度量的数字、数据，再以这些数字、数据建立起适当的模型，把它们转变为一系列二进制代码，引入计算机进行统一处理，信息变为我们可以分析利用的资源，这看似简单的数字化基本过程深刻影响着我们的生产生活。

数字化背景下的政府变革，是大数据驱动下的公共服务提升、是物联网基础上的城市治理、是精准定位的医疗卫生体系、是安全稳固的国防、是移动便捷的公民体验；

数字化背景下的企业变革，是战略、业务、运营全方面的数字化，是组织结构的调整、是新型创新模式的建立、是 IT 架构的匹配。是将数字化的信息进行条理化，通过智能分析、多维分析、查询回溯，为决策提供有力的数据支撑。是以业务流程的优化和重构为基础的信息共享和有效利用。最终得以提高企业的经济效益和市场竞争力，激活新动能，谋求可持续发展；而数字化背景下的我们，或许有一天在我们身后留下的人生行为轨迹数据碎片得以被收集、还原，从而再生一个全新的"我"。

（二）网络化（Networking）

当每一台计算机作为独立个体存在时，它们之间因没有任何交互而孤独存在，而人类的欲望产生的交互体验需求推动了技术突破。在互联网时代伊始人们的视线聚焦在浏览器上时，所有激进的想法都出现在浏览器的实现上。一直到没有边界的互联网未来，任何载体都能实现互联网的终端功能。全世界万物互联终将成为现实。我们生存的物理世界因网络的存在而淡化了距离和隔膜。

在网络化背景下，任何一种社会组织，大到国家、小到一个团队都将具有扁平而多元的结构、充分共享的信息、分工更加柔性，而内部活动更趋于市场、更公开公平。而在各个组织之间更容易因契约而实现联盟与协作。

网络化更是在改善工作效率、丰富便捷生活的同时，有效地消除了信息壁垒，使人类社会协同发展更具可能性。

（三）智能化（Intellectualization）

通常所认知的智能一般包括感知能力、记忆与思维能力、学习与自适应能力、行为决策能力等。所以作为高水准信息应用的体现，智能化通常是使对象具备灵敏准确的感知功能、正确的思维与判断功能、自适应的学习功能以及行之有效的执行功能。这是一个从人工、自动到自主的过程。是从专家系统到元学习的过程。这一过程的实现途径从大数据智能、群体智能到跨媒体智能、人机混合增强智能，直至类脑智能。

智能化进程，无论是以代替人力为表现的弱人工智能、拥有和人类一样智能的强人工智能，到自主升级迭代完全超越人类的超人工智能；还是以技术路径区分的计算智能、感知智能到认知智能。AI终将加速赋能，并为人类的医疗、金融、安防、教育、交通、物流等各类传统行业带来机遇与发展潜力。而在智能化背景下传统产业上下游的链条逻辑，也将演变为椭圆形闭合逻辑。

三、常见数字技术

数字技术一日千里，数字技术如火如荼，数字产品日新月异。以计算机和互联网为典型代表，以5IABCDE（5G、IoT——物联网、AI——人工智能、Blockchain——区块链、Cloud Computing——云计算、Big Data——大数据、Edge Computing——边缘计算）等为代表的新一代信息技术是最新时代特征。新一代信息技术是指以网络互联的移动化和泛在化、信息处理的集中化和大数据化、信息服务的智能化及个人化为基本特征的信息技术。数字技术带来的感知、连接、数据无处不在，深度融合传统产业，不断改变发展理念，催生商业模式，赋能产业链条。数字技术正成为数字经济的"硬核"技术，正加速渗透到金融、交通、医疗、教育、养老等领域，极大提高行业服务精准化、便利化水平，全面提升人民生活品质，提升社会运行的稳定度。

数字经济时代，数字化平台是主要载体。有专家用人来类比数字化平台：互联网、移动互联网以及物联网像人类神经系统，大数据像五脏六腑等人体器官，云计算像人体脊梁。没有网络，五脏六腑与和脊梁无法协同；没有云计算，器官无法挂架；没有大数据，云计算变成空心骷髅。有了神经系统、脊梁、器官后，加上相当于灵魂的人工智能——人的大脑和神经末梢系统，平台就成型了。区块链如同更先进的"基因改造技术"，从根本上提升大脑反应速度、骨骼健壮程度、四肢操控灵活性。数字化平台有"五全信息特征"：全空域、全流程、全场景、全解析和全价值的信息。（1）全空域是打破区域和空间障碍，从天到地到水下、从国内到国外可泛在连成一体。（2）全流程是人类所有生产、生活流程的每一个点可不间断的积累信息。（3）全场景是跨越行业界别，打通人类所有生产生活场景。（4）全解析是借助收集、分析数据，推测人类行为，产生全新价值。（5）全价值是打破单个价值体系的封闭性，穿透所有价值体系，整合与创建新的价值链。

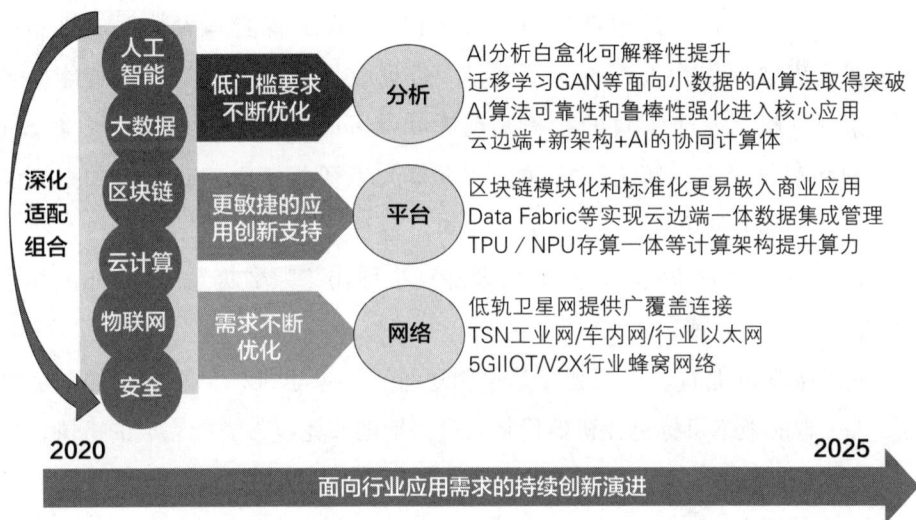

（一）人工智能

麦肯锡报告显示，人工智能指导下的自动化将为中国经济注入生产力，按照中国人工智能部署速度，其未来每年将为 GDP 贡献 0.8—1.4 个百分点。

美国心理学家、心理计量学家斯腾伯格（Robert Jeffrey Sternberg）认为，智能是个人从经验中学习、理性思考、记忆重要信息，以及应付日常生活需求的认知能力。《人工智能辞典》将人工智能定义为"使计算机系统模拟人类的智能活动，完成人用智能才能完成的任务"。

人工智能（Artificial Intelligence，英文缩写为 AI）作为一门前沿交叉学科，其定义一直存有不同观点。人工智能是研究、开发用于模拟、延伸和扩展人的智能的理论、方法、技术及应用系统的一门新的技术科学，其研究包括机器人、语言识别、图像识别、自然语言处理和专家系统等。维基百科定义"人工智能就是机器展现出的智能"，即只要是某种机器，具有某种或某些"智能"特征或表现，都应算作"人工智能"。中国科学院院士谭铁牛更通俗解释人工智能的目标为：促使智能机器会听（语音识别、机器翻译等）、会看（图像识别、文字识别等）、会说（语音合成、人机对话等）、会思考（人机对弈、定理证明等）、会学习（机器学习、知识表示等）、会行动（机器人、自动驾驶汽车等）。

可用一个公式形象地近似描述人工智能：人工智能 = 大数据 + 机器深度学习。大数据作为人工智能基础，大数据收集分析功能为人工智能提供丰富素材，机器基于素材的积累实现深度学习即以人的思维方式思考、分析问题和解决问题。算力、算法、数据是人工智能核心三要素。如把人工智能比作一艘远航巨轮，算力是发动机，算法是舵手，数据是燃料，缺一不可。其中，算法是核心，把数据训练算法称作"喂数据"，数据亦可称作"奶妈"。

从思维观点上看，人工智能是逻辑思维、形象思维、灵感思维的融合发展。人工智能最终目标是让机器代替人类去辅助或完成人类能完成的事情。

（二）大数据

1. 大数据定义

大数据概念早已有之，1980 年著名未来学家阿尔文·托夫勒便在《第三次浪潮》一书中，将大数据热情地赞颂为"第三次浪潮的华彩乐章"。大量专家学者、机构从不同角度理解大数据，加之大数据本身具有较强抽象性，目前国际上尚没有一个统一公认定义。

（1）维克托·迈尔·舍恩伯格在《大数据时代》一书中提出，大数据不能用随机分析法（抽样调查）这样的捷径，而要对所有数据进行分析处理。

（2）麦肯锡在《大数据：下一个创新，竞争和生产率的前沿》中认为，大数据主要是无法在一定时间内用传统数据库工具对其内容进行获取、存储、管理和分析的数据集。

（3）中国大数据专家委员会副主任委员、中国科学院院士梅宏认为，大数据是无法在一定时间范围内用常规软件工具进行捕捉、管理和处理的数据集合，是需要新处理模式才能具有更强的决策力、洞察发现力和流程优化能力的海量、高增长率和多样化的信息资产。

大数据是信息化发展到一定阶段之后的必然产物，源于信息技术的不断廉价化与互联网及其延伸所带来的无处不在的信息技术应用，大数据本质上汇聚、融合多个信息系统产生的数据。

2. 大数据时代的思维变革

维克托·尔耶·舍恩伯格等在《大数据时代：生活、工作与思维的大变革》认为，大数据时代需进行三个重大思维转变，这三个思维转变相互联系和相互作用：分析与某事物相关的所有数据，而不是依靠分析少量数据样本；接受数据的纷繁复杂，而不再追求精确性；不再探求难以捉摸的因果关系，而是关注事物相关关系。

（1）全样而非抽样。放弃样本分析这条捷径，选择收集全面、完整的数据。从可行性角度看，当前数据处理能力可支撑海量数据处理；从必要性角度看，数据分析目的是从海量正常数据中"揪出"少数异常数据。

（2）效率而非精度。信息缺乏时代执迷于数据精确性。但实际上只有5%的数据是结构化，如不接受混乱，剩下95%的非结构化数据都无法被利用，只有接受不精确性，才能打开一扇从未涉足的世界的窗户。不执迷于数据精确性，以一种包容心态允许劣质数据混杂其中，大数据时代不可能实现数据精确性，而用概率来表示事物发展大方向，混杂性成为一种时尚。

（3）相关而非因果。更关心相关关系，因果关系放到次要位置，很多情况下，"知其然"而不苛求"知其所以然"，"是什么"比"为什么"作用更大，甚至在一些不知道"为什么"场景下，知道"是什么"有助于取得发现"为什么"的突破。

3. 大数据特性

一般来说，大数据具有4V特性：规模性（Volume）、多样性（Variety）、高速性（Velocity）和真实性（Veracity）。

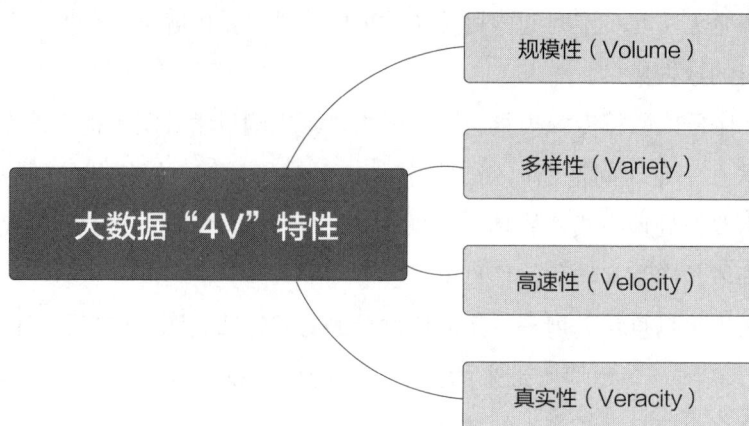

规模性（Volume）

多样性（Variety）

高速性（Velocity）

真实性（Veracity）

大数据"4V"特性

（1）规模性（Volume）

大数据首要特征体现为"量大"，存储单位从 GB 到 TB，直至 PB、EB。数据的海量化和快增长特征是大数据对存储技术提出的首要挑战，要求底层硬件架构和文件系统性价比要大大高于传统技术，并能弹性扩展存储容量。

（2）多样性（Variety）

丰富数据来源导致大数据的形式多样性，大数据大体分三类：（1）结构化数据，如教育系统数据、金融系统数据、交通系统数据等，该类数据特点是数据间因果关系强。（2）非结构化数据，如视频、图片、音频等，该类数据特点是数据间没有因果关系。（3）半结构化数据，如 XML 文档、邮件、微博等，该类数据特点是数据间的因果关系弱。

格式多样化是大数据典型特征之一，要求大数据存储管理系统能适应对各种非结构化数据进行高效管理需求。在人类活动产生的全部数据中，仅有非常小的一部分数值型数据得到深入分析和挖掘，而大量的语音、图片、视频等非结构化数据难以有效分析。

（3）高速性（Velocity）

大数据对处理数据响应速度有严格要求，处理速度快，需对数据实时分析，数据输入、处理几乎要求无延迟。

（4）真实性（Veracity）

前 3 个 V 涵盖大数据本身关键属性，真实性是实施大数据企业须严肃对待的重要维度，在实施过程中需保证数据的客观真实。

（三）互联网技术

互联技术包括移动互联网、物联网。

1. 互联网

互联网实现数据的海量汇聚和高效归集。互联网的时代是 PC（个人电脑）时代，移动互联网的时代是智能手机加笔记本电脑的时代。

移动互联网是现代移动通信技术和互联网紧密结合的产物，是互联网科技进步的重要里程碑，它是传统互联网技术、平台、应用和商业模式与移动通信技术结合并实践的活动的总称。移动互联网是在传统互联网的基础上发展起来的，二者虽有很多相似之处，但因其依赖的移动通信设备的发展有其特殊性，所以移动互联网又具备许多传统互联网不具备的新特性。

移动互联网的主要新特征有：（1）快捷便携性。（2）移动定位性。（3）隐私性。（4）即时性和交互性。（5）应用轻便性。

2. 物联网

物联网是利用智能设备感知物理世界信息，经过计算和处理后，通过互联网传输数据，以实现人与物、物与物之间的实时信息交互和连接的新型网络，其本质上是通信网络和互联网的融合。

（1）物联网的构成

物联网的层次根据功能可以划分为感知层、网络层和应用层。其划分的内部逻辑是对物理世界感知并搜集信息，然后传输信息，并最终实现物理设备的协同工作，实现"万物互联"。感知层实现对现实世界的识别、感知，并采集信息，是物联网实现应用功能的基础层级，一般需要通过 RFID、传感器、执行器等智能设备来实现这一层级的功能；网络层用来对感知层收集的信息进行传递，同时通过通信网络连接各个层的基础设备；应用层用来对网络层传输的信息进行处理、分析和展示，如车联网应用就是对车载传感器感知的交通数据进行处理分析的应用。

（2）物联网的特点

物联网依托于云计算、大数据技术才得以飞速发展，同时极大丰富了现实世界可用数据范围，掌握细节从此变得容易。存在着全面感知、可靠传递、智能处理的特点。

（四）分布式技术

1. 云计算

相关测算数据表明，商业银行一个账户一年平均 IT 成本约 50—100 元，若采用云计算技术，成本可下降至 1 元，应用上线时间可由 15—50 天缩短到 10—20 分钟。

云计算是一种将可伸缩、弹性、共享的物理和虚拟资源池以按需服务的方式供应和管理，并提供网络访问的模式。

通俗理解，可以将云计算服务类比于家庭日常使用的水电煤气，作为标准化、易计量、按需使用的公共资源，由云计算服务提供商为各自使用方提供便捷、灵活的计算资源服务。目前，云计算已经成为包括金融领域在内的各领域广泛使用并持续深化发展的信息技术基础设施。

云计算可被理解为一个系统硬件或数据处理中心或大量服务器的集合，具有强大的计算能力、网络通信能力、数据存储能力，常以服务器的数量衡量云计算的功能、规模。"云"是云计算服务模式和技术的形象说法，由大量基础单元组成，这些基础单元之间通过网络汇聚为庞大资源池。云计算利用分布式计算和虚拟资源管理等技术，通过网络将分散 ICT 资源（包括计算与存储、应用运行平台、软件等）集中形成共享资源池，并以动态按需和可度量方式向用户提供服务。用户可使用各种形式的终端（如 PC、平板电脑、智能手机甚至智能电视等）通过网络获取 ICT 资源服务。云计算物理实体是数据中心，由"云"基础单元和"云"操作系统，以及连接云基础单元的数据中心网络等组成。

云计算具备四方面核心特征：

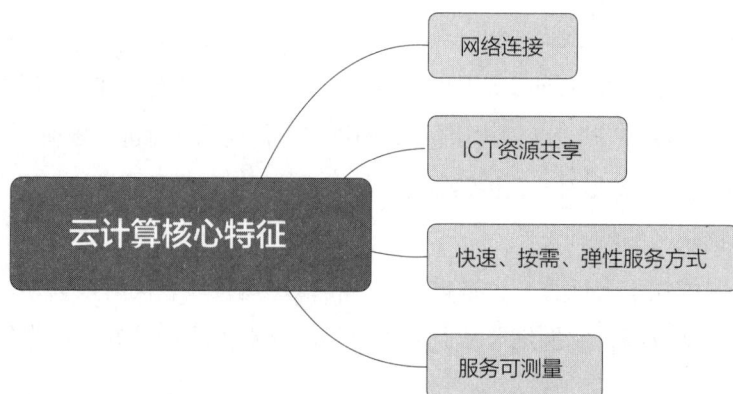

网络连接

ICT资源共享

云计算核心特征

快速、按需、弹性服务方式

服务可测量

（1）网络连接，"云"不在用户本地，要通过网络接入"云"才可使用服务，"云"内节点之间也通过内部高速网络相连。（2）ICT 资源共享，"云"内 ICT 资源并不为某一用户所专有，而是可通过一定方式让符合条件用户实现共享。（3）快速、按需、弹性服务方式，用户可按实际需求迅速获取或释放资源，并可根据需求动态扩展资源。（4）服务可测量，服务提供者按照用户对资源的使用量计费。

2. 区块链

第 46 届世界经济论坛达沃斯年会将区块链与人工智能、自动驾驶等一并列入"第四次工业革命"；《经济学人》在 2015 年 10 月封面文章《信任的机器》中介绍区块链——"比特币背后的技术有可能改变经济运行的方式"；IBM 公司 CEO 罗睿兰女士有一句著名的论断："区块链对于可信交易的意义正如互联网对于通信的意义"（What the internet did for communications, I think blockchain will do for trusted transactions）。

中本聪发表的《Bitcoin: A Peer to Peer Electronic Cash System》一文最早介绍区块链，该文章未具体提区块链定义，但指出区块链是用来记录交易的一种分布式账本。自此，作为比特币重要底层技术的区块链逐渐被人们重视。

区块链是一种能实现数据真实性（难篡改）、记账公正性（多方参与维护）、交易透明性（内容可查询）、数据安全性（数据安全）、经济价值性的分布式记账技术。

区块链技术是"新瓶装老酒"，是多种技术包括分布式存储、点对点传输、共识机制、加密算法的综合应用。区块链有可能构建分布式、去中介、可认证、可信任、低成本的数字资产市场。

（1）去中心化。"中心化"系统中，中心节点处于控制位置，存在一个超级管理员，可对系统数据进行修改。区块链是去中心化，区块链上的节点不存在这个问题，链上各个节点处于平等地位。

（2）难篡改。区块链采取通过把各个区块形成一块链来存储数据，可认为链上的数据是非常难篡改的。

（3）共识机制。区块链各个节点使区块信息能达成全网一致的机制，可保证最新区块被准确追加到区块链上。当前主流的共识机制包括：工作量证明、权益证明、工作量证明与权益证明混合。

（4）透明可信。区块链中所有节点均为对等节点，发送和接收网络消息的权利是平等的，系统每个节点都可完全掌握系统节点的全部行为，并记录所观察到的这些行为。

（5）智能合约。早在1995年，跨领域学者Nick Szabo就提出智能合约概念，他定义智能合约定义为："一个智能合约是一套以数字形式定义的承诺，包括合约参与方可以在上面执行这些承诺的协议。"智能合约是一套以数字形式定义的承诺，承诺控制着数字资产并包含了合约参与者约定的权利和义务，是"电子合同"，一套计算机代码，当触发条件满足时，计算机系统自动执行。举例来说，在大病理赔保险中，通过区块链实现"智能合约"，无需投保人申请，也无需保险公司批准，只要上传了医院正规的大病证明，投保人行为能"触发"符合规定的大病理赔条件，就可实现当即自动赔付。

（五）安全技术

常见安全技术包括密码技术、量子技术、生物识别技术等。

1. 密码技术

密码技术是一种通过隐秘、安全方式传递原始信息的技术。虽然平时生活中不能时时刻刻感受到，但密码技术几乎已经融入每个人日常生活中。人们能够享受移动互联网给工作、生活带来的安全，都得益于密码技术保障数据和资金的安全性，密码技术这个"幕后英雄"可谓功不可没。

2019年10月颁布的《中华人民共和国密码法》认为，密码是指采用特定变换的方法对信息等进行加密保护、安全认证的技术、产品和服务。国家对密码实行分类管理，密码分为核心密码、普通密码和商用密码。

常用认证和加密这两类信息保护手段。（1）认证是确认当前用户的真实身份，并某指令确实是该用户所发、未经第三方修改，认证又分为用户认证和消息认证。用以核验其是否有相应权限进行相关操作（比如转账、查询流水等等）。（2）加密，顾名思义，是信息以密文方式传输，只有预期接收者才能将密文转换成明文以获得其中的真实信息。

根据加密密钥和解密密钥是否一致，可将加密技术区分为对称加密技术和非对称加密技术。（1）对称加密技术。加密密钥和解密密钥是一致的，加密算法和解密算法互为逆运算。这种算法加密速度一般较快，加密强度相对较高，适合海量数据的加密传输场景，或者对通信速度要求较高的场景。常见的对称加密算法有 AES、DES、3DES 等。（2）非对称加密技术。加密密钥和解密密钥是成对出现，但是两者并不一致，加密算法和解密算法也不是互逆的。

2. 量子技术

量子是构成物质的基本单元，是不可分割的微观粒子(譬如光子和电子等)的统称。赛迪智库电子信息研究所编制的《量子计算发展白皮书（2019 年)》认为：（1）量子比特是计算机技术中信息量的基本度量单位，量子比特是量子计算的最小信息单位。一个量子比特可表示 0、1 或 0 和 1 叠加，其搭载信息量远超只能表示 0 或 1 的经典比特。（2）量子叠加指是一个量子系统可处在不同量子态的叠加态上。在量子系统中，量子态是微观粒子所处的一系列不连续的恒稳运动状态。在无外界观测干扰时，量子系统可处于一系列量子态叠加态上。（3）量子纠缠是微观粒子在由两个或两个以上粒子组成系统中相互影响现象。在量子系统中，存在量子关联的多个粒子即使在空间上被分隔开，也能相互影响运动状态，这是量子通信的技术基础。

3. 生物识别技术

由于每个人的指纹、虹膜、指静脉、人脸等生物特征是与生俱来并且几乎各不相同，通过识别生物特征来认证用户的身份是相对较为可靠的技术。实践中，很难找到与某个客户拥有一模一样的指纹或者虹膜的另一个人，即使是孪生双胞胎也少有例外，因此生物特征比较难以仿冒。

生物特征识别技术涉及的生物特征包括脸、指纹、手掌纹、虹膜、视网膜、声音（语音）、体形、个人习惯（例如敲击键盘的力度、频率、签字）等，对应识别技术有人脸识别、指纹识别、掌纹识别、虹膜识别、视网膜识别、语音识别（用语音识别可识别身份，也可识别语音内容，只有前者属于生物特征识别技术）、体形识别、键盘敲击识别、签字识别等。

每种生物识别技术并没有优劣之分，每种生物识别技术之间并非孤立，而是相辅相成、互为补充、相得益彰。

四、数字技术应用

数字技术的逐渐发展和融合，构成数字世界的基础，运用越广，越能发挥其深厚的运用价值，挖掘其潜在的延伸价值。

管理大师彼得·德鲁克说过，当今企业间的竞争，不是产品和服务间竞争，而是商业模式间竞争。为提升数字化商业模式的应用水平以实现更高的生产率和更快的增长，埃森哲在《数字化颠覆：实现乘数效应的增长》中建议：（1）优先对高价值机遇进行数字化投资，即企业应慎重评估数字化投资的均衡性，对提升数字技能和技术的举措加以最优化组合，从而最大限度地提高数字化投资的回报率。（2）针对所处行业制定具体的数字化战略，企业应明确何种平台、何种定位以及哪些数据是在其所处行业的竞争中脱颖而出的关键。（3）为企业数字化转型创建适宜的环境：提高企业的"数字化智商"，与政府联手开拓跨行业的合作关系，建立新的竞争规则。

对数字技术的应用通常包括数字化生产方式、数字化商业模式、数字化管理范式以及数字化产品形式。数字化的进程不断将传统工业时代的经济规模爆炸性提升，也不断打破传统经济范围、降低交易成本，同时在自然地"毁灭"着一些传统行业的服务和产品，典型如微信对电信运营商们短信业务的毁灭性打击，我们很多人或许已经习惯只有手机界面上未读短信红圈圈中有两位以上的数字时才会去简单翻看一下，已经彻底忘记了那些熟练使用各种输入法欣喜于短信交流便利的日子。

（一）数字化生产方式

数字技术对各行各业生产方式的改变是有目共睹的，制造型企业的智能设备替代人工从而降低人工成本、提高工作效率、使品质更有保障，例如构件制造在设计阶段的 BIM 技术精准出图、物料用量计算、模型化展示；服务型企业基于大数据分析进而精准定位目标客户、改善用户体验、引导用户消费，例如某度贴心的首页推介；贸易型企业的结合平台及终端门店的数据分析，调整配送及库存，根据客户行为分析准确预测销量、确保最小库存下的最低资源配置。

（二）数字化商业模式

对商业模式的理解可以简单直白看作一个组织赚钱的方式或者做生意的方

式，是一种价值创造、传递和分配的逻辑，也是把用户价值转换为企业价值的方式。数字化时代传统的业务活动、交易主体、交易方式及盈利模式均发生了颠覆性改变，从线下环节逐渐向线上的迁移，到不断地把线下与线上环节融为一体，甚至新业态的产生都将成为常态。例如，传统地产公司与客户的黏性相对较低，房产交易"一锤子买卖"，数字化背景下地产公司利用房产数据、客户数据掌握房产服务周期、客户偏好，从精准的物业家政服务、适时的装修修缮、社区化的电商平台甚至婚丧嫁娶，建立线上线下社区活性，深耕客户资源，拓展经营方式、盈利范围不设限。

（三）数字化管理范式

数字化管理范式，不仅包括对组织结构、公司员工和企业文化等的内部资源管理，也包括对客户、供应商、合作伙伴、银行、政府、媒体等的外部资源管理。组织的管理者应该从传统报表和报告中抬起头来，思考流量、数据资源的深层价值在哪里？在哪些场景有价值？有多大的价值，从而寻求不同的管理范式以变现。

（四）数字化产品形式

数字化产品形式，不仅包括创造新的数字产品，如动漫、游戏、智能推荐服务，还包括传统产品的数字化，如电子书、数码音乐等，以及将数字技术融合到硬件产品中，如智能家居、无人驾驶汽车、智能生产设备等。在数字时代，大到我们生活的智慧城市、乘坐的高速铁路，小到智能手机手表、智能门锁，或者有一天，上天入地的埃隆·马斯克真能把芯片植入人类大脑，彻底颠覆人类社会发展的知识传递方式，抛开伦理和社会公平不做讨论，技术发展的可行性看，那将是人类社会精彩纷呈的时代。

第二章　全球数字经济发展概况

如今，数字化浪潮汹涌澎湃，"互联网＋流量驱动""大数据＋数据驱动""人工智能＋算法驱动""区块链＋可信驱动""5G＋效率驱动"等数字技术飞速发展。数字经济时代已经到来，世界经济正处于动能转换的阶段，全球各个国家对于数字经济重视程度日益增加。数字经济时代，世界各国为抢占数字经济时代的制高点，各国不断加强制定和实施数字经济战略，以推动经济社会向数字化转型。

第一节　全球主要国家（地区）数字经济发展概况

一、全球数字经济发展概况

世界各国的数字经济政策呈现五大共性趋势：（1）优先选择创新驱动作为数字经济发展的首选要素。（2）聚焦数字新型基础设施建设。（3）将数字经济融合应用深化作为战略要点。（4）加强数字经济治理及监管。（5）优化培育数字人才环境。

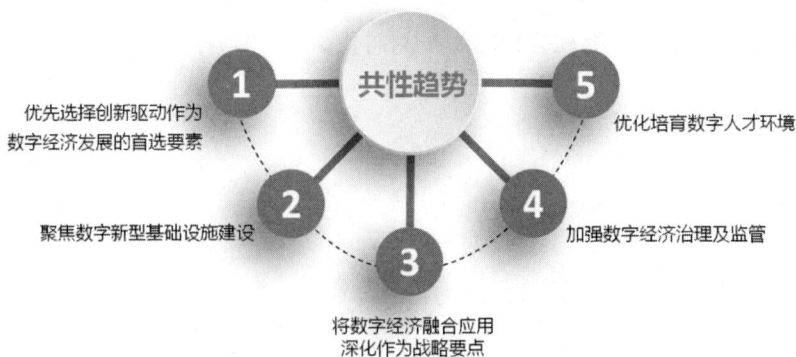

世界各国经济政策五大共性趋势

美 国	以前沿技术为重点，聚焦制造业高附加值、高技术含量、高科技含量环节，以数字技术触发传统制造业，激发新的经济增长。
欧 盟	重视数字经济规则体系构建，推动建立数字统一市场，加大前沿技术政策力度，保障数字经济规范发展。
英 国	聚焦数字化业务，实用新型技术和前沿科技研究，打造健康的数字经济生态系统，不断升级数字经济战略，致力于打造数字化强国。
日 韩	借助信息通信产业优势，重点推动数字产业化发展。
印 度	推出"数字印度"计划，才开始布局普及宽带上网、促进电子政务和建立全国数据中心。
巴 西	实施《国家科技创新战略（2016—2019年）》，一共选择11个领域重点发展，其中数字经济和数字社会位列其中。
俄罗斯	发布《俄联邦数字经济规划》，将数字经济列入《俄联邦2018—2025年主要战略发展方向目录》，通过数字经济改善传统工业生产效率。

（左侧纵向标注：发达国家、发展中国家）

各主要代表国家（地区）数字经济战略概图

世界各国在数字经济战略上持续发力：（1）美国以前沿技术为重点，聚焦制造业高附加值、高技术含量、高科技含量环节，以数字技术触发传统制造业，激发新的经济增长。（2）欧盟重视数字经济规则体系构建，推动建立数字统一市场，加大前沿技术政策力度，保障数字经济规范发展。（3）英国聚焦数字化业务、实用新型技术和前沿科技研究，打造健康的数字经济生态系统，不断升级数字经济战略，致力于打造数字化强国。（4）日韩借助信息通信产业优势，重点推动数字产业化发展。（5）发展中国家由于经济发展阶段所限，对于数字经济的重视程度低于发达国家，战略布局相对迟缓。2015年，印度推出

"数字印度"计划，才开始布局普及宽带上网、促进电子政务和建立全国数据中心。2016年，巴西实施《国家科技创新战略（2016—2019年）》，一共选择11个领域重点发展，其中数字经济和数字社会位列其中。2017年，俄罗斯发布《俄联邦数字经济规划》，同年将数字经济列入《俄联邦2018—2025年主要战略发展方向目录》，通过数字经济改善传统工业生产效率。

二、美国数字经济发展概况

美国作为全球最大的经济体，是最早布局数字经济的国家，一直以来在前沿技术和高端制造业方面引领全球。

政策引领推动数字经济的发展

全面提升国家创新能力

推动制造业向智能化方向发展

美国数字经济发展概图

（一）政策引领推动数字经济发展

20世纪90年代，美国启动了"信息高速公路"战略，并持续多年发布年度数字经济报告。2016年至今，美国相继发布了《联邦大数据研发战略计划》《国家人工智能研究和发展战略计划》《为人工智能的未来做好准备》和《美国机器智能国家战略报告》，提前在大数据、人工智能和智能制造等领域提前布局，加强并巩固美国在数字经济的领先地位。

（二）推动制造业向智能化方向发展

美国一直强调推进高附加值、高技术含量、高科技含量制造战略的重要性，2011年至今相继发布《确保美国先进制造领导地位》《先进制造业国家战略计划》《获得先进制造本土竞争优势》《加速美国先进制造》《制造业创新网络评估指南》《智能制造振兴计划》《国家制造创新网络战略计划》《先进制造业美国领导力战略》，从投资、劳动力、创新技术等方面重塑制造业领域，力图从竞争性、有效性及可持续发展等维度创造一个从科研到制造的完备体系，以提升美国制造竞争力。

（三）全面提升国家创新能力

美国早期通过制定《技术管理法》等政策法案构建了短期即可见效的国家创新体系。进入21世纪，以《创新美国》报告作为里程碑，美国向全面能提升国家创新能力转变。随后相继发布《美国创新战略：推动可持续增长和高质量就业》《美国创新战略2011：确保我们的经济增长和繁荣》《美国创新新战略》等报告，均将激励高质量就业和可持续经济增长作为战略发展的重点。

三、欧盟数字经济发展概况

2021年3月，欧盟委员会发布"2030数字指南：实现数字十年的欧洲路径"，该指南围绕四个支柱即数字技术公民和高技能数字专业人员，安全、高性能和可持续的数字基础设施，企业数字化转型，公共服务数字化；实施强基础、提能力、促转型工作；提出制度保障、资源保障、外部环境保障三类保障。

不同于美国，欧盟的数字经济政策具有双重目标，不但希望其可以促进欧洲经济增长，更重要的是其引导价值观的作用。

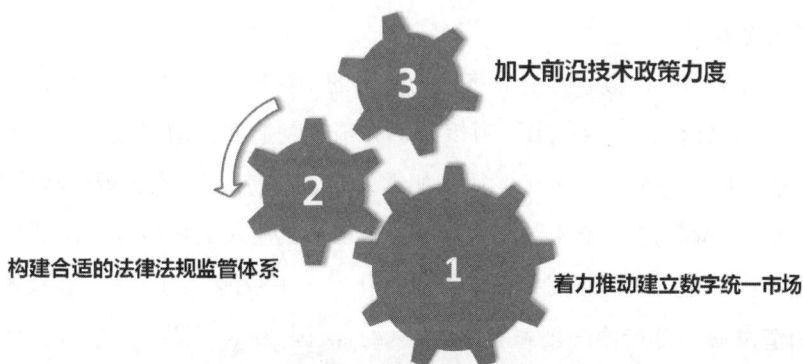

欧盟数字经济发展概图

（一）着力推动建立数字统一市场

相继出台了《数字红利战略》《数字化单一市场战略》《人工智能合作宣言》等战略，坚持合作共赢原则，采取一系列措施打破成员国间的数字市场壁垒，投入500亿元开展"欧洲工业数字化战略"，推进工业数字化进程，促使各成员国合作建立统一的数字市场。

（二）构建适合数字经济的法律法规监管体系

2012年，欧盟委员会提出《通用数据保护条例》相关立法，从个人数据处理的基本原则、数据主体的权利、数据控制者和处理者的义务、个人数据跨境转移等方面，建立了完备的个人数据保护制度，几乎成为全球通行标准，目前已有约120个国家受其影响，通过了类似法规保护隐私。2020年，欧盟与美国以微软为代表的科技巨头签署了《人工智能伦理罗马宣言》，强调人工智能技术应以尊重个人隐私为前提，通过可靠的方式，以合法、公平、透明为原则运作，有效减少人工智能的负面影响。

（三）加大前沿技术政策力度

自2013年起，欧盟提出"人脑计划"和"石墨烯旗舰项目"。"人脑计划"旨在通过计算机技术模拟大脑，建立一套全新的生产、处理、整合、模拟数据的信息通信技术平台，将脑科学研究数据应用于实际产业。"石墨烯旗舰项目"推荐了17个基础和应用研究项目，通过加强石墨烯材料及其应用的科研力度，在为人工智能的发展提供硬件支持。近期，欧盟设立一项新的92亿欧元资助计划——"数字欧洲计划"，以确保欧洲应对各种数字挑战有具备所需的技能和基础设施。

欧盟成员国中，数字经济战略较为突出的是德国和法国。（1）德国的数字化转型具体以德国"工业4.0"为代表，为精于制造业但遭遇瓶颈期的德国工业制造业指明了方向。2018年，德国相继发布了《联邦政府人工智能战略要点》《人工智能德国制造》和《高技术战略2025》，加强人工智能等技术研发和成果转化，建立开放的创新文化，结合数字化、人工智能、物联网等新技术，向智能制造发展，打造德国国家竞争力。（2）法国2008年萨科齐准许了《雅克阿塔利提案》，其提出的316条改革措施，核心内容就是要大力发展数字产业。随后发布了《数字法国2012战略》，致力于帮助法国渡过金融危机，跻身于全球重要数字经济国家行列。2018 年，法国相继发布了《法国人工智能发展战略》《5G 发展路线图》《利用数字技术促进工业转型的方案》等一系列数字经济相关的前沿技术政策，加强人才培养，加快促进 5G 技术发展和推广应用，实施加速向"未来工业"转型的行动计划，为法国经济带来新的增长点，促进法国数字经济蓬勃发展。

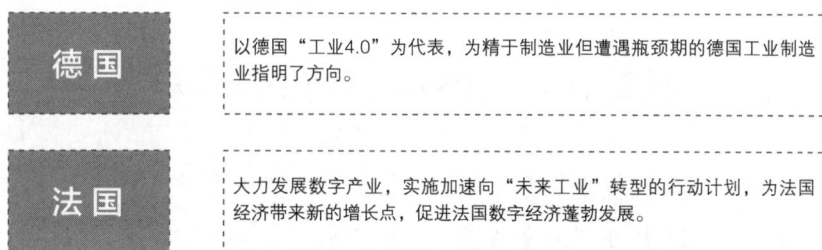

德 国	以德国"工业4.0"为代表，为精于制造业但遭遇瓶颈期的德国工业制造业指明了方向。
法 国	大力发展数字产业，实施加速向"未来工业"转型的行动计划，为法国经济带来新的增长点，促进法国数字经济蓬勃发展。

德国、法国数字经济战略概图

四、英国数字经济发展概况

英国是最早出台促进数字经济政策的国家之一。2009 年，英国政府发布《数字英国》计划，是全球首个以国家战略高度，为数字化转型所开展的顶层设计。随后，英国政府不断就数字经济升级其战略，大力推动创新发展，致力于打造数字化强国。英国自 2012 年起相继颁布实施的《政府数字化战略》《政府数字包容战略》和"数字政府即平台"计划，取得卓越的成效，使英国 2016 年在联合国电子政务调查评估中获得了第一名的成绩。2017 年，英国出台《英国数字化战略 2017》，聚焦数字化业务、实用新型技术和前沿科技研究，设定清晰路线图，巩固其全球经济地位，将其打造成现代的全球化贸易大国。2018 年，英国先后发布了《数字宪章》《产业战略：人工智能领域行动》《国家计量战略实施计划》等一系列行动计划，打造健康的数字经济生态系统，制定有效的法律法规和行业标准，支持企业新技术研发，支持英国数字经济战略实施。

五、日本数字经济发展概况

日本的数字经济战略源于 2009 年制定的《2015 年 I-Japan 战略》，该战略聚焦电子政务、电子医疗和教育培训三个领域，着力提高政府数字服务效能，加强个人电子健康档案建设，并培养信息技术人才。日本与德国联合签署《汉诺威宣言》，强强联合，加强九大领域紧密合作，共同推动"工业4.0"。后续，日本相继出台了《综合创新战略》《集成创新战略》《第2期战略性创新推进计划》等战略和计划，完善不同领域间数据基础，促进官方与民间合作，培养人工智能领域技术人才，加大人工智能、自动驾驶等重点领域发展力度，开发智能物流平台，推动数字经济发展。

第二节　我国数字经济发展概况

十三届全国人民代表大会常务委员会委员、清华大学公共管理学院院长江小涓2020年11月在"人文清华"讲坛表示，中国在世界十大数字经济指数最高的国家中名列第九，数字经济消费并未见顶，凭借先进数字技术、巨大人口数量、庞大制造基础、企业活力等优势，中国数字经济将全面发力。中国数字经济已经进入世界十大数字经济指数最高的国家的行列，名列第九，我们前后都是发达国家。这个位置比我们GDP、人均GDP、社会发展指数、创新的全球排序都要更高一些，所以中国是数字经济相对发展比较快的经济体。

据中国信息通信研究院数据，2019年，我国数字经济增加值规模达到35.8万亿元，占GDP比重达到36.2%，占比同比提升1.4个百分点，按照可比口径计算，2019年我国数字经济名义增长15.6%，高于同期GDP名义增速约7.85个百分点，数字经济在国民经济中的地位进一步凸显。

一、我国数字经济发展政策布局

党的十八大以来，党中央国务院高度重视我国数字经济的发展，出台了一系列的文件和举措，为数字经济健康发展提供坚实保障。随着数字经济与其他社会经济领域的深度融合，我国围绕数字经济发展的政策布局不断修正迭代，政策内容不断丰富，主要内容包括：信息产业发展政策、"互联网+"等产业数字化政策、数据要素市场政策、数字化治理政策和综合性政策五个方面。

```
                    ┌─────────────────────┐
                    │  我国数字经济的政策规划  │
                    └─────────────────────┘
       ┌──────────┬──────────┬──────────┬──────────┬──────────┐
  ┌─────────┐┌──────────────┐┌──────────┐┌──────────┐┌──────────┐
  │信息产业发展政策││"互联网+"等产业数字化政策││数据要素市场政策││数字化治理政策││ 综合性政策 │
  └─────────┘└──────────────┘└──────────┘└──────────┘└──────────┘
```

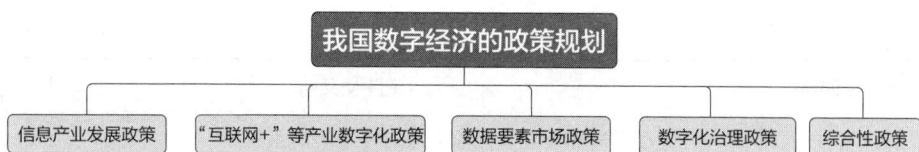

资料来源：根据中国政府网等政策文件、公开信息整理。

（一）信息产业发展政策

《关于推进物联网有序健康发展的指导意见》《关于促进云计算创新发展培育信息产业新业态的意见》《机器人产业发展规划》《关于促进大数据发展行动纲要的通知》《大数据产业发展规划（2016—2020 年)》《关于推动 5G 加快发展的通知》《新一代人工智能发展规划》等政策文件的出台，为物联网、云计算、大数据、5G、人工智能等新一代信息技术产业全面健康有序发展提出了总体目标和任务举措。《国家信息化发展战略纲要》《"十三五"国家战略性新兴产业发展规划》《"十三五"国家信息化规划》等政策文件为我国信息化发展壮大提供了根本遵循和行动指南。

信息产业发展政策文件

时间	文件及文号
2013 年 2 月 5 日	《关于推进物联网有序健康发展的指导意见》（国发〔2013〕7 号）
2015 年 1 月 30 日	《关于促进云计算创新发展培育信息产业新业态的意见》（国发〔2015〕5 号）
2015 年 8 月 31 日	《关于促进大数据发展行动纲要的通知》（国发〔2015〕50 号）
2016 年 3 月 21 日	《机器人产业发展规划（2016—2020)》（工信部联规〔2016〕109 号）
2016 年 5 月 18 日	《"互联网 +"人工智能三年行动实施方案》（发改高技〔2016〕1078 号）
2016 年 7 月 27 日	《国家信息化发展战略纲要》
2016 年 11 月 29 日	《"十三五"国家战略性新兴产业发展规划》（国发〔2016〕67 号）
2016 年 12 月 15 日	《"十三五"国家信息化规划》（国发〔2016〕73 号）
2016 年 12 月 18 日	《大数据产业发展规划（2016—2020 年)》（工信部规〔2016〕412 号）

时间	文件及文号
2017 年 1 月 15 日	《关于促进移动互联网监健康有序发展的意见》
2017 年 7 月 8 日	《新一代人工智能发展规划》（国发〔2017〕35 号）
2018 年 12 月 21 日	《关于加快推进虚拟现实产业发展的指导意见》（工信部电子〔2018〕276 号）
2019 年 8 月 1 日	《关于印发〈国家新一代人工智能开放创新平台建设工作指引〉的通知》（国科发高〔2019〕265 号）
2020 年 3 月 19 日	《关于开展 2020 年 IPv6 端到端贯通能力提升专项行动的通知》（工信部通信函〔2020〕57 号）
2020 年 3 月 24 日	《关于推动 5G 加快发展的通知》（工信部通信〔2020〕49 号）
2020 年 12 月 11 日	《关于促进集成电路产业和软件产业高质量发展企业所得税政策的公告》（财政部、税务总局、发展改革委、工业和信息化部公告 2020 年第 45 号）

资料来源：中国政府网。

(二)"互联网+"等产业数字化政策

2015 年 7 月，党中央国务院出台了《关于积极推进"互联网+"行动的指导意见》，为推动互联网由消费领域向生产领域迁移、提高产业数字化转型能力提出了重要举措。在这之后的几年内，《关于推进"互联网+"智慧能源发展的指导意见》《关于深入实施"互联网+流通"行动计划的意见》《关于深化"互联网+先进制造业"发展工业互联网的指导意见》《关于促进"互联网+医疗健康"发展的意见》《关于推动工业互联网加快发展的通知》《关于开展"互联网+"农产品出村进城工程试点工作的通知》《国家卫生健康委办公厅关于进一步推进"互联网+护理服务"试点工作的通知》等一系列关于"互联网+传统行业"的政策文件相继出台，为制造业等工业、能源行业、医疗健康和政务服务等传统产业的数字化转型发展提供前进方向和具体举措，进一步构建我国经济持续增长新动能。2020 年 5 月，国家发改委发布《"数字化转型伙伴行动"倡议》，倡议政府和社会各界联合共建"政府引导—平台赋能—

龙头引领—机构支撑—多元服务"机制,广泛深入推广普惠性"上云用数赋智"服务,通过打造数字化生态共同体,带动中小微企业数字化转型,推动产业数字化转型。同年 9 月,国务院国资委印发《关于加快推进国有企业数字化转型工作的通知》,为国有企业数字化转型指明了方向和发展重点,为国有企业数字化转型开启了新征程。

产业数字化政策文件

时间	文件及文号
2015 年 7 月 4 日	《关于积极推进"互联网 +"行动的指导意见》(国发〔2015〕40 号)
2016 年 2 月 24 日	《关于推进"互联网 +"智慧能源发展的指导意见》(发改能源〔2016〕392 号)
2020 年 4 月 7 日	《关于推进"上云用数赋智"行动,培育新经济发展实施方案》(发改高技〔2020〕552 号)
2016 年 4 月 15 日	《关于深入实施"互联网 + 流通"行动计划的意见》(国发〔2016〕24 号)
2016 年 4 月 22 日	《关于印发〈"互联网 +"现代农业三年行动实施方案〉的通知》(农市发〔2016〕2 号)
2016 年 5 月 13 日	《关于深化制造业与互联网融合发展的指导意见》(国发〔2016〕28 号)
2016 年 10 月 12 日	《信息化和工业化融合发展规划(2016—2020 年)》(工信部规〔2016〕333 号)
2016 年 12 月 30 日	《关于进一步推进中小企业信息化的指导意见》(工信部企业〔2016〕445 号)
2017 年 11 月 19 日	《关于深化"互联网 + 先进制造业"发展工业互联网的指导意见》
2018 年 4 月 25 日	《关于促进"互联网 + 医疗健康"发展的意见》(国办发〔2018〕26 号)
2019 年 11 月 19 日	《关于印发"5G + 工业互联网"512 工程推进方案的通知》(工信厅信管〔2019〕78 号)
2020 年 2 月 27 日	《关于印发〈工业数据分类分级指南(试行)〉的通知》(工信厅信发〔2020〕6 号)
2020 年 3 月 6 日	《关于推动工业互联网加快发展的通知》(工信厅信管〔2020〕8 号)
2020 年 4 月 28 日	《工业和信息化部关于工业大数据发展的指导意见》(工信部信发〔2020〕67 号)

续表

时间	文件及文号
2020 年 5 月 6 日	《关于开展"互联网+"农产品出村进城工程试点工作的通知》（农办市〔2020〕7 号）
2020 年 5 月 13 日	《"数字化转型伙伴行动"倡议》
2020 年 7 月 14 日	《关于支持新业态新模式健康发展激活消费市场带动扩大就业的意见》（发改高技〔2020〕1157 号）
2020 年 9 月 21 日	《关于加快推进国有企业数字化转型工作的通知》
2020 年 11 月 30 日	《关于深化"互联网+旅游"推动旅游业高质量发展的意见》（文旅资源发〔2020〕81 号）
2020 年 12 月 4 日	《进一步优化营商环境推动互联网上网服务行业规范发展的通知》（文旅市场发〔2020〕86 号）
2020 年 12 月 4 日	《关于深入推进"互联网+医疗健康""五个一"服务行动的通知》（国卫规划发〔2020〕22 号）
2020 年 12 月 8 日	《国家卫生健康委办公厅关于进一步推进"互联网+护理服务"试点工作的通知》（国卫办医函〔2020〕985 号）
2020 年 12 月 22 日	《关于印发〈工业互联网创新发展行动计划（2021—2023 年）〉的通知》（工信部信管〔2020〕197 号）

资料来源：中国政府网。

（三）数据要素政策

2020 年 3 月，党中央国务院出台了《关于构建更加完善的要素市场化配置体制机制的意见》，首次明确将数据作为一种新型生产要素，并明确了数据要素市场化配置的具体措施，提出要推进政府数据开放共享、提升社会数据资源价值、加强数据资源整合和安全保护。

（四）数字化治理政策

近年来，随着数字经济的快速发展，数字技术为实现数字化治理提供了基础和保障，有助于国家治理水平实现现代化。《关于运用大数据加强对市场主体服务和监管的若干意见》《关于进一步做好政务公开工作的通知》《关于印发全国公共卫生信息化建设标准与规范（试行）的通知》等文件，提出了运用大数据等信息技术，加快政府职能转变，提高政务服务的信息化水平，提高政府服务和监管的效率和有效性。《关于推进新冠肺炎疫情防控期间开展"互联网＋"医保服务的指导意见》《关于依托全国一体化在线政务服务平台做好出生医学证明电子证照应用推广工作的通知》《关于加强政务服务"跨省通办"涉及政府非税收入收缴管理事项的通知》等文件，明确了推进医保服务、电子证照、政务服务跨省办理等线上化办理举措，推动数字化治理的实际落地。

数字化治理政策文件

时间	文件及文号
2015 年 6 月 24 日	《关于运用大数据加强对市场主体服务和监管的若干意见》（国办发〔2015〕51 号）
2018 年 5 月 31 日	《关于进一步做好政务公开工作的通知》（税总办发〔2018〕79 号）
2019 年 12 月 15 日	《网络信息内容生态治理规定》（国家互联网信息办公室令第 5 号）
2020 年 2 月 28 日	《关于推进新冠肺炎疫情防控期间开展"互联网＋"医保服务的指导意见》
2020 年 5 月 8 日	《关于做好公立医疗机构"互联网＋医疗服务"项目技术规范及财务管理工作的通知》（国卫财务函〔2020〕202 号）
2020 年 10 月 24 日	《关于积极推进"互联网＋"医疗服务医保支付工作的指导意见》（医保发〔2020〕45 号）
2020 年 12 月 1 日	《关于印发全国公共卫生信息化建设标准与规范（试行）的通知》（国卫办规划发〔2020〕21 号）
2020 年 12 月 4 日	《关于依托全国一体化在线政务服务平台做好出生医学证明电子证照应用推广工作的通知》（国卫办规划函〔2020〕967 号）
2021 年 2 月 19 日	《关于加强政务服务"跨省通办"涉及政府非税收入收缴管理事项的通知》（财库〔2021〕12 号）

资料来源：中国政府网。

（五）数字经济发展综合性政策

我国数字经济发展总体规划是实施国家大数据战略，激活数据要素潜能，加快数字经济发展。2016 年 3 月，"十三五"规划中提出实施国家大数据战略，

加快建设数字中国，推动信息经济发展壮大。2021 年 3 月，"十四五"规划
和 2035 年远景目标纲要中提出要加快激活数据要素潜能，加快建设数字经济、
数字社会和数字政府，建设数字中国。在数字经济建设的试点落地方面，《国
家数字经济创新发展试验区实施方案》提出在河北、浙江、福建、广东、重庆、
四川等省市和地区启动国家数字经济创新发展试验区创建工作。发改委出台了
《关于发展数字经济稳定并扩大就业的指导意见》，提出数字经济发展和稳就业
相结合的具体举措。

数字经济发展综合性政策

时间	会议或文件	相关内容
2016 年 3 月 16 日	"十三五"规划	实施国家大数据战略，加快数据开放共享，加强信息安全保障；实施网络强国战略，加快建设数字中国，推动信息技术与经济社会发展深度融合，加快推动信息经济发展壮大。
2017 年 10 月 18 日	党的十九大报告	加强应用基础研究，突出关键前沿技术创新，为数字中国提供有力支撑。
2017 年 12 月 8 日	中共中央政治局第二次集体学习	推动实施国家大数据战略，加快完善数字基础设施，推进数据资源整合和开放共享，保障数据安全，加快建设数字中国。
2018 年 9 月 18 日	《关于发展数字经济稳定并扩大就业的指导意见》（发改就业〔2018〕1363 号）	大力发展数字经济稳定并扩大就业，促进经济转型升级和就业提质扩面互促共进。
2019 年 10 月 28 日	党的十九届四中全会	推进数字政府建设，加强数据有序共享，依法保护个人信息。
2019 年 10 月 20 日	《国家数字经济创新发展试验区实施方案》	在河北、浙江、福建、广东、重庆、四川等省市和地区启动国家数字经济创新发展试验区创建工作。
2021 年 3 月 12 日	"十四五"规划和 2035 年远景目标纲要	加快数字化发展，建设数字中国。激活数据要素潜能，推进网络强国建设，加快建设数字经济、数字社会、数字政府，以数字化转型整体驱动生产方式、生活方式和治理方式变革。

资料来源：根据中国政府网—国务院部门文件内容整理。

二、我国数字经济发展特点

我国数字经济开始飞速发展，与西方发达国家相比，具备以下三方面特点：

（一）数字经济发展的底层逻辑不同

清华大学经济管理学院党委书记陈煜波在《中国数字经济的未来》一文中认为，中国在没有全面实现工业化、城镇化和农业现代化的历史阶段，就开始迈入了信息化、数字化的发展时代。我国数字经济快速发展的背后原因有两方面：（1）中国政府的前瞻性政策，例如"宽带中国"战略等新一代信息技术基础建设政策，将14亿人口红利转化为数字红利；（2）国内企业开拓出的适应我国特色发展道路的新型商业模式，比如，阿里巴巴、腾讯等企业创建的数字化生态，大幅改善了信息不对称和营商环境等问题。

（二）不同产业数字化渗透程度存在差异

中国信通院在《G20国家数字经济发展研究报告（2018年）》一文中指出，我国不同产业的数字化渗透程度有差异，并具有以下特征：

第一产业：农业产业数字化水平较低。据统计，2018年，我国农业数字经济在行业增加值中占比仅为6.5%，远低于全行业平均。

第二产业：相比轻工业、劳动密集型产业，重工业、资本密集型产业的数字化渗透率普遍更高。比如，在数字渗透程度方面，以输、电、控制设备、金属加工机械为主的资本密集型产业要明显高于木材加工品等劳动密集型产业。

第三产业：生产性服务业数字渗透率普遍高于生活性服务业。金融、科技生产等生产端的现代服务业，对于资本、技术的需求更为密集，数字技术对于行业产出的提高显著。而住宿、餐饮等劳动密集型行业，对信息技术的投入较少，对行业产出的带动作用较少。

（三）跨界数字人才是中国数字经济快速发展的核心资源

《中国数字经济的未来》一文认为，当前，我国数字经济正在从需求端、消费端向供给端、生产端迁移，所需资源也从海量用户的人口红利转变为具有数字素养的数字人才红利。由于我国传统行业领域的数字化转型进程较慢，相比西方发达国家，中国的数字人才更加偏向于数字技能方面，较为缺乏具备数字技能、商业技能和行业技能的跨界数字人才。培养和引进能够对产业链上下游数据进行采集、整合、分析和应用的数字化人才，是推动数字经济持续发展的重点内容。

三、我国数字经济发展亮点

根据中国信通院发布的《中国数字经济白皮书（2020）》和《全球数字经济新图景（2020 年)》，随着数字经济蓬勃发展，我国数字经济亮点纷呈。我国数字经济亮点主要体现在以下三方面：

（一）中国数字经济规模不断攀升

近年来，中国凭借人口红利和市场优势，不断推进数字技术和商业模式创新，数字经济进入发展"快车道"。截至 2019 年末，中国数字经济增加值规模为 5.2 万亿美元（合人民币 35.8 万亿元)，位列全球第二名，规模高于英法德、日韩等发达国家。数字经济在全国生产总值中的占比不断提高，截至 2019 年末中国数字经济增加值在 GDP 中占比近四成，较 2005 年提升了 3 倍。

（二）中国数字经济增速全球领先

近年来，中国政府制定了一系列配套政策，推动数字经济实现高质量发展。2019 年，我国数字经济规模同比增长 15.6%，在世界各个国家中排名首位，增速水平高于美国等西方发达国家。

（三）产业数字化增长引擎作用明显

随着我国实体经济与数字经济的广泛深度融合，传统产业的产出效率在数字技术的带动下进一步提升，产业数字化规模持续增长，成为带动数字经济增长的主引擎。截至 2019 年末，我国产业数字化增加值为 28.8 万亿元，占数字经济增加值的 80%，是数字产业化增加值规模的 4 倍。与世界其他国家相比，我国产业数字化占比超过了其他发展中国家和中高收入国家的平均水平。

四、我国数字经济发展存在的问题与不足

近年来，我国走出了一条适应中国本土特色的数字经济发展道路，数字经济发展前景良好，但当前仍然存在诸多问题，制约数字经济的长远健康发展。

（一）产业数字化尚处于起步阶段

由于一些传统制造业企业特别是中小企业对数字化转型的认知不足、能力不够，企业对于生产软件和数据分析工具投入较少，数字化工具的普及率偏

低，加上缺乏足够的数字人才，我国产业数字化水平仍处于较低水平。不同产业之间缺乏统一的数据和数字化标准，也加大了产业之间数字化融合的难度。根据中国信通院在《全球数字经济新图景（2020 年）》中的统计，我国在农业、工业、服务业的数字化渗透率分别为 8.2%、19.5% 和 37.8%，远低于世界平均水平，而德国、英国等西方发达国家产业数字化水平远超我国，比如德国在农业、工业和服务业的数字化渗透率分别是我国的 2.8 倍、2.3 倍和 1.6 倍。

（二）高端数字人才紧缺

数字经济由消费型经济转向生产型经济，具有知识和技术密集特点，对于数字人才的需求与日俱增。当前，我国数字经济领域的人才规模庞大，在数量上具有优势，但我国的数字人才偏重于数字技能，缺乏行业管理等跨界技能，人才质量落后于西方发达国家。如果不通过教育改革和政策支撑来培养和引进更多的数字人才，那么随着数字经济的区域集中度不断加强，数字经济更加发达的国家将通过吸引和囤积数字人才，造成高端数字人才的垄断。

（三）数据共享和整合机制不完善

虽然政府部门掌握着海量的个人和企业数字资源，但由于跨部门协同障碍、政府管理体制不健全、数据安全隐患等问题，导致政务数据共享渠道不畅通，数据整合利用难度较大。比如，我国现行的应急管理机制为单项管理，未能全面打通救援、医疗卫生、食品药品、交通等数据信息，政府部门信息与民间救援组织信息对接不畅通，导致一旦遭遇重大突发事件时，救援单位之间的信息不能精准对接，存在统筹不力、救助无序等问题。导致数据共享和整合利用难题的根本原因在于缺乏数据确权和保障机制，比如没有统一的数据标准、数据共享和整合的权责模糊、缺乏明确健全的法律制度等。

（四）监管理念和管理手段相对滞后

与数字经济相适应的监管理念和制度能够更好地激发数字经济活力，推动数字经济蓬勃发展，是数字经济健康发展的必要条件之一。但目前我国的监管理念和管理手段相对滞后于数字经济发展，束缚了数字经济的长远健康发展。比如，一些政务数据的更新频率低，如经济运行数据、人口数据、法人数据等通常以年为单位更新，实时性不够，无法有效实现精准治理；突破地域限制的网络空间也为中央和地方、地方之间的监管分工带来挑战。

第三节　数字经济发展对生产方式、
世界经济格局的影响

　　数字经济的发展促进了社会生产方式的变迁，塑造了一个更加高效、智能、开放、融合的世界经济格局，但也带来了一些高度不确定性的风险和挑战。数字经济时代，劳动密集型的竞争优势将被大大削弱，技术和知识密集度高的国家将在国际竞争中获取更高的收益。国研中心"国际经济格局变化和中国战略的选择"课题组在《数字化转型对生产方式和国际经济格局的影响与应对》一文中认为，数字技术革命正在世界范围内推动社会生产方式向数字化转型，对整个经济体系产生渗透和重构，进而引发国际经济格局的调整。

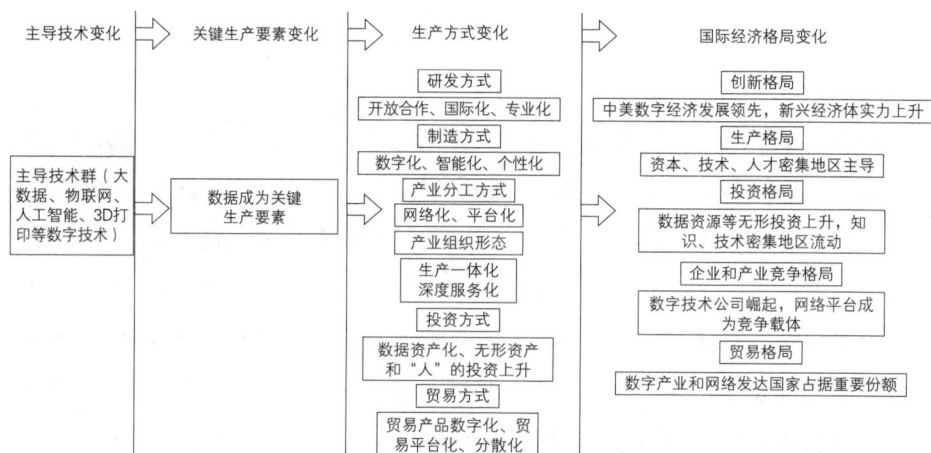

新一轮技术革命对生产方式及国际经济格局影响示意图

资料来源：国研中心"国际经济格局变化和中国战略的选择"课题组编写的《数字化转型对生产方式和国际经济格局的影响与应对》。

一、生产方式和世界经济格局在技术革命下的变迁

　　生产方式的变迁与技术进步、市场因素变化、制度改革等因素密切相关，其中，技术变革是生产方式变迁的根本性和决定性的因素之一。技术革命推进

生产方式和世界经济格局变革的具体影响路径为：主导技术变革催生了新的关键生产要素产生，引发生产方式发生重大变迁，世界各国的竞争优势也随之发生改变，重塑世界生产、投资、贸易、竞争等互动格局。

| 主导技术变革 | → | 新的关键生产要素产生 | → | 生产方式变迁 | → | 各国竞争优势发生改变 | → | 世界生产、投资、贸易、竞争格局变革 |

资料来源：根据国研中心"国际经济格局变化和中国战略的选择"课题组《数字化转型对生产方式和国际经济格局的影响与应对》内容整理。

人类历史上一共发生过五次技术革命，每次技术革命都推动了生产方式的变迁，重塑了产业组织形态，推动产业融合并引发竞争模式发生巨大改变，进而推动国际经济格局发生变革。(1) 第一次技术革命以机械技术为主导，棉花、生铁成为早期机械化范式的关键生产要素，纺织化工、机械加工制造等产业破土而出。(2) 第二次技术革命以蒸汽动力技术为主导，煤炭、铁路交通成为蒸汽动力和铁路范式的关键生产要素，蒸汽机械制造、铁路设备制造等产业兴起。(3) 第三次技术革命以钢铁、电力、天然气、合成燃料等技术为主导，钢铁、电力成为新的关键生产要素，电工电气机械、重型武器、船舶钢铁等成为新兴产业。(4) 第四次技术革命以石油、化工、航天航空技术为主导，石油等能源作为新的关键生产要素，促进石油化工生产制造、飞机、汽车等制造业兴起。(5) 当今时代，人类正在经历第五次技术革命，新一代信息技术主导着生产力和生产方式的变迁，数据成为数字经济范式下的关键生产要素，电信业、软件和信息技术服务业、互联网行业等信息产业迅速发展，数字化转型促进传统产业和数字经济深度融合。

技术革命	主导技术	关键生产要素	技术—经济范式
第一次技术革命：工业革命	机械技术	棉花、生铁	早期的机械化范式
第二次技术革命：蒸汽动力革命	蒸汽动力技术	煤炭、铁路交通	蒸汽动力和铁路范式

续表

技术革命	主导技术	关键生产要素	技术—经济范式
第三次技术革命：电工革命	钢铁、电力、天然气、合成燃料技术	钢铁、电力	电气和重型工程范式
第四次技术革命：石油革命	石油、化工、航天航空技术	以石油为主的能源	福特大规模生产范式
第五次技术革命：信息革命（当今时代）	信息通信技术	数据	数字经济范式

资料来源：根据王姝楠、陈江生《数字经济的技术—经济范式》整理。

二、数字经济时代生产方式的趋势性变化

在数字经济时代，数据作为新的关键生产要素，引导企业优化资源配置，提高企业生产经营效率，赋能企业生产方式的数字化转型，促进生成新的研发、制造、销售方式，塑造新的产业组织形态。

（一）数据推动产业实现一体化发展

数字技术的变革大幅降低数据采集、存储、传输、分析的成本。数据连接了产品研发、生产和流通等各个环节，促进产业组织各主体有机融合，从而推动产业一体化。比如，数字化转型帮助企业建立生产管控一体化平台，建立数字化工厂，通过数据采集和分析运用，集成产品研发设计、生产过程管理、产品制造、用户服务等多个环节，实现全流程一体化生产管控。又如，城市的地下管网可以通过信息化管理，实现管线采购、管理、更新、应用、共享等一体化生产和管理体系。

（二）数字化转型推动传统产业迈向智能化

一是先进制造、新能源、新材料等技术与数字技术的有机融合，推动制造业向数字化发展。比如，在某电子科技公司的智能生产车间，运用智能制造、纳米级制程工艺设计等数字技术，生产出 LED 芯片等高精尖电子产品。智能制造、机器换人推动制造业摒弃传统发展模式，进入"互联网＋先进制造业"

的新兴发展模式，推动制造业实现高质量发展。

二是数字技术让用户个性化定制服务成为传统制造业应对市场竞争的新优势。随着制造业的技术密集度不断提高，产品制造的附加价值随之提高。比如，一些服装加工、家具制造、电子产品制造等传统制造行业，通过互联网、大数据等技术，满足用户个性化定制服务要求。数字技术创新大大提高产业竞争力。

（三）数字技术让研发设计走向国际化

随着通信技术的发展，网络和信息交换无处不在。在数字经济背景下，创新资源在全球范围内的流动性大幅提升，人们可以更多、更大范围地获取知识、采集创意，进行研发创新。传统的封闭式研发设计模式被逐步取代，转变为开放式、国际化的新模式。"万物互联"为企业开展国际研发分工合作。比如，全球设计平台为设计师、设计公司、设计用户搭建设计信息流通平台，有设计需求的用户可以发布设计任务，平台快速匹配设计方案，通过设计信息的自由流通，提供便捷、专业、全球化的设计服务。

（四）平台成为一种新型的产业组织形态

所谓平台，是指一种可以促进商品和服务等产品交换的交易场所，是连接供给侧和需求侧的中介方。互联网、物联网等数字技术让传统意义上的平台突破地域限制，也促进了大批互联网平台企业的诞生，比如，国外的亚马逊、谷歌、脸谱及国内的阿里巴巴、腾讯、百度等互联网科技企业。陈永伟《如何发展数字经济》中指出，平台具有以下两点特征：（1）平台同时具备市场和企业的特征，即平台具有对内资源配置和对外参与市场竞争的企业特征，又拥有供需匹配、撮合交易的市场特征，如P2P租车平台撮合汽车拥有者和租车用户的交易。（2）平台具有"跨边网络效应"，即平台一端用户获取的价值取决于另一端的用户数量，比如电商平台通过补贴等优惠活动吸引更多消费者使用，更多商户入驻电商平台，消费者选择更加丰富多样，因此能够吸引更多消费者。而先进入的平台具有明显的先手优势，能够抑制后发平台，导致"强者更强"。

三、数字经济对世界经济格局的影响

随着数字技术的进步和发展，生产方式逐步实现数字化转型，数字经济迅

速融入世界经济的多个方面，对全球制造业产业链、投资、贸易和国际税收等方面均造成了深刻影响，世界经济格局发生深刻调整。

（一）新一代制造业由劳动密集转向资本和技术密集

随着人工智能等数字技术的应用，能够替代程序性工作中的劳动力，推动生产制造环节实现全自动"无人化"。"机器换人"的智能化改造，在大幅提高产业效率的同时，也大大减少了纺织、服装制造等劳动密集型产业中的就业机会，很多发展中国家依靠劳动力低成本的国际市场竞争优势将被大幅削弱，依靠劳动密集优势参与全球价值链分工的发展模式将被"淘汰"。数字技术的应用，推动传统"制造"向新型"智造"的转型升级，新一代制造业在世界范围的迁移方向不再趋向于劳动密集国家和地区，而是转向技术、人才和资本密集的国家和地区，劳动密集经济主体的吸引力大幅下降。

（二）国际投资趋于流向技术密集程度高的地区

数字经济下涌现了一批从事数字活动的数字跨国公司，如电子商务公司、数字咨询公司、大型传媒公司等。数字化跨国公司的经营模式和投资路径有别于传统跨国公司，其更倾向于投资先进技术、知识产权等"智能"资源，对数据和互联网的依赖程度显著高于传统跨国公司。数字化跨国公司倾向于在发达国家获取知识和技术，据统计，全球约三分之二的数字跨国公司总部位于美国。此外，数字经济也极大影响了传统行业跨国公司的投资流向，发展中国家低成本劳动力的生产优势被人工智能、智能工厂等技术逐步替代，投资回报率下滑，投资吸引力大大降低，传统跨国公司的投资方向转为数字化、智能化领域。

（三）国际贸易中数字经济程度高的国家和地区市场份额占比提升

数字技术降低了国际贸易成本和限制，推动国际贸易规模持续扩大。并带来了以下两方面变化：

一是数字贸易蓬勃发展。数字贸易是数字经济的一种国际化形式，随着数字技术的驱动，数字贸易的规模越来越大，在国际贸易中的重要程度越来越高。据商务部数据统计，2019年中国的数字贸易进出口总规模为2036亿美元，在全国服务贸易总额中占比26%，同比增长超过6%。国际贸易由以实体商品贸易为主的贸易形式转向实体商品和数字化产品贸易并行的形式。而数字技术和数字化产业越发达的国家和地区，在国际贸易中的市场份额将越高。

　　二是传统跨境贸易模式向平台化发展。在数字经济时代，跨境电商等新商业模式飞速发展，并在跨境贸易中占据重要地位。近年来中国跨境电商的市场规模不断增长，从 2014 年的 4.2 万亿元增长至 2019 年的 10.5 万亿元，年复合增速超过 20%。平台经济在国际贸易中的作用越来越重要，跨境电商平台降低了国际贸易壁垒，允许一些中小为企业和个体经营者直接参与国际贸易。网络越发达的国家和地区，市场主体参与国际贸易的机会就越多。

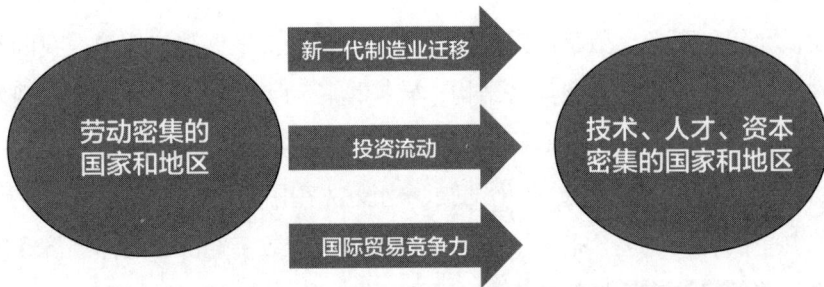

资料来源：根据国研中心"国际经济格局变化和中国战略的选择"课题组《数字化转型对生产方式和国际经济格局的影响与应对》内容整理。

（四）国际税收规则制定的话语权向数字经济发达国家倾斜

　　在全球经济数字化转型的背景下，数字经济对现有传统的国际税收的转让定价规则提出了挑战，如跨境电子商务模式下商品交付国家是否有权征税、数据交换的税收规则难以确定、云计算模式下的服务商归属地的确认等，运用传统国际税收规则均难以解决。数字经济发达程度越高的国家，在探索国际税收规则制定时倾向于越有经验和拥有更大的话语权。

第三章　数字经济发展与安全

　　发展是第一要务。数字经济大潮奔腾，数字经济发展热浪滚滚。我国经济正处在转变发展方式、优化经济结构、转换增长动力的攻关期，高度重视发展数字经济。《中华人民共和国国民经济和社会发展第十四个五年规划和 2035 年远景目标纲要》指出，加快数字化发展，建设数字中国。在创新、协调、绿色、开放、共享的新发展理念指引下，我国正积极引导数字经济和实体经济深度融合，推动我国经济高质量发展。

　　数字技术为企业转型和发展带来机会，也提出挑战：一切新场景、新业务、新应用都要直面安全问题。安全的重要性和复杂性与日俱增，没有理由重蹈先乱后治的老路，也承受不起因安全隐患给实体经济带来的代价。安全能力已成"必修课"，数字经济要想健康发展，就须全方位升维安全能力。

第一节　数字经济与我国高质量发展

　　高质量发展是能够很好满足人民日益增长的美好生活需要的发展，是体现新发展理念的发展，是创新成为第一动力、协调成为内生特点、绿色成为普遍形态、开放成为必由之路、共享成为根本目的的发展。

　　以数字经济为代表的科技创新的核心驱动力正以摧枯拉朽之势重构传统产业链，加速搭建更智能化的生产、经营、管理体系，数字化已成为经济供给侧结构性改革的重要抓手，成为推动经济高质量发展的重要引擎，将持续经济社会高质量发展。

一、数字经济引领产业高质量发展

（一）数字经济降低交易成本

诺贝尔经济学奖得主科斯（Coase, R.H.）最重要的贡献之一就是提出了交易成本（Transaction Costs，又称交易费用）理论。交易成本是指在完成交易时，交易的双方在交易前后发生的各种与此交易相关的成本。基于效率的考虑，企业内部有专业化的分工协作降低交易成本，同时经济体的不同企业之间、企业与政府等各类组织之间产生分工降低社会的总体交易成本。

数字经济时代，企业通过现代通信手段、互联网/物联网等各类媒介，高效获得上游原材料、供应商信息和动态，高效获取下游消费者、需求方的各类需求信息，从而更高效地组织生产经营。数字经济尤其是工业互联网、内部管理系统等的应用，在企业内部能够一目了然、高效地掌握企业内部的生产、组织、管理、沟通等各环节，进而优化生产工序和管理流程，降低交易成本、改进组织效能；对于企业所在的产业链，也能更好地降低产业链各个企业的沟通和交易成本，极大提升产业链的运营效率。

（二）数字经济既增强规模经济效应又发挥长尾效应

数字经济时代，互联网、大数据、云计算、5G和物联网等各类技术和应用助推高质量发展，有效帮助企业产品寻找客户，最大化提升产品产能，企业面向大众市场产品的产能最大化、规模效应作用明显。借助数字经济手段，产品信息最小成本、最大效用地推送到合适消费者手中，物流配送等借助各类互联网和物联网技术、及时高效完成产品的运输和配送，国内产品的产能也能更方便地出口国外、抵达全球消费终端用户。借助互联网和移动互联网等技术手段的不断普及与深化，客户可以更加方便、随时随地使用各类金融服务、教育服务、商业/法律咨询、科技服务等，同时此类服务往往边际成本很低甚至为零，能最大化发挥规模效应。

美国《连线》杂志主编克里斯·安德森（Chris Anderson）在2004年10月《长尾》一文中提出长尾理论（Long Tail），用以描绘新兴互联网网站和服务提供商的商业经济模式。具体来看，需求曲线尾部需求相对零散、小量和个性化，过往企业生产和服务中往往不重视，企业往往聚焦于主流、大量的需求、认为这类需求才能给企业带来最大的利润；而长尾理论却告诉我们，随着信息传递、物流配送等不断加强，长尾的、非主流的市场也能带给企业较好利润。数字经济将非常好诠释长尾利润、发挥长尾效应，由于企业需求发掘效率提升，生产制造、库存管理、物流配送等各环节交易成本降低，原来看似利基市场或者很难提供利润的市场，在数字经济时代也能带来很好利润。

（三）数字经济提升企业和经济体的资源精准配置

资源配置是生产要素市场最终的功能，也是目前我国正在着力重点改革的领域。数字经济，可通过大数据、工业4.0、物联网等，使得企业在资金、原材料、劳动力、技术投入、研发等领域更加有效配置。单个企业可实现对于信息流、资金流、物流的高效分析、调度，合理利用和最大化生产要素价值，精益生产制造，同时也能在企业市场营销、供应链管理、生产经营管理方面提质增效；此外可促进产业链上下游的各个利益相关方实现产业链、价值链的资源整合有效配置，减少经济运行中整体资源闲置和浪费，有效促进经济高质量发展。

（四）数字经济提升企业和经济体的研发和创新能力

建设创新型国家，从中国制造走向中国创造，一直是我们经济重点努力的方向。数字经济能够快速发现消费、服务等终端需求市场的大众需求、长尾市场需求，促进企业开展基于需求的产品研发和创新；同时数字经济大幅提高企业研发数字化水平，研发本身积累的研发数据、数据分析等能力也大幅提升，借助数字化手段，研发的全流程管理也实现数字化、科学化。除研发外，在数字经济的助力下，企业的未来产品形态创新、业务模式创新等也会加速，企业更"懂"客户、更了解供应链产业链、更了解整个经济体，企业内部管理和上下游管理更加敏捷，这样产品形态创新和业务模式创新就会不断涌现，源源不断地迭代和提升价值。

二、数字经济赋能经济的高质量发展

（一）数字经济有力支撑我国经济培育新动能

数字经济的发展，包含有数字基础设施建设、经济数字化和数字经济化、实体经济与数字科技的不断融合等，带来了全方位多维度创新，为经济体带来了新动能。

我国数字基础设施建设将会是"十四五"期间的重点发力领域，基础设施建设涉及 5G 乃至 6G（卫星互联网）关键技术、通信基站、各类通信芯片和物联网芯片的研发生产制造，大量的投资投入将有助于我们研发技术突破、战略性、关键性的核心技术自主研发、生产制造的可控可靠，摆脱当前多种核心技术"卡脖子"的困境，为我国经济增加新动能。

一方面，数字科技和各类应用积累了大量的用户、数据，将此类数字科技有效转化为经济和商业模式，形成新的发展动能；另一方面，经济数字化是将传统的产业、企业数字化赋能，挖掘和培育传统经济的数字化新亮点、新机会、新动能。此外，"工业 4.0"、柔性生产制造、智能制造、无人机、无人车等，这些都是数字经济带来的经济新动能。

（二）数字经济助于我国经济释放新活力

经济活力的释放，往往来自经济活动中各个主体的主观能动性的发挥。经济参与主体简化来看，包括：终端消费者、生产商和供应商。在数字经济时代，能及时有效发现终端消费者各类需求，并且会被生产商满足，无论是大众需求还是长尾需求，特别是长尾需求，过去往往被忽视，现在能被发现并且得到满足，这样终端需求的各类产品和服务需求会不断涌现和得到满足，为经济贡献新活力，带动经济高质量发展。生产商和供应商方面，基于数字经济，产业链和供应链的管理更加高质高效，新技术和新应用带来企业内部管理、研发管理的活力释放，产业链相关各个企业的关联度和紧密度进一步加强，进一步释放活力。

当然，从监管层门来看，国家可加强数字经济时代数据相关的立法和管理规则的制定，保障数据的权利归属、交易、定价、传输安全，理顺数据资产全链条的制度和机制。同时对于数字经济时代产生的新事物、新模式，监管规定和国家法律法规也应该及时跟上，为数字经济保驾护航。

三、数字经济背景下我国经济高质量发展路径探析

数字经济助推经济高质量发展，数字经济有力支撑我国经济培育新动能，很多学者在探索数字经济助推经济高质量发展路径，例如，张鸿等在《数字经济背景下我国经济高质量发展路径探析》一文中认为数字经济是实现质量变革、

效率变革、动力变革的内生动力。（1）质量变革是数字经济的背景下，我国经济生产的产品、服务更好地满足消费者的需求，供应链各环节上产品的质量有效得到提升，最终推动整个产业品质和质量升级，提高经济运行质量。（2）效率变革是数字经济背景下，我国经济生产中的土地、资本、劳动力和技术等各项生产要素得到高效配置，商品和服务得到全流程的物流、信息流和资金流的效率提升，产品服务营销、研发生产制造、物流配送和售后反馈等全流程的效率提升。（3）动力变革是数字经济背景下，我国经济发展涌现出各类新动能，推动新旧动能的转换升级。

（一）质量变革

我国经济经过多年发展，已经成为全球重要的制造业大国和出口大国，但存在大而不强的现状。如何提升我国经济发展质量，由过去的数量发展转变为质量发展，数字经济提供很好解决思路。数据已经发展成为继传统的土地、劳动力、资本等要素以外的另外一种新型的生产要素，数字时代的基础设施也成为继水电煤之后的工商业生产制造中的一种新的基础设施和基础材料，有效利用数字技术和数字技术基础设施，能更高效整合整个经济循环中的消费需求、研发生产制造、供应链管理和物流配送等，高效挖掘消费者需求的变化、捕捉消费者的长尾需求，研发、设计、生产符合消费者需求的新产品或对于现有产品进行技术改造和革新，降低不必要成本费用，大幅提升产品和服务质量，提高终端消费者满意度。

数字经济背景下，企业的市场营销、研发、生产制造和供应链管理更加准确有效，减少资源浪费、提升效率，节约整个社会生产资源，对于整个经济体而言就是发展质量的提高。数字经济背景下，我国的信息技术企业，借助大力发展数字经济基础设施的大背景和市场机会，努力提高信息技术企业的自主研发能力和技术水平，同时数字技术与现有各行各业的传统产业不断融合深化，企业的科技研发和新产品开发、创新创造的能力更强，会不断涌现出更多的高科技、高质量发展的企业，共同实现经济的高质量发展。

（二）效率变革

效率变革一般依赖于管理模式的变革和技术变革两类，数字技术本身作为现代经济中最重要的技术变革之一，又能有力支持管理模式变革，两者共同推动效率变革。

一是数字技术利用 5G、大数据、物联网、人工智能、区块链等，本身就能够实现经济体运行中各个环节的数据获取、数据传输、数据处理、数据分析、数据交易和数据应用等方面的效率大幅提升，这些技术变革让过往企业和经济运行中无法掌握的数据得以浮现出来、让过往运行中模糊地带变得更加清晰，让消费者的产品和服务需求响应更加迅速，生产者的研发、生产制造、供应链管理更加敏捷，物流配送更加高效，对于整体经济体而言就是效率变革和提升。

二是数字技术带来管理模式的变革。数字技术让公司和管理层能够更加及时、准确、系统地掌握企日常经营中的各类数据，企业可以基于此建设数据中台，用数据库和数据魔方等从各个维度和角度跨地域、跨场景、实时监控和搜集分析数据，据此推动企业的管理模式变革，提升企业效率。以互联网企业、科技研发企业最为明显，身处全球不同国家不同办公地址、不同民族种族、数以万计的员工，从事着科技研发、软件和服务工作，本身工作成果很难简单用工作时间、数量等传统量化手段进行统计分析，管理难度比传统企业高出不少。在这种情况下，借助数字技术手段，能很好地将多地员工进行远程协同、不断树立和强化公司的发展目标、愿景和企业文化，工作内容、成果很容易进行内部分享和监督。例如在 2020 年以来疫情冲击下，很多企业实现较大范围的远程办公、居家办公、弹性办公，公司的日常沟通、管理和考核方式也随之改变，实现企业和经济体整体效率的提升。

（三）动力变革

数字经济时代的到来，为我国经济的转型升级提供了新动能。数字基础设施的建设将带动我国从基础科学研究、技术突破、产业转化、终端应用等全流程、全链条的创新和升级，为我国经济发展注入新动能。数字经济时代，数字技术与传统经济相结合，推动传统经济发现新商机、开发新产品、解决新问题、服务新客户，提升传统企业效能，让传统经济添加腾飞的新翅膀。数字技术本身，带来海量数据的同时，也提出数据权利归属、交易、定价、传输和安全等等新的经济和法律问题，这些问题的解决势必推动我国加快立法、行业监管政策的制定，数字人才的培养，为经济发展增加新的活力和动能。

第二节 数字经济发展内容、主要方向与格局

数字经济价值主要包括两个维度：（1）从产业部门角度，数字经济意味着高效率、高质量、协同化、精准化生产和供给。（2）从用户角度，数字经济意味着个性化用户需要被满足、用户获得更多的使用价值和体验价值，以及各种潜在的用户福利。

在农业经济、工业经济之后，数字技术的出现衍生出一种新的经济形态，即数字经济。中国信息通讯研究院在《中国数字经济发展白皮书（2020 年）》中对数字经济进行了框架式的剖析，即数字经济可以由四大主力内容构成，即数字产业化、产业数字化、数字化治理和数据价值化。

一、数字经济发展核心内容：数字产业化和产业数字化

（一）数字产业化

数字技术的发展和市场化应用，为经济社会发展带来诸多新兴的产品和服务，数字产业也因此孕育而生。数字产业化也称为数字经济基础部分，即围绕数据归集、传输、存储、处理、应用等全流程，形成的有关硬件、软件、终端、内容和服务产业。信息通信产业（数字产业化）是数字经济发展的战略性基础产业，为经济发展关键的数字技术、数据和数字服务支撑。数字产业化主要包括电子信息行业、计算机服务和软件以及电子商务等互联网行业等。没有数字技术的发展，数字产业将不会诞生和发展。数字技术带来的产品和服务，有了数字技术后才出现的产业。数字产业化（信息通信产业）是数字经济发展的基础性、先导性产业，为经济发展提供大数据、云计算、区块链、人工智能、5G 技术等关键技术和服务支撑。

（二）产业数字化

数字经济，不仅是数字技术的经济，更是以实体经济为基础的融合型经济。实体经济与数字技术的广泛融合，大幅提高了传统行业的产出效率，在原有产出量的基础上，由数字技术带来的新增产出量，可以被称为产业数字化部分。工业互联网、"互联网 +X"、平台经济、智能制造等新兴产业形态都是产

业数字化的主要形式。各行各业在数字技术的广泛带动下，开启了数字化转型的变革之路，从而推动整个经济产业数字化发展。产业数字化是数字经济发展的根基，为数字经济提供广阔的发展前景。

产业数字化，也称为数字经济融合部分，即新一代信息技术与传统产业广泛渗透融合，促进产出增加和效率提升，催生新产业新业态新模式，主要包括以智能制造、智能网联汽车为代表的制造业融合新业态，以移动支付、电子商务、共享经济、平台经济为代表的服务业融合新业态。

产业数字化是利用现代信息技术对工业、农业、服务业等产业进行全方位、全角度、全链条改造，提高全要素生产率，实现工业、农业、服务业等产业的数字化、网络化、智能化。

将数字化的知识和信息转化为生产要素是数字产业化的目的，通过信息技术创新和管理创新、商业模式创新融合，不断催生新的产业与新的模式，最终形成数字产业链和产业集群。

（三）数字产业化和产业数字化的关系

数字技术本身会推动数字产业形成，数字技术也对传统产业进行全方位、全角度、全链条的改造，"双轮驱动"数字经济快速发展。

数字经济的核心内容是数字化知识、信息和数字技术的生产和应用。数字产业化（生产）和产业数字化（应用）共同构成了数字经济的主要内容，二者改变了现代经济创造财富的能力，推动生产方式和生活方式发生巨大变迁。

数字产业化是数据、数字化知识和技术的创新及产业化过程，如电子信息制造业、信息通信与业、计算机和软件服务业等信息产业。而将数字技术运用到传统产业体系中，将数字化知识、信息和数字技术应用到产品和服务中，从而提升生产、消费、贸易、金融等经济活动的效率，则是产业数字化带来的结果。由于产业数字化通过数字技术的增量带动传统产业的存量发展，是对传统产业全面而系统的重塑，因此相较数字产业化，产业数字化呈现更大的发展体量。根据中国信息通信研究院发布的《中国数字经济发展白皮书（2020年）》，2005年我国产业数字化规模和数字产业化规模基本相当，但到2019年我国产业数字化规模约为数字产业化规模的4倍，占数字经济的比重超过八成。

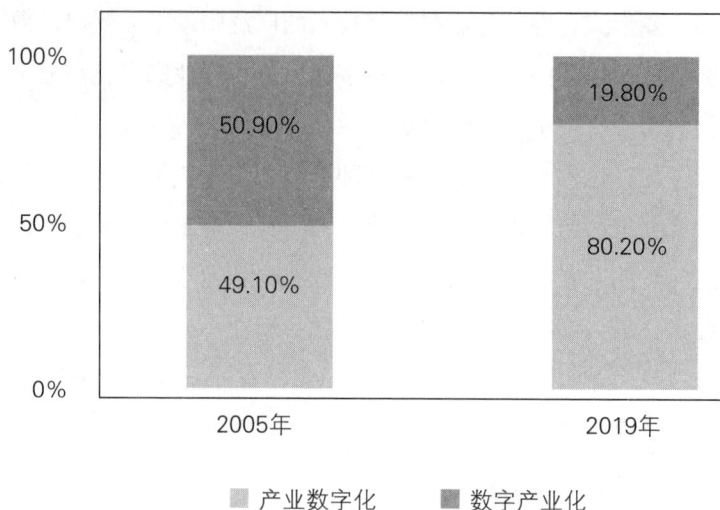

资料来源：根据中国信息通信研究院《中国数字经济发展白皮书（2020年）》内容整理。

二、数字经济发展保障：数字化治理

数字化治理，即运用新一代信息科技技术，推进经济、政治、文化、社会和生态文明"五位一体"建设和治理实现数字化转型，助推治理方式线上化、治理网络协同化、治理机制智能化，提高治理体系和治理能力现代化水平。

数字化治理为数字政府建设提供支撑。近年来，随着"放管服"改革的持续全面深化，政府的服务效能得到全面提升，更好更方便地为人民群众办事。数字经济的发展，催生了"互联网＋政府服务"的新兴治理模式，成为数字政府的重要支撑和手段。数字政府建设不断推进和提升，2019年党的十九届四中全会提出要"推进数字政府建设，加强数据有序共享"，2021年政府工作报告中提出要"要加快数字社会建设步伐，提高数字政府建设水平"。一批"互联网＋政府服务"的创新应用在多地成功落地，推进了政务服务智能化、便捷化。例如，国务院办公厅联合有关部门上线了"全国一体化在线政务服务平台"，直通1000余项政务服务事项，推动政府服务在全国范围内的"一站办理""一网通办"，人民群众的获得感和幸福感也因此得到提升。多地政府通过上线一体化在线政务服务体系、开发手机端的软件应用、推动跨区域数据共享等，将政务服务在一个平台上实现集约，让民众办事能够像在电商平台上网购一样方便。在推进"数字政府"改革建设中，广东省政府通过设立省、市、县三级服务数据管理局，对政务数据资源、存储平台、政务服务和保障体系进行统一管理，实现"数字政府"的高效协同、有机互联。

资料来源：国家政务服务平台官方网站。

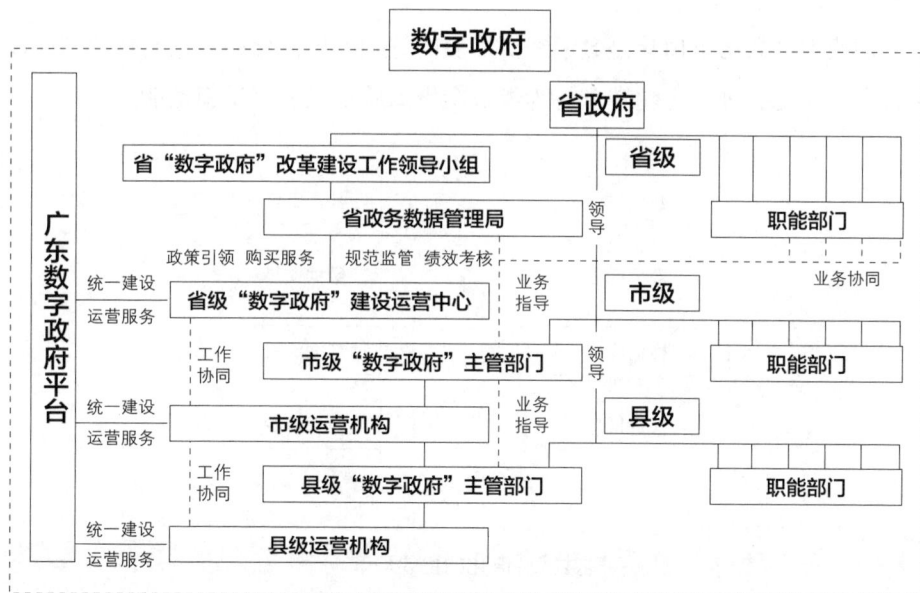

资料来源：《广东省"数字政府"建设总体规划（2018—2020 年)》。

中国信息通信研究院在《数字时代治理现代化研究报告——数字政府的实践与创新（2021年)》中认为：数字政府本质上是政府治理的数字化转型。（1）内涵上，数字政府属技术变革和应用范畴，涉及政府管理体制机制改革、行政文化变革等多方面。（2）外延上，数字政府包含数据驱动的政务服务，更侧重社会治理、城市管理、经济调控、行业监管等政府职能履行的数字化、智慧化，以全方位提升数字化治理能力和水平。我国数字政府建设呈现以用户为中心、数据驱动、整体协同、泛在智能等特点。

三、数字经济发展基础：数据价值化

在数字经济时代，被赋予价值的数据可以成为促进生产发展的关键生产要素之一。在生产过程中，价值化的数据可以与其他生产要素融合渗透，有助于提高全要素生产率。2020年3月，中共中央、国务院出台的《关于构建更加完善的要素市场化配置体制机制的意见》中，首次将数据作为与土地、劳动力、资本、技术并列的生产要素之一，并提出通过推进政府数据开放共享、提升社会数据资源价值、加强数据资源整合和安全保护，加快培育数据要素市场。

加快推进数据价值化是数字经济发展的基础。价值化的数据与传统产业深度融合，深度推进数字化转型，为经济实现高质量发展提供新动能。

数据采集	数据定价
数据标准	数据交易
数据确权	数据流转
数据标注	数据保护
⋯⋯	

数据价值化的主要环节

资料来源：中国信通院《中国数字经济发展白皮书（2020年）》。

伴随着分析与计算技术的发展，无论是现实世界中的自然数据，如宇宙星系、地球物质及生态演进、大气与气候变化，抑或人类行为产生的非自然数据，解读、整理、分析及至利用已经成为可能。必然使得数据成为一种极具价值的生产要素。

随着数字化转型加快，数据对提高生产效率的乘数作用凸显，成为最具时代特性的新生产要素。而数据真正的价值化至少包括数据采集与保护、数据标准及确权、数据标注及定价、数据交易及流转等。

四、数字产业化、产业数字化、数字化治理和数据价值化关系

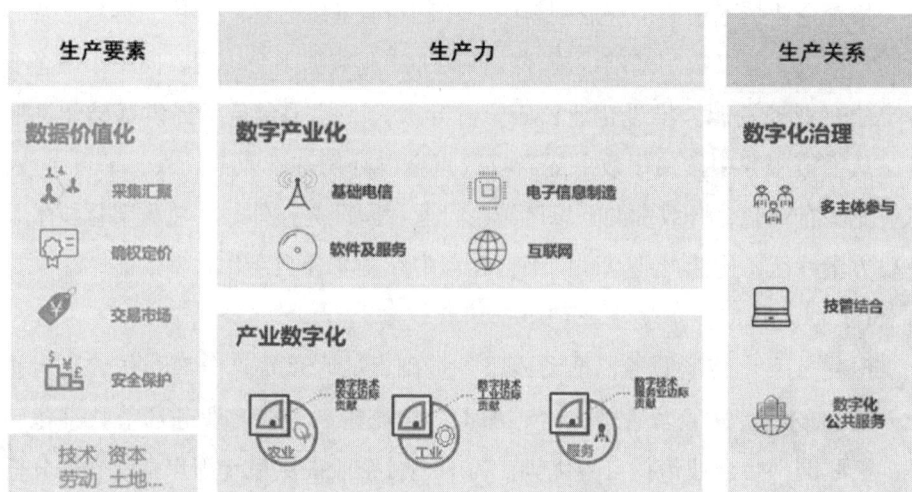

数字经济的"四化"框架

资料来源：中国信息通信研究院《中国数字经济发展白皮书（2020 年）》。

数字经济发展中，"四化"之间紧密联系、相互影响，它们之间的关系实质上是生产力和生产关系、经济基础和上层建筑之间的关系。对于数字经济发展来说，处理好"四化"关系，既是生产力与生产关系的辩证统一，也是意义重大的时代命题。在时代发展的历史长河中，数字技术的"寒武纪大爆发"在 21 世纪形成历史交汇。推进"四化"协同发展，形成数字经济发展新优势，以数字经济新发展理念，推动经济发展实现质量和效率的巨大变革具有非凡的时代意义。

五、数字经济发展主要方向

（一）筑基础，夯实数字化转型技术支撑

加快数字化转型共性技术、关键技术研发应用。在具备条件的行业领域和企业范围开展以 5IABCDE（5G、IoT——物联网、AI——人工智能、Blockchain——区块链、Cloud Computing——云计算、Big Data——大数据、Edge Computing——边缘计算）等为代表的新一代信息技术的应用和集成创新。加强对共性开发平台、开源社区、共性解决方案、基础软硬件开发，鼓励相关代码、标准、平台开源发展。

（二）搭平台，构建多层联动的产业互联网平台

培育企业技术中心、产业创新中心和创新服务综合体。加快完善数字基础设施，推进企业级数字基础设施开放，促进产业数据中台应用，向中小微企业分享中台业务资源。推进企业核心资源开放。支持平台免费提供基础业务服务，从增值服务中按使用效果适当收取租金以补偿基础业务投入。平台企业、行业龙头企业整合开放资源，以区域、行业、园区为整体，共建数字化技术及解决方案社区，构建产业互联网平台，为中小微企业数字化转型赋能。

（三）促转型，加快企业"上云用数赋智"

深化数字化转型服务，推动云服务基础上的轻重资产分离合作。平台企业开展研发设计、经营管理、生产加工、物流售后等核心业务环节数字化转型。互联网平台企业依托自身优势，为中小微企业提供最终用户智能数据分析服务。促进中小微企业数字化转型，平台企业创新"轻量应用""微服务"，对中小微企业开展低成本、低门槛、快部署服务，加快培育一批细分领域的瞪羚企业和隐形冠军。培育重点行业应用场景，加快网络化制造、个性化定制、服务化生产发展，推进数字乡村、数字农场、智能家居、智慧物流等应用，打造"互联网+"升级版。

（四）建生态，建立跨界融合的数字化生态

协同推进供应链要素数据化和数据要素供应链化，打造"研发+生产+供应链"的数字化产业链，以数字供应链打造生态圈。传统企业与互联网平台企业、行业性平台企业、金融机构等开展联合创新，共享技术、通用性资产、数据、人才、市场、渠道、设施、中台等资源，培育传统行业服务型经济。加

快数字化转型与业务流程重塑、组织结构优化、商业模式变革有机结合，构建
"生产服务＋商业模式＋金融服务"跨界融合的数字化生态。

（五）兴业态，拓展经济发展新空间

大力发展共享经济、数字贸易、零工经济，发展新零售、在线消费、无接
触配送、互联网医疗、线上教育、一站式出行、共享员工、远程办公、"宅经
济"等新业态，疏通政策障碍和难点堵点。云服务拓展至生产制造领域和中小
微企业。发展共享员工等灵活就业新模式，充分发挥数字经济蓄水池作用。

（六）强服务，加大数字化转型支撑保障

各类平台、开源社区、第三方机构面向广大中小微企业提供数字化转型所
需的开发工具及公共性服务。建设数字化转型服务咨询机构和区域数字化服务
载体，丰富各类园区、特色小镇的数字化服务功能。创新订单融资、供应链金
融、信用担保等金融产品和服务。拓展数字化转型多层次人才和专业型技能培
训服务。以政府购买服务、专项补助等方式，面向中小微企业和灵活就业者提
供免费或优惠服务。

六、数字经济发展格局

中国的数字经济发展大致经历三个阶段：第一个阶段为即信息通信技术驱
动的信息化转型；第二个阶段为互联网驱动的网络化转型；第三个阶段为大数
据、人工智能等新一代数字技术驱动的数字化转型。在数字化、网络化、智能
化手段的应用下，产业链和价值链的各个环节得到全方位的赋能，产业效率得
到极大提高。各产业之间互联互通使得农业、工业、交通、物流、金融和科技
服务等行业实现了真正意义上的产业协同。企业内部软硬件和数字化基础设施
在数字技术的应用下一体化发展，推动了产业链和供应链的实质性融合，产业
生态体系进一步完善，产业韧性和灵活性进一步加强。

2020 年 10 月，中国互联网络信息中心副主任张晓在第三届数字中国建设
峰会上认为，要发展数字经济，实现社会生产的数字化变革，就要从企业、行
业、产业、生态四个层面出发，形成"点、线、面、体"一体化的发展格局。

（一）完善企业级服务，形成数字化发展"突破点"

要促进数字经济发展，就必须以企业为核心，面向企业经营的各个环节提

供专属服务，通过数字化技术的加持释放企业活力，在前、中、后台都实现数字化变革。（1）在前台，企业需要具备数字化思维，采取数字技术分析市场客户的行为习惯，将 C 端用户的信息数字化，以方便分析消费者画像，实现定制化产品和服务的精准营销，这不仅能够提升用户的消费体验，同时也能极大地提升企业的客户黏性。（2）在中台，通过构建高度标准化、模块化的工具提高企业的数据分析能力和业务处理速度，以金融业为例，高度标准化和模块化的工具能够极大地提升金融企业对风险的识别和计量，同时增强对盈利机会的预测和发掘，从而加快对前台业务的审批速度，并强化企业的获利能力。（3）在后台，通过良好的人力资源管理和财务预算安排，为企业业务的创新发展和智能决策服务，譬如，优秀的人力资源和财务管理能力能够有效加强企业组织的运行效率，为企业业务的正常开展和创新进步奠定基础。（4）企业还需要积极进行组织创新，形成组织严密同时灵活高效的协同网络，使自身组织结构犹如"数字神经"一般实现信息的快速有效传递和高度协同，不断适应复杂多变的内外部环境。

（二）加快行业信息化建设，构建行业协作"生命线"

要促进数字经济发展，需要把信息化建设放在重要位置，通过制度改革为信息化建设保驾护航。（1）要加快完善与信息化相关的基础设施建设，加快数字基础设施建设速度，为行业信息化程度的提高提供有力的系统支撑和可靠的网络保障。（2）要重点培育为行业信息化服务的第三方合作商，方便在必要时为行业发展提供系统的解决方案，推动传统行业的信息化建设。（3）鼓励企业家积极推广行业信息化，促进一批有创新精神的企业家加快自身信息化水平建设，并在全行业进行推广，从而发挥优质拔尖企业的示范带动作用。以互联网行业为例，可以先在全国范围内搜集一批信息化水平较高的企业进行重点宣传，并通过工业转型升级专项资金加大支持力度。

（三）打造产业云平台，实现产业融合"基本面"

促进数字经济发展，要面向产业促进全方位全场景的互联互通，实现产业间信息的高速流动，通过基础创新提升产业发展能力。而云计算平台作为信息基础设施互联互通的加速器，成为产业互联网快速覆盖的关键推动力量。通过产业云平台的建设，不同行业在云计算平台上可以实现数据的快速交换和业务之间的交叉融合，有利于许多新业务和新业态的出现，促进不同产业之间的高效协作，同时，产业云平台的出现可以加速产业集聚，通过提升产业间的集聚水平来提高产业协同能力，并且进一步加快推进核心技术创新，有利于系统推进云计算平台相关的基础设施建设，提升产业内技术人员的云计算平台使用和开发能力，为产业发展提供创新支撑。

（四）打通生态数据链，建设高效协作"共同体"

促进数字经济发展，要打通整个生态链的数字经济循环，推进全链条的产业协同，以畅通经济社会循环。数字经济时代数据是极为重要的生产要素，必须要在全产业链实现数据高效流动，才能保障产业间的高度协同，实现数字经济的高速发展。因此必须将产业链之中的每一个细微的供需环节打通，形成贯通整个产业生态的数据链，降低合作沟通的信息成本，缩短产品与服务的更新周期，从而实现对传统产业的全方位改造，实现整个产业的数字化转型升级。同时也要大力推动治理创新，在产业协同领域尽量放松严格的管制，避免不必要的限制，同时严格保证产业安全，凝聚和团结社会各方面的力量，推动整个社会的数字化转型。

第三节　数字经济发展现实路径、对策与评价

20世纪40年代计算机问世以来，社会生产力得到了极大提高，尤其在信息技术革命爆发之后，数字经济作为一种新经济形态，逐渐成为经济发展的主流。移动互联网、大数据、云计算、人工智能、区块链、5G等先进信息技术成为全球数字经济的主要技术基础。在这些信息技术与通信技术的加持下，金融、能源、交通和医疗等各个行业的企业组织形式和生产模式都发生了翻天覆地的变化。数字技术的创新性应用，满足了社会经济对数字技术的需求。在数字技术的支持和数字基础设施覆盖面不断扩大的支持下，全球数字经济规模持续增长，数字经济成为全球经济的新增长点。

一、数字经济发展现实路径

数字经济与其他农业经济、工业经济等经济形态一样有着特殊的现实发展

路径。在数字经济发展的现实路径中，生产力是最活跃最革命的因素，当生产力的发展受到原有生产关系的阻碍时，生产关系必然被倒逼发生变革。因此，当数字技术深入到产业链的各个环节中，生产力逐渐数字化为数字生产力，生产关系也必然被推动发展成为数字生产关系。既然生产力的变化可从生产、交换、分配与消费来展开分析，那么通过类比可以得出，生产关系的变化也可以从这几个方面来展开。数字经济作为继原始经济、农业经济、工业经济之后的经济形态，同样包含数字生产力与数字生产关系两个维度。按照传统生产力和生产关系的分析范式，可以从数字生产关系、数字交换关系、数字分配关系与数字消费关系展开分析数字经济。因此，按照马克思政治经济学的理论逻辑，我们可以从数字生产关系、数字交换关系、数字分配关系与数字消费关系来分析我国数字经济发展的现实路径，这四者之间的关系如下图所示。

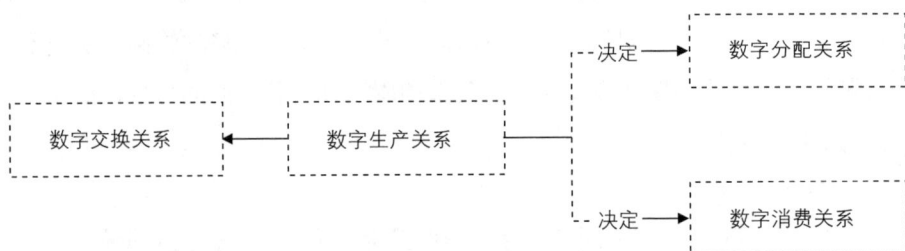

资料来源：龚晓莺等《数字经济发展的理论逻辑与现实路径研究》。

（一）数字生产关系

从生产条件、生产过程和劳动产品这三个方面分析数字经济的生产关系。（1）生产条件的数字化。生产条件包括生产资料和劳动者，在不同时代劳动者并没有很大区别，但是生产资料差别巨大。在数字经济时代，数据是最关键的生产资料，有着传统生产要素不具备的特质。在劳动层面，数字劳动是劳动者使用数据等生产要素进行生产加工，并最终产出数字产品所付出的劳动。从本质上来说，数字劳动仍然是一种生产性劳动，但是却是马克思劳动价值论在数字经济上的延伸。但两者区别较大，数字劳动使劳动者工作时间与闲暇时间界限模糊，工作地域限制消除，突破了时间与空间对劳动的限制，而一般劳动却将劳动者限制在特定的劳动场所和劳动时间内。（2）生产过程的数字化。马克思认为，劳动过程在人类生活的一切社会形式中是一直存在的。数字经济作为经济时代的一种新形式，其劳动过程同样也是一种制造使用价值的有目的的活动。在数字经济的生产过程中，由于数据这一特殊生产要素的存在，数字经济时代的生产过程有别于其他时代。在数字经济中，生产资料、劳动产品和劳动都实现了数字化。数字生产资料与数字劳动结合形式发生转变，数字经济中的生产过程也逐步出现无形化的趋势，与传统的有形生产过程相区别，生产过程趋向数字化。（3）劳动产品的数字化。传统的经济生产活动中的生产资料是有形的，劳动也是以人为中介生产商品的过程，因此产出的劳动产品也必然是有形的。那么，作为生产过程的终点，劳动产品必然是具有物质形态的商品。而在数字经济中，劳动产品具备着有形劳动产品与无形劳动产品两种形态。这取决于生产条件与生产过程中的数字化特征。无形的劳动产品在数字化的生产过程中实现了价值增值，这些价值增值自然也来自生产者的数字化劳动。

（二）数字分配关系

数字生产关系必然伴随着分配关系，前者决定后者。数字分配关系主要包括生产要素分配与最终产品分配。（1）数字生产要素分配主要是指数据这一生产要素的分配，在数字经济中，数据这项关键生产要素并不是实物形态，是劳动者有意或者无意创造出的。在数字经济时代之前，劳动者无意中创造的数据要素并没有成为生产要素投入到生产活动中。而如今客户在互联网上有意或无意产生的数据被企业收集、储存和管理，用来分析消费者的消费习惯和偏好，从而帮助企业调整经营策略和产品结构。数据成为一种重要的生产要素，创造出剩余价值。由此带来了数据的分配问题：企业对数据进行采集、存储、管理和分析等生产性活动，使得数据成为生产领域中的生产要素，企业获得了这些要素的所有权，但这些数据实际是由消费者产生，因此数据的归属权产生了分歧。在资本主义社会，数字生产要素由占有者决定，但是在社会主义社会中，由于公有制的存在，数字这一生产资料应当由全民共享。（2）数字劳动产品的分配。在数字经济时代的生产过程中，劳动者根据在数字化劳动过程中付出的劳动量按照按劳分配原则进行分配。同时，企业则将数据这一生产要素投入到生产活动中，按生产要素参与分配的原则进行数字劳动产品的分配。在我国大力发展数字经济的背景下，将数据作为一种生产要素参与分配有利于提高劳动者的积极性，最大化数据要素的作用。因此，党的十九届四中全会首次将数据确认为生产要素参与分配，是对数据作为一种关键生产要素的肯定。

（三）数字交换关系

数字经济的交换关系本质上仍然是一种利益关系，但是与一般商品的交换相比，交换的载体发生了变化。在数字经济社会，数字产品的数字经济中的交换本质上仍体现商品交换中的利益关系，与一般商品交换相比，其交换载体发生了转变。在数字经济时代数据本身作为一种无形生产要素被劳动者加工生产，其创造的产品也同样是无形的，这就对数字产品交换的场所产生了巨大的影响。数字产品可以在有形市场上交换，也可以在无形市场上交换。同时，随着我国流通经济的快速发展，物流网络和互联网迅速普及，一般有形的商品在流通交换的过程中不可避免地会产生磨损。但是在数字经济中，数据作为生产要素以无形生产要素的形式存在，这使得数字产品在流通的过程中也主要以无形的方式存在，这样数字产品就能突破时间和空间的限制，几乎不产生损耗，因此能大大降低交换的成本。同时由于数据本身复制成本较低，在交换过程中，卖方在获得买方支付的交换价值后，仍然可以将无形的数字产品进行下一轮的买卖，这是因为无形数字产品在交换过程中提供的是使用价值，而使用价值基本不会转移给买方，因此卖方可以不断交易。譬如，部分珍贵的数据资源可用于科学研究，这些数据资源可以无限次的复制交换，在不断的交换过程中不仅可以创造财富，同样可以产生大量的科研成果。

（四）数字消费关系

数字消费关系同样由数字生产关系所决定。由于数字产品具有有形与无形两种形态，因此数字消费也具有这两种形态。（1）数字消费在数字经济时代仍然具有传统消费的特征。在传统社会，消费和生产互相促进，共同受到市场供求关系的调节，同理，在数字时代数字生产关系决定数字消费关系，数字消费关系又能反作用于数字生产关系。同时由于企业可以利用数据挖掘技术搜集、存储和管理海量的消费者数据，并对消费者行为消费习惯进行分析，从而充分了解企业的消费倾向，制造出更符合消费者需求的产品，这样企业和消费者之间的信息不对称性就会下降，消费者的消费潜力得到进一步释放，经济学语境下供需双方的福利水平实现共同提高。（2）数字消费品相比较传统消费品具有非竞争性的特征。传统的消费产品一般具有竞争性，尤其对于那些在市场上受欢迎而产量有限的商品，产品的消费是排他的，很难满足大部分消费者的需求。而数字消费品由于是无形且能无限复制，因此在不影响知识产权的情况下，数字产品可以无限复制，能够满足绝大多数消费者的需求，正是这一特征使得数字消费品具有非竞争性。因此，在上述两方面因素的共同作用下，数字消费关系发生了重大变化，数字消费逐渐成为促进消费增长，提升消费质量的巨大推动力，带来了新一轮的消费变革，尤其是有助于缩小城乡之间和不同收入群体之间的消费差异，提升社会整体的福利水平。

二、数字经济发展瓶颈与对策

随着我国产业数字化和数字产业化的不断推进，我国的数字经济实现了快速发展，为我国社会经济发展提供了源源不断的新动力，成为我国经济增长中的重要组成部分。尽管我国在数字经济发展中在部分领域实现了弯道超车，但是现阶段数字经济的发展仍然受到一定的制约，存在着发展瓶颈。从根本上来看，数字经济发展的瓶颈来源于数字生产力和生产关系的不协调发展，具体则表现为如下几个方面，如下图所示。

资料来源：王伟玲等编写的《我国数字经济发展的趋势与推动政策研究》。

（一）在数字生产关系上，数字技术自主创新能力弱

其一，在生产环节我国数字经济发展的主要瓶颈在于自主创新能力不强，核心技术仍然掌握在国外先进巨头手中；其二，我国数字经济发展并不是均衡

的，各产业之间差距显著。目前消费领域、流通领域数字化程度较高，但第一产业、第二产业中数字化程度却并不充分，制造业、农业与数字经济并未深度融合，导致产业整体数字水平提高受限；其三，数字劳动不受时间与空间的限制，对劳动者的剥削会以更加隐蔽的方式呈现，因此也加重了劳动者的被剥削程度。

（二）在数字交换关系上，数据的自由交换与共享受到阻碍

虽然数据是无形且可以自由流动的，但是在实际流动过程中，由于数据孤岛和数据烟囱现象的存在，数据往往无法实现完全的自由流动与开放共享。这主要是因为许多行业存在行业壁垒，对于其他行业存在着种种限制，因此不允许本行业的重要信息被其他行业知晓，同时地域之间的自我保护和区域行政划分的不合理都会导致数据在传播过程中被人为干扰，这使得数据的自由交换无法真正实现，进一步阻碍了数据生产要素在数字生产活动中发挥作用。

（三）在数字分配关系上，不同人群、区域之间"数字鸿沟"显著

数字经济发展虽然在一定程度上能够提升社会的整体福利水平，但是不同地区信息化发展水平的不同，以及不同人群对于数字化技术接受能力也存在差异，数字经济的发展使得整个世界不同人群、区域的差距加大，这种现象被称作数字鸿沟（Digital divide）。

一是从发展阶段来看，数字鸿沟具体表现为"接入鸿沟""使用鸿沟"和"能力鸿沟"。"接入鸿沟"指不同人群因为数字基础设施建设程度的不同导致一部分人可以接入数字网络，而另一部分人却无法接入的现象；"使用鸿沟"则是由于对数字技术的掌握程度不同，数字技术的使用广度和深度有较大差异而带来的对数字技术应用程度的不同；"能力鸿沟"指不同人群由于个人天赋和受教育程度的不同，在获取、处理和创造数字资源方面存在的能力差距。

二是从横向角度来看，数字鸿沟在个体、企业、地区和国家层面都存在着巨大差异。（1）从个体层面来看，年轻人由于学习速度快，接受新事物能力较强，对于数字技术掌握相较于老年人要熟练得多，老年人由于传统观念和个人学习能力较弱的原因，成为数字经济中的弱势群体。（2）从企业层面来看，不

同行业的企业之间存在着数字鸿沟，农业和传统制造业相比较消费行业、物流行业以及互联网行业数字技术普及程度也存在较大差距，同时即使是在一个行业内部，不同企业的数字化程度也不同，资金实力较强的企业往往会投入更大力量来进行数字化建设，而中小企业的数字化程度则难以匹敌。（3）从地区层面来看，我国城市地区和东部地区由于经济实力强劲，数字基础设施完善，在数字化浪潮中拔得头筹，比农村地区和中西部地区的数字化程度更高，数字经济发展速度也更快。（4）从国家层面来看，国家与国家之间在数字技术水平之间存在巨大差异，最突出的就是欧美等发达国家相对于发展中国家的技术领先优势，这也是南北发展问题在数字经济时代的体现。

（四）在数字消费关系上，整体消费水平仍然不足

数字消费是数字经济生产关系的最后一个环节，决定了整个数字经济的规模提升和发展质量。虽然数字技术的普及使得社会上绝大多数用户都能无限制地接入网络并浏览网络内容，但是由于"数字鸿沟"的存在，许多消费者因自身数字技术应用能力的限制，与主流数字化产品之间仍然存在一定隔阂。同时由于我国幅员辽阔，各地的数字基础设施建设水平存在很大差异，许多地区数字消费仍没有完全普及，因此数字消费总量虽然实现了快速发展，但整体消费水平的提高还有很大空间。

（五）解决数字经济发展瓶颈的相关对策

针对这些影响数字经济发展的不利因素，应当从数字经济发展中的主要矛盾出发，从数字生产关系、分配关系、交换关系和消费关系方面针对性地提出相关的政策建议，从而在根本上解除对数字经济发展的桎梏，促进我国数字经济的持续发展。

一是在数字生产领域，要加快传统产业的数字化转型，尤其是要通过数字基础研究和相关高精尖技术的研发实现关键数字技术领域我国的自主掌握。同时也要完善相关法律法规保护数字技术知识产权，并且制定完善的人才激励计划，加强对高端数字技术人才的培养和引进力度。进一步地，要加强工业互联网、人工智能等新数字技术的应用，促进传统产业与先进数字技术的融合，探索在更大范围和更深入领域两者的合作。

二是解决数据孤岛与数据烟囱现象。政府、企业和研究机构应当集中力量

关注数据交换过程中面临的行业壁垒和地方保护现象，通过转变地方和行业的传统思维，盘活大数据体系，加强数据治理体系的构建，转变政府数字治理方式，通过政府引导和行业督促加快破除数据孤岛现象，形成数据资源在政府、企业和普通民众之间的畅通流动。

三是在数字分配领域，实现数字资源公平分配，缩小数字鸿沟。政府应当通过财政转移支付缩小由于初始资本积累造成的居民收入分配差距，在公平和效率的权衡中更加重视公平。此外，政府应当更加关注中西部和农村等欠发达地区，大力发展这些地区的数字基础设施，缩小中西部与东部沿海地区以及城乡之间的数字化差距，促进发达地区和欠发达地区之间的数字技术交流，实现均衡发展。

四是实现数字消费均衡发展。产业的发展都需要消费来拉动，数字经济的发展同样如此，当前由于"数字鸿沟"的存在，农村和中西部这些欠发达地区的数字消费尚未被充分开发。因此政府应当大力改善落后地区的数字基础设施状况，让落后地区的消费者可以顺利接入数字网络，并降低网络资费，改善这些地区的数字消费环境。同时适时引导消费者进行科学理性的数字消费，通过加快上网速度、改善网络环境等措施帮助消费者正确选择数字产品，树立正确的数字消费观念。

三、数字经济发展需处理关系

发展数字经济是我国"十四五"规划中的重要内容。《中华人民共和国国民经济和社会发展第十四个五年规划和 2035 年远景目标纲要》指出，迎接数字时代，激活数据要素潜能，推进网络强国建设，加快建设数字经济、数字社会、数字政府，以数字化转型整体驱动生产方式、生活方式和治理方式变革。实现这些目标，需要处理好数字经济发展的四大关系。

（一）数字经济与实体经济的关系

数字经济是在大数据、物联网和人工智能等新一代信息技术与传统产业深度融合的背景下产生的新经济形态，因此，新经济的出现离不开实体经济这一基础。如果没有实体经济为数字技术的应用提供土壤，数字经济的发展就会如同空中楼阁一般产生泡沫。譬如，智能交通是典型的人工智能和大数据技术与传统交通行业相结合的产物，通过车载互联网和人工智能技术在汽车、公交、轻轨等交通工具上的应用，传统的载人工具可以实现无人驾驶，并且充分利用道路网络，避免交通拥堵的发生。实体经济与数字技术的深度融合能极大地提高实体经济发展的质量和效益，为实体经济发展提供源源不断的新动能。

（二）数字产业化与产业数字化的关系

数字技术的发展本身会形成数字产业，如云计算平台、大数据服务、智能手机和数字安全产业，数字技术的产业化能够创造一大批新兴企业，形成众多新的经济增长点，并提供大量的工作岗位。同时，产业数字化也能从根本上改造传统产业，促进产业链上下游的协同，实现人、财、物和信息的高度共享，极大提升产业效率。数字产业的不断发展会不断与传统产业接触，进而促进传统产业拥抱数字技术，逐步实现产业数字化，因此数字产业化和产业数字化是同步进行的，数字经济的快速发展需要依靠"双轮驱动"。

（三）消费互联网与产业互联网的关系

淘宝、京东、拼多多等电子商务平台的快速发展标志着我国消费互联网已经达到了一定的高度。而在未来，产业互联网则是数字经济的发展方向。消费互联网一般只是几家或几十家企业的互联互通，并且局限于消费行业。而未来的数字经济必然将实现数以千万计的企业互联互通，实现各个产业之间以及产业内不同企业相互协作，实现资源在全产业链之间的高效配置，这就需要产业互联网来构建一个巨大的内循环和价值创造体系。

产业互联网与工业互联网内涵在趋同，都是借助先进技术，如大数据、云计算、物联网和人工智能技术为传统行业实现企业内部以及整个产业链的高效互联，从而实现提高效率和降低成本的目的。产业互联网是数字产业化和产业数字化的主要载体。产业互联网在内部通过企业间人、财、物的互联互通，提升企业内部效率；在外部通过上下游产业链之间的有效连接实现产业价值链的延伸。其应用范围几乎包括所有行业，可以帮助企业在生产、经营、管理和风险防范等各方面高效运转，实现整体效率的提升和营收的提高。

（四）数字经济发展中监管与创新的关系

数字经济发展本身包含了数字产业化和产业的数字化，数字技术产生的新型业态以及数字技术对传统产业的改造都使得传统的监管体制和手段面临巨大的挑战。由于新兴业态的出现必然对传统产业产生影响，也必然会损害一部分产业内部保守派的利益，因此面对这种技术创新，监管者应当站在支持全球数字经济高速发展的立场上客观地看待技术创新对伦理、道德和法律的影响，采用更加宽容的态度对待传统秩序被打破的现状，同时采取合适的竞争治理规则和治理模式，协调好政府、企业与消费者之间的关系，在合理监管与鼓励创新中实现平衡。

四、数字经济发展评价

数字经济对当前经济体量的提高和经济质量的提升有着极其重要的意义，但是要正确认识数字经济在整体经济中占据的位置，以及数字经济当前的发展规模和质量，就必须采取一定的方法对数字经济进行合理的评价，这样才能采取正确的发展规划和措施促进数字经济的发展。

在不同的经济时代评价经济社会发展水平的指标存在很大差异，譬如，在农业经济时代常使用人口来衡量；而在工业经济时代，现代的 GDP 核算体系成为一套较为科学的核算体系。但是在数字经济时代，数据等无形要素成为主要的生产资料，因此传统的经济核算方法必然无法适应当前的评价需求，因此需要采用全新的核算体系和标准。

（一）数字经济评价的框架

传统的数字经济核算方法一般都会低估数字经济的规模，就如同"索洛悖论"中计算机产业对生产率几乎没有贡献的错误判断一样，究其根源，这是因为传统的核算方法忽视了数字经济对人们效用的影响。而众所周知，数字经济对于社会进步的影响很大程度体现在使人们的生活更加便利这一方面，能够极大地缩短人们不必要的工作和琐碎事情耽误的时间，从而大大提升消费者的剩余价值。

因此，可采用一套更严谨、更全面的框架体系来合理评价数字经济的价值。经济合作与发展组织（OECD）曾经给出一个比较合理的评价数字经济价值的框架（如下图所示），这一框架将数字经济的价值分为三个部分：直接价值、间接价值，以及消费者剩余。其中，（1）直接价值与传统的核算方法计算出的数字经济体量大体相同，都是数字产业如云计算产业、5G 产业产出的产值。（2）间接价值大致相当于产业数字化产生的产值，衡量了数字技术给传统产业带来的提升。（3）消费者剩余价值则是用来度量数字经济给人们带来的便利，即消费者的福利改善。

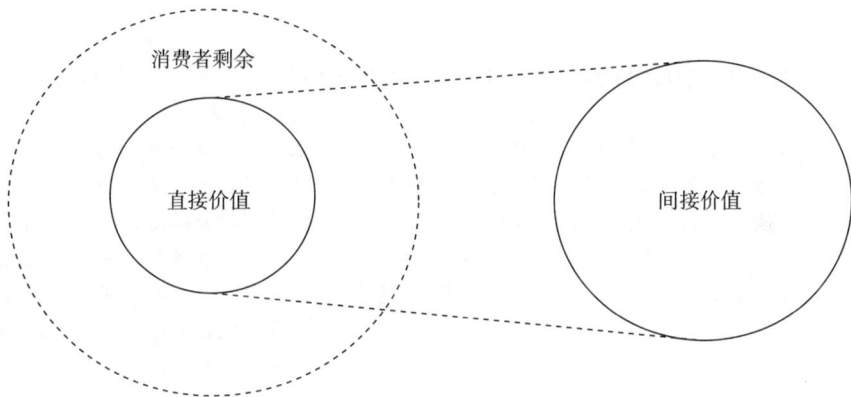

资料来源：陈永伟编写的《如何发展数字经济？》。

（二）数字经济的评价体系

下面，介绍国内外两种评价体系。

1. 联合国《数字经济报告》中的数字经济评价体系

根据 2019 年联合国的《数字经济报告》，数字经济的衡量有很大困难，主要是由于数字经济至今还没能够被广泛接受和定义，同时数字经济的组成部分目前也缺乏足够的统计数据来计量。但是该报告仍然提供了一种可以参考的评价体系，该体系将数字经济按层次和参与者进行划分，将数字经济层次划分为核心数字部门、数字经济和更广泛的数字化经济，而参与者则分为工人、中小微企业、平台和政府，下表汇总了数字经济各个层次对于不同主体的影响，如果能将这些影响合理地评估出来，便能够较全面地评估出数字经济的价值。

数字经济成分	个人	中小微企业	跨国企业/数字平台	政府	对经济的整体影响
核心数字部门	建设和安装通信技术基础设施的新就业机会。电信和通信技术部门，特别是通信技术服务领域的新就业机会。	在合适环境下更好地融入或溢出产业生态圈。来自云服务提供商的竞争加剧。	满足高资本、技术和技能要求的公司的投资。	吸引投资。来自所创造经济活动的税收。	经济增长加速，生产率和附加值增加。创造就业机会。投资和技术的传播；研发可能位于高收入国家。对贸易的影响好坏参半。
数字经济	数字服务领域的新就业机会，尤其是对高技能人员而言。新形式的数字工作，包括面向技能较低者。	数字生态系统的新机会。来自外国数字公司的竞争加剧。	数据驱动型商业模型提高的生产力。利用基于平台的商业模型更好地控制价值链。分享经济的更多机会。	通过电子政府实现服务效率提高。海关自动化增加了收入。经济活动增加提高了收入。数字平台和跨国企业的税收优化做法导致税收损失。数据驱动的实现各种可持续发展目标的机会。	经济增长加速，生产率和附加值增加。创造就业/减少就业。数字公司集中在某些地点。对贸易的影响好坏参半。市场集中度提高。
数字化经济	跨行业的通信技术职业领域的新就业机会。由于使用数字工具对更高价值的职位进行了重新设计，需要新的技能。所获得服务的效率提高。	通过平台实现的市场准入。交易成本削减。市场中"逐底竞争"的风险 vs.找到利润的能力。	通过电子政府实现服务效率提高。海关自动化增加了收入。对税收的影响。经济活动增加提高了收入。	通过电子政府实现服务效率提高。海关自动化增加了收入。经济活动增加提高了收入。	通过部门效率和价值链效率提高实现的增长。生产率提高。对创新的积极影响。中低技能工种可能实现自动化。

资料来源：联合国 2019 年的《数字经济报告》。

2. 浙江省编制的数字经济综合评价体系

浙江省统计局 2018 年 12 月制定了《浙江省数字经济发展综合评价办法(试行)》，该办法提出的评价指标体系设定 5 大类，10 个一级指标和 30 个二级指标，权数总值设为100。5 大类分别为基础设施、数字产业化、产业数字化、新业态新模式和政府与社会数字化，权重分别为 20、28、22、15 和 15；10 个一级指标分别为网络基础设施、数字网络普及、创新能力、质量效益、产业数字化投入、产业数字化应用、电子商务、数字金融、数字民生和数字政府，如下图所示。

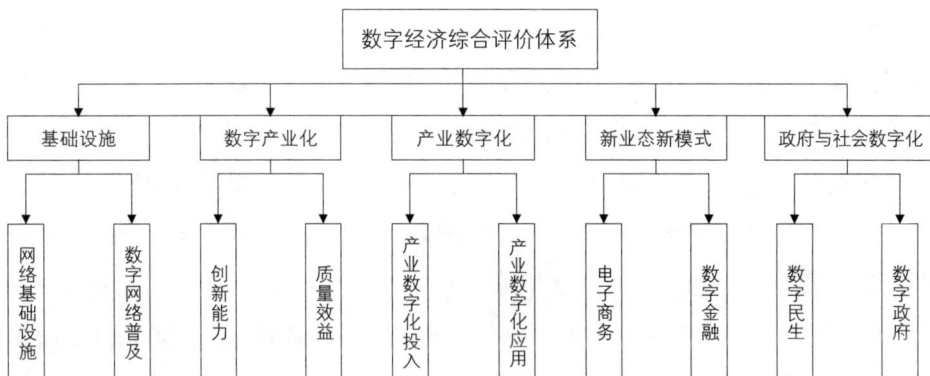

资料来源：浙江省统计局编写的《浙江省数字经济发展综合评价办法（试行）》。

第四节　总体国家安全观含义和内容

在国家总体安全战略中，国家经济安全是基础。只有全面、协调、可持续的经济发展，才能有效化解各种风险，保证国家经济安全。而经济与数字科技的融合发展已成行业共识。数字科技的发展并没有改变数字经济的本质，更没有降低数字经济风险，企业应该把数字经济发展安全放在更加重要和优先的位置。

应该坚定不移地走数字经济的安全发展之路，把数字经济安全放在更加重要和优先的位置上，在做好全面风险管理和安全保障的前提下，稳妥、审慎地推进数字经济的发展和创新。

要以科技作为武装，提升应对风险的水平。建立健全数字经济风险监测预警和早期干预机制，探索建立全流程网络安全技术防护体系，构建高效可用的安全态势感知和预警平台，不断提升科技安全防护能力和联动处置水平。

一、总体国家安全观含义

总体国家安全观是一个独具中国特色的安全理念，具有丰富的内涵。坚持总体国家安全观，就是要坚持国家利益至上，以人民安全为宗旨，以政治安全为根本，以经济安全为基础，以军事、文化、社会安全为保障，以促进国际安全为依托，维护各领域国家安全，构建国家安全体系，走中国特色国家安全道路。总体国家安全观强调必须既重视外部安全，又重视内部安全，对内要求发展、求变革、求稳定，对外求和平、求合作、求共赢；既重视国土安全，又重视国民安全，坚持以民为本、以人为本，坚持国家安全一切为了人民、一切依靠人民，真正夯实国家安全的群众基础，反映了我们党"以人民安全为宗旨"和"以人民为中心"的发展理念；既重视传统安全，又重视非传统安全，构建集政治安全、国土安全、军事安全、经济安全、文化安全、社会安全、科技安全、信息安全、生态安全、资源安全、核安全、生物安全等于一体的国家安全体系；既重视发展问题，又重视安全问题，发展是基础，安全是条件，富国才能强兵，强兵才能卫国；既重视自身安全，又重视共同安全，塑造命运共同体，推动各方向着互利互惠、共同安全的目标前行，反映了中国共产党的世界眼光和中国的大国担当。

总体国家安全观打破了传统国家安全理念与实践在不同领域、不同方面以及国内外之间的相互区隔和各自为战的局面，统筹了国内、国外、发展、稳定、内政、外交、国防等多方面内容，兼顾了政治、国土、军事、经济、文化、社会、科技等诸多安全领域，把不同的领域放到一个完整的系统里来思考、谋划、构建，实现了全面系统的顶层设计。总体国家安全观把我们党对国家安全的理解提升到了新的高度和境界，为破解国家安全工作中面临的挑战、推进新时代国家安全工作提供了重要依据。

二、总体国家安全观内容

总体国家安全观中人民安全是宗旨，政治安全是根本，经济安全是基础，军事安全、文化安全、社会安全是保障，促进国际安全是依托，是一个五位一体的完整架构，构成了总体国家安全观的主要内容。

人民安全是宗旨，就是要坚持以民为本、以人为本，人民的安全感、幸福感是检验国家安全工作成效的根本标准，维护国家安全说到底是为了人民，维护国家安全也需要依靠人民，这体现了我们党对人民的关切和重视，找到了国家安全的根本归宿。这也就要求国家安全工作始终要把保护人民群众的安全放在首要位置。各项工作都要以推进社会公平正义、增进人民福祉为出发点和落脚点，使得社会发展成果惠及全体人民，最终实现人民安居乐业，社会和谐稳定，国家长治久安，民族兴旺繁荣。

政治安全是根本，核心就是政权安全和制度安全，最根本就是维护中国共产党的领导和执政地位，带领全体人民坚持和发展中国特色社会主义，捍卫中国特色社会主义道路、理论体系和制度，抵制各种敌对势力对我国实施的西化、分化策略，以及各种颠覆破坏活动。维护政治安全，关键要抓好全面从严治党，持续提高党的领导水平和执政水平、提升拒腐防变和抵御风险的能力，掌握意识形态工作的主动权，持续巩固壮大主流舆论声势，高度重视青年一代的思想政治工作，教育引导广大青年自觉坚持党的领导，听党话、跟党走。

经济安全作为基础，核心就是要维护经济安全，经济安全是国家安全的根基。维护经济安全首要是保证基本经济制度安全，要保障国民经济命脉相关的重要行业和关键领域的安全，要特别注重金融安全、资源安全、能源安全、粮食安全、科技安全、重大基础设施网络安全、生态安全、产品安全等，要持续提升自主创新能力，在战略高新技术和重要领域关键核心技术加快实现自主可控，要保障重大技术和工程的安全。经济安全可确保我国经济持续健康发展，保障社会发展所需的资源供给，巩固国家繁荣富强、人民幸福安康、社会和谐稳定的物质基础。

军事安全、文化安全、社会安全作为保障，要求在军事安全上，贯彻落实新时代军事战略方针，坚持党对人民军队的绝对领导、坚持人民军队根本宗旨，全面加强练兵备战，紧跟世界新军事革命发展潮流方向，加快机械化信息化智能化融合发展，持续推进军事创新，有针对性推进国防和军队建设改革，构建起具有中国特色的军事力量体系；不断提升军事理论现代化水平，创新战争和战略指导，健全军事战略体系，发展先进作战理论，实现武器装备现代化，按照能打仗打胜仗的要求，做好军事斗争准备，提高捍卫国家主权、安全、发展利益的战略能力。

在文化安全上，要坚持中国特色社会主义先进文化前进方向和发展道路，培育和践行社会主义核心价值观，坚持马克思主义在意识形态领域的指导地位，坚定文化自信，坚持以社会主义核心价值观引领文化建设；深入传承和发展中华优秀传统文化，创造性转化、创新性发展中华优秀传统文化，通过多种方式加强爱国主义、集体主义、社会主义教育，加强国内外文化交流和多层次文明对话，创新国际传播，利用多媒体融合，讲好中国故事，传播好中国声音，促进民心相通，推动中华文化走向世界，建设中文传播平台，提高在国际上的话语权，加强文化的国际传播能力。

社会安全是人民群众安全感的晴雨表，与人民群众切身利益关系最密切，是社会安定的温度计，随着经济社会发展，人民群众对过上美好生活会有更高的期许，对社会安全也会有更高的标准。在社会安全上，要加快形成科学有效的治理机制，改善社会治理方式，健全公共安全体系，提高治理水平，确保社会安定有序，要完善和落实社会稳定风险评估机制，优化预防和化解社会矛盾的体制，提前介入减少和化解社会矛盾，要合理处置公共卫生、重大灾害等突发事件，要深入推进扫黑除恶专项斗争，要同时从保障合法权益和打击违法犯罪两方面入手保护群众，并且两手都要硬。

促进国际安全作为依托，强调包容共赢、命运与共、融洽共处的中国特色国家安全观，以超越"零和博弈"的思维来处理好同外部世界的关系，既重视自身安全，又重视共同安全，发挥负责任大国作用，主动参与地区和全球治理，加大参与解决热点难点问题的力度，引导国际社会一道，共同塑造更加公正合理的国际新秩序，推动各方朝着互利互惠、共同安全的目标一同前行，打造义利共同体以促进国际安全来确保自身安全。

三、总体国家安全观特点

总体国家安全观中的"总体"二字强调的是国家安全工作的系统思维和方法，突出的是"全面安全"的理念，涵盖政治、军事、国土、经济、文化、社会、信息、生态、资源、核、生物等诸多领域，并且将随着社会发展不断拓展，对于中国这样一个快速发展中的大国，无论在哪一个领域、哪一个方面失守，都可能影响、波及整体国家安全。其鲜明的特点就是，要求我们既重视外部安全又重视内部安全，既重视国土安全又重视国民安全，既重视传统安全又重视非传统安全，既重视发展问题又重视安全问题，既重视自身安全又重视共同安全。

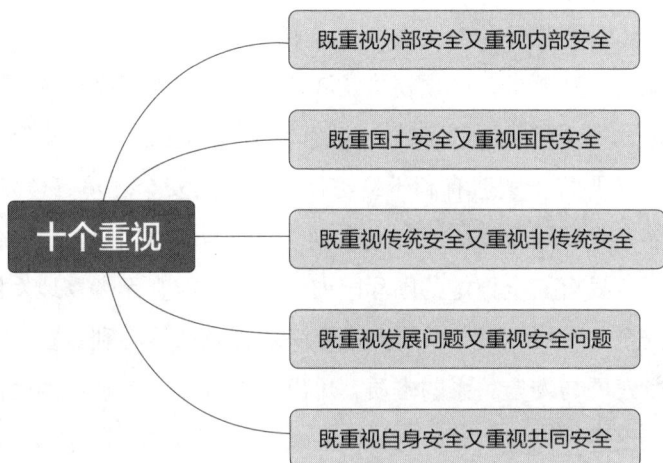

（一）既重视外部安全，又重视内部安全

总体国家安全观中的外部安全与内部安全是辩证统一的，内部安全的内涵延伸至外部安全，外部安全又进一步确保内部安全。当今世界，各国人民通过经贸往来和信息化联系越来越紧密，历史上的金融危机，以及席卷全球的新冠肺炎疫情，均表明，一旦发生全球性的危机，没有国家能够独善其身，确保自己的内部安全。因此，总体国家安全观强调既要重视内部安全，即"内求发展、求变革、求稳定、建设平安中国"，同时又要重视外部安全，即"外求和平、求合作、求共赢、建设和谐世界"。内部安全是重点与关键，外部安全是依托与凭借，外部安全是内部安全的外延需要，必须辩证看待二者关系。

（二）既重视传统安全，又重视非传统安全

总体国家安全观强调传统安全和非传统安全并不是完全区别开的，并认为它们之间有非常紧密的内在关联性。传统安全在一定条件下是可以向非传统安全的转变，非传统安全亦可能转变成传统安全，随着中国国家实力的日益成长，在世界经济中的作用愈发突出，非传统安全问题日益凸显，正是基于这样的考量，总体国家安全观摒弃了传统安全与非传统安全之间相隔断的思维模式，形成了政治安全、国土安全、军事安全等传统安全与经济安全、文化安全、社会安全、科技安全、信息安全、生态安全等非传统安全于一体的国家安全体系，充分凸显了"系统性"和"整体性"的辩证方法论。

（三）既重视发展问题，又重视安全问题

总体国家安全观要求，必须要将发展和安全两件大事进行统筹考虑，发展是安全的基础，安全是发展的条件，我们既要善于通过发展，来夯实国家安全的实力基础，又要善于塑造有利于经济社会发展的安全环境，以发展促安全、以安全保发展。只有国家发展、实力强盛，才能为保障国家安全提供坚实的物质基础，同时，只有安全稳定的国际国内环境，才能心无旁骛地发展生产。发展是最大的安全，发展利益与安全利益统一于国家的核心利益。总体国家安全观深刻揭示了发展与安全关系的本质，可以说二者是一个硬币的两面，二者相互支撑，相互促进，高度融合，有机统一。

（四）既重视自身安全，又重视共同安全

总体国家安全观摒弃了零和博弈、绝对安全、结盟理论等旧思维，而是推动各方朝着互利互惠、共同安全的目标一同前行，打造义利共同体，体现了合作共赢、以共同安全的新型国际关系思想。当今世界全球高度一体化，没有哪个国家可以闭门搞建设或闭门谋安全。总体国家安全观立足于构建命运共同体，回答了"处理好同外部世界的关系，是中华民族伟大复兴征程上需要长期面对的重大课题"的问题，深刻诠释了"一个国家要谋求自身发展，必须也让别人发展；要谋求自身安全，必须也让别人安全；要谋求自身过得好，必须也让别人过得好"的建设性态度和立场。这次全球疫情防控工作中，中国大力倡导和身体力行的全球守望相助、同舟共济，就是我们既重视自身安全，又重视共同安全的生动演绎。

（五）既重视国土安全，又重视国民安全

国土安全是立国之基，但它侧重于对国土本身的关切，如果脱离了人民这一国家主体，国土安全实际上就没了意义。对国土的关切只有建立在人的关切的基础上才有意义和生命力。如果将人的关切和国土的关切割裂开来，一方面国土的关切很难保证，另一方面也失去了其最终的价值意义，保证国家安全的目的就是为了人民的安居乐业和中华民族的永续发展。离开国民安全仅仅追求国土安全，那就忘了为什么出发了。总体国家安全观实现了国土安全与国民安全的高度统一，厘清了人民群众在国家安全中的主体、核心地位，为国家安全找到了最根本的支撑和依托，将国家安全观提升到了一个新的境界。

四、构建我国新发展格局应树立总体国家安全观

安全是发展的前提，发展是安全的保障。安全和发展，任何时候都不能偏废。唯有发展和安全同步推进，方能行稳致远。加快构建新发展格局，必须统筹发展和安全，树立总体国家安全观。牢牢守住安全发展这条底线，是构建新发展格局的重要前提和保障，也是畅通国内大循环的题中应有之义。当前，面对错综复杂的国际形势和艰巨繁重的国内改革发展稳定任务，必须辩证地认识和把握国内外大势，要构建新发展格局，必须树牢总体安全发展理念，坚持增强忧患意识和风险意识，牢固树立底线思维，有效防范化解各类风险挑战。既要善于从世界百年未有之大变局中洞察我国发展面临的风险和挑战，又要敏锐把握我国构建新发展格局中面临的安全问题和隐患；既要善于运用我国40多年来改革开放的发展成果夯实维护国家安全的基础，又要积极主动塑造构建人类命运共同体的外部环境；既要打好防范和抵御各种风险的有准备之战，也要打好危机中育新机的化险为夷、转危为机的战略主动战。当前和今后一个时期，必须坚持构建新发展格局的总体安全观，实施国家安全战略，维护和塑造国家安全，统筹传统安全和非传统安全，把安全发展贯穿国家发展各领域和全过程，筑牢国家安全屏障。

坚持构建新发展格局的总体国家安全观，必须加强党对国家安全的全面领导。建立集中统一、高效权威的国家安全体制，不断增强政治意识，善于从讲政治的高度谋划和推进安全发展工作，主动作为、稳步推进，着力防范各类风险挑战，不断提高国家安全能力。以满足人民日益增长的美好生活需要为根本目的，统筹发展和安全，加快构建以国内大循环为主体、国内国际双循环相互促进的新发展格局，推进国家治理体系和治理能力现代化，实现经济行稳致远、社会安定和谐。把新发展理念贯穿发展全过程和各领域，构建新发展格局，切实转变发展方式，推动质量变革、效率变革、动力变革，实现更高质

量、更有效率、更加公平、更可持续、更为安全的发展。

第五节　数字经济安全含义、趋势、挑战与应对

随着信息化时代的到来，数字经济已经成为我国经济构成中的重要组成部分。工业互联网、5G 网络和众多数据中心组成了庞大的数字网络，将国内的政府、企业和家庭连接互通起来，使得数字经济不断向纵深发展。在这一过程中，数据成为重要的生产要素，贯穿了产业链的各个环节，经济实体与虚拟网络的边界愈发模糊。与此同时，数字化技术带来的数据安全和网络安全等问题也成为全世界面临的重要挑战，深刻影响着数字经济的健康发展，对我国的实体经济也有着深刻的影响。

一、数字经济安全重要性

20 世纪 90 年代以来，以美国为代表的西方国家先后抓住数字革命的机遇创造了经济繁荣。而当前随着大数据、人工智能、云计算等新一代数字技术的兴起，利用新兴数字技术的弯道超车，成为我国等发展中国家实现跨越式发展的重要机遇。党的十九大报告中明确提到了"数字经济"和"数字中国"，并指出要推动互联网、大数据、人工智能和实体经济深度融合。2020 年以来，党中央又多次强调"新基建"建设，主要包括信息基础设施、融合基础设施和创新基础设施。这些措施突出体现了党中央对数字经济发展的高度重视，同时也体现出数字经济在当前经济社会发展中的重要作用。

（一）数字经济安全直接关系到整体经济社会的发展与稳定

一是从数字经济的地位来看，数字经济在当前全球经济中的重要性不言而喻。据联合国《2019 年数字经济报告》统计，2019 年数字经济的规模可占到世界国内生产总值（GDP）的 15.5%，其中到 2022 年全球互联网流量将达到每秒 150700 千兆字节，远超当前平均水平。据中国信息通信研究院测算，在我国，数字经济持续快速发展。2019 年我国数字经济规模为 35.8 万亿元，占我国 GDP 的比重达到 36.20%，预计到 2025 年，我国数字经济规模可达到 60 亿元。数字经济在整体 GDP 中的比重逐年提升，其安全问题也成为制约整体

经济安全的关键。

二是从数字经济的影响来看。当前，我国数字产业结构持续优化，产业数字化也在持续推进。农业、工业和服务业与数字技术深刻融合推动各产业剧烈变革，正在不断形成新的经济增长极。产业数字化仍然是未来数字经济发展的"主战场"。同时，传统产业转型升级已经离不开先进数字技术的加持，各领域的数字化转型速度都在加快，数字化正在以不同的方式改造传统产业链，持续带来技术应用创新和生产力提升。产业数字化带来的数字风险也催生出一个新兴业态——"数字安全产业"。网络防护、杀毒软件、数据加密等数字安全产业的发展将形成新的经济增长点推动经济总量的进一步提升，同时该产业的发展也能极大地提升企业的安全能力，对于数字化治理体系的完善也有着重要意义。

（二）数字技术的自身特点导致数字安全问题影响巨大

一是数字技术与产业全面融合导致安全问题"常态化"。随着数字技术在我国各行各业的全面应用，网络漏洞、黑客攻击等安全威胁愈发频繁，网络安全事件不断增多，对我国的金融、能源、零售等行业产生了巨大威胁。据国家互联网应急中心数据显示，自 2015 到 2018 年三年来，全球分布拒绝服务（DDOS）攻击量增加 30 倍以上，各种黑客攻击和计算机病毒给全球每年带来将近 4000 亿美元的损失；数据泄露问题也更加频繁。据网络安全公司 RBS 数据显示，2019 年前三季度，全球数据泄露事件有 5183 起；违规收集个人信息的现象也非常严重，部分网络软件会绕过监管强制收集用户个人信息，对个人隐私造成极大的威胁。2019 年，中央网信办会同四部委共同开展了针对网络软件违法违规收集使用个人信息的专项整治活动，共惩治应用软件 2300 余款，但数据泄露问题目前仍然呈愈演愈烈之势。

二是数字技术的深度应用使得安全隐患危害更大。产业数字化应用场景十分丰富，同时数字化已经深入到行业内部，与行业内人流、资金流、信息流紧密绑定。企业内部人员流动、门禁、身份验证各流程目前普遍应用数字加密、人脸识别等技术，数字化技术与人员流动深度绑定；企事业单位财务账簿，资金流动基本实现了线上化，无纸化操作将成为未来金融业的主要特点，而今后数字货币的出现也将使得金融行业更加虚拟化；大中小型企业目前普遍使用云服务，并构建专属数据中心和内部网络实现信息沟通和文件共享，企事业单位的发文、批复、回函等基本操作已逐步实现数字化。这些现象说明数字技术已经深入到我国政府、产业和家庭的方方面面，但带来效率提升的同时也带来了更多的风险暴露点，尤其是电力、水利、金融等关系国计民生的重要领域，一旦行业内部网络出现安全问题，将牵一发而动全身，对实体经济造成重大影响。

三是数字技术的快速迭代使得安全风险更加难以应对。进入 21 世纪以来，技术创新一直呈现快速迭代的特点，而"摩尔定律"的存在使得数字技术发展极具跳跃性（"摩尔定律"指处理器的性能每隔两年就会翻一倍，随之带来数字信息处理速度的快速提高）。政府和企事业单位难以应对的原因主要有两点：（1）从互联网初步诞生到目前工业互联网遍布全球和万物互联的社会形态，也不过 30 年的时间。当前，随着产业数字化的不断发展，原来的物理世界和虚拟世界的边界愈加模糊。生产、研发、销售环节等都与互联网紧密联系在一起，因此针对基础设施和这些环节的攻击将会使熟悉了传统产业生产销售流程的企业更加难以应对。（2）数字技术的快速迭代使得政府和企事业单位每年都需要投入大量的人力物力来应对，这会大大增加经济主体的成本压力，尤其对于当前新冠肺炎疫情下艰难复苏的中小企业而言更是如此。这些因素都会导致政府和企事业单位面对数字技术带来的风险出现滞后性和被动性，使得数字经济的安全防范出现"真空"和"灰色地带"，从而使得安全问题愈加突出。

二、数字经济安全含义

（一）数字经济安全含义

根据现代汉语词典解释，安全是"没有危险；不受威胁；不出事故"。安全是指主观上对内部和外部威胁没有恐惧，客观上不存在或能够有效抵御内外部威胁势力的状态。数字经济安全覆盖面非常广泛，本书主要从技术安全和产业安全阐述。

一是在技术层面，技术安全是在技术安全观的指导下改进安全技术和相应的安全措施，使得企事业单位的软硬件和操作不发生危险的前提下消除可能的威胁。传统的技术安全一般就是保证不出事故，但是在新的技术安全观念下，对于安全的理解应当进一步超前化和人性化，也就是在安全问题出现之前尽量减少甚至消除安全威胁。同时，技术安全还应该更加人性化，技术安全应当能防止人犯错，甚至在一定程度上带来缓冲，对人的犯错有一定的包容。这样的技术安全更加完善，同时也更符合当前的数字经济环境。它有助于我们从技术角度提高安全的级别，最终达到提高安全性的目的。

二是在产业层面，根据李孟刚所著的《产业安全理论研究》，产业安全是指"一国在对外开放的条件下，在国际竞争的发展进程中，具有保持民族产业持续生存和发展的能力，始终保持着本国资本对本国产业主体的控制"。这一定义是从国际贸易和生产过程的安全角度提出的，着重于国家或地区的特定产业在国际竞争中保持自身地位和竞争优势的安全概念。而在数字经济时代，产业面临的安全更多来自互联网和信息基础设施，根据腾讯《2020 产业安全报告——产业互联网时代的安全战略观》的定义，数字经济时代的产业安全就是"产业生态系统不受威胁的状态，从产业自身可持续发展的视角，利用新一代信息技术保障整个产业生态系统和网络空间的安全"。

三是技术安全和产业安全是相辅相成的相互促进关系。技术安全是产业安全的基础和保障，因为数字技术与产业深度融合带来了网络风险、数据风险、基础设施风险等各种风险隐患，只有解决了技术安全问题，产业安全才能得到保障；同时，产业安全保障下随着产业数字化的深入发展，产业生产效率提升带来生产可能性边界外扩，产业利润增加，从而带来产业对技术安全的投入提高，从而进一步提升技术安全水平，两者相辅相成，是相互促进的关系。

（二）数字经济安全的新特性

一是数字经济时代安全威胁呈现出攻击速度快、破坏力度大的特点。当前产业互联网已经深入到各个行业，一旦重点行业和关键领域遭受到攻击，可能会造成极大的社会经济损失。例如，2019 年全球很多国家的电力系统遭到了黑客的不法攻击，导致很多国家和城市电力系统暂停运营，由此引发的停电事件使得很多国家蒙受损失；2019 年，我国大型工业互联网云平台频繁遭受境外不法分子的攻击，这些攻击具有明显的目的性，且针对领域均为能源、金融、医院等关乎国计民生的重点行业。而随着我国"新基建"的稳步推进，网络设备、基础终端等设施的安全同样需要引起重视。

二是数字经济时代产业安全降本增效效应明显。数字经济时代的安全能力不仅保障产业的正常运行，同时还能给企业生产效率和竞争力带来巨大的增益，是数字经济时代企业的核心竞争力之一，尤其在金融和零售领域体现得尤为突出。比如网约车的出现方便了用户出行，但是也带来了很多安全隐患，这时由大数据身份验证和智能筛选带来的安全体验将大大减小乘客的安全顾虑，从而提升网约车的上座率，大大提升网约车企业的行业竞争力；金融领域客户资金和信息安全是重中之重，银行、保险、证券和信托等金融行业需要随时进行大量资金和交易和划转，一旦数据安全和网络安全出现问题将带来几亿甚至是几十亿元的损失，银行的安全防护能力便成为企业和个人选择银行的主要考量因素，对银行业务的顺利开展有着十分重要的意义。

三、数字经济安全内涵演变与趋势

（一）产业安全内涵的演变

产业安全的内涵并不是一成不变的，其含义随着时代的发展不断完善丰富。从最初的农业经济时代到当前的数字经济时代，产业安全的内涵大致跨过了四个阶段，如下图所示。

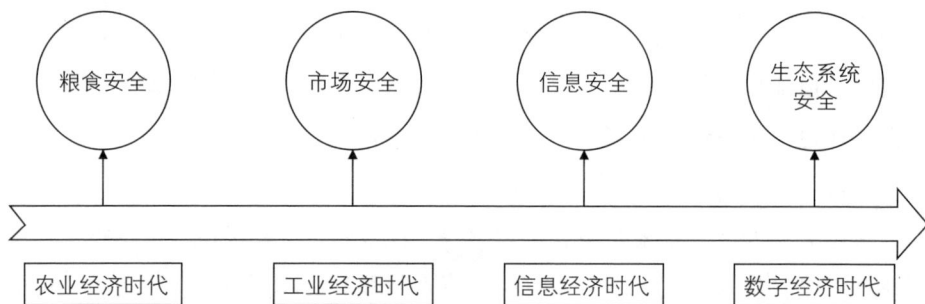

资料来源：腾讯研究院等编写的《2020 产业安全报告——产业互联网时代的安全战略观》。

一是农业经济时代，全球的产业结构以农业为主，所有的生产技术和生产组织模式都是适应农业生产而产生的。这个时代的产业安全和技术安全主要围绕粮食安全来展开。种植技术、育种技术、杀虫技术等农业技术的进步保证了人们食用的粮食的质量稳步提升，同时农业技术的进步也进一步保障了农业产业的安全。

二是工业经济时代，全球生产力得到极大提升，工厂逐步取代手工作坊成为新的生产组织形式。生产者、消费者和监管者在此时同步出现，共同组成了庞大的市场。此时的产业安全和技术安全涵盖面也急剧扩大，技术安全不仅要保障生产者的安全生产，同时也要保障消费者安全和市场环境不受破坏，产业安全内涵被进一步外扩，从单一的生产者消费者链条扩展到了整个市场，实现了由线到面的变化。

三是信息经济时代，互联网的出现极大地方便了人们的日常生活，同时也进一步解放了传统产业的生产力；计算机的出现提高了制造业等工业行业的计算能力，使得原来人脑难以计算的问题迎刃而解，极大地提高了技术研发和创新的速度。在这一时代，由于信息爆炸，海量信息通过互联网迅速传播，因此信息安全便成为这一时期技术安全和产业安全的主题。

四是智能经济时代，产业安全的内涵随着技术与产业的发展发生了新变化。工业互联网和物联网的出现大大模糊了现实和虚拟的边界，产业逐渐演变为一个生态系统，因此需要从网络空间或产业生态系统的角度看待新形势下的产业安全。

（二）数字经济安全内涵演变

从互联网出现开始，数字经济自身发生巨大变化，尤其是最近十年消费互联网逐渐演变为产业互联网，其自身内涵也发生了改变，数据安全内涵也在变化，这些改变集中体现在如下方面：

1.数字经济安全的价值

产业互联网时代的数字安全不仅能提高企业自身的安全防护能力，避免企业因遭受数据泄露和黑客攻击而发生较大损失，且能提高企业安全防护能力，有效避免数据泄露和恶意软件黑产攻击等问题降低企业运营成本。同时在保证企业生产不间断的情况下有效降低企业的停工率，从而大大提高企业的运营效率。

2.数字经济安全的战略意义

传统的消费互联网时代，企业更多地需要技术来保证自身相较于其他企业更强的实力和先进性，在互联网技术普遍还比较落后的时代，应用技术能力的高低是数字经济的重点。但是在产业互联网时期，技术已经普遍较为成熟，技术能力已经不再是决定数字经济安全的重点，而在于企业是否能够从组织变革的角度将数字安全放在企业能力的突出位置，能否赋予其战略级的优先地位。

3. 数字经济安全的主体

在消费互联网时代网络并没有触及社会的方方面面，网络攻击的主要对象主要是网络中比较独立的个体和企业，但是在产业互联网时代，由于万物的互联互通，针对个人和企业的攻击很容易就通过互相连接的紧密网络迅速蔓延到其他个体，因此独立个体的威胁在现在的时代很容易转变为对整个产业生态系统的巨大威胁，形成难以应对的系统化风险。

4. 数字经济安全的威胁方

过去消费互联网时代，企业和个人面对的网络威胁主要来自病毒的侵扰和网络黑客的攻击，预防的对象也是这些相对比较独立的个体。但是在产业互联网时代独立的黑客和病毒制作者已经形成了有组织的黑灰产组织，这些组织一般具有专业化和国际化的特点，同时内部组织严密，运作效率极高，一些曾经少见的高频且规模化的攻击手段如今愈发常见，令政府和企业难以招架。

5. 数字经济安全的管控范围

由于消费互联网和产业互联网在网络覆盖范围以及复杂程度方面存在较大差异，因此数字经济安全的管控范围也发生了较大变化，由传统安全的一般局部防御向一体化攻防体系转变。由于网络复杂程度的急剧增加和覆盖范围的高速扩张，当前网络环境对数字防控技术和体系提出了极高的要求，传统的针对独立个体和企业的局部网络已经难以应对如今复杂且成规模的黑灰产的威胁，因此当前的网络防护要从局部防御转向整体防御，单纯防御转向攻击和防御并重的一体化攻防体系。

6. 数字经济安全能力的要求

随着产业互联网时代网络复杂程度程度不断提高，网络自身和实体联系得更加紧密，边界也愈加模糊。网络安全技术今后的发展方向也需要相应作出改变。网络安全不应当如以前只是简单地对网络进行"修补"，而是应当在出台网络发展规划的同时加入网络安全解决方案，实现安全风险检测、预警和修复的自动进行，同时当前网络攻击逐渐难以防范，构建全面的安全防护体系和制定完善的安全策略就显得极为重要。

（三）数字安全变化趋势

1.数据安全将得到极大改善

随着《民法典》《数据安全法（草案）》《个人信息保护法（草案）》的出台，我国针对公民个人、企业和政府的信息安全保护法律体系逐步完善。数据作为信息的主要载体，在数字经济时代未来会越来越被重视。可以预见随着包含个人、企业和政府的信息保护体系的构建，个人信息保护意识将进一步加强；在数字经济时代，企业数据信息和自身经营深度绑定，通过部署企业云技术和独特的数据加密算法，企业数据安全在未来将有质的飞跃；政府数据关系到国计民生的方方面面，当前随着数字化政府服务的稳步推进，公民个人和企业信息将越来越多地储存到政府的数据库中。为了保护这些数据安全，政府不断大量招聘信息技术人才，并且与腾讯、阿里等企业展开合作，配备了最先进的数据安全保护技术。综上，未来我国的数据安全情况将得到极大改善。

2.网络攻防将更加智能化

进入数字经济时代之后，人工智能技术（AI）作为近十年新兴的互联网信息技术步入了快速发展期，并在各行业的网络安全防护中被普遍应用。（1）在金融安全领域，银行等金融机构已经熟练使用人工智能系统进行金融投资和资产管理，而在安全领域，人工智能技术能协助客户在受到网络攻击后核对财务账目，清点财务损失，避免财务风险，同时恢复账户密码，保护客户个人信息。（2）在恶意软件检测领域，人工智能技术通过机器学习算法，对恶意软件的行为进行分析并推理，能够有效检测出伪装中的恶意软件。在分析大量数据时，人工智能技术的智能化响应能够在恶意软件打开之前察觉到其异常行为，然后识别恶意软件的类型并及时提醒安全工程师进行删除操作。（3）在网络反击领域，人工智能技术也体现出巨大的技术优势。由于黑客也会使用人工智能技术进行网络攻击，甚至开发出一种智能恶意软件，可以根据攻击目标的具体情况进行差异化攻击，因此在未来防护时技术人员也会根据智能化恶意软件开发出有针对性的智能防护技术。网络攻防犹如"矛与盾"的关系，实力往往是此消彼长，人工智能在防护领域往往跟随者攻击技术的革新一同进步。

3.数字安全防护体系更加全面完善

（1）从安全防护主体来看，由于数字安全问题具有广泛化、频繁化的趋势，同时治理过程涉及法律、标准、技术和资金投入等各方面，因此需要政府、企业、行业协会、高校、研究院所和个人的共同协作，形成信息共享、完美协作、能力互补的数字安全防护体系。（2）从产业供应链来看，产业的数字化转型会加速产业供应链上下游企业的合作和兼并重组，实现更高水平的信息共享和业务交流，这就导致产业互联网暴露的风险点更多，同时企业网络的互联互通使得单一的安全风险可能向供应链上下游蔓延，可能造成严重的安全事故。因此这一威胁在未来会促进产业供应链上下游加强合作，形成更为紧密的上下游安全网络。

4.黑灰产治理取得明显效果

黑灰产是指电信诈骗、钓鱼网站、木马病毒、黑客勒索等利用网络开展违法犯罪活动的产业链条。在未来由于数字网络在全社会的全面部署，网络犯罪有了更多可乘之机，同时黑灰产在数字技术的加持下也更加专业化和产业化，整体的反侦察、反监管能力也得到极大提升，这给未来的黑灰产治理工作带来了极大的挑战。但是随着我国数字安全产业的快速发展，顶级互联网企业纷纷建立专业安全团队治理黑灰产问题，并将安全防护能力向全网输出。同时在公安部、网信办等政府单位的带头引领下，各方主体纷纷采取制定法律法规和研发先进技术等多种手段，构建起黑灰产治理的协同网络，相信在未来黑灰产的蔓延趋势将得到有效遏制。

四、数字经济发展面临的安全挑战

数字经济快速发展的同时也面临着巨大的数字安全风险。这些安全风险的危害由于数字经济自身的重要地位和影响会被无限放大。同时由于在数字经济时代，数据资源成为最重要的生产要素。各产业内部通过应用信息通信技术，以工业互联网为主要载体开展生产行为，而物联网的出现使得产业内人、财、物都直接接入工业互联网，从而实现产业内全生产要素的数字化转型。产业内生产要素、生产技术和生产组织形式的巨大变化给当前的数字经济安全带来了严峻挑战。

（一）数据安全问题呈愈演愈烈之势

在数字经济时代，数据已经成为土地、资本、劳动力和技术之外的第五大生产要素，受到政府和企业的重要关注。数据安全问题不仅与个人隐私息息相关，也深刻影响到企事业单位和国家的方方面面。当前，在大数据、云计算环境下，数据的收集、传输、使用过程已暴露出严重的数据安全问题。

一是在国家层面，国家的能源、电力、交通运输等关系国计民生的重要行业都基本实现了数字化转型，即使这些重点行业构建的是自己的内部网络，但是数据安全事件仍然非常频繁，根据《2020年数据泄露调查报告》，2020年共有81个国家发生了3950起数据泄露事件，涉及国家金融系统、国土资源和能源安全等各个领域，造成了极其严重的危害。

二是在企业层面，在数字经济时代无论互联网公司还是普通企业都长期处在数据泄露的风险之中。由于当前数据价值逐年提高，员工和企业数据遭受黑客攻击和网络病毒的攻击越来越多。根据IBM发布的《2019年数据泄露成本报告》，当泄露数据在100万条以上时，损失就会达到4200万美元。此外，由于新一代工业互联网在企业内的应用，企业内部人财物都统一连入网络，数据也普遍接入云端，如果企业对数据安全不重视就会导致企业数据完全暴露在网络威胁之中。同时，企业数据泄露不仅使其遭受重大损失，还可能收到来自监管层的巨额罚款。2018年万豪旗酒店预订数据库中客人信息泄露导致其被英国监管当局罚款人民币约1.59亿元。

三是在个人层面，个人隐私信息泄露已经十分常见。当前，个人手机号、身份证号、住址、存贷款记录等隐私信息的泄露案件频发，倒卖用户信息的黑色产业链条长期存在。即使在指纹支付、密码加密等技术的应用下，个人信息泄露、信息被盗用等情况也时有发生。以用户手机号为例，由于当前网络软件普遍推行手机号注册账户，个人手机号逐渐成为公民信息的"钥匙"，成为黑灰产盗取的主要目标，各种盗用、购买公民手机号的行为愈演愈烈，导致诈骗短信、诈骗电话屡禁不绝。

（二）数字化差距成为安全防护重要阻碍

虽然数字安全能力逐渐受到政府和企业的不断重视，但是从地区和行业角度来看，我国各地区的数字经济发展水平存在巨大差异，数字经济安全防护能力也差距巨大，这对建立全国统一高效的数字经济安全保障体系产生了极大的阻碍。

一是在区域层面，我国数字经济发展水平呈现明显的极化现象，省级单位中的头部省份占据了全国数字经济份额的绝大部分。南部的粤港澳地区与华东沿海地区的数字经济实力要明显强于中西部和北部地区。根据赛迪顾问发布的《2020 中国数字经济发展指数》，处于头部的广东省、江苏省、北京市、浙江省和上海市其数字经济实力是居于末尾的西藏、青海、宁夏等地区的近 8 倍。由于各个地区数字经济实力差距巨大，各地区在新基建和安全防护体系建设上的投入差距也较大，这导致数字经济发达地区的安全防护能力也远超落后地区，使得落后地区的数字经济安全问题更加突出。

二是在行业层面，我国实力较强的企业都纷纷加速数字化转型。但由于不同行业产业结构和性质不同，对数字化的接受程度也不尽相同。不同行业、不同企业间数字化程度差异较大。根据国家工业信息安全展研究中心发布的《中国两化融合发展数据地图（2018）》显示，不同行业对于数字化安全建设的实际投入程度和进展存在较大差异。一般来说，与普通客户接触较多、消费收入占比较高的行业对数字化的接受程度更高，也愿意投入更多资源用于数字安全防护，因此总体上金融业、零售业、汽车制造等行业信息化、数字化程度相对领先，数字安全防护能力也较高，而农业、制造业和建筑业因为并不依靠针对普通消费者的消费收入，因此数字化程度相对不足。

三是在企业层面，由于不同企业自身规模体量、资金实力和主管人意愿等各种因素的作用，不同企业在数字安全方面的投入力量并不相同，呈现巨大的数字落差。因此企业之间对于数字化转型的态度决定了企业数字安全技术领域的投入和数字安全能力建设的力度，这也会决定数字经济时代资源配置的方向和企业未来的发展轨迹，因而这种差异化会对整体数字经济防护体系的建设产生威胁。

（三）数字鸿沟对社会治理提出新要求

数字技术本身是一项新兴技术，因此在普及化过程中由于社会中不同年龄群体里设备普及率、技术渗透率和自身接受能力的差异，不可避免地会出现"数字鸿沟"现象，总有一部分人群和部分地区会由于自身条件的限制而被数字技术的发展隔离在数字体系之外。

随着数字经济在各行业的不断渗透，不同群体之间的"数字鸿沟"呈现不断扩大的趋势，尤其在新冠肺炎疫情期间，许多老年人无法熟练使用健康码等工具更进一步凸显了这一问题的严重性。据统计，截至 2020 年 6 月，我国互联网的普及率已经达到 67%，但其中 60 岁及以上的老年网民占比仅为 10.3%，而 60 岁及以上人口占总人口比例接近 20%，这些数据说明我国的老年人很多对数字技术并不熟悉，同时也难以逾越这一"数字鸿沟"。因此在数字经济安全防控领域，老年人群体和落后地区自然会成为安全防控的薄弱点遭受重点攻击，这从网络诈骗多高发于老年人群体就能直接看出，因此在未来的数字经济安全防控领域应当重点关注老年人群体和经济不发达地区。各类公共服务机构和互联网企业也应该承担更多的社会责任，为老年人等弱势群体考虑，开发更多更简便的产品和服务，从而为老年和特殊群体提供生活便利，提升其生活质量，并使其免于数字安全风险的侵扰，提升数字社会的温度。

（四）数字货币和数字资产给安全防护带来新难题

随着当前支付交易逐渐线上化，微信、支付宝钱包等线上支付工具越来越受到人们的推崇，这是货币数字化给人们带来的方便。但是微信和支付宝钱包还远远不是数字货币，无法实现在全社会的随意流通，而央行目前正在研发的数字货币在未来将逐步取代微信和支付宝等交易支付工具，成为人们生活中随处可见的真正货币。除了数字货币之外，比特币、天秤币等"货币"也是常见的数字货币类资产，此外，一切可以积累、交易与流转的数据都可以称作数字资产。

在数字经济时代，我们日常生活中的行为都无时无刻不在创造着数据，包括浏览网页、搜索信息、发送邮件、网上购物等留下的数据都是企业和政府的宝贵数据，对数字经济社会的正常运行起到重要作用。因此我们每个人，做的每件事都是可以数字化的，并成为企业的数字化资产。以 Facebook 为例，其市值超过 1000 亿美元，但账面资产仅有 66 亿美元，这中间的差额便来自其拥有的数字资产：巨量的活跃用户、大量的评论、照片和好友关系。这些数据在工业社会和农业社会没有任何用处，但是在数字经济时代，流量就代表着金钱，企业的这些活跃流量数据会对企业精准营销、广告宣传和发展方向起到重要影响，决定了企业在一段时期内能取得的收入范围。

在看到数字货币和数字资产作用的同时，我们必须认识到数字货币的发行、流通以及维护面临着严峻的安全威胁，数字化资产也面临着随时可能被窃取的风险。同时，一旦数字货币和数字类资产今后可以在社会上流通交易，就会面临金融领域内常见的如金融诈骗、勒索等一系列金融安全问题。因此，数字化技术风险与金融风险的叠加将给未来数字货币的顺利推行和数字资产的正常交易带来巨大的不确定性，这需要未来法律制定者、技术专家和金融领域专家共同合作，研究出针对数字货币发行流通和数字资产交易流转的安全解决方案，构建涵盖政策法律、经济管理和技术支持的安全体系框架，来保证数字货币和数字资产能够在未来安全稳定的流通，满足数字社会经济运行的需要和民众生活便利化的需求。

五、数字经济发展的安全应对措施

（一）加强顶层设计，制定长远的数字经济安全发展战略

数字经济安全保护体系本身是一个系统化的长期工程，涉及国家、政府、企业和普通民众等多个主体，影响到社会生活的方方面面，因此要实现数字经济安全的稳定发展，就需要以全局性、系统性的视角来制定长远、缜密的发展战略。（1）应做好"十四五"期间网络信息领域的规划编制工作，做好重点信息领域的重大工程规划，确定未来五年内的重点技术攻关领域，同时在大数据、人工智能、云计算、工业互联网等重要技术领域做好发展战略规划。（2）逐步完善数字经济安全各主体的协调机制。以国家治理体系和治理能力现代化的要求为出发点，明确政府、企业和个人在数字经济安全中应当承担的责任，健全各个层面的协调机制，使得网络安全、数据安全防护能够顺利开展，安全响应能更加快速及时。（3）健全相关配套体系，包括网络安全、数据安全的标准，网络防护技术人员培训体系和晋升体系，数据安全后续维护服务体系的开发等。

（二）加大研发力度，加快掌握数字网络安全核心技术

数字经济技术安全是产业安全的基础和保障。要实现数字经济安全，就

必须掌握先进的互联网安全核心技术，包括网络攻防、数据保护、智能预警等技术。而要实现对先进数字技术的掌握，就需要加大人力物力投入，从关键技术领域精准发力，这样才能有效提高数字经济安全防护能力。（1）加强对密码保护等关键技术的研发。密码保护技术能够保障政府和各产业内数字资源的安全，对数字资产的正常生产流通有着十分重要的意义，我国相关领域还比较落后，因此需要进一步加大投入。（2）加强人工智能在网络安全领域应用的研发。人工智能在未来的网络风险识别、智能攻防领域有着重要的作用。人工智能技术可以通过日常监控分析精准发现海量数据和网络流量中隐藏的威胁，并及时反馈给安全工程师从而实现及时的安全防护，从而大大提高安全保护效率。（3）建立强大的数据安全保护系统。数据安全一直是数字经济社会中面临的主要安全问题，当前的数据安全系统大部分都来自国外，因此需要我国加大研发投入，发展具有独立知识产权而又性能先进的安全系统。（4）加大对专业技术人才的培养。人才是科技创新最重要的影响因素，但在数字安全领域我国的人才短缺现象非常严重，因此需要进一步加大资金和教育投入，建立完善的网络安全人才培养体系，加大数字安全人才储备力度。

（三）加强防护力度，保障关键信息基础设施稳定运行

《2020年国务院政府工作报告》正式提出重点支持新型基础设施建设，也就是文件中经常提及的"新基建"。"新基建"领域具体包括5G网络基础设施、大数据中心、工业互联网、城际高速轨道等，这些基础设施的共同特点就是以数字化网络为主要信息传播载体，有些甚至是现代互联网中的重要节点，因此这些关键信息基础设施的安全稳定运行就显得极为重要，需要做到以下几点：（1）加强关键网络基础设施的智能预警。对于政府内部网络基础设施、5G网络节点以及其他关键行业要建立网络安全的预警系统，对于可能发生的重大危险要及时识别和报告。（2）定期对关键信息基础设施进行安全防护程度评价。关键信息基础设施的运行情况、安全防护水平在不同地区可能存在较大差异，因此需要建立评价体系对各地各行业的关键信息基础设施进行有效整体评价，从而能更有针对性地发现基础设施防护中存在的问题，有利于存在缺陷的部门和行业进行及时改进，实现全国和全行业数字防护水平的共同提高。（3）加强

对数据资产安全的防护。数据资产在未来社会经济运行中占据着重要地位，是未来企业和个人生产生活必备的主要资产类型，因此其安全防护就显得极为重要。数据资产的防护需要国家、行业协会和企业共同制定界定标准和安全保护规则，同时建立数据资产保存、交易和管理的平台，采用大数据安全技术降低数据资产安全风险。

（四）加快制度法规建设，推动数据安全保护立法

（1）建立完善的数据安全法律体系。目前我国的网络安全法律体系已基本形成，但是法律之间对网络违法犯罪行为边界界定仍然较模糊，而在数据资产交易和管理领域仍存在大量法律空白需要填补，因此还需要进一步厘清不同法律之间的边界，避免出现对同一违法行为和主体的不同描述，也需要不断紧跟数字经济发展潮流，加快在数据安全领域的立法进度，同时也要重视未成年人在网络安全中的特殊地位，加快未成年人数据安全保护条例的制定，构建完善的数据安全法律体系。（2）加大数据安全执法力度。通过建立完善的网络安全执法工作规范，保障网络综合执法有法可依，同时完善网络综合执法协调机制，协调各主体参与到网络安全执法中，加大数据安全执法力度并开展一系列针对数据安全的违法专项整治行动。（3）进一步加强普法教育，提升全社会的数据安全守法意识。应加强对企业组织的数据安全普法教育，尤其是储存大量民众数据资源的互联网和金融企业，提升其数据安全防范意识，同时加强面向公民的数据安全法制宣传，充分利用网络渠道开展数据安全教育。

（五）深化国际合作，推动建立国际数字安全合作体系

（1）积极参与国际互联网组织的交流合作。加强与国际数字经济发达国家的沟通交流，并建立长效沟通机制，并加强与"一带一路"沿线国家的数字经济合作，提升我国在数字经济领域的话语权和规则制定权。（2）深度参与数字经济发达国家的技术合作。由于我国数字经济发展起步较晚，在法律法规、技术能力和数字经济管理领域都与世界先进水平有较大差距，未来应当积极参与数字经济领域的法律、技术和经济论坛，积极学习世界先进的数字经济社会治理经验，不仅能够加强先进的数字技术人才的培养，同时也能进一步缩小我国数字安全防护水平和先进国家的差距。

（六）创新思维，构筑企业全面安全免疫系统

产业互联网时代，安全已经成为企业的核心竞争力之一，需要企业从战略角度重塑企业安全防护体系，构建全面的安全免疫系统。这就需要从情报、攻防、管理和规划四个方面分别着手进行，如下图所示。

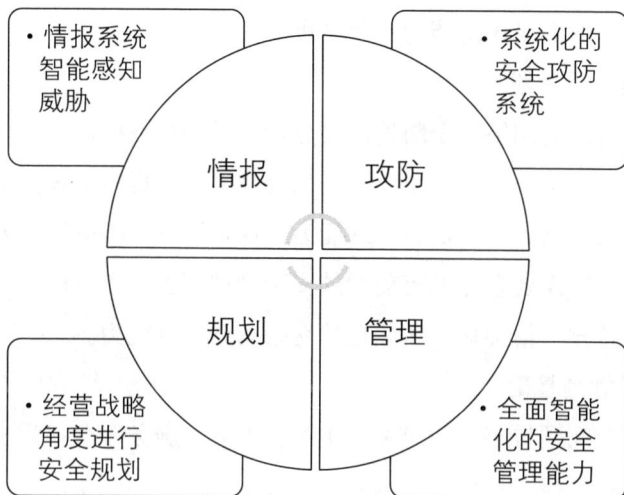

资料来源：腾讯研究院等编写的《2020 产业安全报告——产业互联网时代的安全战略观》。

1. 情报是前提

数字经济时代，获取信息的快慢往往是攻防双方取胜的关键。对于企业安全运营者，及时的威胁情报能使其快速进入响应处置状态，使企业能够提前布局防护措施，减少网络攻击的损失。因此通过建设威胁情报共享平台，提高威胁情报的快速发现、响应能力是构建主动防御生态系统的关键。例如，企业安装的主动防御系统配备有安全威胁情报中心，能对大量安全数据进行分析，自动识别安全威胁，形成安全情报库，提升威胁情报能力，形成威胁情报生态体系，并在此基础上构建主动防御系统让企业在威胁预测、感知和响应上占据有利地位，从而更好地维护企业安全。

2. 攻防是本质

在数字经济时代，产业互联网面对的网络威胁往往是不间断且成规模的，这就要求数字安全防控体系不能仅仅是被动的防御，而应该主动了解黑灰产的

攻击特点和攻击模式，针对可能面临的安全威胁主动出击，从源头消灭威胁来源，这样才能保障企业数字安全的长远保障。在这一过程中，攻防双方会不断寻找对方的弱点，研究对方的思维和应对策略，这就要求企业安全防护方要不断研究黑灰产攻击的特点并探索应对黑灰产的攻击方法。此外，攻防博弈中大数据、人工智能等技术的应用不断带来创新，会产生新的安全防护模式和新产品，从而使企业的网络攻防能力不断精进。

3. 管理是必要手段

数字经济时代的网络安全防护需要分析大量安全数据，同时综合分析各个信息来源并快速作出决策，这不仅在信息处理能力上提出了较高的要求，同时也要求企业具备较高的综合信息管理能力，这是不断加码的复杂安全需求背景下的必然趋势。这需要企业拥有前瞻的安全管理理念、丰富的安全管理经验和技术来形成科技化、精细化、智能化的网络安全管理能力。

4. 全局规划是基础

数字化安全问题贯穿企业研发、生产、流通、服务等全过程，其中无不涉及安全需求，业务庞大且复杂，因此要解决这一安全问题，需要企业从战略角度进行全局规划。(1)从国家层面出发，网络安全是国家安全的重要组成部分，是国家安全的基础。(2)在行业层面，企业在制定未来发展规划时，需要将安全纳入发展的战略规划，从企业经营的战略视角规划安全，使企业形成咨询、开发、建设、运维的IT全生命周期的安全体系。

六、数字经济安全典型应用——工业互联网的安全

工业互联网是当前我国制造业数字化转型的重要抓手，将加速我国从"中国制造"向"中国智造"转型。工业互联网通过智能化机器将企业内设备、生产线、工厂、供应商紧密连接起来，实现工业内部土地、生产设备、人力资本和数据等生产要素的共享，从而通过自动化的生产方式降低成本，推动制造业转型发展。由此可以看出工业互联网是将数字技术和传统工业技术结合起来的现代化生产网络。这一网络可以利用海量的数据，通过计算机软件分析和大数据模拟更快速地对生产需求进行响应，并帮助生产者作出决策，从而以智能高效的方式帮助企业生产运营。

工业互联网内部的各个组成要素有不同的安全要求，具体如下图所示：

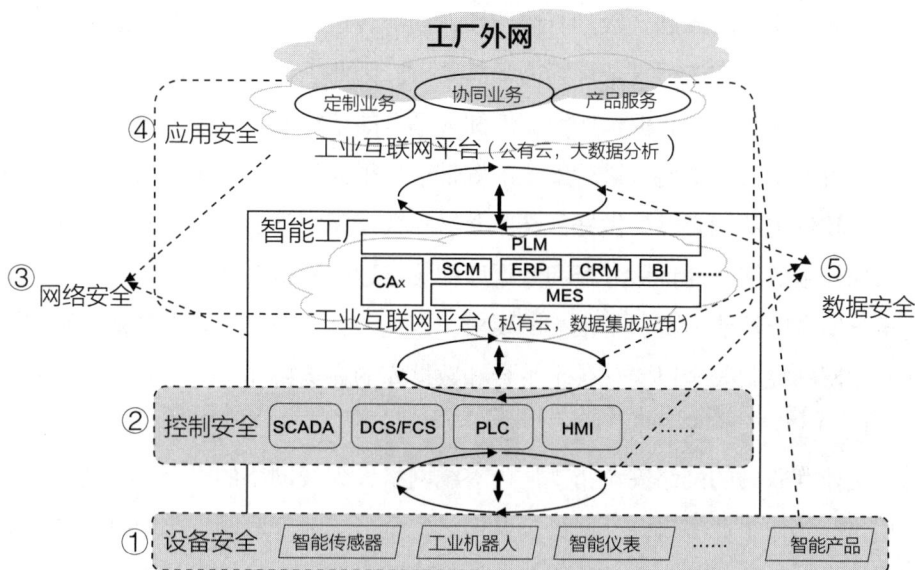

资料来源：工业互联网产业联盟编制的《工业互联网安全总体要求》。

根据工业互联网产业联盟编制的《工业互联网安全总体要求》，工业互联网的安全保护范围主要包括以下几个方面：

（一）设备安全

工业互联网设备安全指工业智能装备和智能产品的安全，包括操作系统与相关应用软件安全以及硬件安全等。工业互联网内部的设备有很多种，一般企业内常用的有智能传感器、工业机器人、智能仪表等智能产品。一般大型工业企业设备都是数以万计，如此多数量的工业设备接入工业互联网必然会对网络安全带来极大风险。由于很多工业设备在接入互联网之前并没有相应的安全设计，因此接入互联网后并不能保证设备不受网络攻击，同时工业互联网自身边缘层对大量非标准化的工业设备的感知和安全监控也不足，这导致一旦少数工业设备被病毒攻击，大量的设备和网络会因为互联互通而处于网络风险之中。因此需要在设备层面就要设计出适配工业互联网安全防护需求的工业设备。

（二）控制安全

工业互联网控制安全指生产控制安全，包括控制协议安全与控制软件安全等。工业互联网的控制一般具有协调性强和部署速度快的特征，这是工业互联网处理海量数据和进行复杂计算的必然要求。因此工业互联网需要配备大量的云端服务器和数据库，但这些数据库和云平台的架构并不一致，这就给工业互联网部署安全防护措施，进行安全配置带来了很大的挑战。每一次的安全设置和安全软件更新就必然要做好云端服务器和数据库之间的协调，并要在部署安全防控措施的同时保证服务器和数据库的响应速度和协调性不受影响。这对企业生产安全防护能力提出了很高的要求。因此，企业需要投入大量精力研究工业互联网的控制安全以实现各个平台和数据库的完美协作运行。

（三）网络安全

工业互联网的网络安全指工厂内有线网络、无线网络的安全，以及工厂外与用户、协作企业等实现互联的公共网络安全。工业互联网需要同时为许多生产者提供大量数据处理和计算服务，并且要同时调动数以万计的工业设备，因此其网络内部十分复杂精妙。多服务多应用的复杂协同一方面使得工业互联网的功能更加强大，另一方面又使得工业互联网的实体网络和虚拟网络复杂度增加，给网络安全防护带来很大的难度。因此，生产者需要创新网络安全防护机制和安全防护算法来有针对性地应用到工业互联网中，从而解决工业互联网的复杂网络安全问题。

（四）应用安全

工业互联网应用安全指支撑工业互联网业务运行的平台安全及应用程序安全等。工业互联网的应用具有协同工作、开放定制的特征。这一特征虽然满足了工业互联网的复杂计算和功能多样化需求，但也带来了一些问题。（1）大量应用需要协同工作、共享数据，这容易导致网络病毒的蔓延，需要严格对应用之间的信息交流进行管控。（2）应用之间相互开放权限，容易给黑客带来可乘之机，黑客容易伪装工业互联网内部应用获取开放权限窃取数据。（3）为了保证应用的开放定制，工业互联网上存在许多未知的应用发布者，容易带来大量存在安全隐患的应用，因此需要对平台上的开发者进行身份核实和展示，并进行实时的安全管理和运行检查。

（五）数据安全

工业互联网数据安全是指工厂内部重要的生产管理数据、生产操作数据以及工厂外部数据（如用户数据）等各类数据的安全。工业互联网包含的数据主要有平台运营数据、企业管理数据和外部数据。这些数据来源复杂，结构不同、数量巨大，同时还需要在大量应用之间共享。工业数据来源复杂导致可能的攻击来源增加，结构不同导致安全处理分析难度提高，数量巨大导致安全数据集中分析耗时费力。这些特征给工业互联网的数据保护带来了极大的困难，因此需要针对工业互联网的这些特性采取更高级的数据安全防护措施，这使得多源异构数据的安全保护成为许多企业安全技术研发的重点。

第六节 数字经济安全与国家经济安全

当今世界，一个国家的安全很大程度上依赖于这个国家的经济实力，而数字经济是决定国家经济安全的重要因素之一。数字经济作为国家经济增长的新动能，其安全与否对于国家经济是否平稳运行、是否能够抵抗危机非常重要。一旦数字经济存在安全问题，将对国家经济造成严重威胁。因此，数字经济的发展应该与安全并重，在确保安全的前提下谋求可持续健康发展。

一、国家经济安全概念

关于国家经济安全的定义，学术界争论不一。目前关于国家经济安全定义的主流观点主要包括两种：即状态说（国家经济处在不受破坏的状态）和能力说（国家具有较强的实力抵御内外经济威胁）。此外，也有学者提出了不同的见解，如叶卫平在《国家经济安全定义与评价指标体系再研究》中对国家经济安全内涵做了新的诠释，即一个国家经济的基本制度和主权没有受到破坏、危机可控，国家的经济战略利益处于无风险或低风险状态。

综上所述，评判一个国家的经济安全可以从三个特征考虑：（1）目的性，即国家发展要以国家经济安全稳定为目标，行稳才可致远，不能一味谋求发展而罔顾经济安全，丧失了可持续发展能力。（2）状态性，即国家经济安全处于一种经济利益不受破坏、经济发展均衡稳定、经济风险可控的状态。(3)能力性,国家经济具备抵抗各种破坏威胁因素及防范化解经济危机的能力,才可称之为经济安全。

二、数字经济安全与国家经济安全的关系

(一)数字经济安全是国家经济安全的重要保障

1.数字经济推动我国经济转型升级

当前,我国经济已由高速增长阶段转向高质量发展阶段,数字技术的赋能为我国经济持续增长添薪续力。数字经济的蓬勃兴起,也让大批互联网企业得以如雨后春笋般迅猛发展。对比2010年和2020年,中国市值TOP10榜单经历了重新"洗牌",腾讯控股、阿里巴巴、台积电、美团、拼多多5家互联网科技企业荣登TOP10榜单,而传统制造业和金融企业,如中国石油、中海油、中石化、中国神华、中国银行、农业银行已掉落榜外。

近十年中国市值TOP10公司对比

2010年末			2020年末		
排名	公司名称	市值(亿元)	排名	公司名称	市值(亿元)
1	中国石油	19992	1	腾讯控股	45530
2	工商银行	15395	2	阿里巴巴	42015
3	建设银行	14699	3	台积电	31911
4	中国移动	13181	4	贵州茅台	25099
5	中国银行	9233	5	工商银行	17128
6	农业银行	8901	6	中国平安	15377
7	中海油	7009	7	美团	14589
8	中国石化	6698	8	拼多多	14217
9	中国人寿	6446	9	建设银行	12521
10	中国神华	5018	10	五粮液	11328

资料来源:wind数据库下载整理。

　　疫情期间数字经济有效助力我国抵御经济下滑风险。为 2020 年 1 月新冠肺炎疫情暴发以后，由于隔离防控、交通运输管制等措施，企业大面积停工停产，2020 年一季度多国 GDP 增速为负值，全国经济萎缩严重。数字经济由于其"线上化""无接触"等特点，为国家抗疫防疫、企业复工复产、社会公民恢复正常生活提供了有力帮助，为中国经济增添了发展韧性，成为抵抗经济下滑风险的重要支撑力量。比如，多地先后出台健康码，通过数字技术精准分类识别居民健康状态，在提高疫情防控效率的同时，也为疫情期间企业复工复产、人员可追溯流动提供了科技支持。腾讯、阿里、字节跳动等互联网科技公司纷纷推出在线办公或会议软件，满足了企业远程开工的需求。金融服务方面，各大银行纷纷加大线上金融服务力度，邮储银行推出客户经理云工作室，通过为客户提供一个全天候的线上服务窗口，满足客户"足不出户"的金融需求。

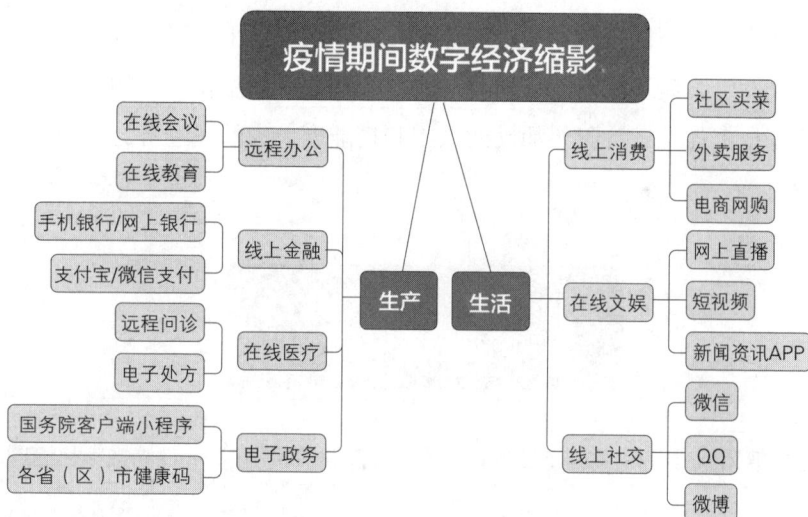

资料来源：公开信息整理。

2. 数字经济有助于提升国家经济安全水平

　　中国信通院发布的《中国数字经济发展白皮书（2020 年）》一文中，提出了数字经济"四化"框架。借助这个框架，可更清楚地分析数字经济如何助力国家经济安全。(1)价值化数据应用方面,传统银行或互联网银行可以通过获取企业税务、发票等政务信息及企业主个人信息等多维度数据,利用云计算、大数据等技术实现客户信用画像,一方面可以实现客户风险分层,进行风险预警和精准防控,另一方面可以下沉对"长尾客户"的金融服务,推广普惠金融服务。(2)数字产业化方面,5G技术的诞生加快推动了企业的信息化升级,并将带动全球产业链、价值链的变革,有助于我国占据全球产业链高端环节;区块链技术的应用可以在跨境大宗商品交易过程中简化交易流程,大幅提升交易效率,通过区块链技术扩容的数据库可保证巨大信息吞吐量,实现高度安全。(3)产业数字化方面,智慧农业产业加快了乡村产业创新发展,不仅保障了农产品安全,还能帮助农民增收致富,助力乡村振兴战略。智能工业产业以数据驱动提升产业效率,在安全生产、研发设计等环节实现数字化转型,助力实施制造业强国战略。疫情期间,数字化为服务行业带来了新的发展机遇,"云看房""云买菜"等新的商业模式,为服务业的高质量增长提供支撑。(4)数字化治理方面,数字化治理手段可以加固城市运行的安全"防护网",有效防范事故发生,提升城市治理质效。大数据经侦等信息化手段的运用,极大提高了防范打击各类经济犯罪活动的效率和精准度,为国民经济的高质量发展提供保障。

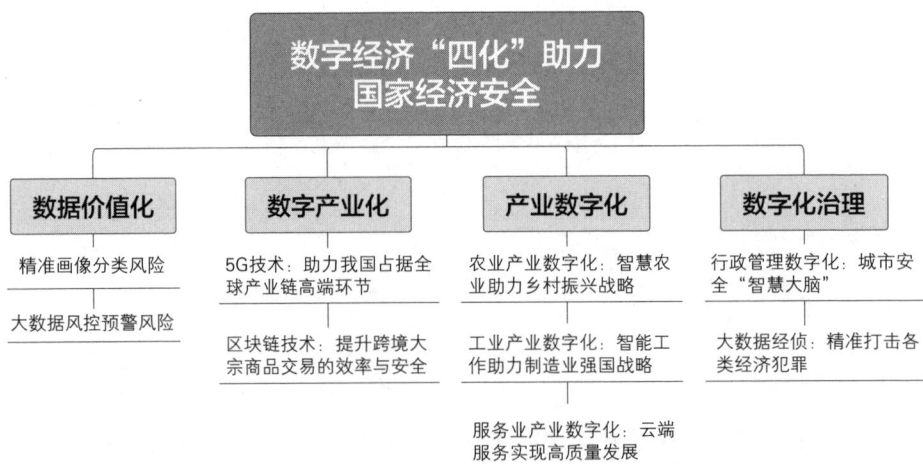

资料来源:根据中国信息通信研究院的《中国数字经济发展白皮书(2020年)》及公开信息整理。

3.数字经济安全对于国家经济安全意义重大

由于数字经济与国家经济深度融合、密切相关，数字经济安全与否决定了国家经济是否能够实现平稳发展、是否能够抵抗外部破坏威胁、是否能够应对经济危机，因此，国家高度重视数字经济安全，加强数据安全、关键信息基础设施安全防护等工作。例如，2020年6月28日，《中华人民共和国数据安全法（草案）》提请十三届全国人大常委会第二十次会议审议，《数据安全法》鼓励支持数据在各领域的创新应用，促进数字经济发展，并提出要坚持数据安全与发展并重，通过数据安全保障数据开发利用和产业发展。

（二）数字经济安全问题是国家经济安全的重大隐患之一

联合国贸易与发展会议发布的《2019年数字经济报告》在开篇中提到，数字经济的发展带来很多新的经济机会的同时，也带来了很多新的风险和挑战。随着数字经济的迅猛发展，数字经济与实体经济深度融合，越来越多政府、医院、学校、企业等机构通过"上云"等方式实现数字化转型，人们进入了"万物互联"的新时代。但在网络交织的数字经济下也潜藏着很多风险和隐患。比如，对手机等智能终端的窃密攻击或是个人信息的过度收集，都可能会造成个人信息泄露或被非法交易，导致个人财产和隐私遭受严重损失，甚至引发网络金融诈骗、非法集资等犯罪发生，对经济安全构成威胁。虚拟货币具有匿名性，通过电子虚拟货币进行交易时通常不会留下明显的痕迹和记录，有关部门很难进行追查，因此成为跨境洗钱的重要通道，为反逃税、反洗钱监管带来新的挑战。虚拟货币也为赌博、地下钱庄等违法犯罪活动提供了资金结算支付通道，成为不少犯罪分子的支付工具，助力其进行经济犯罪。当前政府机构的信息系统建设逐步完善，覆盖了各部门各环节，信息系统的安全性也直接关系到政府机构的正常运转。一旦信息系统不能稳定运行，出现网络瘫痪或者数据丢失等问题，将会给政府机构带来巨大损失，甚至对国家的数字安全构成威胁。互联网行业的快速扩张催生了很多全新的数字商业模式，比如平台经济，但在资本的助推下，互联网平台的垄断问题愈发严重。超级互联网企业利用其市场支配力量和先发技术优势，构建起互联网行业的围墙，对"后来者"的创新行为进行扼杀。这种垄断和不正当竞争行为破坏了公平竞争市场秩序，还严重损害了消费者的切身利益，不利于数字经济和国家经济的健康发展。2018

年4月16日，美国政府发布公告称未来7年内禁止中兴通讯向美国企业购买敏感产品。核心芯片的"断粮"，导致中兴通讯主营业务被迫中止，中兴通讯及产业链上下游损失重大。此次"中兴事件"将可能大大削弱中国在5G领域的"领跑"优势，严重影响国家战略的发展。虽然经过多轮次沟通谈判，最终美国政府解除了对中兴通讯的限制，但是此次"中兴事件"让我们深刻认识到，在这个数字化信息时代，若在核心技术上处于落后地位，在关键领域被别人"卡脖子"，数字经济将难以顺利蓬勃发展，也将对我国经济安全带来严重隐患。因此，数字经济发展必须兼顾安全，做到二者均衡共存。

三、管控构建新发展格局的国内国际循环风险

加快构建新发展格局，必须培育强大国内市场，确保国内市场的畅通和安全。近年来，由于内外发展环境正在发生深刻变化，必须统筹中华民族伟大复兴战略全局和世界百年未有之大变局，从外部大变局的"变"中认识和把握动荡变革期，做到科学应对，趋利避害；从国内战略全局的"势"中看到自身发展的优势和潜能，把扩大内需放在更加优先、更加突出的位置，充分发挥国内超大规模市场优势，加快培育完整内需体系，打通从生产、分配到流通、消费等诸多环节堵点，防止国内统一大市场的堵塞和割据。要围绕扩大内需这个主题，加强前瞻性思考、全局性谋划、战略性布局、整体性推进，办好发展与安全两件大事，坚持全国一盘棋，更好发挥中央、地方和各方面积极性，着力固根基、扬优势、补短板、强弱项，注重防范化解重大风险挑战，实现发展质量、结构、规模、速度、效益、安全相统一。我们必须坚持统筹发展和安全，增强机遇意识和风险意识，树立底线思维，把困难估计得更充分一些，把风险思考得更深入一些。

加快构建新发展格局，必须确保国际市场的促进作用和安全。构建新发展格局决不是关起门来封闭运行的单循环，而是通过国内市场和国际市场联通的双循环，更好利用国内国际两个市场、两种资源，实现更加强劲可持续的发展，同时为世界发展创造更多的机遇。构建新发展格局强调以国内大循环为主体，并不意味着中国要自我封闭，而是要大力激发国内市场的内生动力，为世界各国创造更丰富、更有利、更方便的投资机会和营商环境，在更

大规模和程度上使中国市场成为世界大市场不可分割的组成部分。强调国内国际双循环相互促进，有一个前提，那就是始终把国内大循环放在优先的位置、基础的位置，再以国际循环来促进和巩固。对外开放虽好，但对发展中国家来说是一柄"双刃剑"，有收益，也有风险，需要在开放的同时，确保自身安全。开放不等于放任。利用国际市场，应树立底线思维，保持强监管，这是中国多年来的重要经验。不论是"黑天鹅"还是"灰犀牛"，只要有出现的可能，应做到心中有数、提前预判，未雨绸缪。在百年未有之大变局中，世界不确定不稳定因素越来越多，中国必须不断增强自身竞争能力、开放监管能力、风险防控能力。

四、运用现代科技管控构建新发展格局的风险

为构建更安全的新发展格局，需要坚持总体安全观，实施安全战略，运用现代科技管控国内国际两个循环的风险，管控的重点从产业链、供应链等流程转向整个国家、国际社会层面，维护和塑造新发展格局的总体安全，统筹传统安全和非传统安全，把安全发展贯彻其构建新发展格局的各领域和全过程，防范和化解构建新发展格局过程中的各种风险，筑牢安全屏障。应制定构建新发展格局的安全战略，加强前瞻性思考、全局性谋划、战略性布局、整体性推进，同时有效管控风险，统筹发展与安全两件大事，坚持整体安全观和整体风险管控思想，注重防范化解构建新发展格局中的重大风险挑战。

针对构建新发展格局过程中的各类场景，可应用数字技术管控风险，提出风险管控解决方案，继而提出相应的改进措施和建议；可应用人工智能技术，加强对国内循环中的供应商、客户等数据、凭证进行分析验证，利用模糊集合决策选取来选择风险控制行为，实现风险控制系统的智能化；可应用区块链技术，加强对重要产业、企业、业务、合同、节点接入、客户纠纷等方面的风险识别，实施相应控制以防止非法交易、诉讼损失、财务欺诈；可应用云计算技术，加强数据隔离、安全加密和可用保障等方面实施风险控制，从而有效管理计算资源和云数据的安全性；可应用大数据技术，加强对国内国际市场中的异常数据和交易进行监控，及时采取措施防控合规性风险和操作性风险，进行事前、事中的风险管控。

第七节　数字经济发展与安全

数字经济的发展和数字经济的安全是一体两翼。不注重安全的发展如同驾驶机翼损坏的飞机，注定无法持久飞行，甚至飞得越高摔得越惨。

一、发展是数字经济安全的保障

数字经济发展助推社会形态和运行模式的变革，一场覆盖面广、影响深的科技革命和产业变革正在重塑各产业发展方式。持续释放科技推动经济发展的放大、叠加、倍增作用，推进产业实现动力变革、效率变革和质量变革。

数字经济的根本基础在于信息化，而信息化则是因计算机、互联网、大数据、物联网等先进的生产工具引发的技术革命所带来的国民经济转型发展的一种社会经济转换过程，是指信息技术在传统经济领域的应用与利用，主要表现在信息技术对传统农业、工业、服务业等行业产业的结构改造和能力提升。因此，我们通常所言的信息化实际包括信息技术的产业化、传统产业的信息化、基础设施的信息化、生活方式的信息化等主要内容。其中，信息产业化与产业信息化，即信息的生产和应用两大方面是关键内容中的关键，涵盖了数字经济的主旨与精髓。

发达国家在经历了百年以上的工业化发展后，逐渐进入信息化发展阶段，并利用信息化不断提升其产业结构，保持和拉大与发展中国家之间的差距。对于发展中国家来说，数字经济的兴起以及与传统实体经济并举发展，是努力追赶发达国家的重要契机。更为重要的是，如果发展中国家能够充分利用自身在劳动力、原材料等方面的成本优势，努力通过网络学习、引进先进的技术，就能重塑和缩进与发达国家间的比较优势与竞争优势。从这一点上看，数字经济的到来为发展中国家缩短与发达国家之间的差距带来了"千载难逢"的良机。

近年来，我国在信息产业基础建设方面持续发力，光纤用户渗透率、5G用户量全球第一，为中国数字产业化的发展奠定了较为坚实的基础。未来，随着我国数字化的持续推进，信息化和工业化的进一步深度融合以及工业互联网创新发展战略的深入实施，我国数字产业的发展将得到进一步提速，实体经济的数字化、网络化、智能化转型也将进一步加快，为中国经济的转型发展带来日新月异的变化。数字经济已成中国经济高质量发展强有力的支撑。相关数据显示，2019 年中国数字经济规模增加值已达 35.8 万亿元，占当年 GDP 总量的 36.2%，强力支撑了我国经济迈向高质量健康发展的战略转型。

同时，伴随着全球贸易数字化发展，以数字贸易为突出特征的第四次贸易全球化浪潮对全球供应链、产业链、价值链全方位地产生着巨大的影响，全球服务贸易中一半以上已经实现数字化。2020 年全球范围内蔓延的新冠肺炎疫情重创世界各国经济，而数字化、互联网（物联网）行业的发展却因疫情影响而逆势增长。以中国为例，2020 年，网络销售、无接触物流快递业务发展迅速，京东、淘宝、多点、拼多多销售不减，有效地缓解了疫情对中国零售业的冲击，并对疫后经济、消费恢复起到极大的提振作用。应该说，虽然全球蔓延的新冠肺炎疫情对国际贸易带来严峻的挑战，但是数字化助力下的国际贸易有效降低了疫情对各国经济的影响，对冲了经济下行的冲击程度。根据中国商务部的预测，2030 年前，数字技术将促进全球贸易量每年增长 1.8 到 2 个百分点，数字技术支持下的服务贸易在全球服务贸易占比将由 2016 年的 21% 提高到 2030 年的 25% 左右，以数字化服务和产品为核心的数字贸易正在被越来越多的国家和贸易协定认可和接受。在我国，随着 2016 年国家《网络安全法》以及 2019 年《中共中央国务院关于推进贸易高质量发展的指导意见》的正式出台，数字贸易和数字产业已成为推动中国经济增长最具活力和动能的板块。相信，伴随着中国信息技术、自有专利知识的不断积淀，未来适合我国国情的数字贸易战略布局和工作举措将会逐渐形成。而作为全球最大的贸易国，"数字贸易的中国方案"将会对积极研究、制定全球数字贸易发展行动规划，营造有利于数字贸易发展的治理环境，起到重要的推动作用。

（一）数字经济发展与数字产业化安全

数字经济发展要求信息产业，即数字产业必须配备一系列完备的高新技术支持，数字产业既涉及微电子产品、通信器材和设施、计算机软硬件、网络设备的制造等领域，又涉及信息和数据的采集、处理、存储计算等软件领域。

传统实体经济要与数字经济深度融合，就涉及行业数字化这一关键性问题，这里的行业数字化，是指将多种信息技术综合运用于传统行业，助力解决业务数字化问题。例如：通过物联网技术，通过云计算的算法，把传统制造业、传统实业生产过程中的数据采集汇总，形成云数据，通过智能运算，分析、推理企业运营、生产、管理中的流程优化解决方案，形成能够不断累加学习的人工智能并如此循环往复，不断提高企业市场竞争能力。作为数字经济发展的根本基础，以互联网为主的通信基础设施属于准公共品，具有相当的非排他性、非竞争性和高度的技术性和创新性，犹如国家传统经济发展中的公路、铁路、港口等公共基础设施。因此，数字经济发展的理念之一就是在数字基础设施基础上的自主研发和择优竞争发展。例如：我国目前的区块链发展就是要在物联网、云计算基础上的相关链上和链下数据治理、数据存证方式、共享算法、密码算法等多个类公用基础技术至上择优发展并最终实现我国国产区块链的体系与策略，保障我国在整体区块链行业的安全可控。

数字产业化安全是数字经济发展最基础的根本保障。为进一步释放数字经济的潜力，就需要在数据共享与安全管理之间寻求合理、适度的平衡，既保障网络安全，又加强知识产权保护；既注重隐私保护，又妥善处理信息收集效率；既能有效保护个人隐私安全，又能充分发挥数据的公共服务属性。因此，数字产业产品和服务的整体安全是数字经济得以健康乃至高质量发展的关键支撑。

数字产业化的安全是数字经济与传统经济融合的关键。如果安全问题没有得到充分的解决，数字经济就会面临灭顶之灾。俗话说的"百密一疏"和"智者千虑，必有一失"，就是指：信息系统一定会有漏洞。对于信息系统而言，自动化、智能化程度越高，安全性要求越高，但是一旦漏洞出现而被人利用或被攻击，问题就越大，危害就越大。这就是"信息化和安全必须双轮驱动，必须两翼起飞，一定要并重"的重要原则的道理所在。没有安全稳定可靠的数字化环境，就没有平稳健康的数字经济，也就谈不上数字经济的高质量发展。

（二）数字经济发展与产业数字化安全

随着数字经济发展步伐的不断加快，传统行业数字化、网络化、智能化趋势愈发显著。随着数字产业与传统产业的结合度越来越紧密，行业数字化的主导格局也由以信息行业的变革拉动（或称供给拉动）向传统行业的内生需求转变，数字经济的承载主角也将逐渐由信息技术企业主导向传统企业过渡。数字经济作为一种新型的经济形态，未来在产业融合，经济赋能领域的效应将更加显著。

随着数字经济的快速发展，人们在享受"数字红利"的同时，也面临着"数字风险"带来的挑战。技术的快速迭代，叠加主客观因素作用，导致出现治理手段滞后的"时差"、技术能力对比的"落差"、价值导向判断的"偏差"、不同主体博弈的"温差"，从而催生数字经济的新情况、新问题，带来对数字经济的新的风险挑战。由于传统企业信息化发展的状况参差不齐，信息化、数字化漏洞和安全隐患较数字产业本身的安全隐患(漏洞)更具"五花八门"的特点。在目前网络攻击、网络窃密、安全漏洞、恶意程序等问题高发的情况下，产业数字化面临的安全风险已经非常突出。一旦环境变化快于认知、未知隐患超过已知知识范畴时，如果再叠加社会治理的滞后性、被动性问题，产业数字化安全的时间节点的"真空期"和链条上空间上的"灰色带"就走到了一起，届时国家经济发展的威胁因素将更加严峻。

二、安全是数字经济发展的前提

科技创新和安全，已成为数字经济发展的双驱力。安全不再只是 CTO 职责，CEO 也需倍加关注安全，数字经济，安全正日益成为 CEO 的一把手工程。

数字经济的发展与信息技术（尤其是互联网技术）的广泛应用密不可分，与传统经济的数字化、网络化、智能化转型升级息息相关。随着信息技术的不断进步和传统行业对信息技术的认知、认可程度的不断提高，大数据、互联网(物联网)、人工智能、云计算等技术成为现阶段推动数字经济发展的新一轮动力引擎和全球数字经济发展的新趋势。近年来，我国积极推进数字技术的应用，大力推动信息化的发展，先后颁布了《促进大数据发展行动纲要》《大数据产业发展规划（2016—2020 年)》等相关行业指导意见和行业条例，积极支持和促进以物联网、大数据、云计算和区块链技术的发展。

与此同时，伴随着网络技术的发展，数据的共享与应用方面的违法行为不断涌现，数据安全已成为现阶段网络安全中问题最为突出的方面，对个人和组织的信息安全，甚至国家的政治、军事以及社会安全造成严重的危害。国外一家名为剑桥分析的数据咨询公司就曾被指控通过 FACEBOOK 收集多达 8700 万以上的用户偏好信息，进行数据分析后对这些用户进行有针对性的广告推送。2020 年，我国开展全国范围内的网络安全执法大检查，并首次将数据安全整治工作纳入其中，工作任务包括对数据的采集、存储、应用、传输、销毁等环节的全生命周期的监管和使用安全等多方面内容，旨在发现安全漏洞，弥补、修复安全隐患。

大数据被喻为数字经济领域的稀缺"钻石矿"，将为企业创造巨大的商业价值。企业在大数据的开发利用中，如果内控制度不完善或网络安全防护技术不到位，都会导致企业私有信息被窃取，从而致使企业经济利益受损。而企业违法使用大数据，将会引发或挑起企业间的不正当竞争，最终在追责中造成企业形象受损、竞争力下降，不利于企业长远发展。为此，极其重视数据安全的欧盟就颁布了具有域外管辖效力的《通用数据保护条例》，旨在通过严重惩罚机制对欧盟内注册的企业进行监督和管理，一旦发现企业存在违法采集、处理数据的行为，将最高处以 2000 万欧元或上一财年企业全球营业额 4% 的超高额的罚金，严重时很可能导致违法企业走向破产。欧盟此举的目的在于惩前毖后，告诫和约束企业重视数据保护和合理、安全使用数据，倡导企业公平竞争和长期健康发展。

综上所述，数据安全是发展数字经济的最重要的根本前提。在数字经济的发展过程中，涉及数据安全的各种行为，无论是侵犯个人隐私、损害企业利益，还是危害国家安全的行为都将成为数字经济良性发展的羁绊。

三、数字经济安全既是生存问题又是发展问题

互联网在消费领域高速发展到几近饱和的今天，产业互联网甚嚣尘上呼声是基于互联网企业与传统行业共同欲望的回应。而对于传统行业而言，在梦想着被赋能从而实现质的跨越时，是否意识到，一个巨大如黑洞般的风险正虎视眈眈地窥探着，伺机吞噬他们的利益？这就是"互联网 +"之后的安全问题。

（一）关乎生存与发展的安全威胁

企业层面安全管理从传统的生产安全到数据安全，已经不仅仅关乎企业利益，更是企业生存的底线甚至是发展的天花板，传统安全生产时代的那句"安

全生产大如天"在数字时代变成了更加不可回避的现实。企业从研发到生产、从存储到流通等全过程均以全新的数字化形式呈现，而这运营的全生命周期产生的各种形式的数据，涉及的人与人、人与物、物与物的连接，给恶意攻击创造了更多机会和可能。企业的研发数据被窃，将直接导致数年的投入付诸东流，对企业持续健康发展造成巨大负面影响，而供应商、客户数据的泄露可能导致企业信誉受损，信任危机将直接波及股价。

（二）影响现实与明天的管理缺口

传统行业安全管理意识与产业互联网安全管理需求的匹配性存在极大差异。借助专业技术力量，传统企业数字化进程中，组织架构、管理流程、硬件匹配较易实现，而人的数字化意识较难实现，能够认识到数据成为重要资产已需要过程，意识到数据资产需要更专业更全面的安全保护更需时日。"道路千万条，安全第一条""生命只有一次，安全伴君一生"，叫得响的安全口号几乎与生命相关，传统企业认识到"数据安全才有明天"是产业互联网健康可持续发展的必要条件。

（三）牵动安全与危险的互联互通

产业互联网时代，企业的数据安全已不仅仅关乎自身生存与发展，整个产业链中各企业的安全风险唇齿相依、脉脉相通，一荣必定俱荣，一损必定俱损。于生产制造业而言，上下游客户、供应商数据的泄露，可能直接暴露了商户的商业策略，使其竞争对手有机可乘。于建造业而言，基础设施上游客户大多为政府机关或平台公司，数据的泄露更可能危及国防安全。而各类共享平台、服务业数据泄露更是影响着社会公众的隐私及利益。

近年来屡见报端的数据泄露案例不断使公众震惊，强大互联网公司亦难逃黑客的窥视，股价下跌、巨额罚款还只是小惩，对于准备拥抱产业互联网的传统企业而言，更应该在数字化、网络化的同时时刻绷紧安全那根弦，永不放松。

第四章　数字化转型与安全管控

数字化如同空气和水，无处不在。数字化在各行各业的广泛应用，形成了数字经济。发展数字经济，是世界各国的大势所趋。数字化转型是企业迈向数字经济社会的重要方式，是新一代信息技术与业务深度融合的重要进程，应用遍布工业、农业和服务业。

"十四五"规划和 2035 年远景目标纲要设置专篇"加快数字化发展　建设数字中国"，提出"迎接数字时代，激活数据要素潜能，推进网络强国建设，加快建设数字经济、数字社会、数字政府，以数字化转型整体驱动生产方式、生活方式和治理方式的变革"。

世界经济论坛（WEF）在《第四次工业革命对供应链的影响》白皮书中指出，数字化转型使制造企业成本降低 17.6%、营收增加 22.6%，使物流服务业成本降低 34.2%、营收增加 33.6%。数据表明，数字化程度每提高 10%，人均 GDP 增长 0.5% 至 0.62%。

"现代管理学之父"彼得·德鲁克说过，战略不是研究我们未来要做什么，而是研究我们今天做什么才有未来。数字化转型不是战略，却是企业实现战略的关键路径，必须从现在开始，向未来出发。

第一节　数字化转型概述

数字化转型是人类社会发展的客观必然，是全面推动数字中国建设的内在要求。数字化转型现在正进入深水区，各行各业的数字化转型都是知易行难。

彼得·德鲁克说，企业存在的价值在于创造客户。企业数字化转型核心目标之一正是激活客户数据创造新价值。

一、数字化转型概念

数字经济时代，数字化转型是企业全面实现数字化时代的客户价值、转型数字化运营和数字化商业模式的必由之路，数字化转型本质是企业的业务变革。

数字化转型是建立在数字化转换、数字化升级基础上，进一步触及公司核心业务，以新建一种商业模式为目标的高层次转型。数字化转型是开发数字化技术及支持能力以新建一个富有活力的数字化商业模式。

数字化转型表明，只有企业对其业务进行系统性、彻底的（或重大和完全的）重新定义和重构，对组织活动、流程、业务模式、IT 和员工能力的方方面面进行重新定义和重构，才能成功实现数字化转型。

2020 年 5 月，国家发改委发布"数字化转型伙伴行动"倡议；2020 年 9 月，国务院国资委印发《关于加快推进国有企业数字化转型工作的通知》；政府相关部门正积极推动企业数字化转型。

数字化转型已被引入全新内涵：数据代替传统物理材料，成为重要生产资料；"数字外场"彻底压缩时空，改变生产关系。企业通过转型，提升竞争生存能力，寻求新经济增长点，使企业获得新生机。

Microsoft	数字化转型	▪ 客户交互	▪ 赋能员工	▪ 优化运营 ▪ 产品转型
IBM	数字化重塑	▪ 数字化 内部人员与流程	▪ 数字化转型 面向客户的业务流程	▪ 数字化重塑 产品服务与用户体验创新
HUAWEI	数字化转型	通过新一代数字技术的深入运用，构建一个全感知、全联接、全场景、全智能的数字世界，进而优化再造物理世界的业务，对传统管理模式、业务模式、商业模式进行创新和重塑，实现业务的成功		
Alibaba 阿里巴巴	数智化转型	▪ 基础设施云化 ▪ 运营数据化	▪ 触点数字化 ▪ 决策智能化	▪ 业务在线化
McKinsey & Company	数字化转型	▪ 战略与创新 ▪ 组织变革	▪ 客户决策旅程 ▪ 技术发展	▪ 流程自动化 ▪ 数据与分析

资料来源：李剑峰编写的《企业数字化转型的本质内涵和实践路径》。

　　转型是事物结构形态、运转模型和观念的根本性转变过程，是一种经济运行状态转向另一种经济运行状态。不同转型主体的状态及其与客观环境的适应能力，决定转型内容、方向。转型就是主动求变的创新过程。

　　金蝶认为，企业数字化转型是企业借助数字化解决方案，将物联网、云计算、大数据、移动化、智能化技术应用于企业，通过规划及实施商业模式转型、管理运营转型，为客户、企业和员工带来全新的数字化价值提升，不断提升企业数字经济环境下的新型核心竞争能力。数字化转型有五种基本类型：（1）数字化营销转型："两微一商"（微信、微博和电商）让数字化营销在中国企业中快速普及，移动互联网和大数据成为数字化营销的重要创新利器。（2）数字化运营转型：以 ERP（企业资源计划）为核心，包括 CRM（客户关系管理系统）及 SRM（供应商关系管理系统）的数字化运营平台成为企业完善管理流程、实现业务协作、提升决策透明度的重要基础。（3）数字化产品转型：数字化成为产品新内核，远程连接、云体验和场景化体验给用户带来全新产品体验价值。数字化产品需以产品全生命周期管理为理念，以数字化设计、数字化制造为手段，加快产品创新速度，快速满足产品个性化定制需求。（4）数字化服务转型：基于物联网、大数据、云平台，实现产品远程连接、场景感知、需求预测、远程诊断、主动服务，传统的响应型、低响应的服务需要加快向主动的、可预知的、实时感知、快速适应的数字化服务转型。（5）数字化人才转型：数字化时代，需实现流程、资产、设备与人员数字化连接，亟须通过人员赋能加快人员数字化连接、协同、分析、决策能力，提升数字化时代人员的自治管理、自主决策、自主经营、自我提升的能力。

　　华为认为，数字化转型是通过新一代数字科技的深入运用，构建一个全感知、全连接、全场景、全智能的数字世界，进而优化再造物理世界的业务，对传统管理模式、业务模式、商业模式进行创新和重塑，实现业务成功。

　　全球知名咨询公司埃森哲战略在《数字化颠覆：实现乘数效应的增长》报告中指出，平台化商业模式能为数字驱动型增长带来重大机遇；数字技术已无处不在，带来空前变革。灵便组织、数据驱动、主动颠覆和数字化风险成为托起企业数字化的四大基石。

艾瑞咨询认为，企业数字化转型是企业利用新一代数字技术，将某个生产经营环节乃至整个业务流程的物理信息链接起来，形成有价值的数字资产，通过计算反馈有效信息，最终赋能到企业商业价值的过程。将数字价值叠加到企业的商业价值，增强自身竞争力。数字化转型的核心本质是利用数字"复制、链接、模拟、反馈"的优势，实现企业转型升级。企业数字化转型要回归企业本质，从"降本、增收、提效"等企业核心目标出发，思考如何选型、组织、实施。

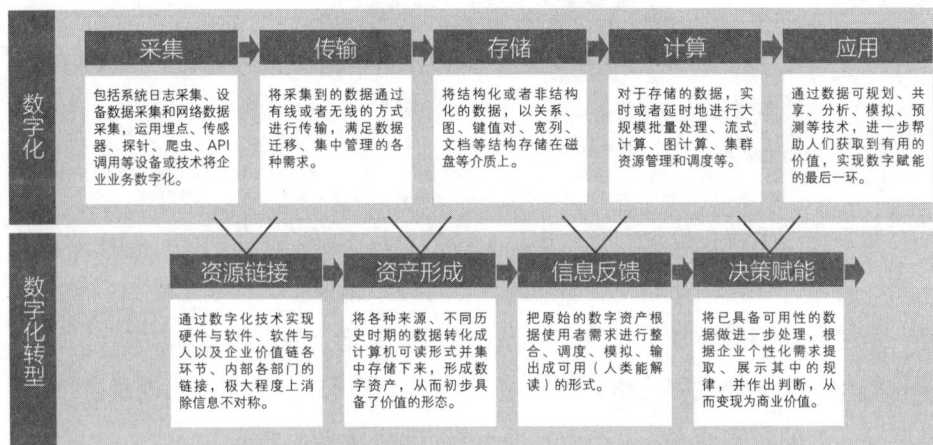

资料来源：艾瑞咨询研究院自主研究及绘制。

陈劲等在《数字化转型中的生态协同创新战略——基于华为企业业务集团（EBG）中国区的战略研讨》一文中认为，可从三个不同阶段去理解"数字化"内涵。（1）Digitization，"信息的数字化"，以"0""1"比特形式即二进制形式读写、存储、传递信息。（2）Digitalization，流程数字化，将工作流程数字化，提升工作协同效率、资源利用效率，如企业资源计划（ERP）系统。（3）Digital transformation，即数字化转型，开发数字化技术及支持能力以新建一个富有活力的数字化商业模式。数字化转型完全超越信息数字化或工作流程数字化，致力于"业务的数字化"。

内涵	阶段	案例

资料来源：陈劲等《数字化转型中的生态协同创新战略——基于华为企业业务集团（EBG）中国区的战略研讨》。

数字化转型旨在价值创新，用新一代信息技术驱动业务变革，构建数据的采集、传输、存储、处理和反馈的闭环，打通数据壁垒，构建全新数字经济体系。数字化转型的驱动力是数字技术；转型对象是业务，转型本质是变革；数字化转型作为企业发展战略，不是短期的信息化项目，是一个长期推进过程。数字化转型的实质是改变生产力，进而带动生产关系的变革。

二、数字化转型目的

数字化转型对于内部来讲主要是提升企业运营效率，对外是提升企业用户体验。阿里研究院副院长安筱鹏认为，数字化转型本质上颠覆了传统产业几百年来赖以生存的"传统工具+经验决策"的发展模式，给企业带来两场深层次的革命：工具革命和决策革命。工具革命通过自动化提高组织和个人的工作效率；决策革命以人工智能等手段优化提高决策的科学性、及时性和精准性，系统能把正确数据在正确时间以正确方式传递给正确人和机器。

数字化转型的基本出发点是"虚实融合"，物理世界与信息世界的数字化融合正在改变制造、零售、金融、建筑和房地产等行业，新制造、新零售、新金融、新服务等数字化的新产业生态正在加速形成。

在数字化时代，企业应从数据理解客户痛点，快速响应客户需求出发；提高获取和利用数据的能力，通过人工智能的收集、分析和判断，连接和预测人的行为信息；充分挖掘、分析、利用数据，穿透所有价值体系，提供出前所未有的、巨大的价值链决策方案。数字化转型实施由外向内的商业模式是对企业业务进行系统性、彻底的重新定义，重新设计整体业务流程，包括精简程序，压缩控制，开发自动化决策流程，用新的数字技术提升服务能力。

企业数字化转型是通过合理运用数字化技术，对企业的业务模式、管理能力进行重塑，以提升甚至重构企业的核心竞争力。对于企业而言，深化数字技术在采购与生产、获客与营销、销售与服务、运营与管理等企业经营多链条、多环节的综合应用，对企业及其相关方的网络化、数字化、智能化的全面升级，帮助企业在数字经济时代立足并实现长足发展。

数字化转型对于微观意义上的企业和宏观意义的国家都具有重要意义。(1)对于企业而言，数字化转型对于激活行业生命力、促进企业的优胜劣汰具有积极作用。数字化转型已经不是某些行业的"特色"了。在有些行业，企业与生俱来拥有数字化基因，比如互联网行业，行业内公司的产品绝大部分都是数字化的服务，数字化是它们赖以生存的手段；而对于传统行业，如制造业、农业等，它们的业务可能与数字化技术没有直接联系，但由于行业领导者率先发起数字化转型以提升企业自身的竞争力，如迟迟不推进这一动作，企业生存空间就会受到挤压；因此这些行业也都正处于"上马"一个又一个数字化转型项目的风口。(2)对于国家而言，数字化转型是提升整体竞争力、整体实力、整体风貌的有效手段。我国的人口红利已逐渐消失，未来要想在世界经济中持续占据有利地位，很大程度上需要倚仗各行业的数字化，对外能提供更自助化、智能化的产品和服务，对内能盘活各行各业、高效利用各项生产要素，并极大精简业务和管理流程。能够对经济发展产生放大效应，对推动我国经济的高质量、低消耗、可持续的发展具有极为重要的意义。

很多新兴产业与生俱来自带数字化基因，在此不做过多讨论；而对于传统产业而言，数字化的目的明确。传统产业数字化转型是运用数字技术突破企业与产业的发展瓶颈，实现业务的创新和持续增长，具体包括强化企业的价值创造模式、转变企业的资产管理模式以及重构企业与行业的协作模式。

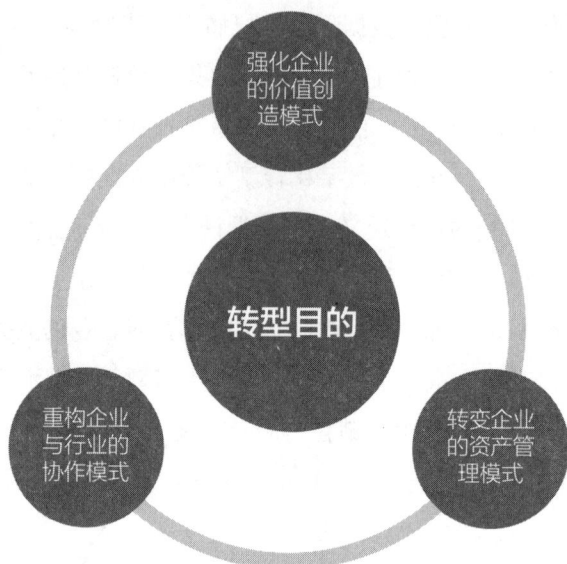

数字化转型目的

（一）强化企业的价值创造模式

企业的价值创造模式正在发生重大变化。传统的经营模式中，企业根据自身的能力和条件生产产品，并销售给合适客户；而现在这种生产驱动的模式，正向着消费驱动的模式演进。这种模式具有以下几个特点：

一是捕获客户偏好。移动技术、物联网等手段能够细致地获取用户行为，大数据、人工智能等技术能帮助企业精准地分析出消费者的需求，为"按需生产"打下坚实基础。

二是生产定制产品。当对客户的偏好和需求有了精准捕获之后，就可按需生产产品了。这种模式下，企业不需要为产品卖不出去而犯愁，因为产品完全是按照消费者的需求生产的。

三是提供全面服务。传统理念中，卖出了产品似乎企业的目的就达到了，企业就是靠卖一件件产品而生存、发展。在新型模式下，消费者购买企业的产品只是价值创造的一个步骤，一方面企业可以基于产品持续提供后续服务，延长企业价值创造环节，另一方面企业可以细心收集用户的使用反馈对自己的产品和服务持续改进。

四是鼓励客户参与。构建消费者社区，吸引消费者参与产品设计与定制过程，在进一步提升消费者体验的同时，也给消费者带来参与感与主人翁意识。

该种模式下，数字化技术强化了企业与消费者之间的联系与联动，企业进而有能力更好地为消费者提供产品和服务，构建以客户需求为中心的理念来创造价值的逻辑。

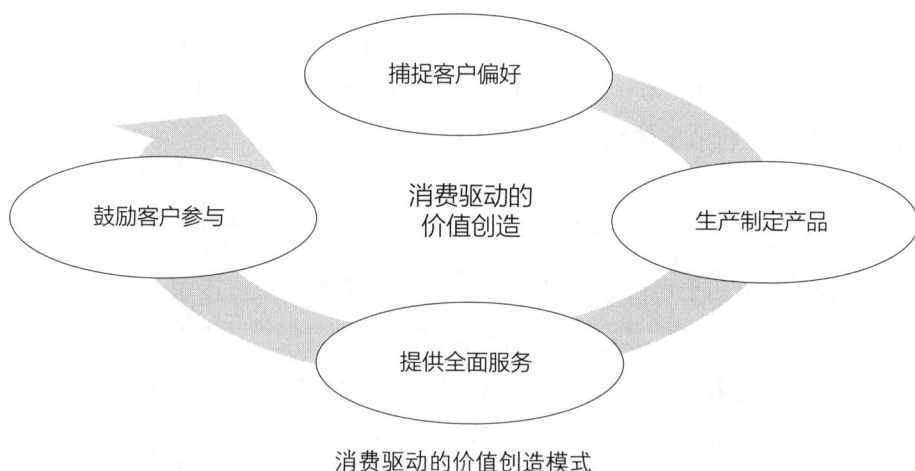

消费驱动的价值创造模式

（二）转变企业的资产管理模式

数据是数字化时代中的一个核心生产要素，企业在转型过程中，也会将数据资产管理融合进企业的管理模式中。随着转型过程的推进，企业会通过各种渠道收集到越来越多的数据，并作为资产纳入到企业的资产管理体系中。这个过程会呈现出两个特点：

一是企业收集并应用数据，让其成为支撑企业经营的资产。传统模式下，企业重视数据可能只为了解传统经营指标，比如销售情况、库存情况；而数字化时代后，数据能够为企业的决策提供更精准、更细致的依据。

二是企业有选择性地收集、管理并使用数据。不同渠道、不同领域的数据所蕴含的价值是有区别的，企业在转型过程中识别出各类数据的价值性、数据与经营管理活动的关联性，并意识到数据治理的重要性。企业重视数据运营，围绕数据的采集、加工、存储、应用、销毁这个全生命周期进行规划与建设，提升数据资产价值。

（三）重构企业与行业的协作模式

数字化转型会颠覆企业间、行业间的协作模式，催生出一种更具效能的业态。没有一个企业善于包办产业链上所有的事情，每个企业都有自己的"基因"，这决定了企业适合做什么、不适合做什么。转型会推动企业发挥自身最擅长的事，而不拿手的事情选择与外部合作。对于一些巨头企业或者平台型企业而言，也通过向中小企业输出技术甚至整体解决方案的形式，赋能物理世界的业务实现"虚拟"与"现实"的融合，高效地整合产业链上的各项数据资源，既基于数据辅助中小企业经营决策，也服务自己进一步打开空间实现业务创新，在加速各行业整体数字化转型的过程中实现共赢。

三、数字化转型面临的问题

数字化浪潮几乎已经影响到每一个行业和企业了，可以说，几乎没有哪个行业或企业能够两耳不闻"数字化转型"，一心只做自己业务。有部分龙头企业已经开启或者已推进数字化转型并持续获得正反馈，但有更多的企业由于自身以及外部环境等各方面因素，面临着转型各个阶段所带来的问题或困扰。本书将企业在不同阶段面临的问题总结为三类："转不来""转不起""转不动"。

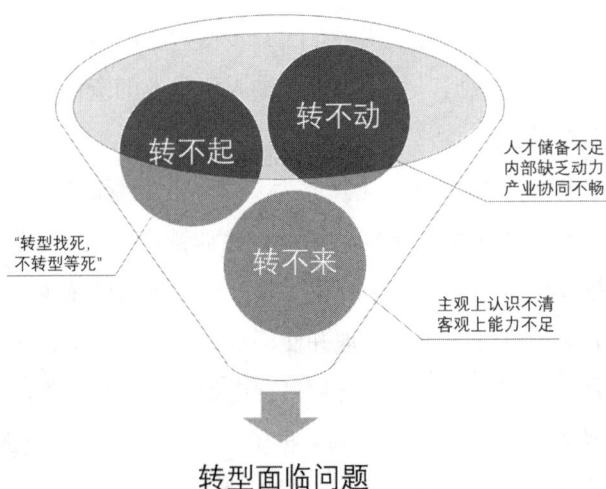

转型面临问题

数字化转型较为普遍的三类问题

（一）"转不来"

要推进数字化转型，首先当然要做好战略与规划。在这一阶段，许多企业由于主观或客观的原因，会觉得数字化转型工作极其复杂，甚至都无从下手。

1. 主观上认识不清

数字化转型工作既不是简单如买几台设备或者是搭建一个系统，也不是投入后就一定能在短期内见到可观效果。开展转型工作要求企业在经营理念、战略规划、组织架构、企业文化、运营保障等全方位的深层次变革，对企业领导层的素质要求极高。有些企业领导者可能对转型工作整体认识不足，认为与企业关系不大，或者认为转型是战术层面的工作。此外，还有些企业管理者可能对转型战略推进的信念不够坚定，一旦没有达到预期效果就会感受到来自外部的质疑和内心的摇摆，导致转型工作无法保质保量推进。

2. 客观上能力不足

管理者在主观上对转型工作有了整体认知后，也可能会面临能力不足的情形，包括：（1）企业自身的数字化积累不足。部分企业（尤其是中小型企业）的信息化、数字化程度不高，有些企业的生产管理、销售管理、财务管理等还大量依赖人工填表、收集、统计，甚至是纸质的文档或表格。缺少对企业核心数据的梳理、采集和运营，对于需要企业持续积累的数字化转型工作是一只巨大的"拦路虎"，直接导致数字化转型工作成了"巧妇难为无米之炊"。（2）转型战略分解和推进的能力不足。管理者对企业如何规划出顶层设计、目标分解、工作推进、成果检验、举措修正等一系列落地方案，缺乏深刻而细致的计划会影响转型工作的可操作性、可追溯性、可评估性。引入外部力量会是一种弥补这一短板的方式，比如第三方咨询公司的介入。然而，数字化转型工作不存在标准答案，每个企业、行业的基本面不同，其他公司的经验或者外部建议未必一定能适合本企业。

（二）"转不起"

有些企业可能有能力解决"转不来"的问题，又会碰到"转不起"的困境。经验表明，数字化转型工作确实是很"烧钱"，数字化的投入不仅需要购买 IT 基础设施、运维保障，还要持续投入于软件采购、系统研发和服务支持等来支撑数字化的发展。然而，并不是所有企业都有实力能花很大投入大刀阔斧地推进数字化转型工作，对于中小企业而言，这种规模的投钱、投人还要保证自己能存活到若干年后才能见到效果，很可能分分钟就把自己"作"死了；但如果企业管理者坚持不转型，可能又如温水煮青蛙一样，看着企业的竞争力被一点点吞噬，最后被时代淘汰。许多企业面临的正是"转型找死，不转型等死"的两难困境。如何平衡数字化投入与预期收益产生的周期，降低数字化转型对企业经营的负面影响，是企业需要解决的难题。

（三）"转不动"

当企业决策层终于有了深刻的转型意识、做好了长期投入并艰苦奋斗的打算后，仍然可能要面对"转不动"的困扰，主要分为三个方面：

1.数字化人才储备不足

人才可以算是当今数字化转型工作中极为重要的因素，成功的数字化转型离不开人才的发掘、积累和合理运用。然而从人才市场上来看，技术类人才的招聘与培养不仅费时费力，其供给和需求很可能在相当长一段时间内无法匹配，有部分企业无法招募到充足的数字化人才，最终成为它们数字化转型瓶颈之一。

2.企业中低层缺乏转型动力

数字化转型对于企业执行层面的自发性、敏捷性等特质要求与日俱增。许多人都有安于现状的惰性，倒逼自己跳出"舒适区"的转型会遭到来自广大员工心底的抵触；此外，有些企业搭建的组织架构和业务流程较为复杂，比如决策无论大小都要层层汇报审批、多部门相互制约而割裂、数字化转型工作权责不明晰，这都是转型工作的障碍。如果没有构建合适的考核与激励制度，转型工作也很容易流于形式而无法按计划推进；在竞争无处不在、商机转瞬即逝的数字化时代，这种内耗很容易动摇企业可持续经营的根基。

3.产业协同水平不高

数字化转型不仅仅是一个企业内部事情，良好效果需要产业多方参与并共同协作。然而，目前在传统产业中，数字化技术的运用存在不均衡的情形，即使某个企业自身有强烈的愿望和充足的实力，但其相关企业或行业的数字化程度与其不匹配、其他参与方的开放意愿不足抑或是数据标准口径不统一，都会导致不具备良好协同的基础。仅仅单靠企业的自身投入，可能面临回报与成本不成比例的尴尬局面。

四、数字化转型面临的风险

根据数字化转型的实践经验，企业数字化转型常常面临一系列风险，下面列举几种典型的风险。

（一）模式选择风险

转型业务有一个投入回收期的问题，转型的步伐小，无法达到转型的目标，在未来新的环境下，经营和竞争就会滞后；转型的摊子铺得过大，长期支撑转型负担过重，也难以为继。转型必须把握一个"度"，选择合适的转型模式、合适的规模尤为重要。

（二）文化"不适"风险

转型是战略层面的一种选择，带动自上而下全层级、全领域彻底变革，可能涉及每一个人、每一项业务、每一个流程，须培育和树立与企业数字化转型相适应的全新理念，普及先进的数字化文化。这些对转型战略的持续推进和不断优化影响巨大。

（三）人才与组织架构适应性风险

传统企业的人才结构和组织架构都面临变革压力。传统企业多数员工面临技术、观念、思维方式等方面的挑战。更重要的是组织层面，传统的金字塔式组织结构需要向适应平台化运行的模式转型，快速发展的新型数字化生产力对原来的生产关系提出调整要求。缓慢变化的组织架构会制约数字技术生产力的快速发展，成为数字化转型战略落地的重大风险。

（四）技术储备不足风险

企业数字技术能力建设至关重要。数字化转型的本质是让数据成为新的生产要素，核心手段就是让"业务数据化、数据价值化"，关键技术能力是平台能力和数据治理能力。要建设与自身业务相适应的工业互联网平台，打造强大的平台服务能力，形成良好的技术生态。同时构建企业级数据治理体系，梳理数据资源，形成数据资产，构建数据价值化能力。这两种能力缺一不可。

五、数字化转型趋势

带动数字化转型三大转变

资料来源：中国电子学会整理。

随着以人工智能、区块链、云计算、大数据、物联网等技术为代表的新型技术群落的落地运用，人类的客观物理世界与创造出的数字世界正逐渐融合，数字化转型也呈现出业务数智化、能力平台化、资源共享化、创新体系化、国民高质化五个趋势。

（一）业务数智化

在过去几十年，信息技术的飞速发展推动了企业的许多经营与管理迈向数字化时代。我们可能常常见到 OA（办公自动化系统）、CRM（客户关系管理系统）、ERP（企业资源计划系统）等系统名字，总而言之都是通过技术手段在某个业务条线或某个业务环节上的降低成本或者提升效率。而如今在数字化时代，企业的经营也将迈入新的智能化时代。它强调将资本、设备、人力、数据等多方面要素的有机融合，通过技术对它们赋能、化零为整，充分重视并挖掘出数据中蕴含的价值，将原本相对独立的业务领域、业务条线、业务环节融为一体，形成高效的、智能的业务体系。

（二）能力平台化

处于数字化转型的企业发现，许多技术能力、数据能力、业务能力的需求都具有复用性，于是都不约而同地建设一个又一个能力平台。建设平台的核心手段是集约整合，其核心目的是高效协同。例如，阿里巴巴、腾讯、华为等新型科技公司倡导并贯彻中台理念，整合基础技术、数据运营、产品服务并整体对外赋能，基于抽象的、不变的基础能力，应对多样的、万变的业务场景。

（三）资源共享化

共享生态也是数字化转型中的新业态，它激励企业之间由封闭自守走向开放合作。数据资源、业务资源、计算资源等各类资源都是可以在企业间共享与合作，通过共享经济可以使各个参与方都变得更好、经营变得更加高效。供应链中的核心企业具有向其上下游企业和金融机构分享其业务数据的驱动力：（1）基于真实的业务往来数据，金融机构开展金融业务的风险大大降低。（2）上下游企业可获得廉价金融服务，基于这些数据能有效提升资产周转效率。（3）核心企业从而也能够获得更低的采购成本、赚取更高的销售收入。此外，供应链核心企业还可以将数字化经验赋能其相关企业，对其上下游的参与主体形成有力支撑，共同拓展行业价值空间。

（四）创新体系化

数字化转型对产业的整体创新机制提出了更高的要求。过去企业考虑的是如何找到自家产品的消费者，现在企业正逐渐转变思路，让消费者自己描述需求产品，由企业进行定制化生产。基于互联网形成的社区也会加速这种体系的演进，原来可能由一家或少量参与方完成集中式的创新活动，现在正通过众创、众研、众筹、众包等新型方式重构创新流程和创新体系，创新活动将不再受到地域、行业、群体的约束，更加凸显紧密协同的新型创新体系。例如，海尔就曾推出"4+7+N"一站式智慧成套解决方案，客户可根据自己实际家庭状况依托海尔一站式全场景定制化创建适合自己的智慧家庭。

（五）国民高质化

随着企业数字化转型进程的持续推进，对企业管理者、企业员工、企业消费者都提出了更高的要求。企业管理者固然需要认清转型形势，拥抱新思维、新理念，掌好引领企业数字化转型工作的"舵"；员工也需要不断掌握、学习新的数字化技能，才能与当下的企业与产业发展相适应，而消费者的素养也逐渐成了驱动数字化转型的重要动力，他们在新的商业模式中参与创新体系、共同发掘新的数字化业务价值，形成新兴的数字消费群体。对于国家而言，有这样的高素质的国民是数字化转型的重要资源，提升国民素养逐渐上升到国家战略高度，因此许多国家都高度重视对数字化相关技能的教育和能力的培养。

产业数字化转型引导公民素养升级

资料来源：中国电子学会：《全球产业数字化转型趋势及方向研判》。

第二节　数字化转型机制、发展阶段与路径

　　产业数字化转型，利用数字技术全方位、全角度、全链条地改造传统产业，提高全要素生产率，释放数字对经济发展的放大、叠加、倍增作用。数字化转型能一蹴而就吗？答案是否定的。数字化转型应遵循一定原理，并非一蹴而就，需要循序渐进，经过一定发展阶段，遵循一定路径。

一、数字化转型机制

　　数字化技术推动数字经济的持续发展，也深刻改变了经济参与者之间的关系和联系，原有完全基于物理世界的商业模式已经逐渐通过数字技术进行了改造甚至重构，企业的生产经营效率也会发生质的飞跃。企业数字化转型机制具体表现在以下四个方面：业务模式转型、产品服务转型、经营理念转型、组织结构转型。

数字化转型机制

（一）业务模式转型

一是数字化技术的运用会促使企业的业务模式和业务状态发生革新。(1) 许多低技术含量、耗费体力、重复性的劳动的工作已经在上一代机械化的浪潮中被机器取代，而在数字化时代，有更多的工作岗位需求会被压缩，诸如产品质检员、票据审核员等都会逐渐地被具有人工智能能力的计算机所取代，劳动力会释放到更需创造能力的岗位中。(2) 充分运用数字技术的企业，其产能更加高效、产品质量也更加可控，通过物联网等技术收集并汇集数据后，管理者可以实时看到一个工厂内的状态甚至所有上下游生产线、库存的状态，对于管理而言这些数据更加及时、更加精准；此外计算机也不会走神、不会犯困、不会被情绪化因素干扰，它们从事这些工作更加可靠，对于决策执行而言更为有保障。

二是数字化技术的推广还会推动企业重构其传统业务的价值链。传统业务模式下，企业生产的产品品种是有限的、预定的，其价值体现在挖掘出能够匹配其需求、愿意为产品买单的客户，有些价值需要通过帮其维系客户的经销商来体现；此外，库存管理、物流管理也是一门艺术，通过影响企业的资产周转效率来直接影响企业的经营效能。而到了数字经济时代，企业可以通过数字技术打通产品需求调研、设计、研发、生产的链条，能够通过增加有限的成本来快速匹配海量客户的小规模、定制化需求，产品就是按照客户的理想状态生产；此外，企业通过数字技术打通其资金流、物流、信息流，及时响应客户需求、为客户创造价值，客户当然高高兴兴地买单；对企业自身而言，这种"找到买家再生产"的模式也是进一步提升企业资产周转效率、降低企业经营成本的手段。

（二）产品服务转型

数字化时代，企业应积极转型提供差异化的产品服务。曾几何时，市场是一个"我卖什么，您买什么"情形，消费者是被动接受厂家生产的产品。人们可能经常会感觉，某个产品大部分都挺好，就是总有点遗憾——有那么一两个模块看着多余，或者产品缺了那么点功能，或者造型看着别扭、颜色不够满意，但消费者只能在接受或拒绝两个选项中作出抉择。在如今技术的推动下，消费者有渠道评价产品的优缺点、表达对产品或者厂家的意见、分享自己对理想产品的观点。这个新媒体盛行、营销为王的时代，正倒逼着企业珍惜每一位消费者、注重客户的行为数据和显式或隐式的反馈、认真对待每一项个性化诉求。消费者正在抛弃千篇一律、追求独具一格，未来谁能高效率、低成本地从"千人一面"到"千人千面"响应消费者们的需求，谁才可能树立起优异的口碑，在这个崇尚多元、倡导个性的时代"捕获"消费者芳心，才能够立足于数字化时代。

（三）经营理念转型

数字化也在影响企业的经营理念转变。传统企业的工业化经营理念下，一般爱盯着"金主"大客户，不太爱搭理"穷酸"小客户。这种理念并不是因为企业经营者有"嫌贫爱富"的人格，而是传统经营模式所决定：为了营销、维系小客户关系，厘清、满足小客户五花八门的需求时，会显著增加企业的运营成本甚至会怠慢大客户，很有可能"得不偿失"。

数字化技术运用后，这种理念有了很大的改观，并催生出了互联网思维。对于这些中小客户的称呼，互联网有个很形象的词"长尾客户"，意思是数量庞大但单位价值低的客户。以 5IABCDE（5G、IoT——物联网、AI——人工智能、Blockchain——区块链、Cloud Computing——云计算、Big Data——大数据、Edge Computing——边缘计算）等为代表的数字化技术能够帮助企业获得新客、营销客户、挖掘客户的真实意愿、服务客户的定制需求，进而降低服务客户的单位成本，使得原本企业"瞧不上"的中小客户也成了"香饽饽"。从经济学角度上讲，只要企业降低了客户获取产品和服务的成本、满足了他们客户的个性化需求，客户是愿意做出额外付费的，因此，无论是对于交易的买卖双方，都会因为效用的提升而变得更好。这正是经营理念转变的原因所在。

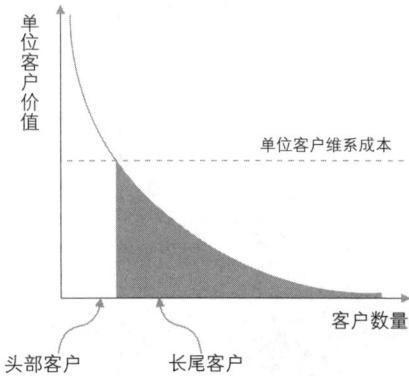

（1）传统模式下，头部客户是企业的"金主"，而拓展长尾客户是"亏本买卖"

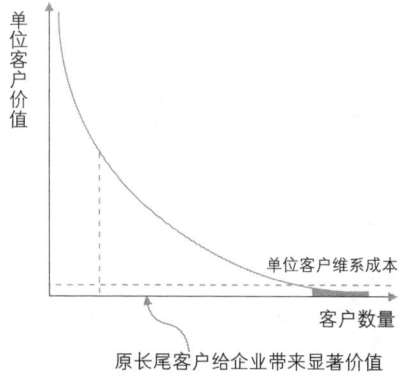

（2）数字化时代，长尾客户是企业的增长驱动力

长尾效应影响企业的经营理念

（四）组织结构转型

企业的组织结构需要转变，以便能与当下的业务模式相适应。传统企业组织架构都会构建一个森严的等级制度，比如依据人员数量构建与规模相对应的部门、处室、科室等；大大小小的机构都有明确的职责范围，机构间按照公司规定进行交互和协作；在许多问题决策上，都需要组织各相关方参与讨论表决，商议计划和行动。这种制度能够避免某些个体、机构对企业经营产生过于重大的影响，但在数字化时代，外部需求需要快速响应，各机构之间的边界也逐渐模糊，原有制度在日新月异的内外部因素作用下已较难高效运转。企业需要在组织架构上作出改变，以应对复杂的、动态变化的大环境。比如，以BAT为代表的许多互联网公司纷纷祭出"扁平化"的组织结构，以业务流程再造驱动变革，打通原有的机构间壁垒，建立中台沉淀、复用和统一管理标准化的业务、技术和数据，敏捷、高效、积极地响应外部变化。

二、数字化转型发展阶段

从基础设施、企业应用、综合集成和协同创新等进展程度，可确定企业数字化转型水平及其不同阶段：（1）起步阶段（初级阶段）；（2）企业突破（中级阶段）；（3）集成提升（高级阶段）；（4）创新突破（卓越阶段）。

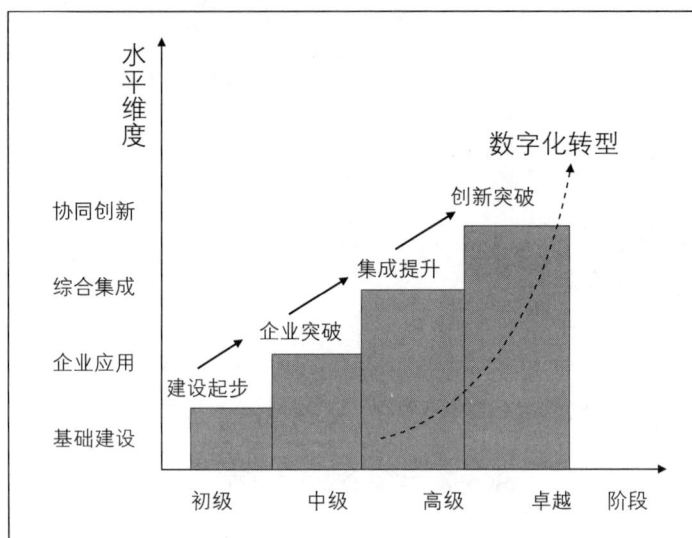

资料来源：郑健壮等《数字经济的基本内涵、度量范围与发展路径》。

数字化转型不同阶段关键百分比指标也不同，如下表所示：

阶段	新产品产值率（%）	产能利用率（%）	设备综合利用率（%）	客户满意度（%）	产品合格率（%）
起步阶段	24.40	76.40	78.80	92.20	92.30
企业突破	38.70	82.00	82.70	95.10	95.80
集成提升	45.30	85.60	84.80	96.70	97.40
创新突破	47.80	88.80	88.90	97.80	98.10

资料来源：郑健壮等《数字经济的基本内涵、度量范围与发展路径》。

（一）赋能

在数字化赋能阶段，要培育企业的数字化文化，提高员工的数字化意识和对数字化转型的信心。如通过物联网、移动应用等数字技术的使用，劳动强度大幅度降低、用人减少、效率提高，企业和员工共同受益。通过对产品赋能，快速提升产品功能、性能，改进用户体验，增加产品的附加值。赋能的特征呈"点状"，规模小、风险低、见效快，可以多点并行，甚至"星罗棋布"，产生"面状"价值。

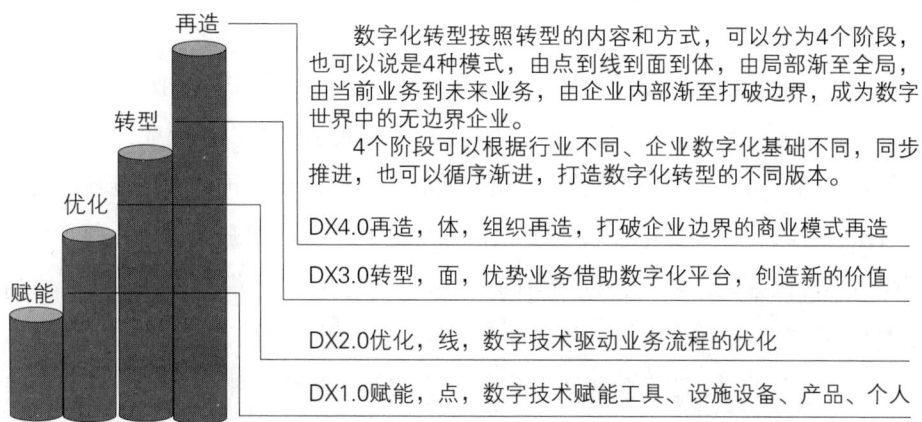

再造

转型

优化

赋能

数字化转型按照转型的内容和方式，可以分为4个阶段，也可以说是4种模式，由点到线到面到体，由局部渐至全局，由当前业务到未来业务，由企业内部渐至打破边界，成为数字世界中的无边界企业。

4个阶段可以根据行业不同、企业数字化基础不同，同步推进，也可以循序渐进，打造数字化转型的不同版本。

DX4.0再造，体，组织再造，打破企业边界的商业模式再造

DX3.0转型，面，优势业务借助数字化平台，创造新的价值

DX2.0优化，线，数字技术驱动业务流程的优化

DX1.0赋能，点，数字技术赋能工具、设施设备、产品、个人

资料来源：李剑峰编写的《企业数字化转型的本质内涵和实践路径》。

（二）优化

优化阶段通常是针对一个或者多个业务流程，可以在部分流程上展开，也可以全流程优化。利用数字化建模技术进行流程优化，实现资源配置最优，包括人力、设备设施、原材料、能源和水等。通常能够达到缩短流程、减少人力、降低能耗、提升时效等效果，是企业降本增效的利器。流程优化通常要求较高的数字化水平、大量的数据积累、强大的建模能力和巨大的算力，很多情况下还需要大量的仪器仪表配置来提供实时数据采集能力。优化通常具有线状特征，常见的如离散工业的流水线、装配线，流程工业的某个流程，物流配送、能流配置、野外施工的作业路线等。区域优化和全局优化通常也是围绕一个业务主线展开。

（三）转型

原来"转不动"的传统业务，经过数字化技术的赋能和润滑，实现轻松转身，从而产生巨大的额外价值，这就是转型。云计算是传统计算能力的最成功转型，不仅造就了世界排名第一的亚马逊，也创造了整个云产业。转型具有"面"的特征，通常是覆盖一定范围的一个完整业务单元。因为具有完整价值，更易"服务化"，更方便找到用户、打开新的市场。如物资采购部门经过多年

积累，培育形成的具有巨大竞争优势的"采购能力""保供能力"，通过电子商务平台的赋能，转换为一种可交付的"采购服务能力"，服务其他更多的企业，带来新的利润增加值。这就是采购部门这个业务单元（BU）的数字化转型。

（四）再造

再造是传统企业脱胎换骨转化为数字化企业的高级阶段，一般有两种类型。（1）企业内部与数字化生产力相适应的生产关系再造，可以是企业内部某一独立业务单元（如产品销售板块），也可以是企业整体。这种再造方式扬弃的是传统组织管理架构，业务本质没有变化，数字化生产力得到充分释放。（2）打破企业边界，以并购、融合、创新等跨界方式实现企业商业模式再造。这种再造意味着逐渐抛弃或转变原有的核心业务，寻求新的盈利模式。

需要说明的是：四个阶段不一定必须完成前一阶段才能开始下一阶段，可以交叉或者并行发展。尤其是一些大型企业，由于不同业务单元的性质及数字化水平存在差异，有可能分别处于不同阶段或不同模式，有些企业内部会出现多个模式并存。

三、数字化转型路径

2018 年 9 月，日本经济产业省发布的《数字化转型报告》指出：公司在应对外部生态系统（客户、市场）的破坏性变化时，推动内部生态系统（组织、文化、员工）转型，使用第三平台（云、移动性、大数据分析、社交技术），通过新产品和服务、新商业模式，在互联网和现实两方面通过转变客户体验来创造价值并建立竞争优势。

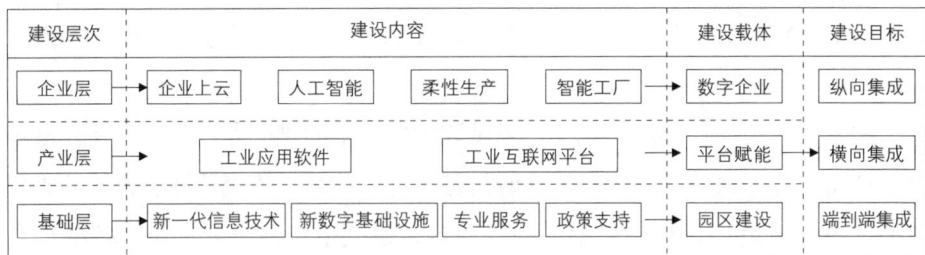

建设层次	建设内容				建设载体	建设目标
企业层	企业上云	人工智能	柔性生产	智能工厂	数字企业	纵向集成
产业层	工业应用软件		工业互联网平台		平台赋能	横向集成
基础层	新一代信息技术	新数字基础设施	专业服务	政策支持	园区建设	端到端集成

资料来源：郑健壮等《数字经济的基本内涵、度量范围与发展路径》。

　　企业 IT 建设模式率先转型的路径。推进企业数字化转型，企业内部的 IT 建设模式必须首先转型，才能解决转型过程中企业对数字技术的需求。转型的方向是全面推进"数据＋平台＋应用"的新的建设模式，这一模式的基础是数据，核心是平台，应用则是便利的 APP。这完全颠覆了以应用为核心的传统建设模式，传统建设模式是"补丁式"、项目型。项目完成后，得到一个可独立运行的应用系统。传统的建设模式会不断地制造信息孤岛，随着信息系统的增多，相互之间集成和互联的关系越来越复杂，增加了信息系统使用和运维的复杂度，加大了企业信息化的总体成本。按照"数据＋平台＋应用"的新模式，强调企业数据资产的统一治理和共享，大幅度提升企业数据资产价值。所有新的开发建设都在统一的平台之上，按照标准接口规范进行组件式开发，形成业务组件和技术组件的积累和共享复用，各类业务应用 APP 由各类组件构建而成，大幅度降低开发成本、提升对业务需求的响应速度。企业 IT 领域率先转型是企业数字化转型成功的重要基础。从技术上看，数字化转型就是平台化转型，打造企业自身的工业互联网平台，能够加速企业设备设施、业务流程、管控模式的数字化进程，深化人工智能、物联网、AR 等信息技术与业务融合，提升全员数字化意识，为数字化转型做好全方位的准备。

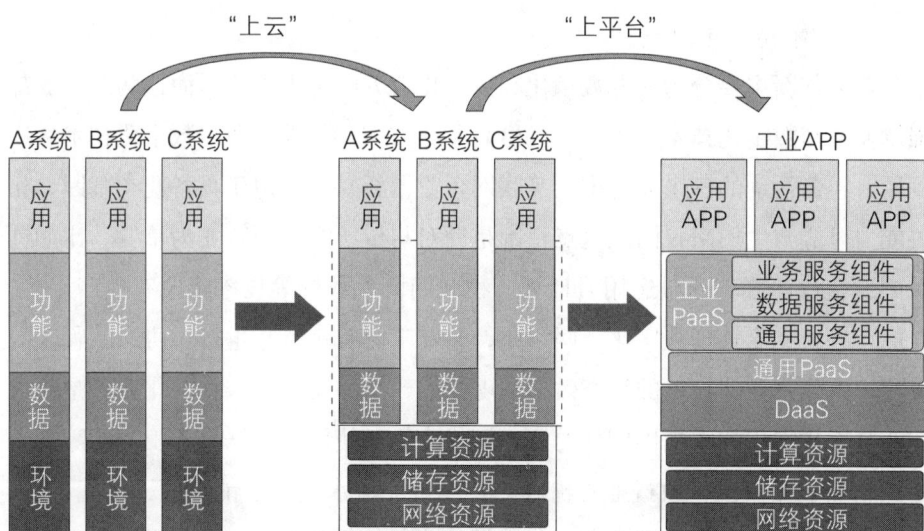

资料来源：李剑峰编写的《企业数字化转型的本质内涵和实践路径》。

从数字化转型实践来看，企业的数字化转型是系统性工程，各企业选择的转型路径有相似之处，但落到实战层面还是会因为内外部因素不同产生较多的差异性。一般而言，要想在数字经济时代中破局并成功完成转型，需要注意以下几个方面：

（一）制定转型战略

管理大师彼得·德鲁克很早就提出"做正确的事而不是把事情做正确"（Do right things or do things right）。数字化转型是非常考验企业领导对全局的认知和把控能力的。企业着手开展数字化转型工作之前，一定要根据自身情况合理制定发展战略。如果在战略层面出现认知偏差、方向失误，结果可能就是南辕北辙，即使再如何坚定、努力地执行战略，最终效果都不会很理想。

企业决策者认真思考并构建出正确、合理、可行的数字化转型战略，是转型工作开展的首要条件。（1）参考行业内外数字化转型典型企业，分析本企业的数字化转型的意义和必要性，预估转型工作以什么样的代价获得多少价值，并在企业决策层面拉齐认知达成共识。（2）制定转型战略蓝图，转型工作分几步走、每步投入什么资源预计产出什么成果，内部组织架构如何设定、外部各项资源如何协同。（3）做好数字化转型的保障工作，如何确保战略能按预定思路和节奏推进，如何制定企业的变革机制、创新机制等。

（二）锻造业务创新

业务创新主要分为业务数字化和数字化业务两个大方面，而这两个方面都强调业务与数字化技术紧密相关。（1）业务数字化要求企业将数字化技术运用到原有经营活动的各个业务中，互联网企业、新兴企业由于具备此类基因，相关能力可能与生俱来，因此这点特别是针对与传统企业而言尤为重要。比如针对制造企业而言，通过运用云计算、物联网、大数据等技术将原有生产工艺、仓储存货、物流管理数字化、网络化，并基于此有一整套生产、协同、管理的流程，保障企业的高效的生产效率和可控的产品品质。（2）数字化业务是要求企业基于数字化技术提供创新的业务模式，比如使用大数据、人工智能等技术深挖企业数据价值、改进业务流程，建设智能流水线、智能车间、智能工厂，进一步降低人工的参与和干预，打造智能产品、智能服务；深入了解客户并提供定制化解决方案，想客户之所想，急客户之所急；鼓励客户来参与设计、创新产品，对传统业务模式进行革新，促进行业整体变革。

（三）构建平台能力

构建以平台为核心的新型企业架构也是数字化转型的有效途径。数字化时代的平台本质上是各个方向高内聚、可复用能力的集合，虚拟世界上，搭建以人工智能、大数据、云计算、区块链、物联网、边缘计算等能力组成的技术平台并按需迭代升级，推动企业内的统一数据采集、数据整合、数据治理、数据应用并以整合的方式服务于业务发展和创新；实体世界中，对企业组织结构进行优化革新，打破原有部门之间的"故步自封"、消除机构之间的"高墙铁网"（业务壁垒、信息壁垒、协作壁垒），调整为较为扁平化、网格式、自驱动的敏捷、高效的管理模式，强调各机构之间的开放与互联，彼此形成良好的协同效应。围绕企业的采购生产、运营管理、营销销售等企业经营各个环节使用业务与技术双轮驱动，以适应当下千变万化的外部环境和客户需求。

（四）打造生态场景

数字化转型绝不是单个企业个体的单机游戏，不是"独角戏"，生态场景才是整个行业、整个产业发展的重要载体。诸如供应链核心企业、制造业风向企业、互联网龙头企业等行业龙头、具备主导能力的企业，可使用以5IABCDE（5G、IoT——物联网、AI——人工智能、Blockchain——区块链、Cloud Computing——云计算、Big Data——大数据、Edge Computing——边缘计算）等为代表的数字化技术拉紧其上下游等业务相关方的关系、推动数字化行业标准的制定、对业务伙伴进行赋能，通过打造业内标杆生态场景推动行业整体的数字化进程；而对于中小企业而言，也要积极加入数字化生态场景建设中，在快速提升自己实力的同时，也确保不落伍于这个时代。这种模式不仅可以整合行业上下游全流程的数据实现深挖价值、对行业进行全方位的提升，还有助于激发行业创新、孵化新的业态，构建一个个具备正向反馈的数字化生态，数字化链条上的每一个参与方都能切实受益，众人"皆大欢喜"。

第三节　数字化转型价值

肖旭等在《产业数字化转型的价值维度与理论逻辑》一文中认为，产业数字化转型的价值维度体现在驱动产业效率提升、推动产业跨界融合、重构产业组织的竞争模式以及赋能产业升级四个方面。我国产业实现高质量发展，效率提升是基本前提，跨界融合是必要条件，竞争模式重构促进了动力机制的构建，产业转型升级是根本目标。数字化转型的主体现实需要是产业实现高质量发展，客体是数字化技术，数字化转型的价值是以 5IABCDE（5G、IoT——物联网、AI——人工智能、Blockchain——区块链、Cloud Computing——云计算、Big Data——大数据、Edge Computing——边缘计算）等为代表新一代信息技术对产业实现高质量发展的价值影响。

埃森哲等在《2019 埃森哲中国企业数字转型指数研究》中指出，根据埃森哲对领军企业数字转型的常年跟踪调查，借助数字化成功转型的企业，普遍以业务转型为导向建立战略格局，而非单纯以新颖的技术工具或局部流程变革驱动。这些领军企业的数字转型围绕三大价值维度：智能运营、主营增长和商业创新。智能运营让企业在核心业务上的优势愈加巩固；核心绩效提升又为企业探索新市场、新业务提供强大的财务投资能力；新兴业务的概念验证与规模化，也与核心业务形成协同效应。这三大价值维度相辅相成，共同推进才能使企业更好地释放数字价值。

资料来源：埃森哲等编制的《2019 埃森哲中国企业数字转型指数研究》。

IDC 认为数字化转型带来的价值在于四个重构：（1）重构商业流程；（2）重构用户体验；（3）重构产品与服务；（4）重构商业模式。这四个重构也是信息技术支持业务的四个重要阶段，从提升内部运营效率来重构商业流程，通过新技术提升用户体验，许多产品服务的智慧化，使产品增值走向高端，同时连接用户，提升用户忠诚度，并通过数据收集与分析带来新的商业模式。四个重构引发更多创新，通过这多个细节的改进，也能给企业带来更大的价值，也是对于传统商业模式的颠覆，是创新提升竞争力的基础。

诺贝尔经济学奖获得者罗纳德·科斯（Ronald H. Coase）在"企业的性质"文章中认为，市场交易是有成本，通过形成一个组织，并允许某个权威（通常是企业家和管理者）支配资源，就能节约某些市场运行成本。企业运行也有管理成本。企业规模越大，管理成本越高，甚至一些企业会出现官僚主义，当企业运行的管理成本高于内部协作带来的收益时，企业就会变得规模不经济，组织规模有边界。数字技术都在重塑组织，数字化降低组织之间交易成本，不必像以前那样追求规模，灵活和敏捷比规模更重要，组织越来越趋向于小规模化，甚至让组织变得无边界。数字化也降低组织内部的沟通成本，扁平的网状结构降取代传统的金字塔结构，组织越来越扁平化。

传统产业的数字化转型，是我国经济迈向高质量发展阶段的重要路径。数字技术改变了传统的产业经济理论，梳理数字化转型下产业经济理论逻辑，充分认识数字化转型的价值，对于推动传统产业数字化转型具有指导性意义。

一、数字化转型改进产业组织效率

数字经济时代组织将普遍呈现为小型化、去中心化、融合化的特征。未来组织将更多呈现小型科技型，通过网络连接在一起的"轻组织"。

由于生产工具的转变，经济时代从农业社会转变为工业社会，社会生产力和劳动生产率都得到明显提高。随着信息技术的发展，社会发展方式发生变革，生产工具由传统工业社会的常规能源、机器技术转变为大数据、人工智能、5G 等信息通信技术。正如蒸汽机让人类社会进入工业经济时代一样，数字技术将我们带入了数字经济时代。在数字经济时代，信息流动障碍减少，社会资源得以充分共享，社会生产效率得到进一步提高。

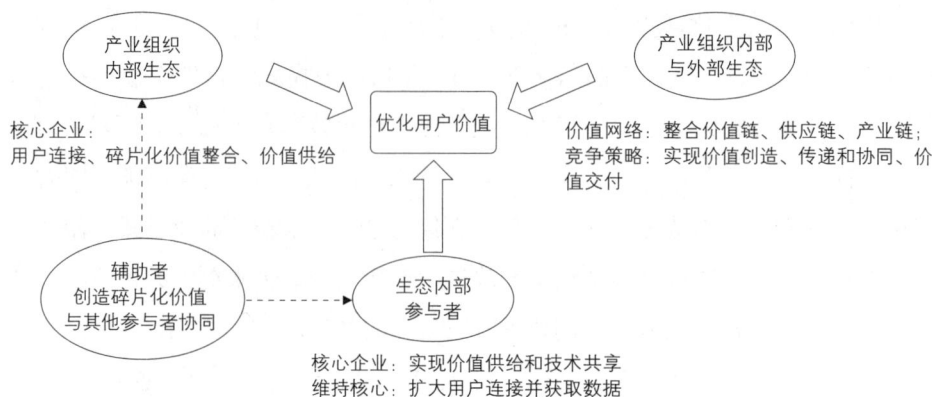

产业组织
内部生态

优化用户价值

产业组织内部
与外部生态

核心企业：
用户连接、碎片化价值整合、价值供给

价值网络：整合价值链、供应链、产业链；
竞争策略：实现价值创造、传递和协同、价
值交付

辅助者
创造碎片化价值
与其他参与者协同

生态内部
参与者

核心企业：实现价值供给和技术共享
维持核心：扩大用户连接并获取数据

资料来源：肖旭、戚聿东《产业数字化转型的价值维度与理论逻辑》。

（一）数据资源赋能企业管理

当今世界，互联网的"触角"迅速扩张，触达世界的每一个角落，几乎实现了全民上网、万物互联，随之积累的数据资源正在进行爆发式增长。IDC（国际数据公司）发布的《数据时代2025》称，预计到2025年全球数据量总计约175ZB，如果将这些数据全部存储于DVD（高密度数字视频光盘）中，那么这些DVD可以环绕地球222圈。在数字经济时代，数据有如21世纪的石油资源，成为国家发展的战略资源。随着数据存储量的增加，对数据的积累和应用成为企业和产业提高效率的重要引擎。数字化转型利用全新的数字技术，将传统生产流程转化为定量的数据，构建信息物理系统（CPS），便可以通过数字处理技术虚拟实际的物理空间，从而设计业务模式和生产模式。数字化转型的赋能价值体现在企业生产经营活动中，如研发、采购、制造、检验、运输、销售、服务等环节，带来更高的经济价值。

一是产品研发环节。（1）研发试验上，企业可以通过对大量历史试验数据的深入分析，以及基于人工智能技术的模拟测试，有效降低试验试错成本，简化试验过程，从而提高产品研发效率。（2）研发组织上，企业可以使用云存储工具，收集、管理和存储研究活动数据，高效管理研究成果、知识产权和其他专有机密数据。（3）研发方向上，企业可以通过采集分析用户的海量购买评价数据，掌握市场需求和用户偏好，降低企业生产和用户需求的信息不对称，提高产品研发的市场精准度，减少研发风险。

二是采购管理环节。企业采购人员可以登录线上采购管理平台，实时查看所有过去和当前的支出情况，也可以参考前端各类交易数据和市场情况，作出更高效合理的采购选择。一些"一站式"云端采购平台或供应商资源池，通过资源共享的形式，帮助企业更便捷地进行采购寻源。

三是生产制造环节。以数据积累为基础的机器学习技术，可以替代重复性高的机械化作业或精细度要求特别高的工作，有利于降低人工造成的信息误差，提高生产运行效率，也可以用智能机器人替代高危人工作业，减少员工安全事故的发生；在生产流程中，也可以不断进行各环节各流程的参数优化，有效降低次品率和物料损耗。

四是质量检测环节。真实并可溯源的海量质检数据可以帮助企业摸清产品质量的整体情况，同时，对数据的进一步深入分析可帮助管理者获得持续改善产品质量、提高产能的有价值信息，从而针对性地对设计、生产环节进行改进，达到提升质量管控能力、提高生产效率的效果。例如，运用质量监控智能环境技术，利用物联网条码和射频识别等技术，对生产各环节进行信息记录和质量安全的跟踪管理，通过建立全流程可追溯系统，满足企业精益化的生产需求。

五是物流运输环节。企业可以通过算法对运输配送的需求和供应者进行在线匹配，降低运输耗时和运输成本。货运商更可以通过数字平台实时获取公开透明的货运报价并可以在线预订订单，获取订单之后更可以通过数字平台实时追踪货物的运输状态。

六是销售推广环节。通过抓取用户在互联网上产生的多维数据，进行客户精准画像，将"广撒网"式的地推营销升级为分层分级的精准推送。通常来讲，营销的本质就是发现并满足需求，而精准投放的广告投放能够提升消费者对产品的好感度和认知度，精准捕捉到潜在目标客户，大幅度降低商家的获客成本。

七是用户服务方面。企业可以通过对用户使用状态的远程监测，为客户提供个性化、差异化的售后增值服务，提高客户忠诚度，也可以更好地向研发制造端反馈用户需求。例如现阶段许多汽车4S的数字化服务体系建设就在不断提升车主用车及售后服务的体验。数字化转型使得商家更关注客户需求，对车辆状态的监测可为客户提出适时的保养检修提示，使得客户用车体验更加贴心便捷，满足客户需求的同时，也有助于品牌方赢得客户信任、增加客户黏性，进而提供更多增值服务。

资料来源：根据李晓华、王怡帆《数据价值链与价值创造机制研究》与公开信息整理。

（二）数字化转型提升行业产出效率

一是国务院发展研究中心课题组 2018 年发布的《传统产业数字化转型的模式和路径》中指出，数字化转型可以通过新一代信息技术的应用，构建数据的采集、传输、存储、处理和反馈的闭环，破除不同行业的数据壁垒，提高产业运行效率。（1）数字化转型为打造信息化、高效率的物理生产系统创造条件。在投产前，传统行业企业可以通过建造虚拟工厂，不断进行模拟调试优化生产流程，提高流程水作业效率，提高产业化能力。（2）数字化转型有利于拓展产业链和服务渠道。通过区块链、物联网等手段，向产业链上游追溯，可以溯源至产品原产地和上游供应商，有利于对于产品质量评估和供应链管理，避免供应链断裂和风险问题；运用互联网、物联网、移动终端等技术，连接生产行业与产业链下游服务行业，让生产企业第一时间获取用户的反馈信息，不断提升产品价值。

二是技术的升级带来协作方式的改变，推动行业产出效率的提升。（1）在线教育通过提供包罗万象的知识资源、新颖的互动模式和精细化的教育服务，满足人民日益增长的对知识的渴求。这种灵活自主的教学方式也让大家可以充分利用起碎片化时间，为自己加油充电。伴随着人们对教育重视程度逐年上升，同时考虑学生升学考试压力的不断加大，三孩政策开放等诸多因素，在线教育能显著降低大家获得优质教育资源的成本，起到了一定的推动教育资源的均衡分配作用。新冠肺炎疫情期间线上教育迎来新的发展机遇，无实际接触的教学方式做到了"停课不停教，停课不停学"。（2）越来越多的医疗服务机构利用计算机信息技术及人工智能等现代化手段进行数字化转型，医患在线交流平台就是快速发展的一个医疗数字化转型例子。尤其是新冠肺炎疫情暴发后，无接触式的在线诊疗受到了广大欢迎。不必前往医院便能得到医生的专业诊疗服务，既方便了患者的就医，又能避免医院中人与人之间的密集接触。医药电商则是医疗服务快捷化的另一个体现，足不出户就能获得所需药品，这种全新的服务模式更是给予了很多年长患者或行动不便患者极大的便利。利用数字化技术进行远程诊疗则能推动医疗资源的平衡分配，使得边远地区的患者也能得到一流医师的诊疗服务。病例的数字化管理则为病人个体的慢性病情监控提供了技术支持，同时通过大数据监测分析，卫生健康主管部门可高效地获取最新流行病学数据等。医保系统的数字化建设则可满足患者的异地结算等需求，降低患者负担，为人们的健康多提供了一份保障。（3）政府的数字化转型可以全面提升其政务治理水平，利用数字化工具，可以大幅提高决策的科学性和精准性以及政务服务的便捷性和有效性。数字化转型可使得政府政务工作更加规范化，提升了政务服务的透明程度。优化、简化政务处理流程，为广大人民提供更加便利的政务服务。提升政府数字治理的一个核心在于业务的合理整合，实现部门间业务协同、实现政务流程的整合，从而提高政务服务效率，为人们树立高效工作形象。这也能很大程度上优化辖区的营商环境。在监管方面，政府可借助数字化转型打通各平台之间的数据信息，彼此之间的数据核对也会更加便捷。例如在疫情期间，利用数字化技术和大数据筛查流动人口到访信息、在公共场所利用自动测温设备监测体温信息等。

二、数字化转型促进产业融合

（一）数字化转型让企业边界变得模糊

数字技术的发展极大促进了产品、劳动力以及数据信息的快速流动，促进了全球经济一体化的进程，市场规模发生巨大变化。在数字经济时代，市场的交易方式也发生了巨大转变，如淘宝、京东、拼多多等电子商务平台的蓬勃兴起，改变了传统线下购物方式。为应对这些变化，企业边界也变得逐渐模糊。罗纳德·科斯（Ronald H. Coase）在《企业的性质》（*The Nature of the Firm*）中指出，企业之所以存在，是因为相比于市场，企业更可以节约"交易费用"，而当市场交易费用减少的边际成本等于企业内部管理费用的边际增加量时，企业的规模不再扩张，此时的企业规模就是企业的边界。

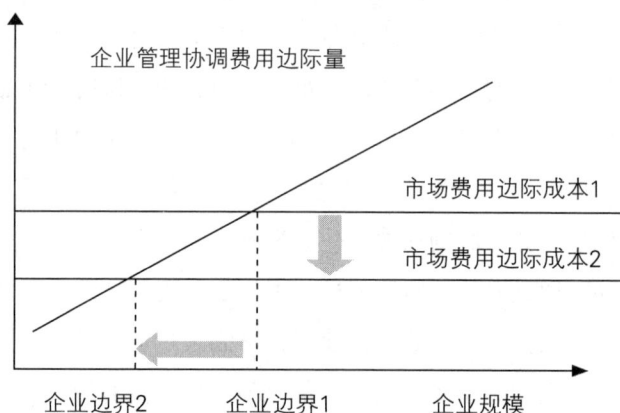

资料来源：根据科斯《企业的性质》，肖旭、戚聿东《产业数字化转型的价值维度与理论逻辑》内容整理。

从上图可以看出，交易费用是影响企业边界的重要因素之一。而数字技术的应用降低交易费用，在数字经济下，数字技术的应用降低了交易成本，主要体现在以下三方面：（1）数字技术降低资产的专用性、促进资源开放共享。信息不对称、替代资产少、转移难度高等因素，都会造成资产的专用性较高。数字技术的应用，可以打破信息壁垒，寻找资产替代品变得更为方便，资产地域专用性的限制得到了极大缓解，资产专用性得到缓释，交易费用进一步降低。依托于大数据技术和移动终端的共享经济的出现，让闲置资产得以为更多人服务，降低了资产专用性，降低了交易成本。如在 P2P 租车平台上，汽车拥有者可以将闲置的私人车辆，租赁给有用车需求的人，在提高闲置资源利用效率的同时，也降低了环境污染。（2）数字技术缓解企业之间的信息不对称问题。

信息不对称会导致市场资源配置效率下降，甚至影响社会公平。信息技术的发展，让企业信息实现实时互联，降低搜索成本，极大缓解信息不对称问题。"电子眼"、个人征信记录等信用信息的有效记录，一定程度上抑制了欺诈犯罪行为。(3)数字技术能够降低企业发展的不确定性因素，避免无效生产。通过数字技术应用，企业可以实时获得用户信息，结合最新的用户需求调整产量及价格，减少库存积压和产能过剩。

（二）数字化生态成为产业组合的基本单元

在现代化经济中，任何一家独立的企业都不能完全满足用户需求衍生的一系列业务活动。现代化的商业环境是一个相互依存的网络，网络中的个体相互连接，共同创造价值，满足用户需求。数字技术能够帮助企业间的建立联系，促进数据实时共享，实现业务无缝对接，提高企业对用户需求的响应速度，成为产业发展的新动能。数字化连接既可以在上下游企业之间，也可以在跨行业企业之间进行，这种连接可以突破传统行业壁垒对企业发展的束缚，推动产业跨界融合，并促进数字化生态的形成。

数字化生态是由一群利益相关企业通过数字技术相互连接，创造用户价值的生态组织体系。随着数字技术的发展，企业不再将数字化生态视为提高效率和产能的工具，而是实现自身发展的全新模式。在数字经济时代，产业组织的基本单位不再是企业，不同企业以同一用户价值为连接的数字化生态。数字化生态聚焦用户实际需要，通过引入和整合更多的生态参与者，增加产品的附加价值，为用户提供更高质量的体验。

数字化生态所能创造的价值远超任何一个企业，也为形成产业规模经济的创造了条件。王晓玲、孙德林在《数字产品及其定价策略》中指出，数字产品具有固定成本高、边际成本低的特点。随着固定成本投入后转变为沉没成本，提高信息产品的使用频率，降低产品的平均成本，创造更多的产品价值，成为企业经营的主要目标。互联网经济具有极强的外部性，随着参与者数量的增加，网络价值呈指数增长，更有利于促进用户价值的供给，提升产业生态的活力，形成数字生态的规模经济。

数字化生态可以满足用户的碎片化需求，并凸显"长尾效应"，由合作参与者产生的网络协同能进一步提高用户黏性。利用数字技术，用户可以摆脱单一企业供应产品的限制，自主地选择数字化生态所提供的产品性能，并决定如何将这些性能结合起来。现如今，用户需求日趋多样化和个性化，生态参与者的业务多样性成为提高用户价值和促进数字化生态活力的重要因素。

一个完整的数字化生态包括创造用户价值的基本商业活动，以及其他实现用户价值传递和维护的辅助活动。参与者的不同行为决定了其在生态环境中的作用差异。生态中的参与者可以分为两类：（1）核心企业，通过在系统内开放资源，如资本、知识产权等生产要素，建立合作关系，发挥主导作用，引导价值创造，发挥连接客户、整合碎片化价值和价值供给作用。（2）辅助企业，负责根据核心企业的指引，创造碎片化的价值，负责做好业务协同和配合。为实现用户价值创造的生态系统目标，各参与方作为子系统除了发挥其自身的业务作用外，还需要与其他参与方加强业务协作，形成价值创造的范围经济。

三、数字化转型引发产业组织竞争模式变革

（一）数字化转型使企业间竞争变得更加激烈

竞争机制是商品经济的重要产物，能够最大限度地刺激市场主体的能动性和创造力，是市场经济的核心动力。通过市场主体之间的竞争，市场经济体制和自发调节机制逐渐自发建立起来。党的十九大报告指出，经济体制改革必须以完善产权制度和要素市场化配置为重点，实现产权有效激励、要素自由流动、价格反应灵活、竞争公平有序、企业优胜劣汰。数字技术引发的科技革命和产业变革，重构了国家与国家、区域与区域、行业与行业、企业与企业之间的竞合关系。

数字化转型在企业之间建立的虚拟连接，打破了物理空间等传统因素对企业发展的束缚，让企业得以融合发展，并消除了传统的行业壁垒为跨行业企业带来的"陌生的困难"，企业之间的竞争变得更为激烈。根据世界经济论坛发布的《消费市场的未来运营模式》报告中称，1920 年左右，标普 500 指数公司的平均寿命超过 60 年，但近年来已缩短至 15 年左右，并且下降趋势还在加剧。数字化转型重塑了企业竞争模式，也改变了引领产业高质量发展的竞争

机制。

（二）数字化生态成为新的竞争主体

产业之间的竞争表现为资源配置效率的竞争。在数字经济时代，用户价值是引导资源配置的关键要素。云计算、大数据等新型数字技术可以对市场需求进行科学、系统的分析，减少信息不对称的约束，并为企业提供更多的质量信号，这些质量信号能够引导市场势力，让资源要素向用户价值创造效率更高的产业领域倾斜。同时，数字化转型打破了传统产业边界限制，降低了企业协作成本，为产业组织演化为生态体系提供了基本条件，数字化生态竞争成为新型的产业组织竞争关系。用户价值创造的质量和效率成为数字化生态竞争的核心指标，围绕用户价值，数字化生态之间的竞争关系可以分为三种，分别是产业组织内部生态竞争、生态内部的参与者竞争和产业组织内外部生态竞争。

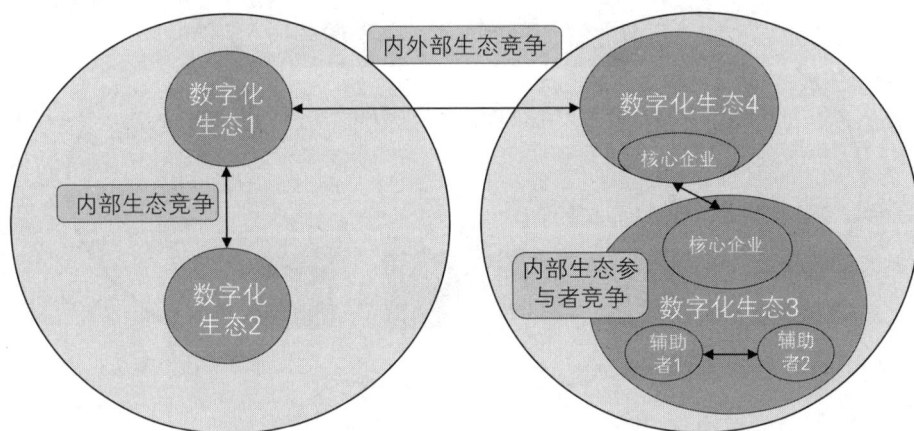

资料来源：根据肖旭、戚聿东《产业数字化转型的价值维度与理论逻辑》中观点整理。

1.产业组织内部生态竞争

产业组织内部存在多个数字化生态，这些生态主体围绕同一用户价值进行直接竞争。数字化生态的竞争中，核心企业至关重要。数字化生态的竞争优势由核心企业的用户连接、碎片化价值整合、价值供给方面的综合能力决定。此外，生态中的辅助者在竞争中的作用，是与其他参与者协同合作，创造碎片化的价值。（1）核心企业在用户数据获取的量、质、面上具有绝对优势，能够采集丰富多维的用户数据，用于用户行为的分析预测，在用户连接上具有相当优势。（2）除了用户连接，核心企业还需要扩充数字化生态的规模和多样性，争取更多辅助者参与生态，增加生态创造碎片化价值的能力。（3）核心企业可以按照用户需求，对辅助者创造的碎片化价值进行高效整合，为用户创造个性化的价值。（4）核心企业可以通过数字技术和数字化生态网络实现用户价值的高效供给，为用户创造更多的时空价值。近年来，腾讯公司借助互联网的快速发展，以微信、QQ 社交产品起家，投资了美团、拼多多、京东和小红书等电商平台企业，打造了"新型社交生态圈"，并以"兴趣＋社交"策略布局电竞、游戏等垂直领域，更精准、快速地触达用户需求，为用户创造了社交产品供给的时空价值。

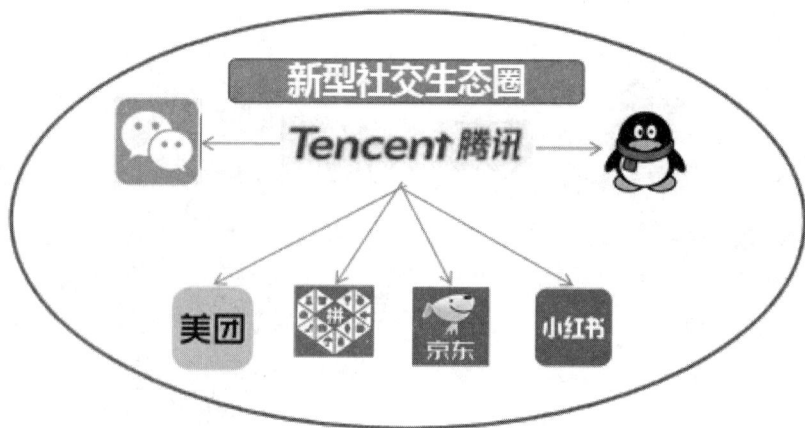

资料来源：结合公开信息整理。

2. 生态内部的参与者竞争

为提高生态本身的竞争优势，数字化生态内部必须源源不断地进行自我迭代，在内部升级过程中，优胜劣汰的竞争机制同样适用。（1）对于核心企业来说，为了维护核心优势和枢纽地位，需要持续扩大用户连接范围，增强数据获取能力，提高用户价值的供给效率，并需要通过不断更新生态内部共享的重要技术来提高辅助者的协同作用。如果在用户价值供给和技术贡献两方面缺乏优势，核心企业不再具有竞争优势，将会被更有优势的企业所替代。（2）对于辅助者来说，其竞争优势的关键在于能够在核心企业的引导下创造满足用户需求的碎片化价值，同时能够与其他参与者形成高效协同的合力，这两方面的竞争优势是决定辅助者是否会被替代的关键。

3.产业组织内外部生态间的竞争

数字化转型打破了传统产业间的"围墙"，外部参与者进入产业组织内部的阻力减小，内部生态将面临更多的外部竞争压力。随着规模经济、沉没成本、技术优势等产业进入壁垒被削弱，企业为了降低协作成本而采取横向和纵向一体化发展的战略被取代，企业跨界合作成为产业组织发展的常态。在数字经济时代，企业生存和发展的重要理念是做好用户响应。为了应对外部生态的竞争，内部生态选择的策略应是强化数字化转型，通过整合供应链、产业链和价值链，建立高效的价值网络，实现更有效的价值创造、传递、协同和交付。例如，阿里巴巴、京东、拼多多等互联网企业通过跨界整合，持续扩张，对传统线下零售产业造成巨大冲击，传统零售企业需要通过数字化转型，强化价值网络建设，做好用户响应和用户价值供给，以应对互联网企业进入零售行业的竞争压力。

四、数字化转型推动产业结构升级

我国经济进入中高速增长时期以来，面临着"产能过剩"和"供给缺口"两大结构性问题，推进产业升级已是当务之急。（1）数字技术的发展，引爆信息产业的兴起，缔造了数字经济发展新模式，为我国国家经济发展提供了新引擎。在数字技术的发展机遇面前，应以数字化转型为动力，推动产业组织结构升级，助力产业实现高质量发展。（2）数字转型提升了产业效率，促进了产业跨界融合，加速了要素流动，优化了资源配置机制，推动产业技术升级。（3）数字化转型重构了产业组织的竞争模式，强化生态竞争机制，有利于提高资源利用效率，推动产业组织优化。（4）数字化转型也改变了传统产业的经营理念，为我国产业结构升级提供了解决方案，具体表现为：洞察用户价值、提高全要素生产率、增加产品附加价值和形成现代产业体系。

（一）数字化转型帮助企业洞察用户价值

一是数字技术不仅强化了企业与企业之间的联系，促进企业跨界融合，同时也加强了企业与用户之间的互动。（1）数字化转型使用户直接参与产品生产流程。在传统生产关系中，用户作为产品的被动接受者，难以参与到设计流程中。数字技术的发展，让用户有机会深度参与产品设计和生产，赋予了用户对产品自主选择的权利。用户通过参与到企业的生产活动中，获得个性化的产品供给，市场力量也由供给方向需求方转移。（2）数字化转型加强用户需求与市场供给之间的匹配。用户需求具有多元文化特性，数字技术可以在用户需求和企业生产决策建立联系，明确企业产品制造与创新的方向，帮助企业降低试错成本，企业可以集中精力在特定产品的供给与迭代上，提高市场供需匹配效率，增强竞争优势，并进一步打破低效以及无效的供给。（3）数字化转型在企业与用户间建立实时互动。新型生产关系下，用户价值成为影响产业发展的核心因素。数字化技术为企业与用户建立了实时互动、反馈价值的联系，提高了企业的生产效率。

二是数字化经济下，寻找市场缺口，快速供给，是企业获得竞争优势和提高用户黏性的关键。企业级用户数据的实时分析，有助于企业迅速掌握用户需求的变化，作出合理的反应。通过用户体验过程中产生的大量数据，为产品迭代升级和用户价值增长提供了支持，同时，用户群体的扩大也给产品创新带来了规模经济效益。公司抓住每一次市场机会的同时，也带来了许多新的机会。而发现新机会能比升级现有产品创造更多价值。

三是数字化转型创造了新的商业运作模式。当企业的经营重心从供给侧转移到需求侧时，生产服务模式也由批量生产转向了个性化定制。通过数字化连接，用户端的价值流对企业物流和生产活动的调度产生实时影响，从而降低运营成本，提高库存管理效率。一种新的商业理念随之兴起，即从发现需求到快速供给和扩大规模再到产品升级，最后回到发现需求的价值循环。而人工智能等数字技术的应用加速了信息流的传递，提高了生产效率，通过需求侧推动供给侧质量提升，促进了产业结构升级，符合我国目前供给侧结构性改革的主要思路。此外，基于数字化连接实现企业间闲置资产的共享，为化解过剩产能提供解决方案。

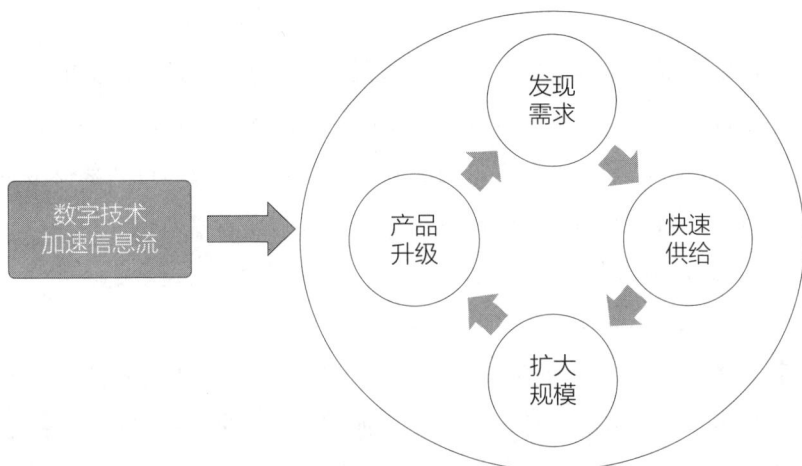

资料来源：根据肖旭、戚聿东《产业数字化转型的价值维度与理论逻辑》中观点整理。

（二）数字化转型提高全要素生产率

数据作为数字经济的核心生产要素，在促进产业效率提升的同时，可以通过引导土地、资本、劳动力、能源等传统生产要素由低效率行业向高效率行业流动，优化生产要素配置效率，带来全要素生产率的"加成反应"。企业可以利用实时采集的数据，及时持续地修改反馈分析结果，据此第一时间调整和优化生产要素配置。以数据为基础的人工智能技术虽然可以替代程序性业务中的劳动力，劳动力不会丧失价值。因为人工智能具有一定的局限性，只能结合已发生的数据进行分析，无法对组织战略进行解读，也不能对组织活动进行重要性排序。基于机器算法的资源配置具有显著的时效性，对于机器常识的过度依赖会使组织陷入战略困境。在已有程序的约束下，人工智能对异常信号的判断会产生偏差，增加不必要的管理成本。因此，企业可以将劳动力配置到需要创新创造的非程序化工作中，让员工可以更好地发挥主观意识的优势，并增强组织的创新能力。

用户数据的积累，可以帮助企业实现对用户价值的挖掘以及对竞争对手行为的分析，提高产品创新能力，增强企业对市场需求变化的反应能力和调整能力，提高企业资源要素配置效率与竞争力。但用户数据的规模对于预测是否准确具有直接影响。数据规模大、层次多、来源广泛，可以减少数据分析带来的误差，提供更广泛的分析维度和角度，反之，数据规模小、层次少、来源单一，只能反映有限的数据价值，分析结果就会不准确。因此，数据能够发挥价值的必要条件是数据规模大、维度多、来源广泛。为达到这三个必要条件，数字化生态系统内部需要加强数据流通和开放源代码，还应通过共享技术协议和算法，促进生态内部参与者之间的技术协作，共同提高数据技术能力，来保证生态系统内部数据处理能力的平衡。

（三）数字化转型增加产品附加价值

创新是提高产品附加价值的必要条件，"人无我有、人有我精"的创新精神是企业获得竞争优势的关键，是推动产业创新升级的重要引擎。在数字经济时代，产品供给速度飞快，为抓住日新月异的市场变革机遇，企业不得不紧跟时代的快速步伐，提高创新速度。但生产线等硬件设备的创新往往周期较长，难以满足高速的创新需求。而软件业务升级所需周期短于硬件设备，更有利于企业抓住新的市场机遇。通过加强软件创新来增加产品附加价值，成为企业实现创新的一把新"钥匙"。

互联网的发展为企业和用户之间的沟通交流创造诸多便利，也塑造了共创体验这一新的商业模式。数字技术可以让企业及时感知用户需求，用户也可以便捷地参与到企业市场活动中，企业和用户之间形成一种共创体验。企业可以从中获得更高的用户黏性，用户可以赋予品牌和产品更多的价值认同。共创体验是一种开放的关系互动体验过程，用户参与企业研发、生产、营销等活动环节，通过体验共创，实现产品价值共创。在共创体验中，用户不再作为一个被动的参与者，而是扮演一个积极主动的决策者。而企业可以将用户视为一种操作性资源，获得更多直接的市场反馈。数字连接实现了用户和企业之间的随时随地的一对一的交流，帮助用户获得个性化的体验。交互频率的提高还有助于企业更准确地把握用户的需求趋势，而交互性所产生的数据可以促使企业不断更新产品和服务，提高产品附加价值。例如，一些商家开启了个性化产品定制服务，消费者可以在官网或实体店提交自己的个性化需求，如依据自己的喜好选择不同颜色和材质的原料、自主设计鞋子或服装的图案等，就可以获得独一无二的自主定制产品。在产品推广环节，一些商家建立了网上社区，允许消费者在平台上互相讨论、对优秀产品进行投票，增加产品人气的同时，也为用户提供了一个社交平台，增强了用户深度黏性。数字转型促进了制造业服务化和现代制造服务业的发展，对调整产业结构、增强制造业自主创新能力具有重要意义。

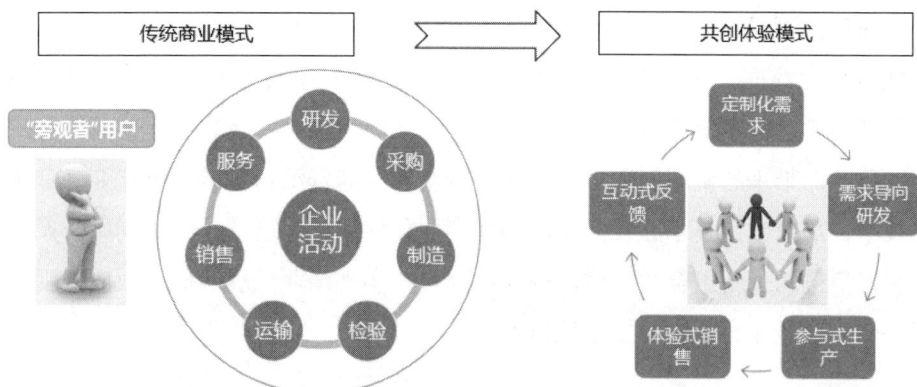

资料来源：根据肖旭、戚聿东《产业数字化转型的价值维度与理论逻辑》中内容整理。

（四）数字化转型利于形成现代产业体系

现代产业体系是现代化经济体系中的宏观产业结构，加快产业结构升级，构建现代产业体系，有利于现代化经济体系全面实现，符合人民日益增长的美好生活需要，也是解决不平衡不充分的发展问题的有效办法。盛朝迅在《构建现代产业体系的瓶颈制约与破除策略》一文中指出，构建现代产业面临诸多瓶颈，受劳动力等生产要素价格上涨和中美经贸摩擦等外部因素影响，我国实体经济发展趋缓，实体经济低端产业盈利能力下滑，面向高端产业升级的动力和能力严重不足。我国在科技、金融等人才培养方面存在不少短板。目前，以数字经济为引领，以创新为导向，加快产业结构优化升级，打造现代产业体系新业务，是摆脱产业升级困境的必由之路。"十四五"规划建议提出，要"加快发展现代产业体系，推动经济体系优化升级"，并提出要大力发展数字经济，推进数字经济和实体经济的深度融合，打造具有国际竞争力的数字产业集群。在数字化生态的产业竞争机制作用下，以用户价值为导向，通过数字技术重构产业组织结构，使产业技术在动态进化中实现迭代升级，推动我国产业在全国价值链体系中向中高端持续攀升。

数字转型有利于推动我国产业体系对外开放，提高参与国际竞争和开发合作的创新能力。涂圣伟在《我国产业高质量发展面临的突出问题与实现路径》一文中指出，在全球产业链、价值链中，我国产业分工体系长期处于中低端，核心竞争力不强，与发达国家差距明显。我国产业实现高质量发展面临困难，既有历史因素导致的"路径依赖"，也有国际因素带来的"低端锁定"。目前，物联网、大数据、云计算、区块链、人工智能等数字技术正在重塑全球价值链。面对发达国家核心技术、高科技人才资源等的限制，我国企业应紧抓新一轮科技革命带来的机遇，通过数字化连接整合全球资源，发展数字化业务和关键技术，加速数字技术在现实生活中的商业化应用，促进产业合作网络、产业链和价值链的创新组合，形成新的比较优势，实现产业发展的倍增效应，强化新一轮全球产业竞争中的主导地位。

第四节　数字化转型能力和转型程度评价

在企业数字化转型漫漫征程中，经常会遇到一些问题：企业到底应具备什么转型能力？转型到了什么程度？回答这些问题能够帮助科学掌握企业数字化转型的进展和成效，辅助管理者判断数字化转型方向、方法是否正确，实施过程中各项举措的时机是否合适、投入产出是否经济等，进而在后续数字化推进过程中及时修正措施，达到优化企业数字化转型结果。

一、数字化转型能力评价方法探究

一般而言，企业数字化转型可从生产层面和组织层面着手，其中生产层面包括制造技术、生产流程，组织层面包括企业组织结构、人员构成。不少业内人士、学者也对数字化转型能力评价方法进行探讨，比如，陈畴镛等在《制造企业数字化转型能力评价体系及应用》一文中认为，制造企业数字化转型的核心是将数据视为关键要素，将 IT 技术渗透到企业生产运营中，推动企业各方面的变革，最终提升企业在数字经济中的竞争力，并从技术变革、组织变革和管理变革三个方面探究了制造业企业数字化转型的指标体系。

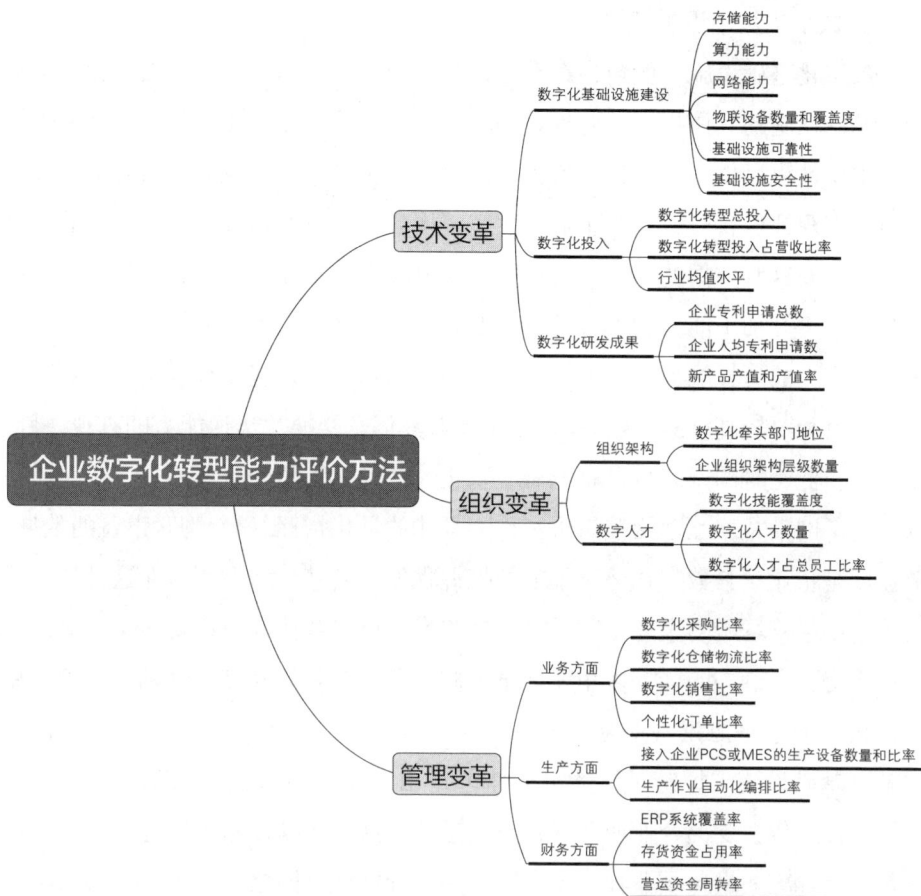

企业数字化转型能力评价方法

技术变革
　数字化基础设施建设
　　存储能力
　　算力能力
　　网络能力
　　物联设备数量和覆盖度
　　基础设施可靠性
　　基础设施安全性
　数字化投入
　　数字化转型总投入
　　数字化转型投入占营收比率
　　行业均值水平
　数字化研发成果
　　企业专利申请总数
　　企业人均专利申请数
　　新产品产值和产值率

组织变革
　组织架构
　　数字化牵头部门地位
　　企业组织架构层级数量
　数字人才
　　数字化技能覆盖度
　　数字化人才数量
　　数字化人才占总员工比率

管理变革
　业务方面
　　数字化采购比率
　　数字化仓储物流比率
　　数字化销售比率
　　个性化订单比率
　生产方面
　　接入企业PCS或MES的生产设备数量和比率
　　生产作业自动化编排比率
　财务方面
　　ERP系统覆盖率
　　存货资金占用率
　　营运资金周转率

资料来源：陈畴镛等《制造企业数字化转型能力评价体系及应用》。

（一）技术变革

云计算、大数据、边缘计算等技术发展与盛行，为企业业务数字化建设提供有力支撑，而5G、工业互联网等技术的出现和繁荣，进一步加速企业对数字化基础设施的革新，进一步为企业在这个时代的创新和进步提供坚实保障，帮助企业完成数字化转型，升级原有产品及服务，探索新的业务范围和业务领域。在这个阶段，国内外也有互联网大厂整合相应的软硬件技术，提供相应的云计算基础设施以及云服务，助力各类企业快速上云。在技术方面，可考虑选取数字化技术设施建设、数字化投入、数字化研发成果三方面作为相关的评价指标体系展开探讨。

1. 数字化基础设施建设

数字化基础设施一般包括存储、计算、网络等设施，相关参数可以作为数字化基础设施的具体指标。此外，物联设备的普及程度、相关基础设施的可靠性与安全性也可作为重要的评价指标。（1）存储指标是企业对其所有信息存储能力的直观评价，一般而言企业越大、使用数字化技术越多，其产生的数据量就越大，而这些数据的存放与管理需要存储能力来支撑。（2）算力指标是企业对其信息运算加工能力的直观评价，尤其是大数据、人工智能等新兴技术，极为倚仗庞大的运算能力，企业收集使用的数据越多、智能化程度越高，对算力要求也就相对较高。（3）网络指标是企业对其信息交换、运送能力的直观评价，高带宽、低延时的网络也是企业做数字化、精细化管理的重要前提，一般使用内部主干网带宽、互联网接口带宽作为具体的量化指标。（4）物联设备的数量、覆盖度是企业对其数字化运营细节的把握程度，尤其是对像制造业这种有大量实体生产经营场所的企业至关重要，这些设备可以替代人对设备、生产线、厂房、库房、车辆、园区等多角度、全天候的监控与采集。（5）基础设施的可靠性使用服务水平协议（Service Level Agreement，简称 SLA）来衡量，通俗地讲就是基础设施"掉链子"的可能性，高 SLA 的基础设施绝大部分经营时间都能正常工作，支撑企业业务平稳有序运转。（6）基础设施的安全性是通过自评与检查等方式量化企业在安全方面（如物理安全、网络安全等）采用措施的充足程度来进行综合评估。

2. 数字化投入

数字化投入是测算企业为推动数字化转型所付出的代价，相对而言投入越高则越重视转型工作、更有可能率先达到转型效果。评价数字化投入的指标主要从资金在数字化转型中业务、设备、人员等多方面投入情况的考量。考虑企业的数字化转型总投入、占营业收入比率和作为整体评价指标；此外，充分考虑与行业的平均水平比较，也是一个较为客观的横向指标，反映企业在行业内对数字化转型是否激进或者保守。设备投入、运维投入、安全投入的绝对金额和占营业收入比例，反映了企业对数字化基础设施持续投入的意愿和力度，这些投入一般要与业务发展规模相匹配。新产品研发投入、新技术研发投入、数字化技术采购投入的绝对值和占营业收入的比例，也是支撑企业数字化进程的重要指标，合理的投入可以增强转型的成效。

3.数字化研发成果

数字化研发是企业数字化转型工作中重要的产出物和强烈的驱动力。这个方面可选取企业的专利申请总数和人均专利数、新产品产值和产值率进行考量。专利一般分为发明专利、实用新型专利和外观设计专利，相对而言发明专利的申请门槛更高、申请周期长、保护时间持久、保护对象广泛，实用新型专利和外观设计专利申请相对容易、申请周期短、保护对象的范围有限。企业需要重视专利的创新以保护其在后续的经营工作中具有排他性的核心竞争力。新产品产值是企业在一段时期（比如一个会计年度）内其新产品、新业务产值水平，以及占企业总体产值，这是反映企业能否将研发成果有效地转化为其业务转型的能力。

（二）组织变革

数字化时代的消费者越来越重视个性化需求的满足，这也使得企业必须要合理使用数字化技术以应对瞬息万变的市场。可通过组织架构和人才储备相应的指标体系来反映组织变革能力。

1.组织架构

合理的组织架构能让数字化转型的推进工作"如丝般顺滑"，也进而能影响公司整体应对内外部变革的效率。数字化牵头部门的地位和企业的组织架构层级数量可以作为相应的量化指标。（1）数字化牵头部门的核心工作是高效地推进转型工作，因此，一般而言其地位越高，转型工作就会更为顺畅；如果转型牵头部门不能占据主导地位，其他业务部门或管理部门有其本身的经营目标和考核压力，容易出现对转型工作的重视程度不足的情形。（2）公司组织架构的复杂性与转型能力呈一定的负相关性。相对而言，公司组织架构层级越多、机构之间的壁垒就越高、部门之间协作的难度就越高；而扁平化的架构中，公司的管理层级数量是有一定限制的，这更易于应对日新月异的外部环境，提升转型工作的整体效率。如以腾讯公司为代表的互联网巨头以及以海尔为代表的制造业明星，都推崇平台化的组织模式，减少组织架构层级、充分发挥每个团队和个人的积极性，鼓励小团体的内部创业。

2. 人才储备

科技引领的转型工作中，人才的储备和培养从来都是重头戏，充足的人才是数字化转型工作成功的一个关键因素。评估企业数字化人才储备实力的重要指标包括员工数字化技能的覆盖程度、数字化人才绝对数量和人员比例。（1）数字化技能是数字化转型后的人员必备能力，该项技能的覆盖度越高，说明企业员工的整体数字化素质较高，员工对数字化设备的操作更为熟练、对数字化系统的使用更为顺手，进而数字化技术的效能越高。（2）数字化人才是推动企业技术发展的长期支撑。人才储备数量和相应人员占总员工的比例是企业的软实力指标，能够反映出企业在数字化人才培养的重视程度，最终体现的是企业的数字化转型动能是否长久。

（三）管理变革

企业通过数字化转型促进物理世界与数字世界的融合，促进生产、销售与管理等业务的融合，以扩大收入范围、降低生产成本、提升运营效能。评估管理变革，考虑对业务、生产、财务方面的数字化管理相应指标进行分析。

1. 业务方面

业务方面的管理数字化是数字化转型工作中较为容易出效果的部分，其描述的是企业与外部交互环节中数字化技术使用情况。评价企业该方面能力，可以选取数字化采购比率、数字化仓储物流比率、数字化销售比率、个性化订单比率作为相应量化指标。（1）数字化采购比率是通过电子商务等数字化渠道进行采购的金额与总采购金额的比值，相比传统线下采购渠道，数字化采购渠道能有效提升采购效率、降低采购成本。（2）数字化仓储物流比率是数字化技术管理的仓储物流占总体比率，企业可以通过数字化技术实现对库存的实时管理、按需调配，降低企业的库存成本。（3）数字化销售比率是企业通过数字化渠道进行销售的金额占总销售金额的比率，数字化渠道一般而言能有效降低销售活动所产生的成本，并且依赖这种方式还能收集相应数据，反向对企业的采购和生产活动提供决策依据。（4）个性化订单比率是企业接收个性化生产需求占总体需求的比率，相对而言企业能够根据不同客户的需求定制化生产产品时，其应对外部环境变化的适应性就越强。

2.生产方面

生产方面的管理数字化是企业数字化转型的关键。对于新兴行业的企业而言，其产品一般与数字化技术高度相关，因此本小节重点讨论传统制造企业的评价指标。（1）接入企业 PCS（Process Control Systems，过程控制系统）或 MES（Manufacturing Execution System，制造执行系统）的生产设备数量和比率是评价企业的数字化生产设备投入、设备互联互通的能力，这是企业依托数字化技术开展生产工作的抓手，也是企业的个性化、智能化生产的前提条件。（2）生产作业自动化编排比率，该指标反映的是企业能够通过数字化手段对各生产环节的管控能力，可以根据采集到的数据对生产过程进行追溯和优化，有助于实现产品用料用物用时的实时监测、实现产品生命周期的细致监控、实现产品质量与工艺效能的严格管理。

3.财务方面

评估处于数字化转型中企业的财务方面能力，主要是关注其财务管理能力和对各项业务的保障程度。根据评估目的，可以选取 ERP 系统覆盖率、存货资金占用率、营运资金周转率作该项能力的指标。（1）ERP 系统用于打通企业的物资资源（物流）、人力资源（人流）、财务资源（财流）、信息资源（信息流），汇集各个环节数据并作为企业经营、管理、决策的重要依据。（2）存货资金占用率描述的是企业对存货的依赖程度，一般而言存货占用资金越高，其经营风险相对较高；而理想的数字化生产中，是先有需求再有库存，其存货对资金的占用是有限的。（3）营运资金周转率体现的是企业经营的资金利用效率，较高的周转率意味着企业对营运资本运用较为高效。

二、数字化转型程度的评价标准

数字化转型趋势已成为各行各业的共识，行业、企业希望通过数字化转型带来新的生机、实现跨越式增长，政府希望通过数字经济促进经济健康发展、社会效用提升。不同行业和企业的业务流程不同、内在基因不同，在数字化转型道路选择和评价标准上会有差异。相对而言，在数字化 IT 架构类型、数字化投入方向和数字化与行业结合程度这三个方面会有一定程度的共性，以下就这三个方面探讨评价企业数字化转型程度。

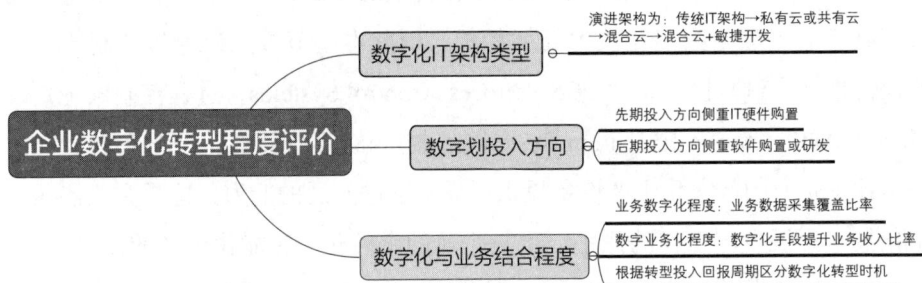

企业数字化转型程度评价标准参考

资料来源：苏扬等《传统产业数字化转型势在必行》

1. 数字化 IT 架构类型

数字化 IT 架构演进是企业数字化转型的必经之路，可以从一个维度来反映企业数字化转型的程度。一般而言，IT 架构的演进路径是：（1）传统 IT 架构，即从物理设备开始定制化自建整套 IT 基础设施和系统。（2）私有云或公有云，即通过建设或采购统一化、标准化、云化的 IT 基础设施来满足数字化需求。（3）混合云，即企业综合考虑实际业务发展、性能、安全等需求，融合私有云和公有云的基础设施和服务，具备丰富的连接能力和弹性伸缩能力，以兼顾企业经营发展和成本控制的 IT 架构。（4）混合云平台＋敏捷开发，在混合云基础上，通过沉淀或者购置通用的平台能力，基于敏捷化、低代码、无代码等方式快速开发以实现定制化业务需求，以适应内外部环境的变迁以及业务发展的需要。企业当前采用的 IT 架构类型反映了企业 IT 架构演进的阶段。

2. 数字化投入方向

随着企业数字化转型的推进和深化，其数字化投入方向会经历一个由"物理"到"虚拟"的过程。"物理"是指 IT 硬件设备购置和维护等开销，一般企业在数字化转型初期会有较大投入；而"虚拟"是指企业投入 IT 软件产品、服务的研发、购买和维保升级，一般在数字化转型的中后期开始会更侧重。对于广大中小企业而言，购置、管理、维护实体硬件设备的成本较高，部分设备可以直接采购云基础设施（IaaS）以降低前期投入；而许多平台或者软件也被做成了云服务，通过引入云平台（PaaS）或云应用（SaaS）来进一步缩减前期投入，集中力量聚焦转型创新、快速释放业务效果。

3. 数字化与业务结合程度

数字化转型中非常重要的工作是"业务数字化"和"数字业务化"。对于传统企业来说，"业务数字化"的程度，即通过数字化技术采集的数据范围、增强原有业务的程度，在转型初期反映企业转型程度的指标较为合适。"数字业务化"是基于企业收集了足够多的业务数据为前提，使用大数据分析、人工智能等手段进行产品体验的提升，以及业务范围、业务模式的创新，在企业转型中后期，使用这类业务收入占比可以有效评估企业的数字化与业务结合程度。

重视数字化转型的资金投入固然重要，但是并不是衡量转型程度的绝对标准。投入的资金还需要与行业和企业当前数字化水平相匹配才能发挥更理想的效果。相比数字化转型中资金的投入绝对量和占企业总营收的比例，投入资金的回报周期可能更具反映数字化效能的代表性。该指标意义是数字化投入的成本在多长时间内能通过数字化加持的增量业务收入所覆盖。

	回报周期慢	回报周期快
投入成本小	数字化转型时机可能未到	数字化转型正启动，可以适度加大投入
投入成本大	数字化投入步伐可能过大，可以优化投入规模和结构	数字化转型正当时

第五节　数字化转型方法轮——SOCIAL

埃森哲等在《2019埃森哲中国企业数字转型指数研究》中指出，拥抱革新思维，向领军者看齐，中国企业需要拥抱革新思维，制定面向未来的数字化战略，推动研发、生产、用户体验的全面转型，并打造动态高适应性组织，推动全业务升级。不仅需要数字化工具，更需要数字化战略与管理；不仅要开拓数字化业务，也要全面提升自身的数字化能力，成为真正的数字化企业，从而释放数字转型的最大价值。成功的数字转型需要五大关键行动：（1）聚焦前沿增长机会，制定面向未来的数字化战略。（2）建立高韧性、高扩展性和敏捷性的组织，支持业务的快速扩展和调整。（3）产品服务全面智能化，实现全生命周期的用户差异化体验升级。（4）打通研发、生产制造、供应链乃至最终用户，改造流程与模式，实现智能制造新价值。（5）加速数字生态建设，不断拓展业务边界，并提升"新旧"业务协同，实现企业业务全面升级。

陈劲等在《数字化转型中的生态协同创新战略——基于华为企业业务集团（EBG）中国区的战略研讨》一文中认为，传统企业数字化转型有效途径是"生态协同创新"战略，该战略包括创新生态化、生态协同化、协同创新化。

近年来，我国经济呈现出一种新的态势，行业结构正不断被优化，许多传统行业的生存空间被进一步挤压，而以数字化行业为代表的相关新兴行业正在迎来猛烈的扩张。国内的各行各业都开始面临向数字化转型的需求，无论是能源、汽车等传统行业，还是通信、电商或等行业，都无例外。对于身处浪潮的各企业而言，数字化已经从锦上添花的定位，逐渐演进成事关企业生死存亡的高度。我们也从来没有像今天这样重视数据。在20世纪，各行业开启了波澜壮阔的电气化进程，从那时起，发电量成为一个判断企业发展情况的重要客观指标。而到了今天，采集了多少数据、使用了多少数据可能会成为一个判断企业是否能紧跟数字化浪潮的核心指标。

数字化转型萌芽于信息化进程。在各行业的信息化建设过程中，业界已经开始关注到其对企业顶层战略设计、架构规划等方面产生了深远的影响，并且根据建设经验总结出了一些理论、方法、工具。

牛顿说过，如果我看得更远一点的话，是因为我站在巨人的肩膀上。为了提供一个实践指导性更好的方法论，本书研究了不少业界知名公司提供的数字化转型方法论。限于篇幅，列举两个经典例子。

一是华为公司数字化转型方法论。基于海量的行业数字化转型的案例情况并结合华为公司自身的实际经验，摸索并总结出了一套帮助实现数字化转型的战略框架与战术工具集，基于许多实践案例提炼出具有普适性的要点，并形成"1—2—3—4"的方法，即坚持 1 个转型战略、创造 2 个保障条件、贯彻 3 个核心原则、推进 4 个关键行动。这套方法具有易理解性、广泛的适应性、较强的可操作性。作为企业数字化转型的一种行动纲领参考，该方法旨在帮助企业结合自身的特性和行业的基本情况，通过制定出战略规划并付诸行动来实现企业在数字化浪潮中的自我进化。

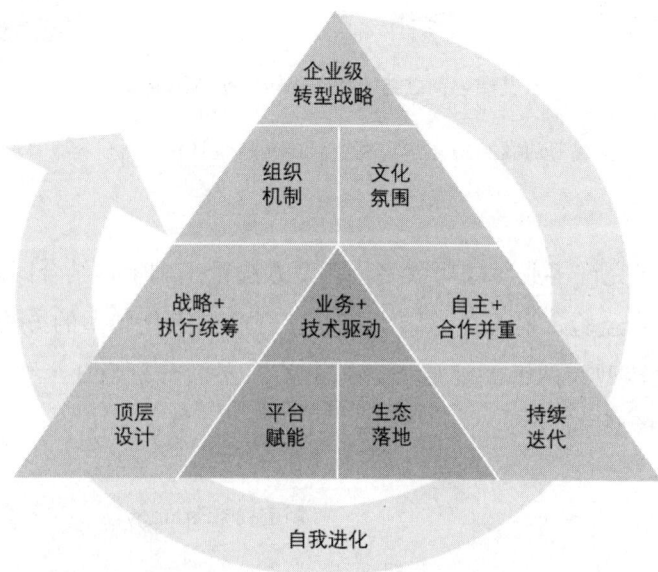

华为公司总结的数字化转型模型

资料来源：华为公司编写的《华为行业数字化转型方法论白皮书（2019）》。

二是艾瑞咨询介绍数字化转型方法论。艾瑞咨询在《2020 年中国企业数字化转型路径实践研究报告》中指出，数字化转型较为可行的路径是从"局部"到"总体"。企业先自己或者借助外部力量梳理公司业务流程，找准数字化手段的提升点和实施路径，通过具体的业务需求和痛点出发，找到数字化解决方案并付诸实践，根据行动效果不断调整和更新策略，推广到其他业务环节和领域；这样，企业可在总体成本、风险可控的前提下，最终实现数字化的飞跃。

数字化转型推进路径：局部→总体

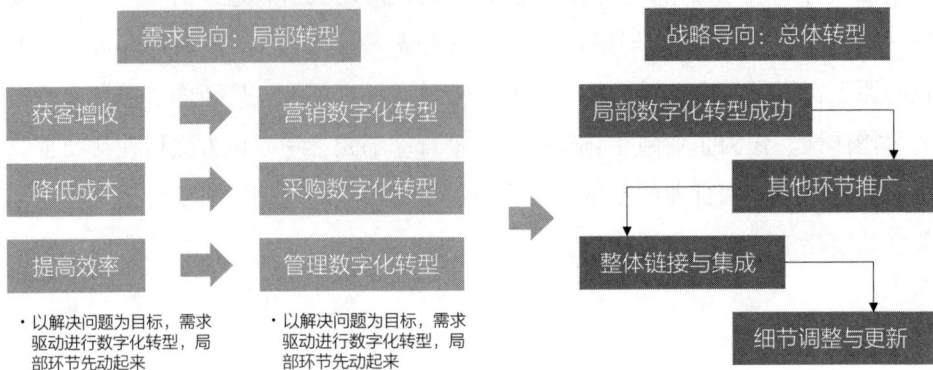

需求导向：局部转型　　　　　　　战略导向：总体转型

获客增收	➡	营销数字化转型
降低成本	➡	采购数字化转型
提高效率	➡	管理数字化转型

局部数字化转型成功 → 其他环节推广 → 整体链接与集成 → 细节调整与更新

· 以解决问题为目标，需求驱动进行数字化转型，局部环节先动起来
· 以解决问题为目标，需求驱动进行数字化转型，局部环节先动起来

艾瑞咨询总结的数字化转型整体策略

资料来源：艾瑞咨询编写的《2020年中国企业数字化转型路径实践研究报告》。

本书在研究许多业界成功数字化转型方法论基础上，结合团队多年数字化转型的实践经验，提炼并总结出了一套行业数字化转型的方法论。其中，行业数字化转型有两个关注层面，每个关注层面分别有 3 个要点，称之为"SOCIAL"模型。

数字化转型方法
- 管理层面
  - 制定战略Strategy
  - 优化架构Organization
  - 引导文化Culture
- 执行层面
  - 启动试点Implementation
  - 扩大成果Achievement
  - 推进生态EcoLogy

一、管理层面——制定企业战略、优化企业架构、引导企业文化

企业数字化转型的管理层面关注的是站在全局的视角进行转型统筹，具体包括制定企业战略、优化企业架构、引导企业文化。

（一）制定企业战略

企业数字化转型战略，要求企业内部开始意识到这一重要趋势，认真思考、筹备面向未来的数字化转型战略，达成共识后全员上而下地付诸行动，并根据行动的结果和外部因素变化不断调整。这里面有几个重点：思维的转变、战略的制定、战略的更新。

1. 思维的转变

企业领导者要想成功推动数字化转型，首先要从思维方式上进行彻底转变。转型战略制定需要充分认识到数字化的力量，发挥数字化的价值。数字化经营中，最大的特点之一是数据成了一种生产要素。围绕着企业的客户和最终消费者，认真运营企业自身数据和客户数据，结合一切对业务有帮助的外部数据，使用技术手段帮助我们思考和挖掘出真正需求，从"有什么就卖什么"的传统思维，向"客户需要什么，我们就提供什么"的思维方式转变。转变思维会打开我们的脑洞，发现其中的价值，明确"做什么"的问题。而驱动这种供给端变革的重要力量，就来自数字技术——云计算、大数据、人工智能、移动互联、物联网等等。最终突破传统模式的天花板，为企业经营带来"第二曲线"，形成属于企业的可持续发展道路。

2. 战略的制定

转型战略是体现企业经营方向性的方略，需要企业的中高层管理者共同参与制定。优秀的战略能够指导企业选择其适合的赛道，并在赛道上占得先机。数字转型战略应当在方向性、全局性的重要问题上体现决策，战略一般是如"某某技术必须重点突破自主可控""底层基础设施采购云服务"之类的有所为、有所不为的形态；而诸如"一年业内领先""三年全国第一"都不能称为战略。而为了不让战略像"空中楼阁"一样无法落地，一般需要更了解经营细节的企业管理层共同参与制定工作，这样能够尽力避免战略制定思想和执行环节不脱节。

转型战略制定可以有外部顾问加盟，但更需要企业自身发掘答案。顾问的优势在于"见多识广"和"旁观者清"。咨询顾问并不是在一个公司内持续观

察和思考，他们一般都会服务于多家公司，甚至多个行业，因此他们了解企业的各种特点和领导者的各类风格，了解足够多的企业成功和失败的案例，能基于丰富的经验为企业提供少走弯路的建议；此外，他们站在旁观者的视角，也更容易跳出企业领导者"当局者迷"的困境，观察和建议一般更为真实、客观。然而，数字化转型背景所处在当今日新月异的环境下，很难讲过去几十年甚至过去几年的经验放在今天是否依然适用。百年之前就有造电动车的车企，外卖也并不是近十年才有的发明，然而如今的特斯拉、美团，没有穿越百年的历史，却运用数字的力量在市场内立足、成为行业标杆。诚然，相比削足适履的生搬硬套，当代企业更需要边行动边学习，企业的领导者和管理者可能更能掌握真正的答案，优秀的顾问能够像老师一样启发他们找到答案。即使没有顾问参与，路数可能也并非出身"名门正派"的 MBA 教材或者是商学院案例，但只要本着"实践是检验真理的唯一标准"的精神，经过这样归纳、积累产出的战略，一般都会更为符合企业自身，也更顺应数字时代的特性。

3. 战略的更新

战略并不是一成不变的，而是要基于自身能力的情况、外部条件的变化不断调整以适应新的环境。百年前可能一项战略能持续十年以上的，现在由于发展节奏越来越快、市场竞争持续加剧，我们已很难准确预料两三年以后会变成什么样子，确实可能存在前期制定的战略预判与当下的实际情况有出入的情形。这就需要企业管理层的价值观相同或相近，基于内外部客观环境出发、基于企业一段时间内总结的经验教训，不断对原有的战略进行修正和优化；除此之外，也需要持续从市场上发掘出适合企业自身的新机遇、新赛道。比如，2020 年的新冠肺炎疫情对企业的经营模式、人们的生活方式都产生了深远的、不可逆转的影响，有些数字化程度较高的零售商逆势增长，而数字化程度不高的商家经历了漫长的寒冬。无论之前企业战略如何，都需要不断基于后疫情时代的时代背景来调整自身的战略。

数字化转型是企业层级的战略，是企业总体战略的重要组成部分。以战略为指引开展数字化转型，将大大提升转型成功的概率。

（二）优化企业架构

数字化转型需要有与之相适应的企业组织架构来支撑。对于许多现有企业的组织机构而言，转型是痛苦的，因为人的本性都是"懒惰"的，转型会让许多部门、管理层和普通员工跳出自己的"舒适区"而进入一个全新的运作模式；因此，在战略执行层面上，必然要通过改变组织架构以击破层层阻力。

经验告诉人们，新的战略很可能会对原有企业各部门的职责和协作产生冲突。对于所谓的"美差"而言，许多部门都为争相牵头打得"头破血流"，有些"苦差"又没有部门给予足够重视而"无人问津"。这都可能导致企业内耗严重，高层的意志无法传导和执行。要想成功破局、推进数字化转型战略，需要配套地将企业组织架构进行调整，明确每个机构的定位、职责和边界范围，明确重要事项的责任主体，将战略分解到每个机构的目标，给其制定出合适的考核措施和奖惩机制。

除了上述方法之外，在适当的时机，还可以成立专门的数字化转型组织。该组织独立于原有的业务或者技术部门，拥有公司领导层赋予的较高权限，其职责是站在企业整体运营角度考虑，统筹各个部门共同构建技术与业务的协同运作机制，推进数字化转型的落地。如果由业务部门主导，可能会把满足业务需求作为高优先级，而忽视使用的技术标准差异或者接口差异，导致可能会有系统能力重复建设或者系统间无法有效协作的风险。而技术部门主导此类项目时，可能会过于强调数字化技术的运用，而忽视对业务整体的考虑，存在"碎片化"的风险。数字化部门统领转型是强调业务与技术的双轮驱动，可能会是权衡之下更能融合业务领域目标与数字领域战略的优选方案。

（三）引导企业文化

要想成功推行企业数字化转型，少不了每一位员工的悉心付出。因此，企业文化也是务必重视的要素。优秀的企业文化，可以为员工营造良好的转型环境、充分赋能个体员工、激发他们的活力，形成数字化转型的中坚力量。为支撑数字化转型，企业文化中必不可少的是数字文化、变革文化和创新文化。

1.数字文化

数字文化要求企业文化中改变传统企业管理中凭经验或灵感"拍脑袋"的管理决策方式，而是使用客观的数字来为决策提供依据。积极拥抱数字化，建立起基于数据进行决策、管理和创新的文化。大到是否进入一个新的业务领域，小到一次营销活动是否值得开展，基于数字的决策总比基于经验的拍板更加有理有据、令人信服。

比如，A公司的高层要求今年公司发展100个企业客户，作为销售部门的管理者和员工，如果使用了数字化的思路，把历史的营销记录都详细记录后，调取A公司以前的营销数据就可以得知，每拜访10个客户，平均有3个感兴趣；每3个感兴趣的客户里，平均又能够发展1个客户；每个客户的平均拜访成本是500元，那么这个经营目标就会被分解成：本年度要拜访1000个公司客户，拜访客户的成本是50万元。这一目标再按10个销售人员分摊，就能得出人均拜访客户100的目标数和人均拜访成本5万元的控制依据。可以很容易地想象，有这样清晰的数据作为决策依据，拜访任务的目标和成本不再靠经验估算，这个数据可以使每位员工对其自身的工作目标有更细致、更深刻的认识。

2. 变革文化

企业文化中要鼓励员工拥抱变化、大胆探索，通过不断地自我颠覆来持续变革。对于企业的员工而言，变革意味着未来不确定性大大提升了，对于人类与生俱来对变化的恐惧和抵抗心理而言，变革势必会遭到来自既得利益团体的阻挠；然而，如果变革文化不推行，企业的转型将无从谈起。

举个简单的例子，传统的人力资源管理中，人事证明开具这一简单工作可能会耗费企业大量的经营资源，员工对制度不熟悉、对流程进度不了解，人力资源部门设置一套管理流程也会占用HR和管理人员许多的时间精力。如果把这个人事证明的业务流程线上化、无纸化、自动化，可能人力资源岗位员工在一定程度上会认为自己的"权力"缩小了，可以"卖人情"的手段没有了。然而，这样变革最终受益的是整个公司，人力资源部门需要自我颠覆来完成此次变革，最终会让人事证明的开具从几个工作日缩短到半天，甚至"秒批"，这将显著减少员工和HR的不必要工作，给公司带来新的气息，员工对公司的体验感、归属感也会进一步提升。

企业高层领导也应当以身作则，通过其言语和实际行动来向员工们传达新的文化，让大家切实感受到变革文化的影响。当员工适应了新的文化后，员工就会与企业达成一种新的默契，这会极大提升企业转型工作的推进效率。

3.创新文化

创新文化要求企业文化中具有创新精神、冒险精神、容错精神，不能害怕创新、害怕失败，只有这样，企业才能在数字化转型过程中更加积极和主动。阿里云现在贵为中国的云服务"一哥"，也是世界范围内第三大云服务提供商，而回顾其发展历程也并非一帆风顺，而是经历了无数的质疑和否定。在2008年，王坚挂帅的阿里云前身"飞天"团队正式组建成立，在2010年阿里云团队正式对外公测其云服务，而一直到了2012年该业务的产出仍然远远比不上投入，用通俗的话说就是个"无底洞"；这个时期，在阿里巴巴内部中，要撤裁阿里云的声音也不绝于耳。然而，公司高层多次从态度上、从资源上力挺阿里云，对云计算这一新生事物予以鼓励，对彼时的挫折予以宽容，对阿里云的冒险旅程予以了肯定和支持。2015年起，阿里云渐渐有了起色，阿里巴巴自身的重要经营系统的存储和计算都成功"上云"，2016年其业务开始扬帆出海。现在阿里云已是阿里巴巴集团的核心业务之一，阿里云不仅是云服务行业的标杆、每季度营业收入已突破百亿元，也是支撑阿里系数字化技术体系和业务发展的重要"底座"；而阿里云的创始人王坚，也已于2019年当选为中国工程院院士。可以说，阿里的创新文化帮助其在数字化进程中成功蜕变，在行业内占尽先机。

二、执行层面——启动转型试点、扩大转型成果、推进转型生态

企业数字化转型的执行层面关注的是站在实施落地视角如何进行转型工作的计划和推进，具体包括启动转型试点、扩大转型成果、推进转型生态。

（一）启动转型试点

企业推动数字化转型，首先需要找准切入点，迈出战略执行的第一步。"不积跬步，无以至千里；不积小流，无以成江海"，第一步的成功至关重要，需要组件合适的团队、打造企业内典型案例，为后续"大部队"的规模化转型做好"前哨站"与"排头兵"。

1.组建一个合适的团队

企业数字化转型工作并不仅仅是发布一个产品，构建一个系统，而是对企业原有的经营理念、组织架构、企业文化的全方位变革。对于变革的效果，许

多人会抱有一定的怀疑态度，或者对于最终价值认知的高度不够。因此，转型工作需要树立一根"标杆"来标识转型工作确实对公司有显著的正向影响。为了保证初期执行工作顺利开展，一般需要找到对转型工作有成功信念、对新事物有开放和拼搏精神、对企业基本面熟悉、对外部环境敏锐的人。让这个"先锋队队长"能按照自己的思路组建团队，保证团队内部沟通协作的高效；此外，领导层还需充分赋予其权限，让其能不拘束于公司现有框架和约束条件，确保数字化转型试点工作的顺利开展。

2. 找到一件合适的事情

企业有了"先锋队"之后，还需要找到一个"灯塔项目"。这个项目就是让他们通过新的方式在一个能够短周期内快速见效的场景，效果较容易进行量化，并且说服力、号召力足够强大。如果数字化转型"灯塔项目"成功，能够让反对的声音闭上嘴巴、让摇摆的意志逐渐坚定、让平静的心情变得澎湃，这会大大促成数字化转型的成功率和效果。需要注意的是，虽然所选项目一定要能大概率成功，但还是要坚持通过数字化手段来体现业务价值，不能舍本逐末地把效果定义为上架了一个产品、建设了一个系统或者运用了某项新技术，而是需要为公司拓展了客户规模、扩张了营业收入、节约了生产成本抑或是提升了运营效率。

每个企业都是独一无二的，有不同的外部环境、不同的内部条件、不同的基因、不同的文化，所以可能无法"依葫芦画瓢"地照搬外部行业的经验，甚至模仿业内企业的经验也不见得奏效。因此，在这个数字化转型试点工作中，同样可以有外部力量的加盟。他们的职责是转型教练与合作伙伴。他们帮助企业选择合适的数字化手段在生产、销售、管理、运营等一个或多个方面进行提升，或者将原本割裂的过程有机融合起来。此外，他们也帮助发现试点工作中的问题、及时引导团队找到适合的解决方案，并帮助总结转型工作的经验教训，因为数字化转型是长期而持续的工作，后续的转型工作尽量避免重蹈覆辙。

（二）扩大转型成果

有了初期的成功试点作为领航标后，接下来就需要将成功经验复制到企业的其他业务、其他工作中，即"扩大战果"。

1.路径规划

企业数字化转型消耗资源相对较高，因此需要将转型战略分解为一个又一个可计划、可追踪、可评估的任务。分析每个任务所需要的先导约束、资源需求、保障条件，对成效进行预估和评价，并据此给出较为详细的实施时间计划。在每项转型工作阶段性工作完成后，不要忘了对工作开展过程进行复盘和反思，分析哪里做得较好、哪里做得不足，不足之处怎么改进；以此分析结果不断对在开展和未来将要开展的工作进行优化。以敏捷的方式认真对待每一项任务，步步为营。

相比传统的 KPI，现在也有许多企业倡导 OKR 的方式，即定义清晰的目标 O，分解为关键任务和其相应的预期结果 KR。OKR 的核心并不是像 KPI 一样以考核指标来"胁迫"员工达到"最低分数线"，而是强调对整体工作目标的认同、局部工作视图的公开，激励员工尽力达到一个个具有"挑战性"的"小目标"，从而推动整个组织实现熠熠生辉的"大目标"。

2.数据为王

转型过程中，企业需要清晰地意识到流量和数据的价值。在数字化的时代，流量是一个非常值得重视的神奇指标（尤其是直接或间接服务于个人客户的企业）——它本身可能并不赚钱，但是没有它一定不怎么赚钱。拥有新进客户、活跃客户，就能产生用户数据、行为数据这类新型资产，沉淀了这些数据资产能够为企业带来后续的业务价值，比如精准营销、智能风控或者拓展新的商业模式。因此，重视数据的运营，进而影响企业固有的思维理念和经营模式，也是数字化转型的重要特点。

3.平台赋能

平台并非是纯技术或者业务概念，而是企业在数字化过程中的刻意总结和持续积累。数字化转型的时代背景，企业需要思考如何在稳健经营的前提下合理应对外部环境的快速变化。这是一项极其有挑战性的工作，技术上日新月异，业务上瞬息万变。实施层面上，企业既要重视业务的沉淀、转型升级，也要重视技术如何对业务形成支撑力。而平台是这样一种支撑体系，基础设施按需统一建设或者统一购置弹性服务，可复用的业务或技术能力变成一项项服务或者组件，数据使用统一的工具、标准进行采集、融合、管理、使用——总结成一句话，就是以平台能力的"少变"，应对内外部环境的"万变"。重视对平台的建设，在业务调整时，可以复用这个支撑体系中的各项能力；而后像玩搭积木游戏一样，基于这些能力以"组合＋定制化"的方式快速顺应业务变化，在市场中占得先机。

（三）推进转型生态

生物学中，有一种共生关系，这种关系中的各类个体或群体因为共生才变得更为舒适或更为强大；如果去掉这种共生关系，各参与方都无法从中获益，甚至都无法生存下去。数字化时代下，企业与企业之间的关系也是如此。某个企业要想从鱼头独吞到鱼尾已经变得不太现实，并且传统的单一上下游供应链模式可能也会变得不那么稳固。新的业内共识是形成"网状互联"的结构，每个企业由于其独特的基因、内外部环境，导致其可能在某一个领域的一个环节做得非常出色，但它从事其他环节工作的优势却不如其他企业。对于单个企业来讲，一定要清晰地识别自己的核心竞争力，对于非核心的部分，寻找外部力量快速补齐自身短板才是高效运营的方式；而对于整个行业生态而言，这种企业间的高效协同、同舟共济的良性生态体系，才能够为数字化转型后的各方提供健康发展的保障。

正因为数字化转型是共同体的形态，不是企业个体的形态，企业在数字化转型的时候，也需要把握好转型的步伐与节奏。如果合作方的数字化进程与自身不匹配，也可能会使得数字化的功效不及预期，转型的巨额投入无法匹配其获得的收益。选择值得信赖的合作方，加强上下游企业之间的联系，包括理念、数据、技术等的合作与交流，建立"齐步走"的生态是破局关键。而对于有能力主导生态的企业，还可以通过帮助其共生企业进行数字化转型的方式来促进整个生态的繁荣，生态的成熟反过来又能进一步壮大自身的实力。有些公司为其他客户免费提供其通用、成熟的数字化解决方案，就是为了换取其貌不扬却又贵重无比的数据，进而能够帮助自己或者盟友们发掘机会、探索价值。"友盟＋"就是这样一种经营模式的代表，该公司长期为各类移动端 APP 提供免费而强大的 SDK（开发工具包），APP 开发企业使用 SDK 对用户行为的收集、分析、统计变得简单而高效，但交换条件是与"友盟＋"共享这些数据。"友盟＋"服务了众多 APP，也帮助自己成为国内第三方全域数据服务商的龙头。

目前，国内对数据权属、数据交易、数据管理等机制还在逐步完善中，无论后续监管态度是否会更为谨慎，可能数据的采集、存储、使用会变得更加规范，然而"数据就是金矿"这个思想仍不会过时。

执行层面上，这三个步骤就像是由点到线、由线到面的循序渐进的关系，尽力做好每一个阶段性成果，重视量变引起质变的机遇，把握公司个体对行业生态的感知与融合，实现长足的、可持续的发展。

三、注意问题——业务流到数据流、技术锚点价值化、转型拐点连续化

企业数字化转型的规划需要直面几个根本问题：转什么？用什么转？转成什么样？而这些问题不能靠服务商及咨询公司从技术供给侧单方面努力，企业要从需求侧积极引导，毕竟数字化转型不是简单的甲方／乙方采购行为，而应是企业与服务商的长期共同深入研究、合作、创新的结果。

以上三个根本问题可以转化为：业务痛点、技术锚点、转型拐点。其答案也不是孤立的，而是"三点一线"，即以"价值创造"这个主线，一以贯之串联这三点。本书结合实战案例，探讨传统企业在构建"三点一线"的过程中如何发挥引领作用。

（一）业务痛点数据化

1. 企业要讲得出业务痛点，并且讲得透彻

几乎所有企业内部各个业务部门都有痛点与痒点，简单罗列各自的挑战只是原始信息收集，还需分析归纳整理，尤其要甄别哪些痛点在业务流程中产生了串联反应并通传到最终的业务指标上。把孤立的各部门痛点按照业务逻辑的因果关系梳理成为痛点循证链条，从而形成清晰的业务流程图谱。例如，生产苹果汁的企业，其业务流程可以按照逻辑聚类为：第一，上游原料果的"种植—采购—运输"；第二，中间生产环节"排产—灌装—封装—质检"；第三，下游销售的"发货—物流—营销—渠道管理"，在此逻辑聚类的基础上再逐层下探细化其局部业务环路，从而形成了业务流程的多层次透视图。

在业务流透视图上，各个节点对应的叠加企业信息化系统采集数据，形成的数据流，则是数字化转型的基本前提。这种具备业务逻辑架构的数据流完美

实现了从企业组织架构／业务单元的静态结构到业务运转动态协作的映射，帮助企业按图索骥，定位并量化各个痛点循证链条的因与果，从而判断哪些痛点具备用数字化技术解决的可行性。

2. 业务专家对痛点显性化要主动引领，而非被动应答

很多企业的业务专家会先入为主地对来自其他领域的专家有不信任感，会认为业务流的数据化会分散精力，拖缓当前主要业务。事实上业务专家完全可以成为数字化转型的主动引领者，利用熟悉业务流程逻辑的优势，结合企业前期的 IT 建设，推动把各个 IT 系统的内容（即数据）按照业务流贯穿形成数据流，从而实现业务数据化，推动数字化转型启航。因为基于海量的数据流，则可能应用各种数据技术 DataTechnology（DT）探索解决痛点的规律。

（二）技术锚点价值化——新价值而非新技术为导向

当前人工智能（AI）、深度学习、大数据和云计算等新技术名词很流行，企业选择数字化转型的技术路径也容易陷入"追星"的陷阱。

其实，最新技术或者学术明星，并不一定是企业数字化转型的最佳选择，原因有二：（1）最新技术往往在特定的先决条件下才可能发挥作用，在具体业务中的适用性与稳定性有待验证，如同每一种新药上市前都要广泛的临床试验。（2）具体业务场景中的挑战与学术研究大为不同，学术明星擅长在前人研究基础上找到创新点，但不保证创新点一定能够带来足够大的实战价值，而具体业务场景里应用新技术则需要有最低价值门槛，至少投入产出比要足够。

而如何甄选合适的新技术作为锚点，可以从以下两个维度分析：

1. 采用 ROI（投资回报率）相对高的技术

对于选定数字化转型拟解决的痛点，企业的业务专家可以给出期待的收益价值，技术服务商提出的解决方案实施成本则包括开发实施成本和企业内部业务线的配合成本，基于收益与成本的考量、按照投资收益比 ROI，综合选择适合的技术方案。实践表明新鲜出炉的明星理论往往有相当长的开发试错周期，导致转型项目的夭折。

2. 采用嵌入式成本相对较低的技术实施方式

大部分的数字化转型项目都需要把新技术与现有的系统做某种程度上的兼

容对接，所以应当着重考虑新技术的嵌入式成本，在保证新技术向后兼容的同时，应避免技术选型与现有系统之间产生无法共存的排斥反应，尽最大可能实现"无缝对接"。

例如，某新技术要求数据源 A 实现每秒更新一次，而数据源 A 的采集系统一直是每分钟更新一次，强行上马则可能造成采集系统的崩溃，显然这是一个嵌入式风险高的选项。2018 年，某人带领的工业大脑团队实施恒逸石化改造项目，当时目标是通过 AI 提高己内酰胺锅炉燃烧效能。如果想要追求极致，工厂希望实现自动反向控制，即工人不需要操作，生产线能够自动根据算法的结果调节工序关键参数。但这种方式需要打通现有系统，集成成本过高，还可能有未知的控制风险。所以，最终采用了折中的解决方案：将 AI 计算的参数，即时推送至业务流程中，再由业务操作者来决策是否应用该参数。这种方案减少了嵌入式成本并且降低了风险，最终实现了方案快速上线，提升了燃烧效率 2.6%。

（三）转型拐点连续化——从量变到质变的渐进过程

数字化转型一定是持久战，而非毕其功于一役。实践中，一些企业满怀热情启动数字化转型项目，在成功完成一两个项目后就开始做财务核算，判断是否要追加投入继续做大。而此时最容易陷入用成人百米赛跑成绩选拔少年选手的误区，只看到眼前而忽略了蕴藏的潜力。

评估前期的数字化转型项目成功与否，不仅要看其创造价值是否明显，更要关注其方式和路径是否能再度放大持续创造新价值。

例如，在 2018 年某人带领的团队与海底捞及蒙牛的数字化转型案例中，首期项目以数据中台的雏形为基础，然后开发了一两个示范应用。如果通过示范应用的业务价值了解数据中台的威力，继而加码投入，则会创造出更多的示范应用，解决业务痛点甚至是创造新的业务模式，用数字化技术打造连串的价值创造点，从而触发质变的转型拐点。

传统产业的数字化转型之路漫漫，成功的路径不可能复制，因为各家企业的现状迥异，但是选择成功路径的方法论是可以借鉴的，"三点一线"就是多个企业实践的提炼的方法论，希望对还在求索中的前行者有所启迪。

第六节　数字化转型常见误区及其防范

数字化转型过程中艰难险阻重重，但价值创造始终是检验数字化转型成果的唯一标准。

数字化转型是技术驱动下的企业产品、业务、商业模式的创新转型变革，其本质是通过数据技术和数学算法显性切入业务流，形成智能化闭环，使得企业的生产经营全过程可度量、可追溯、可预测、可传承，最终在新的产品、业务和商业模式下，实现价值创造。

过去几年，从互联网跨界到实体经济的行业，应用源自互联网的新技术解决生产车间及田间地头场景下的痛点，在多个行业里打造了具有明确可见价值的成功案例。例如，在杭州萧山，城市大脑技术为120急救车"一路护航"实时开通绿波带节约路途时间50%，给生命带来更多希望；在江苏协鑫，新技术优化光伏切片流程的工艺提升良品率1个百分点，每年创造上亿元的净增效益；在恒逸石化，通过算法实时调优燃烧过程的给风量，提升燃煤效率2.6%；在浩丰集团，通过AI技术解析追踪每块土地上的生菜长势，帮助实现"千亩千面"的个性化施肥灌溉，平均节省水肥成本150元/亩，全集团可节省超过1500万元/年。

这些实践证明了一种可能性：以数字化为前提的新技术（人工智能、大数据、云计算）与传统行业结合可以创造巨大的可衡量价值。而要把这种可能性推广并落实为具体企业的可行性，需要把握"价值创造"这个目标，既要避免"故步自封"与"叶公好龙"，也不能"东施效颦"盲目照搬。数字化转型带来的显性化价值创造必然会激发广大企业的积极性，如何以正确认知、路径选择、实现方法拥抱数字化新技术，则是思考与探讨的问题。

一、数字化转型常见误区

（一）数字化转型被 IT 系统主导

昔日的霸主面对新事物却不能透视其本质，结局自然是从"看不懂"到"跟不上"。数字化转型需要以数据技术为主线，而 IT 系统是采集存储传递信息的基础设施，是数字化转型的必要条件，绝非终极目标。从 IT 到 DT 的转变可能带来颠覆性的业务模式，而非简单的 IT 运维成本节约。

2009 年开始，新加坡乘客可以通过电话与呼叫中心预约 Comfort Taxi 与 Citycab 出租车，随后乘客通过短信收到分配的出租车信息与预计等候时间。整个流程虽然比传统的乘客路边扬招模式方便，但几个关键环节没有做到数字化、智能化。（1）需求传递靠语音对话，各种方言口语识别率不准。（2）需求录入靠调度员基于对话的理解在后台人工输入，容易出错且慢。（3）需求分配依赖调度员的直觉与经验，在地图上基于出租车队的实时位置信息就近选择，在繁忙时刻（尤其是暴雨时刻）根本应接不暇，导致丢单率很高。2012 年初，外部咨询团队与这两家出租车公司的母集团康福德高企业（ComfortDelGro）沟通，提议用类似互联网广告点击率预测模型的智能算法自动化解析需求并调配车辆，并且给出了业务效果预期（成单率提升，客户等待时间下降，降低司机放空时间）。遗憾的是康福德高企业当时安排 IT 部门对接评估，最终没有采纳。

今天这种技术已经不再新鲜，各大主流叫车 APP 已经普遍采用了类似的智能化派单调度系统。康福德高企业当年错失这个机会的根源是惯性思维，安排传统 IT 部门从系统运维升级的角度评估投入产出比，却没有理解这个背后 DT 技术带来的业务模式变革。

无独有偶，2008 年诺基亚安排专项组研究了刚刚诞生的苹果公司并且得出了"不可能成功"的结论。昔日的霸主面对新事物却不能透视其本质，结局自然是从"看不懂"到"跟不上"。

（二）缺乏顶层规划，照葫芦画瓢

技术改造与人员赋能之间的节奏如果失调，将成为"形似而神不是"的失败转型。

企业数字化转型是一门艺术，它以各种技术为要素并结合企业特点做设计创作。成功转型后的佳作可能雷同，但设计路径和创作节奏则是"千企千面"。如果照搬或者依葫芦画瓢，往往得到拙劣的临摹品。

新零售热潮下无人店、电子货架、刷脸支付等新生事物涌现，但是这些新事物是否增加了店面的流量、转化率、日均销售额？投入产出比是否合理？答案是"未必"。零售业的全链条涉及销售预测、进货补货、定价促销、售后管理，如果只在单一环节引入数字化技术而缺乏对全链路的顶层设计，这种半新半旧的模式相距数字化转型的终极目标甚远。传统零售业的转型需要以数字化的技术重构人、货、场的互动，帮助提升零售效率，刷脸支付未必是统一的切入点，不同细分零售行业可能的路径也不同。

丰田（Toyota）精益生产管理方式在日本制造业取得极大成功，但是国内企业在引入精益生产后却并未广泛获得红利。尽管装备了类似的自动化产线及 ERP、MES 等工业软件系统，还需要生产流程各岗位人员能深刻理解精益生产的理念并践行，产线改造与人员赋能之间的节奏如果失调，则成为"形似而神不是"的转型。

（三）孤注一掷全链路出击

数字化转型的切入点需要在业务链路中选择具体的场景，立项并设计明确可衡量的价值闭环。以阿里云在恒逸石化的探索为例，在乙内酰胺的多个生产环节都有痛点，但是并不是每个痛点都是致命性的，或者造成的影响局部可衡量。该公司从数据密集和价值密集的双标准出发，选定锅炉燃烧作为首个场景，定下通过优化燃烧控制来提升燃煤效率的业务目标。最终利用产线设备自有的数据，没有对产线做物理改造，只是附加了实时优化控制推荐引擎，最终提升了燃煤效率 2.6%。

在一个环节迅速取得了明确的价值，企业就有信心和动力在生产链路上下游横向推广。先纵深打穿一个垂直场景的价值闭环实现 0 到 1，再横向增强扩展由 1 到 N，逐步放大智能化的价值。

切忌孤注一掷地全链路出击，all-in 的决心不等于 all-in 动作。有限的资源分散投入到太多的环节，必然导致各个环节的动作都是捞浮油，不够深入就很难攫取价值。

英国广播公司 BBC 在 2007 年启动了面向数字媒体内容的数字化转型项目，结果耗时数年无疾而终。事后 BBC 组织独立委员会复盘，教训之一就是项目牵扯太多部门造成巨大的协同成本延误进度。

（四）硬件规划缺乏柔性

"先硬后软"的做法造成前期投入太多且不确定回报，还没达到目标就已经失去动力。

立足当前的信息化及数字化基础，先"由软及硬"、再"由硬及软"是正向循环的合理路径。基础物理设施等硬件提供了动态感知能力与服务下行渠道。但是过去几年，硬件的发展往往依靠计划性的规划，缺乏动态适配和柔性，这既无法衡量硬件建设的合理与否造成浪费，又为企业带来了沉重的成本压力。

以工业物联网为例，多年来尽管有各种扶持政策及专家疾呼，但是其发展速度远逊于移动互联网。遗憾的是，相当部分专家鼓吹工业物联网首先要布设传感器改造产线，结果为通信模块厂商创造了商机而未证明给企业创造的价值，企业主不愿先投入资金布设传感器做链接。这种"先硬后软"的做法造成前期投入太多且不确定回报，自然很难推行下去。

阿里云 ET 城市大脑提供了一个新思路。不新增城市物理设施，只是利用好既有数据就可以提升城市运行的智能化程度，例如通过智能化算法研发了特种车护航弹性绿波带、人工智能信号灯等多个创新应用，在杭州、广州、上海、吉隆坡等多个城市落地。

在开发这些应用的同时，城市大脑发现，在特定的路口、路段，如果能增加硬件信息采集设备，可以有效提升特定区域的智能化水平。于是开始辅助职能部门改善城市的硬件基础设施，避免盲目建设资源浪费，让城市"优生优育"。实现了软—硬的进化。而在这样的智能规划的硬件设施建设下，数据、算法、算力的价值也将得到进一步的快速释放，在新的起点上实现从硬到软的价值创造。

二、走出数字化转型常见误区

（一）务必是 CEO 工程

数字化转型，对外需要全局的视野，对内需要有全组织、资源的协同威信。唯有公司最高决策者亲自抓，定位为 CEO 工程，才是数字化转型成功的重要组织保障。

麦肯锡在 2018 全球数字化转型调研中发现，由高层管理团队构建清晰的数字化转型计划的公司，数字化转型成功的概率是没有做到这一点的公司的3.1 倍。麦肯锡的调研还发现，如果高层管理者能够推进组织产生数字化转型的紧迫感，其成功的概率是没有做到这一点的公司的 1.9 倍。因此，CEO 还需要帮助公司将数字化的理念和文化深入人心，以宗教式的狂热，在遇到挑战与失败时能坚持。

（二）方法论＋工具缺一不可

切忌唯工具论，全球大部分企业还在摸索由信息化到智能化的数字化转型之路，并没有成熟的灵丹妙药式的标准软件在企业部署就可以实现数字化转型。

方法论是指引转型前进的重要地图，而针对性的工具是转型前进的重要加速器。例如手机淘宝 APP 的"千人千面"就是以数据中台提供的客户画像做实时个性化推荐，极大提升了购买体验和转化率。

任何一个企业数字化转型的探索都将依赖方法论＋工具，方法为主，工具为辅，二者缺一不可。既有的成熟软件，是数字化转型的重要基础，但不是价值创造突破点。价值创造的"最后一公里"需要方法论指引，以行业经验与数字化技术结合的咨询问诊找到发力点，为企业找到价值洼地。

（三）小步快跑分层迭代

数字化转型是由 0 到 1 到 N 的逐步进程。由 0 到 1 的关键是聚焦细分场景找到最具有价值的痛点，这个痛点一定不能是孤立的单点，须是链式反应的引爆点，能牵一发而动全身。例如，江苏协鑫是一家光伏企业，光伏切片许多工序，需要通过数据分析选择合适的工序入手。ET 城市大脑在改善交通拥堵方面的入手点选择了关键路口的红绿灯控制配时，对城市道路交通流实施智能化点穴。在首选场景 0 到 1 成功后，从 1 到 N 则是在两个维度上同时展开，既在相似场景下的结果复制也在其他场景下借鉴经验。

数字化转型切忌一口吃个胖子，起步就落入大平台宏伟蓝图的陷阱。一定要以需求为导向小步快跑地成长起来。GE Digital 在 2015 年高调发布 Predix2.0 平台，宣称打造工业通用平台，并面向行业全面开放；而 2018 年，其战略收缩从开始提出的"Predix for World"退缩"Predix for GE"聚焦 GE 核心业务方向，以电力、航空等领域为核心，打造更具商业价值的解决方案。2018 年 12 月，GE 成立一家独立运营的工业物联网软件公司，Predix 被纳入该公司，继续在数字化转型的路上摸索前行。同样，有不少工业物联网平台自诞生就树起了"平台"的旗帜，几年下来其活跃链接规模还不及冬天卖烤红薯的金属桶里的红薯数目。

（四）经验与数据的平衡艺术

一味地依赖业务经验，不免会错过新趋势；而完全信赖数字化技术，又可能会被片面的数据所误导。企业数字化转型，既不能唯经验论，也不能唯数据论，需要在经验与精准的天平上寻找动态平衡的支点，将行业专家的经验知识，与数字化的新技术、新思维、新方法，形成合力。

一方面，行业专家的知识通过新技术更容易沉淀并工具化，利于将知识快速传播、复制；另一方面，新技术，尤其是来自行业外的新技术，很可能助力行业专家有更好的感知能力、更快的分析能力，减少日常重复的工作，进而产生更多行业知识，发现行业内潜藏的宝藏，突破现有的经验壁垒。

行业专家在"隔行如隔山"的认知下倾向于忽视行业外的新技术新视角，但当谷歌 AlphaGo 一夜之间成为围棋绝顶高手后，行业专家们不应该再迷信于所谓的行业壁垒。

阿里巴巴集团聚划算业务，起初单纯依赖运营小二的经验决定热门版面的选品策略，响应迟缓且主观性大。利用数据技术后，由数据发现客户与商品的匹配度，自动生成选品策略，并辅之以人工校准，提高页面流量转化效率，使得商家和平台的价值都得到提升。

数字化转型是技术与思想全面协同的系统性变革，在生产制造、社会治理各方面都会带来深刻的变化。

与前几次技术革命不同，数字化转型所依赖的数据资源是不断再生几乎无穷尽的，所以它具备了自驱的可能性，一旦开始就不会停下。而每次转型都会有新陈代谢，这一次也不例外。苹果公司让诺基亚手机成为历史，最终胜出者一定是那些能顺应趋势并以价值创造为目标的智者。而积极拥抱数字化转型的主体不仅能获得内生性价值，还能创造外延性价值，并最终实现全社会范围的价值创造。

第七节　数字化转型中的安全管控

"十四五"时期，我国将大力发展数字经济，实现传统产业和数字技术的高度融合。"发展数字经济，推进数字产业化和产业数字化，推动数字经济和实体经济深度融合,打造具有国际竞争力的数字产业集群",这是《中共中央关于制定国民经济和社会发展第十四个五年规划和二〇三五年远景目标的建议》中明确提出的目标。但是数字化转型犹如一把"双刃剑",在给传统产业带来革新机遇的同时,也会不可避免地带来一系列风险。传统产业如何在享受数字化红利的同时实现安全管控?这成为政界、产业界和学术界共同关注的问题。

一、数字化转型的安全隐患

当前,我国产业数字化转型进入高速发展期,数字化转型已经涉及零售、餐饮、教育、金融、医疗、生活服务等诸多领域。据统计,我国产业数字化转型的年均增速超过25%,2018年我国数字化产业的规模已经达到24.9万亿。在产业数字化转型高速发展的同时,一系列安全隐患也逐渐显现。

(一)产业安全能力依然薄弱

在数字化转型如火如荼进行的同时,互联网与许多产业核心业务融合,数字化技术带来的安全挑战也出现在产业面前。譬如,金融业目前大多数机构都已经建立数据中心将客户数据集中储存起来,并且上云与各分支机构共享,但带来的数据安全问题却成为一大痛点;庞大的物联网体系使得不法分子攻击企业网络的途径增加,2019年就出现了美国黑客通过企业的智能温控系统侵入企业IT系统的例子。这些现象说明世界各地都面临着产业数字化转型中的安全问题,当前产业安全能力依然薄弱。

(二)安全技术升级换代加快给产业带来挑战

互联网技术包罗万象,随着世界各国加大对计算机技术研发的投入,包括人工智能、大数据、云计算的现代计算机技术更新换代速度大大加快,而每一次技术的创新都对安全技术提出了新的要求。今后,移动互联网安全、云安全、物联网安全等将取代传统的安全技术成为安全防护的主流,但是由于不同产业、不同企业的数字化程度和安全防护能力差距巨大,安全技术的这种快速迭代将给产业带来巨大挑战。

(三)安全技术人才依然紧缺

我国经济体量已经超过100万亿元人民币的规模,因此产业数字化转型的涉及面十分宽泛,由此带来了巨大的安全人才需求。但是当前我国产业安全人才培养与行业需求严重不匹配。（1）截至目前，我国培养的专业产业安全人才只有 10 万人，但是安全人才需求达到近 140 万。（2）产业安全高端人才严重匮乏。目前我国高校在专业设置和科研力量投入上仍然过于关注数字化技术的应用领域，对于安全领域关注较少，因此造成安全技术和高端安全人才满足不了行业需求。（3）安全人才的培养模式缺少对特定产业的了解，目前的培养模式过于单一和流水线化，使得安全人才对产业内部纵深业务流程等了解程度不够。这些因素共同造成当前产业安全人才的巨大缺口，需要产业、政府和高校共同协作解决。

二、数字化转型的安全管控整体思路或原则

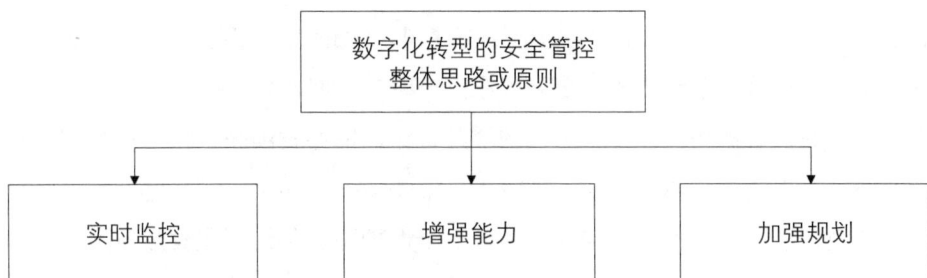

资料来源：腾讯研究院等编写的《2020 产业安全报告：产业互联网时代的安全战略观》。

（一）加强规划，提前布局是安全管控的前提

一是在国家层面，国家需要从顶层设计层面为数字化转型安全管控保驾护航。首先需要法律部门出台法律法规对产业安全管控进行规范，同时限制网络犯罪和网络攻击；同时，工信部、国家发改委、公安部、网信办需要共同协作从产业规划和司法两个角度切入，加快网络安全及产业安全的部署和规划。

二是在地方层面，各地需要响应国家号召，积极出台相应的规划和法规对安全管控进行部署。譬如，2018 年 4 月，上海印发了《上海市工业控制系统信息安全行动计划（2018—2020 年）》，提出通过财税支持标准建设人才培养和交流合作等保障措施，提升工业控制系统信息安全的综合管理能力、安全防护能力、技术支持能力和产业发展能力；成都市信息化工作领导小组办公室印

发《成都市网络信息安全产业发展规划（2018—2020年)》，提出到2022年，将成都打造为西部领先、国内一流的网络信息安全产业高地，明确了产业发展的9个重点技术方向和6项重大工程，提出了系列保障措施；长沙市政府发布《长沙市加快网络安全产业发展三年（2019—2021）行动计划》《长沙市加快网络安全产业发展的若干政策》，积极打造具有长沙特色的网络安全产业体系。

三是在行业层面。产业数字化转型涉及产业内部研发、生产、流通、服务等全过程，其中无不涉及数字化安全问题，就需要产业从整体经营战略角度出发加强安全规划，在产业再生产的全流程进行提前安全布局以预防安全威胁。

（二）增强能力，积极合作是安全管控的基础

安全防控能力是整个产业数字化转型安全管控工作顺利开展的基础。(1)我们需要加快工业互联网安全基础设施建设，无论信息基础设施还是网络空间，其安全直接关系到产业安全和国家安全。(2)加强对国际先进技术的学习。支持我国的科研机构与国外知名机构展开合作，借鉴我国高铁技术的跨越式发展，坚持"引进来"战略对先进技术进行消化吸收并最终实现自主创新。(3)加强安全管控国际合作。在互联网领域安全保护国际条约下积极参与国际合作和全球网络安全治理，加强与国际组织共同打击网络犯罪的力度，积极参与制定相关网络安全法律法规，使国内安全法规与国际准则无缝衔接，保障数据在国家、产业之间安全有效流动。

（三）实时监控，主动防御是安全管控的保障

互联网由于传播速度极快，网络病毒、黑客攻击往往在一瞬间就能造成极大损失，这对安全防控响应能力提出了极高的要求，因此亟须构建覆盖全国的工业信息安全态势感知网络，运用先进的技术手段，实时、有效地对网络安全进行监控和预警。

网络预警防御，是指在实时监控网络攻击的基础之上，通过识别网络攻击意图，综合评估网络安全状态并预测其发展趋势，力争在攻击实施早期阶段发出警报，并提前采取适当手段予以防御，以尽可能在攻击未产生实质性危害时加以遏制，将损失降到最低。网络预警防御主要涉及三项技术，分别是网络攻击意图识别、网络安全态势感知和网络安全协同防护。我国需要从网络预警防

御技术出发加快安防产品研发，不能先受到攻击再进行防御，而应该进行实时监控预警，采取主动防御策略，在攻击发生前和发生时及时反应，避免更大危害的产生。同时把理论应用于实践，在真实的攻击防御中不断进化，使其更加智能，对攻击行为的预测更加准确，从而降低攻击带来的威胁和影响。

三、数字化转型的安全管控工作

（一）数字化转型中的安全管控体系构建

随着产业数字化转型中新科技的广泛应用，企业和政府的安全防御体系面临新的考验。但信息系统在应用时往往过度重视功能的实现，而忽略了安全性的考量，因此在一项项新技术不断叠加更新时，频繁出现的系统漏洞给了黑客等不法分子可乘之机，严重威胁到数字化转型中的信息安全。因此需要构建严密有效的安全管控体系来应对。

1.从顶层设计出发，构建安全架构体系

在构建安全架构体系时应当综合应用各项先进的计算机技术，以组件化为主要标准将安全功能从各项应用中解放出来，采用面向服务架构、云计算和可视化开发等技术，形成以登录认证、密码保护、安全监控、安全策略管理等安全组件为核心的"安全功能库"。同时，成立更高一级的安全管理中心，由安全管理中心根据应用场景统一调配安全功能组件，从而实现在面对未知威胁时灵活应变，解决各种突发问题，实现重要信息和资金的安全。

2.坚持以制度为纲，完善安全防控制度

为确保安全管控体系的顺利运行，各个企业和单位要根据国家相关法律法规建立自己的安全管控内部制度，内容应该涵盖网络安全、系统安全、密码安全、设施安全等。为了保证安全防控体系下各项制度得到遵守，要详细规定违反规定的惩罚措施，确保体系内每一个人不会触碰信息安全的底线和红线。譬如，规定中应当严禁内部人员不通过安全检测直接连接外部系统，严禁在不受监控的存储器内储存敏感信息，严禁在生产系统和个人系统中设置弱密码等等。

3.强化内部管控，构建网络安全内控体系

安全管控体系面临的威胁除了外部威胁外，还有来自内部的安全隐患。企业和单位应当运用安全技术构筑一个兼顾内外的安全防控屏障。（1）采用安全客户端代替原有登陆端口，提高准入门槛，结合身份认证、人脸识别技术杜绝外部系统的非法接入，并采用安全软件对终端进行统一的病毒查杀和漏洞修复。（2）对整个安全防控体系进行细致排查，找到容易泄露信息的薄弱节点，然后在这些节点的外层部署安全组件，尤其是网络出口、邮件接发端口等敏感信息节点。同时要在内部系统与外部系统连接处部署高性能防火墙，在信息发生泄露时能及时阻断连接，实施有效拦截。（3）日常办公和内部交流尽量实现全流程云端操作，当前企业工作上云已经成为普遍现象，工作上云一方面可以提高工作效率，方便沟通交流，另一方面在云端进行工作方便安全系统对数据进行统一安全监控和保存，使工作数据得到统一的保护。（4）采用最新的人工智能技术对内部关键人员的可疑行为进行实时监控，通过对监控录像进行分析，可以精确识别可疑行为从而及时发出警告并对可疑行为进行保存。综上，企业和单位通过以上措施构建网络安全内控体系从而使安全管控体系更加严密有效。

（二）数字化转型中的网络空间安全管控

1. 构建网络空间安全法律体系

网络空间安全管控应当有法可依，只有在法律的威慑力下，相关网络犯罪才可能偃旗息鼓。同时，严格的法律规范对于督促企业和单位提升网络安全防控能力也有着重要作用。譬如，2020年4月出台的《网络安全审查办法》明确了我国各企业单位进行生产建设时应当遵守的网络安全规范，该办法详细规定了审查的目的、对象、流程和实施办法，尤其对党和国家可能造成损失的非法网络活动有强大的威慑力，有助于保障我国关键信息基础设施的正常运行，这一规定也有利于督促企业和单位对自身网络安全进行自我审查，从而及时查漏补缺，完善自身网络空间管控体系。

2. 增强网络安全技术能力建设

党的十八大以来，我国网络安全行业发展迅猛，在许多领域都实现了重大突破，但是在许多领域我国仍然与国外存在着巨大差距，突出体现在我们的网络安全技术和国际竞争力都远低于欧美等国家，这使得我国在关键技术和核心能力上受到国外的牵制，尤其是网络空间安全技术的许多新理论、新概念由国外提出，技术的话语权首先掌握在国外发达国家手中，这对我国今后构建自洽的网络安全管控体系不利。

当前网络空间安全技术主要有两大类：一类是共性的安全技术，可应用于各种场景，包括数字签名技术、身份认证技术、密钥管理技术等；另一类是在具体应用中使用的安全技术，伴随新技术或实际应用而产生，为伴随安全技术，主要包括数据库安全，人工智能（AI）安全，物联网安全、中间件安全等技术。当前我国在共性安全技术中已经取得了重大突破，但在伴随安全技术领域还需要缩小和国外的差距。

3. 加强网络安全人才培养

当前，我国网络安全技术人才短缺情况依然严重，人才供给已经远远不能满足网络安全产业的发展。此外，网络安全从业人员知识结构普遍比较落后，技能上也存在短板，加强网络安全人才的培养迫在眉睫。网络安全人才队伍建设需要从三个方面入手：（1）将知识的学习与具体实践相结合，通过实际的网络攻防训练和行业实习，不断精进网络安全防护能力，提高实际应用水平，加快融入具体工作环境中。（2）充分运用"产学研"体系，将大学、产业和研究机构结合起来，将大学课程与研究机构和企业具体实践相结合，将人才从学校输送到研究机构，再输送给产业，培养更多的网络安全人才。（3）要不断加强对网络安全人才的常态化培训，不断更新知识结构，缩小与国外先进技术水平的差距。同时还要将网络安全职责与网络安全人才的职称评定和年终绩效挂钩，建立完善的网络安全职位体系，激励网络安全人才主动学习，相互竞争，从而提升人才的网络安全防护技术能力。

（三）数字化转型中的数据安全管控

1. 总体上构建数据安全防御体系

（1）从法律上出台保障数据安全的法律法规，使得数据安全管控有法可依。为此，2020年7月第十三届全国人大常委会第二十次会议审议后出台了《中华人民共和国数据安全法（草案）》（以下简称草案）。草案按照国家总体安全要求，提出了数据安全保护的基本制度，并要求在期限内建立高效权威的数据安全评估、保护和预警机制。同时该草案还提出将建立严密的数据安全审查制度，从而杜绝可能影响国家安全的数据活动。这一法案对提升我国数据安全保护力度，威慑国外针对我国的非法数据活动有重要意义。（2）构建全面有效的数据安全防御体系。一是从数据的收集、传输、储存、处理到共享的全生命周期建立安全防护体系，采用数据验证算法和传输加密算法对数据来源和传输过程进行加密验证，从而消除病毒等程序对数据传输的威胁；二是提升数据平台本身的安全防御能力，对外部系统和人员访问数据平台严格管控，采用身份认证和访问控制技术对用户访问进行严格认证，同时在访问时保证数据脱敏，在用户进行数据操作时严格落实安全审计，对于可疑行为及时发现并制止，防止数据在未授权的情况被泄露；三是变被动为主动，借助大数据和人工智能技术实现对数据安全威胁的自动化识别，从而防患于未然，从源头上阻断影响数据安全的未知威胁，从根本上提升大数据安全防御水平。

2. 攻防两端增强数据保护能力

当前针对数据的网络攻击手段不断更新迭代，企业和单位在面对网络攻击时往往手足无措，无法及时采取措施进行数据安全防护。因此，面对逐渐严峻的挑战，数据平台需要在理念上不断创新，不能仅关注对数据安全的防御，还需要主动研究网络数据进攻手段，所谓"知己知彼，百战不殆"。只有在明晰当前网络攻击手段的方式方法后，才能更有针对性地了解当前数据防护体系的漏洞，从而不断完善数据防护体系。这需要产业界和学术界通力合作，在技术研发上加大投入，从攻防两端深入研究数据安全技术，才能及时跟上技术发展潮流，建立安全可靠的数据防护体系。

3. 构建第三方数据安全评估体系

当前，国家的《"十三五"国家信息化规划》就已经提出实施大数据安全保障工程，这一规划体现了国家就数据安全进行的战略部署，有助于推动大数据与实体经济深度融合，保障国家数据安全。因此，可以预见未来数据安全监管、评估体系将逐步建立，同时数据安全监管惩罚力度也将逐步加强。在加强数据防护能力的同时，构建有效的第三方数据安全评估体系也成为数据安全防护的辅助措施，通过制定数据安全技术标准和测评标准，建立数据平台安全评估体系，有助于企业和单位合理评估自身数据安全防护水平，从而有针对性地弥补安全漏洞，完善安全体系。这就需要推进第三方安全评估机构人员资质认证等配套措施的落实，从而推动第三方机构快速发展，满足产业数据安全评估需求。

（四）数字化转型中的安全预警能力建设

1. 应用新技术提升预警能力

网络攻击呈现快速多变的特点，从攻击开始到结束往往只需要几分钟时间，这就对安全防御提出了极高的要求。但是网络防御由于是后发操作，滞后性问题难以解决，因此提升安全预警能力就显得十分必要。安全编排与自动化响应（SOAR）技术通过融合安全编排与自动化、安全事件响应平台和威胁情报平台三种技术，可以从危险的识别、防护、检测、响应各个环境有效提高安全防护体系的响应速度。当发现网络威胁时，该技术可以快速将威胁行为发送到防护设备，从而快速启动安全防护手段，网络攻击在发起之前就能将威胁及时抹除。此外，采用SOAR技术能减少对数据安全人员的依赖，由于我国数据安全人才短缺问题严重，因此采用自动化预警技术可以有效解决安全人员短缺问题，同时也能有效提升协同工作效率，减轻工作量。综合来看，这一技术在未来构建安全防护体系时能够提供有效助力。

2. 建立常态化监测机制

安全防护体系在建设后发挥作用的效果依赖有效的运营。严格的常态化安全监测机制是保障安全防护体系能有效运转的关键。（1）保障终端的常态化安全检测。通过安全客户端组件对企业内所有终端进行病毒木马扫描查杀，同时及时更新病毒库，并修复漏洞，保障终端安全。（2）保证敏感数据信息泄露检测常态化。通过数据防泄露安全组件及时对互联网端口、物理存储介质等节点进行扫描检查，对可能发生数据泄露的风险节点要及时发现通报，并采取措施堵住数据泄露的缺口。（3）常态化攻击威胁监控。通过前面提到的SOAR技术及时监控内部和外部威胁，采用威胁感知系统精确发现实时攻击威胁，帮助安全人员快速研判和处置威胁事件。（4）安全评估分析常态化。定期利用安全风险评估工具对终端、服务器、传输线路的安全状况进行扫描排查，对于漏洞及时提出整改建议，并督促相关人员及时修复。（5）要做好安全风险信息的收集工作。将已经发生的安全事件整理归案，及时总结安全风险类型和特点，从而能够系统了解当前安全威胁，面对重复性安全问题时能减少处理时间，提高安全防护效率。

第五章 数字基础设施建设与安全

《哈佛商业评论》的主编尼古拉斯·卡尔在《IT 不再重要》(*IT Doesn't Matter*)一文中认为，短期内随着新技术商业化，那些具有前瞻性的企业将会获得竞争优势，但随着新技术可得性的增加，以及成本的不断降低，这些新技术将变成一件普通的商品，变成"通用"技术。这些新技术将会变得更加"无形"，以一种看不见以致被忽略的方式在悄悄地发挥着"重要"作用。未来 IT 也将会变得像现在的电力一样普及，带来的差异化优势越来越小。在数字技术的持续演进下，泛在、高速连接使得网络获得更加多样化、网络应用更加多元化，以"万物互联"为突出特征的数字经济基础设施正在形成。

第一节 数字基础设施建设概述

客观世界是由物质、能量和信息三大要素构成，传输这三大要素的社会系统就是基础设施。基础设施是社会赖以生存发展的一般物质条件，包括交通、邮政、供水供电等领域的公共设施。基础设施的能力是经济社会发展水平的重要缩影：一个时代的基础设施是这个时代技术和经济能力的重要体现；一个国家的基础设施，是一个国家国力的重要体现。

农业经济时代，仅需道路和运载人或物的基础设施；工业经济时代，需支持物质流与能量流的基础设施；数字经济时代，需物质流、能量流、信息流协同支持事务流的基础设施。在工业经济时代，生产要素是"上路"，在铁路、公路、水路、航路等"路"上流动；在数字经济时代，生产要素是"上网"，在互联网、物联网等"网"上流动，"云—网—端"（云计算、网络、软硬件终端）替代"铁—公—机"（铁路、公路、机场），成为全新基础设施。

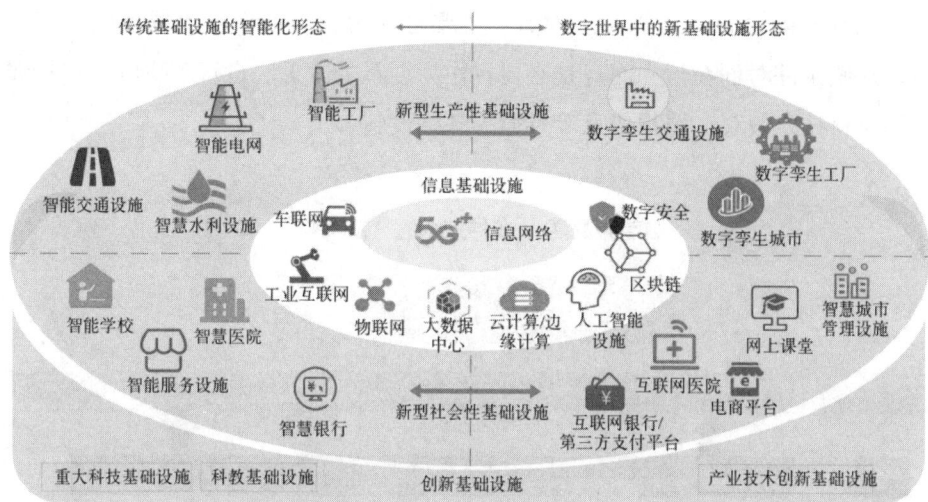

传统基础设施的智能化形态　←—————→　数字世界中的新基础设施形态

资料来源：中国信息通信研究院。

一、数字基础设施概念与内涵

"要想富，先修路"。数据"动"起来才能更好创造价值，要"动"起来就要先修好数据流动的"信息高速公路"。数字基础设施目标是建设数据流动之路，为数据安全有序流动建章立制、保驾护航，让数据的"路"畅通起来。

（一）数字基础设施的广义理解

广义的数字基础设施是以指数字技术为基础支撑，为国际经济、社会发展、居民生活提供感知、传输、存储、计算及融合应用等公共性基础设施体系，主要包括信息基础设施、融合基础设施、创新基础设施，可以统一理解和归类为新型数字基础设施。

信息基础设施是从技术层面看，主要是指依托于 5G、数据中心、云计算、人工智能、物联网、区块链等新一代信息技术形成的各类数字基础设施平台，例如阿里云、腾讯微信、滴滴等各类数字平台，是纯技术层面基础设施。

融合基础设施是从业务层面看，主要指传统物理基础设施经过数字化改造所形成的融合基础设施。在实务中，一切利用新一代信息技术对传统基础设施（如能源、交通、水利）开展数字化改造，从而实现融合形成的各类智慧型基础设施。

205

创新基础设施是从机制层面看，主要是指为各类创新行为提供的便利条件，这些条件对创新行为而言是必要且作为创新主体无法自行解决的，包括涉及国家科技、教育、情报信息等方面的基础设施。

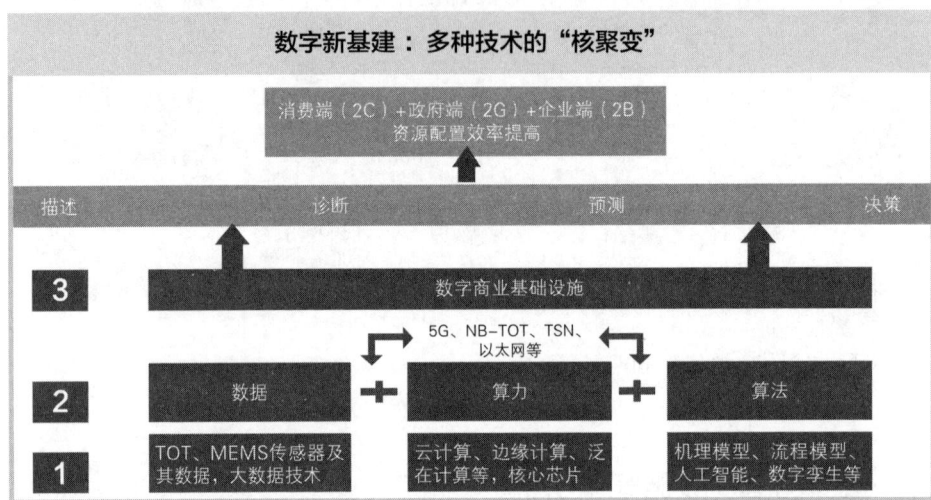

数字新基建：多种技术的"核聚变"

消费端（2C）+政府端（2G）+企业端（2B）
资源配置效率提高

| 描述 | 诊断 | 预测 | 决策 |

3 数字商业基础设施

5G、NB-TOT、TSN、以太网等

2 数据 ＋ 算力 ＋ 算法

1 TOT、MEMS传感器及其数据，大数据技术 | 云计算、边缘计算、泛在计算等，核心芯片 | 机理模型、流程模型、人工智能、数字孪生等

资料来源：阿里研究院。

（二）信息基础设施内涵解读

信息基础设施具有"泛在连接"的特性，5G、工业互联网、数据中心等新型信息基础设施的建设，将进一步促进建设标准统一、互通互联、资源统筹、合理分配的数字化软硬件条件。

信息基础设施需要与各行各业"深度融合"发展从而发挥其技术价值与作用。新一代信息技术为经济社会转型发展路径赋能，培育数字化产业新生态，创造数字化新产品，提供新的数字化服务、催生数字化新业态，对于行业标准及创新技术共建共研，共同推动应用示范，助力信息技术与各行业各产业的深度融入。

信息基础设施与传统基础设施均有基础性、公共性、外部性等基础设施一般属性。两者在服务对象、技术经济特征、应用场景和投资模式上有较大不同。两者相辅相成，统筹发展、彼此融合。

数字基础设施要立足现在、面向未来，要适应迎合网络化、数字化、智能

化的发展趋势，为人类未来提供新的生活方式和生活环境的一种基本形态。人们的生产生活、各行各业的产业格局、整体经济发展、人类社会的综合治理、各民族文化生态都将基于这一新型形态，开创崭新的篇章。此类数字基础设施的典型代表包括智慧城市、智慧交通、智慧能源等，上述均为通过技术手段赋能传统产业形成的产业数字化基础设施。

（三）融合基础设施内涵解读

融合基础设施既包括对已经建设完成在运行状态中的基础设施数字化、智能化改造，也包括现代信息技术在新建基础设施全生命周期中的落地应用，即新型数字化基础设施建设。其中传统基础设施数字化改造主要依托 BIM（建筑信息模型）、遥感、大数据、人工智能等信息技术。新型数字化基础设施建设指在传统物理基础设施（例如城市基础设施、公路、铁路、水利等）规划、设计、建造和运维过程深度应用大数据、云计算、区块链等信息技术形成的可感知、可控制的新型融合基础设施。

二、数字基础设施意义与价值

基础设施作为人类社会生存及经济发展的基础和必要条件，在助推国民经济持续健康发展中具有不可替代的作用，作为投资额巨大、从业人员众多的行业，基础设施行业的数字化进程更是影响着整个社会数字化发展。作为数字经济发展的重要战略资源，新型信息基础设施建设在高度、广度和深度三个维度深刻影响着数字经济的发展。"新连接、新算力、新算法"作为其主要特征，"安全、敏捷、集约、开放"的基础网络是其必要条件，具备"存储、处理、应用"的云计算能力，最终赋能千行百业。

（一）数字基础设施助力经济高质量发展

作为国民经济的支柱性产业，传统基础设施行业在过去 20 年取得了飞速的发展，但是在国际权威评价中，工程建筑行业的信息化水平处于所有行业的倒数第二位，现在甚至被倒数第一的农业所超越。

数字基础设施建设在短期内会推动数字产业化释放更高的经济附加值，在远期将进一步带动更多的传统行业进行数字化变革和转型。

1.推动数据基础设施不断升级，加快数据资源全要素流通

首先，互联网、物联网等基础设施要向泛在、高速、智能方向升级。其次，对于人工智能、区块链等新型应用基础设施要积极部署；还要加速支持大数据产业发展及全域数字化建设。国家数据共享交换平台的建设工作要加速推进，部门之间的数据壁垒务必要打通，实现政府数据的开放共享、高效管理，彻底激活公共数据的价值。积极探索制度创新，打造大数据全要素流通平台，加快数据资源全要素流通。鼓励数据交易市场与大数据园区、产业集群对接，集聚数据采集、传输、整理、存储、分析、发掘、展现、咨询等类型的企业，培育新兴数据市场。

2.以行业应用为牵引，大力提升数据开发利用水平

深化工业大数据应用，可以通过试点先行的方式，遴选一批大数据应用试点项目，总结成功案例的经验、做法，利用示范引领作用推广复制。加强数据标准规范建设，完善对数据的采集、组织、存储、处理等生命周期各环节标准，广泛开展标准试点示范，引导行业健康、有序发展。加大舆论宣传力度，提升消费者、经营者、平台企业个人信息保护意识，引导企业合法合规收集数据，鼓励消费者依法披露个人信息泄露情况。

3.加强核心技术研发，培育高质量数据分析产品

对于社会资本及产业联盟等平台在其中的作用可以充分发挥，凝聚国内优势技术力量形成合力，支持多源异构大数据的存储和管理、大数据处理框架、开源技术等大数据关键技术及产品研发，对于关键行业有重大需求的大数据技术产品体系要加速推出，通过产业实践后的纠错正偏，逐步建立大数据标准、相关产品知识产权体系，指导融合发展并持续向高端技术及前沿产业跃升。积极立足产业链部署创新，资金链为创新服务，实现大数据技术产品的飞跃发展。

（二）数字基础设施是建设智慧城市的基础

在信息技术飞速发展的推动和影响下，基于智慧城市发展理念的基础设施数字化在某些领域和阶段进行了一些探索和实践，也取得了一些成效和经验。但是离真正的智慧城市或数字基础设施仍相差甚远。

随着信息技术的不断成熟和在其他行业的成功实践，以及数字化技术在基

础设施领域的不断深化，基于基础设施全生命周期的数字化将成为未来数字基础设施的基本态。最终形成的就是真正的智慧城市、智慧高速、智能地铁、数字铁路、智能电网、数字工厂等形态。

一是数字基础设施将引领经济社会形态变革：不同的社会基础设施对应不同的产业业态和经济形态，5G、数据中心、工业互联网、人工智能等新型基础设施普及应用，将让社会运行模式、经济发展方式、产业服务模式发生新的变革。

二是数字基础设施将驱动新业态和新经济发展：数字基础设施是驱动新经济、新业态发展的核心基础设施，数字基础设施部署是新经济和新业态发展的前提。每一次社会基础设施提档升级都会引发新一轮产业变革，促进新经济和新业态的发展。

三是数字基础设施部署将重构区域竞争新优势：数字基础设施部署关系到新一轮区域竞争，抢先部署数字基础设施有利于推动新经济发展和新业态区域集聚，并对周边区域产生极大资源虹吸效应，进而改变区域竞争格局。

（三）数字基础设施保障交通强国目标顺利实现

信息技术背景下，交通行业正在逐步通过 5G、人工智能、大数据等开展数字化融合，"数字基础设施"日渐可期，同时亦带动了相关产业、宏观经济、政府部门、社会团体等多方面的数字化进程。

为实现交通强国的战略目标，通过数字化、智能化改造已有的交通、能源等基础设施，统筹新建铁路、公路、水运等设施规划，从而建设出高质量、高技术含量的综合立体交通网络，实现交通行业在经历高速增长后顺利向高质量发展转型，实现由传统要素向创新要素驱动的转变。

一是交通运输要与大数据、互联网、人工智能、区块链等新技术与深度融合，利用科技手段促进交通智能化发展，在交通基础设施、交通工具、交通管理方式等方面突破创新，全面优化和提升交通系统运行效率。

二是充分挖掘数据资源，通过数据资源利用赋能新发展，加速原有的交通设施网络、运输服务网络与信息网络的融合发展，不断挖掘现有交通运输体系潜力，不断提升交通智能化水平。如以移动智能终端技术为依托的服务系统，在利用现有设施系统，就可实现出行即服务。如各类定制服务、共享服务等多样化出行方式，均可提供"随时、随地、随需"的泛在出行服务，提升人民出行体验。

三是打造综合交通运输大数据中心，将交通运输公共服务作为电子政务发展的重要内容，加强重点领域数据归集汇聚，推动横向跨地域、系统、部门，纵向跨层级、管辖的综合性应用平台，增强交通运输高品质服务能力。

三、数字基础设施建设理念与原则

数字基础设施建设不是一次风口，数字基础设施建设的推进仍需要遵循行业经济特点及国际建设经验，以助推经济高质量发展为核心，以加强顶层规划为导向，以提高投资效率为基本原则开展。

（一）数字基础设施建设理念

1.分类施策，特性引导

以大数据中心、人工智能、5G 基建、工业互联网为代表的数字基础设施具有网络效应、发展呈颠覆式的共性特性，包括，但每一类的建设特点亦有所不同，应根据发展目标和外溢性程度分类施策。数字基建项目建设周期较长，但其规模效用递增、长尾效应明显、技术迭代快，对私人资本投资具有一定的吸引力，财政部门可以通过设置灵活多样的激励及约束机制，包括标准设定、规范引导、人才激励等，鼓励社会创新。

2.顶层设计，标准先行

数字基建要注重顶层规划及标准设定。在建设初期即确立数字基建的目标管理及制度设计，并建立适宜的绩效预算，确保数字经济在起点处的高质量。

3.宏观布局，重点推进

有加有减推动数字基建项目。对于一些发展滞后、效率不高的中小数据中心要有计划地清理退出，坚定推动全国一体化的大数据中心建设。在数字基建项目的整合优化过程中，财政部门应辅助各相关主管部门发挥绩效作用。包括：建立预警机制，低效率、高能耗的项目，在综合考虑历史年度投资经营情况后给予警告，甚至直接做清场处理。加强对财政承受能力较差的区域的项目审核，经审批立项的新项目要建立全生命周期风险评估。宏观上数字基础设施建设项目库要完善更新机制、建立分类绩效预算标准体系，加强部门间协作和数据共享。通过过程监管推出一批数字基建领域高质量标准项目，在绩效机制上给予支持，推出绩效范本的同时，大力宣传，提升该技术领域的国际话语权。

4.场景融合，生态成行

迎合区域经济一体化趋势，应用场景集聚效应及场景供给多元态势是不可回避的趋势。财政在扩大场景应用有效需求的同时，同步促进数字化赋能和优化跨区域数字生态，将数字基础设施建设与应用场景创新深度融合。支持中小企业发展，推出适合中小企业的各类应用软件。在重点领域加速数字化转型，探索中小企业上云的实施路径，模拟典型场景的实现。财政需在资金、人才、技术支持等方面提供必要的条件。发挥中央财政对构建跨区域数字生态链的引导作用。

（二）数字基础设施建设原则

1.坚持产业融合发展

在可预见的未来，全新的产业业态将基于5G和人工智能、物联网、云计算、大数据等产业基础而生，价值链亦将完全被重构。"数字基础设施"将承担起拉动促进产业升级和技术创新的使命，同时必然实现稳经济、保就业的基本战略目标。其中产业升级的方向是依赖市场机制而定，并非授意于政府产业规划指定。"数字基础设施"在建设过程中所拉动的新一代信息技术、装备、人才等关键要素的持续投入，或可衍生出制造业产业升级和技术创新，各类新产业、新业态逐渐形成并实现大规模商业化将是可窥见的前景。

2.着眼未来长期思维

"数字基础设施"的建设更多的侧重5G、云计算、工业互联网、智能制造、大数据中心等"科技硬件"，虽然直接作用到科技领域，但相关投资过程及建设完成后，若能与我国现阶段"工程师红利"相结合，短期内实现"稳经济""保就业"，长期看"促创新""补短板"，最终实现产业升级和经济结构转型。因此，"数字基础设施"建在当下，着眼未来，将伴随着新一轮科技革命和产业变革，在全球经济竞争日益激烈的当下，在百年未有之大变局之当下，加强科技创新基础设施建设，意义非凡。在把握"数字基础设施"建设的过程中，投资到高成长性、高产业带动效应、具全球战略意义的产业，以预测的未来科技发展的制高点为目标，积极布局、统筹谋划，能够在下一轮全球经济竞争优势产业中培育孵化一批潜力股，为中华民族经济繁荣、持续健康发展提供源源不断的增长动力。

3.构建安全管理体系

传统基础设施是关系到政府执政管理、企业和个人生产生活的基础保障之一，传统基础设施的安全管理更多是物理层面的保护，肉眼可见、触手可及。而数字化改造后，新技术的专业复杂性、数据的庞大隐形给安全管理带来新的挑战。安全隐患会呈现出更多样、更隐蔽的特性，防范也更为复杂。风险一旦发生，不但影响单一构筑物所涉及的安全，还可能发生供应链被阻断的风险。别有用心人员通过攻击网络，就可能导致相关业务崩溃，相关应用场景失去使用功能或危及生命及其他重要资源，一些关系到国家及公民安全的隐私也更容易被泄露。风险产生的后果将从经济损失扩大到国家及公民人身安全，影响面更广、损失更大。

为面对数字化改造后突变的安全管理挑战，一是要强化理念，安全风险防控意识要渗透到数字化改造的各个环节，防控工作要与数字化改造同步进行；二是要将安全防控体系化，从战略、治理到执行，环环相扣，从风险预警到防控机制和能力建设，层层推进；三是要利用相关安全技术（如隐私计算技术）构建主动有序的内生安全体系，避免被动应对的传统构建方式。

第二节　传统基础设施数字化改造

长期以来，我国城市、农村各类已经建成投入使用的基础设施以传统方式、人工管理居多，在日常管养过程中主要依靠管理者的经验，依靠传统检测探测手段对各类设施的使用现状及损害情况作出判断。管理的信息化程度低、技术手段落后，往往在出现事故前无法对基础设施的使用风险作出预警，导致各类问题层出不穷，给广大人民群众的生产生活带来了极大隐患。同时，资源浪费和效率低下问题并存。在信息技术高速发展的今天，与消费行业、金融行业等高效便捷、智能化的使用现状相比，人们生产生活所依赖的物理世界还没有被信息技术唤醒，仍旧沉睡在冰冷的钢筋水泥世界中。

一、传统基础设施数字化改造动因

根据国家统计局和交通运输部最新统计数据，2020 年中国城镇化率已经超过 60%，县级以上城市达到 658 个，其中共有 44 个城市开通运营城市轨道交通线路 233 条，运营里程 7545.5 公里，车站 4660 座。

这些已经建成的、庞大的基础设施网在服务人民群众生产生活中发挥着重要作用。但由于很多设施建设期早，使用时间较长，已经进入了快速损伤阶段，存在安全隐患、能耗严重、效率低下等不同程度的问题。与此同时，信息技术的广泛应用促进了人们工作效率和生活质量的持续提高，人们对所工作生活的物理环境产生了更高的品质要求，导致传统基础设施现状与人们美好预期产生了偏差。

（一）隐蔽性及资料获取受限导致安全隐患

传统基础设施由于绝大部分物理实体处于隐蔽状态，以地下管线为例，随着经济社会的发展和人民生活水平的提高，城市地下管线数量快速增长，其中供水、排水、再生水、电力、燃气、供热、通信、输油等管线已经建成为一个庞大复杂的地下管网。作为输送能源、信息和提供公共服务的重要载体，城市运行对地下管线的依赖程度也越来越大，而同时，地下管线的安全隐患也是公共安全的重大威胁，可以说，地下管线管理水平已经成为地方政府执政能力的重要体现之一。受自然侵蚀、地震、施工、地面沉降等外力影响地下管网必然存在一些物理性损伤导致各类安全隐患的存在，同时，传统基础设施项目图纸等资料存储介质大多为纸质，即便有部分项目有信息系统，也以"孤岛"形式存储。在新项目建设过程中，建设单位获取管线资料也存在着诸多困难，例如档案机构资料不全、不准，尤其是建设高峰时，地下管网情况不断发展变化，存档资料通常是单个项目的竣工图纸，很难通过档案机构准确掌握整个施工区域内的地下管线资料。无法通过完整信息分析后续新建设项目本身的安全性及对旧有设施的危害。

（二）维护及运行信息获取受限成本居高不下

为及时掌握基础设施的运行情况，城市管理机构通过定期检测、探测对各类设施进行"体检"，而传统"体检"手段仍然依靠人工经验、以传统探测方式开展，在有限空间内的探测不但无法获取更全面真实的情况，也导致检测探测工作从业人员的工作风险。而传统手段使得检测探测只能是单一、定点、随机的开展，无法将检查工作以系统、全面、持续的方式组织开展。获取的信息有限、成本居高不下导致各类基础设施无法实现最佳维护效果。

（三）信息化程度过低导致服务便捷性不足

井盖倾斜，传感器自动预警，不用担心路人跌落；路灯不亮，通过电流变化确定位置，维修人员立马赶到……这些人工排查难免疏漏的小问题，在智慧城市管理系统中将无所遁形，处置及时高效。但是，与这美好相对比的是大部分城市仍然处于遇到问题电话报修、沟通成本高、解决效率低下的现实。在信息社会，人们越来越追求经济、创新、绿色、开放、共享的世界，基础设施最终将与人、物等世界产生连接，并通过被感知和控制从而实现使用更安全、维护更经济、运行更高效的智慧城市。

二、传统基础设施数字化改造范围

鉴于我国城乡发展差异导致的基础设施现状，现阶段对数字化改造需求较为突出的主要集中在城市设施、道路、房屋建筑物。

（一）城市数字化改造赋能城市治理实现新跨越

城市数字化改造重点领域集中城市地理、环境和灾害的数字化态势感知，通过 GIS、物联网、大数据等新技术将城市地形地貌、城市空间布局、城市图形、建筑位置、户型、街道、城市管道、污水设施、污染源、重大风险源（火灾、洪灾、风灾、地震、交通灾害、管道泄漏、地面沉降）等信息进行数字化，形成基于低等级数字孪生的城市一张图，也可理解为数字城市的初级形态。

通过上述城市数字化改造，城市治理者和城市居民能随时随地感知到基于上述城市信息的动态变化，赋能城市规划更加协调、污染防控更加有效、应急管理更加精准。

（二）道路数字化改造开创智慧交通管理新模式

道路的数字化改造涵盖了城市道路和省际公路等运输网络，改造的重点方向主要体现在充分利用摄像头、物联网传感器、云计算、卫星遥感、地理信息等新一代信息技术，结合交通科学、人工智能、深度学习等理论与工具，以全面感知、深度融合、主动服务、科学决策为数字化改造目标，进行基于道路养护、交通监测和社会服务为主的道路数据采集、分析、整合及应用。

通过对既有道路进行数字化改造，助力城市管理和交通管理者对道路状况具备实时感知、融合互联、远程控制等能力，以充分保障交通安全、发挥交通基础设施效能、提升交通系统运行效率和管理水平，为通畅的公众出行和可持续的经济发展服务。

数字交通的逐步实施将助力缓解城市拥堵、保障道路交通安全、提升道路养护效率，同时也可以进一步提升公路突发事件快速协调处置能力、收费稽查效率和综合服务能力。

（三）房屋建筑数字化改造助力平安和绿色城市建设

房屋建筑作为城市的重要组成单元是实现智慧城市不可或缺的因素，对建筑进行智能化改造是实现绿色智能建筑的基础，也是智慧城市建设的核心。建筑数字化改造的重点包括水电气智能改造、可再生能源接入、视频监控和建筑能耗监测几个方面。其中楼宇自控由于能使建筑物节能率提高 20%—25% 从而成为建筑数字化改造中的重中之重。

基于门禁、车禁、电子围栏、视频监控的建筑或园区智能化改造，不仅能实现针对人、车的实时动态跟踪，同时也可以赋能社区或园区管理人员实现基于平安城市的安全应急和服务管理。系统具有很强的直观性、实时性和可逆性，在人员进出动态跟踪、预防和制止犯罪、解决邻里纠纷，处理治安和刑事案件等方面起到显著作用。政府相关管理部门对人口动态数据的应用需求也日益强烈。系统部署应用，可成为提升社区管理、治安防控、打击犯罪、维护稳定、保障安全的重要手段和技术保障。

三、传统基础设施数字化改造路径

我们生活居住的住宅和社区、我们工作的场所和园区、我们乘坐的地铁等公共交通、我们驾驶车辆通行的城市道路和高速公路通过加装摄像头、定位芯片等物联网传感器而正在加速数字化。这种通过在既有或已建成的物理基础设施或设备上安装设备、传感器进而被连接入网的基础设施我们称为数字化改造。

根据过往经验，所有传统基础设施的数字化改造第一步普遍为通过新一代信息技术加装传感器并连接入网，在初步实现物理基础设施可感知和在线查看之后，随着被接入物理基础设施越来越多，数字化改造的边际成本被摊销，才会进一步产生针对基础设施的态势感知和综合治理，从而实现真正的感知向赋能转变。

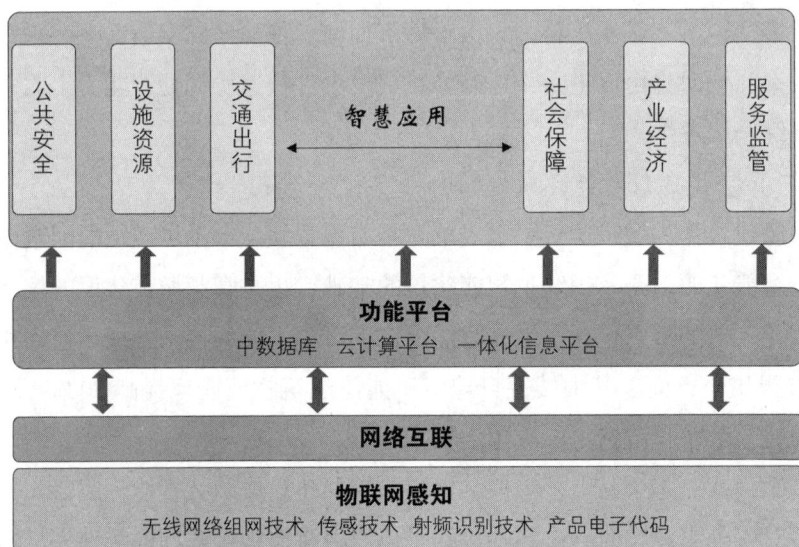

（一）对传统基础设施进行数字化重塑

传统基础设施大多数是既有或建成设施，缺乏如 CIM 基础平台的基础信息模型。对于由建筑物、基础设施构建的城市、村镇三维空间缺乏数字化表达，相关的规划、建设、管理、运行工作缺乏基础性操作平台，而数字化的平台又是打造智慧城市最为基础性、关键要素。在打造 CIM 信息系统过程中，传统的基础设施没有 BIM 三维模型，有些甚至没有 CAD 图纸，在对这类设施进行 BIM 建模时，受设施已经投入使用，或者修缮未记录等因素影响，如果以交付使用时的施工图纸进行 BIM 翻模，可能会存在偏差，可以考虑通过 3D 激光扫描设备进行 3D 扫描生成点云数据，导入专业的三维模型生成软件，从而将数据处理成 BIM 模型数据。

传统基础设施的数字化重塑过程即是将悄无声息的物理世界打造成可视化的数字影像世界，这其中涉及建筑和设施的数据标准化理论和数字化重塑方法、城市信息模型（CIM）海量数据存储及调用技术、模型轻量化技术及信息安全保障机制等。在经过打造成数字世界的基础设施才能更安全高效、经济便捷地服务于人们的生产生活。

（二）建立传统基础设施运行数据平台

从近年很热门的智慧城市打造情况来看，很多地方政府及参与的企业把智慧城市当作一个项目来建设和实施，更关注信息技术和单个项目，没有能从智慧城市整体的架构和实现路径入手打造统筹协调的综合数字平台，反而在智慧城市建设的过程中形成了新一轮的信息孤岛。其中也包括被数字化重塑后的传统基础设施数据，实现数字化重塑后的基础设施运行维护均可以被予以数字化记录，从而搭建综合数据平台创造了条件。以城市交通基础设施管理系统为例，需要监测与采集的数据包括：桥梁结构安全数据（索力、变形、结构温度、环境、动力、静力、疲劳、梁端位移等）；隧道土工结构和设备运行安全数据（结构变形监测、结构渗水监测、隧道设备监测、隧道安全与应急监测）。采集汇总监测数据后与 CIM 模型进行关联链接，主要通过物联网两项主要技术，分别为射频识别技术（RFID）及无线传感器技术（WSN）可以确保检测和数据采集有效性与可靠性。总体上数据平台打造是基于数字化技术的长期性能及其灾变演化理论、基于多元传感器技术的安全监测理论和技术、基于大数据技术的风险分析和预警防控技术。

（三）打造传统基础设施智能预警系统

通过对基础设施模型可视化、数据分析挖掘，基础设施的管理者可以评估各类基础设施的应急管理水平，做好设施应急管理和预警工作。例如，城市桥梁突发火灾时，传感器会第一时间检测到桥梁运行状态的异常情况并及时报警，同时系统会评估火灾的严重程度和安全风险，在最短时间内将火灾发生及评估数据直接传递给消防及管理部门，有效提高市政设施的灾害预警能力，为设施管理部门的决策、处理争取到宝贵的时间。其中主要利用传感器自动采集结构要素、环境要素数据，并通过建立警示指标模型对数据时时分析来实现。

（四）通过预防性养护改善性能延长寿命

传统基础设施养护按定期计划固定开展，通过数字化技术的建筑性能动态评估和损伤定点寻踪、工程结构的加固理论与延寿技术的研究。特别是对BIM技术在设施养护维修计划方面的应用进行探索。发现来自设计施工阶段的数据、空间关系数据可以实现对特定位置和特定拓扑关系下的故障趋势分析，从而进行更有针对性的响应式养护和预防性养护。所谓"既病防变，治在发病之初"，将损害在微小时处理，成本低、修复效果好。伴随信息技术的高速发展，在不久的将来通过对数据的精准预测，建立损害演变模型，实现"未病先防，治在未病之先"也并非不可能。

四、传统基础设施数字化改造原则

对传统基础设施数字化改造，就是利用数字化工具，推出数字技术发展和应用新场景，通过重塑业务和管理流程，为传统产业转型升级提供新机遇与新动力，将原来分散的基础设施组织在一起，通过有效的协调、融合，以完成单一实体不能完成或不经济的任务，大大提升社会效益，使产业组织形态获得重塑。目的主要是进一步整合资源，盘活基础设施，使其发挥更大的作用，精减中间环节、突破瓶颈、大幅度降低成本、进行资源的精准配置提，高效率，不断提高运维水平，增加用户满意度。

对传统基础设施的改造，应分不同的行业、领域进行研究，明确改造的目的、效果，将各种功能、软硬件、运维管理等进行有效对接，确保5大功能得到体现和保障。（1）"通"，即互联互通，实现的重点路径是5G技术和工业互联网，相当于传统基础设施中的路、通道。（2）"数"，即数据的存储和处理，更确切地说就是大数据，相当于传统基础设施料、货物。（3）"能"，即新能源。未来需要的是清洁能源，新能源供应必须有一定的保障，比如特高压、充电（气、氢）桩、储能设施等。（4）"安"，即安全，改造后的基础设施效率和智能化程度更高，对安全的要求更高。(5)"管"，即基础设施的监管。既要保证政府部门的有效监管，也要为各项业务提供安全、公平、公正的保障。

传统基础设施的日常管理维护涉及政府主管部门、市场运维主体、行业组织等多方角色。在数据化字改造进程中，各方需要分工协作、统筹推进、协同发展，从而实现传统基础设施的数字化。

（一）完善协调机制

传统基础设施涉及交通运输、城市、能源、水利、环境保护、通信、应急管理等多个管理部门，但投资建设、技术、改造、运维、服务和管理等又存在很多内在联系。这就要求我们必须重视顶层设计，建立健全跨行业、跨部门的协调机制，统筹推进新型基建及对传统基建的数字化改造，以便统筹规划，实现有效衔接、协同发展和互通共享。

可重点抓好以下工作：统一规划及投资建设；通盘研究制定包括产业、财税、金融、监管等各类政策；推动规章及标准、规范建设；完善投资服务机制；发挥先行先试作用并总结推广好的经验和做法；统筹开展基础设施领域数字化改造过程中的"卡脖子"技术攻关；建立重大项目问题和困难等的协调解决机制。

（二）建立政策保障支持

基于我国国情，基础设施所有权、管理权均为政府所有，对传统基础设施的数字化改造投资大、耗时久、成效慢，需要政府主管部门有持续长远计划，着眼未来。上海市委、市政府2020年年底公布《关于全面推进上海城市数字化转型的意见》（以下简称《意见》），要求深刻认识上海进入新发展阶段全面推进城市数字化转型的重大意义，明确城市数字化转型的总体要求。《意见》明确提出"以数字底座为支撑，全面赋能城市复杂巨系统。按照'统筹规划、共建共享'的原则，打造'物联、数联、智联'的城市数字底座"。《意见》提出了政府部门在数字化进程中的责任"健全组织实施机制、强化各级财政资金等要素保障，系统规划、分步实施、扎实推进，避免低水平重复建设"。

（三）激发市场主体活力

基础设施建设运行维护已经作为一般竞争或社会公益领域的市场经济行为。在数字化进程中，应充分发挥市场主导作用，培育壮大数字化转型标杆企业。通过资源融合，为数字化转型引入金融资本形成有效的资金支持，加强高素质专业人才培育和引进，同时强化载体建设，打造一批特色鲜明、功能错位、相对集聚的数字产业特色园区和在线新经济生态园，形成生态链强大吸附力。鼓励面向数字化的创新创业，支持解决方案集成商快速发展，为各行业数字化转型提供有力支撑。

（四）制定标准和规范

传统基础设施数字化改造过程中的标准和规范问题比较特殊，既要兼顾传统基础设施各个行业、领域的标准和规范，也要兼顾信息产业各个方面的标准和规范。制定标准和规范需要提前做好顶层设计，统筹考虑技术、行业、平台等特点，做到系统性和权威性、可操作性。由于数字化技术发展太快，标准和规范一定要体现开放和兼容。未来可以先在交通运输行业取得突破，重点加快制定综合交通枢纽、多式联运、新业态新模式以及终端感知监测设备和技术等标准、规范，加强不同运输方式标准统筹协调，构建符合高质量发展的标准体系。

（五）兼顾安全稳步推进

基础设施的安全有序运行不但是广大人民群众生产生活的物理基础，同时也是关系到国防安全的关键要素。在这个互联互通、繁荣发达的世界，各国基础设施不完全独立服务于本国民众，一系列相互连接且相互依存的基础设施，如铁路、桥梁、航道、管线等，这些基础设施跨越国境，甚至跨越大陆。这些设施的数字化必须要在便捷与安全之间作出平衡和选择，一边是日益提高的生产力和繁荣经济对信息技术的渴望，另一边是广泛的随时可能面临的系统崩溃危险对国家安全的威胁。

第三节　新型数字化基础设施建设

在加快数字化发展、建设数字中国的大背景下，数字转型、智能升级已经成为基础设施建设领域转型升级的关键手段。传统工作模式逐渐为数字化、智能化取代，新的工作和协同模式又催生更多数字化、智能化应用场景，大大提高数字技术与基础设施工程融合度。数字技术在基础设施建设全生命周期中的发展趋势、应用模式以及落地实践，可以呈现出一幅清晰的基础设施建设领域数字化变革蓝图。

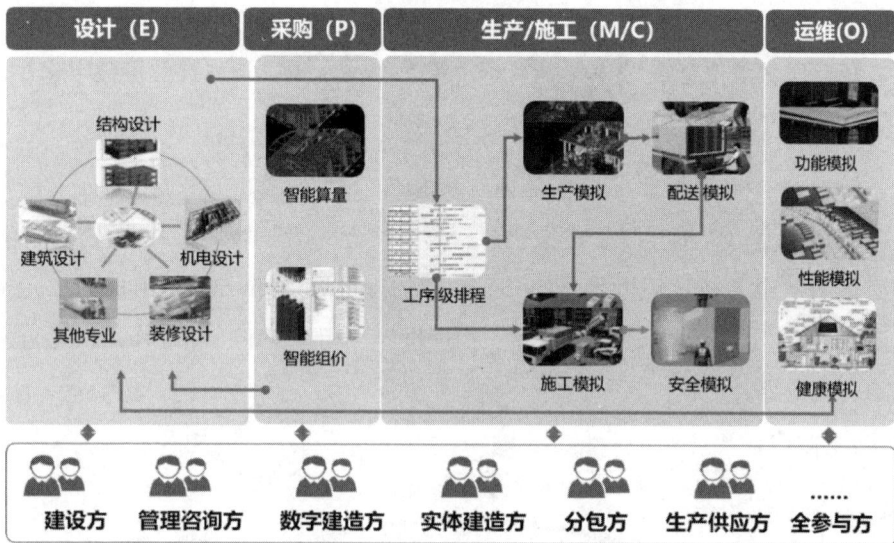

一、"点线面体"成为数字基础设施建设新路径

数字基础设施建设要经历行业需求与技术导向相融合的过程，不可能一蹴而就，更无法瞬时全面覆盖。在这个持续发展的过程中，结合行业特性及发展规律，可遵循"点、线、面、体"的实现路径。基于"点"的数字化实践从一个岗位、一个工种的作业模式信息化、智能化为基础、为起点；而各个"创新点"联结成"线"，实现整个项目层生产管理信息化、智能化。各建设项目的数字化驱动各企业、政府管理部门乃至各细分行业整合横向价值链，实现从规划设计、施工建造直到运营维护的全面数字化协同。通过整个产业链的数字化变革，相关行业又形成一个统合体，实现个人、项目、企业、行业和政府的全连接和融合，最终形成基础设施建设"数字经济体"。

（一）"三元"是派生数字基础设施建设的理论基石

数字建模、传感互联、虚拟全息、增强交互、人工智能等技术广泛应用，世界逐渐从由人类意识世界（Human）和物理世界（Physical）组成的二元世界演变到由"意识世界—数字世界—物理世界"相互交汇、相互作用、融合发展的三元世界。

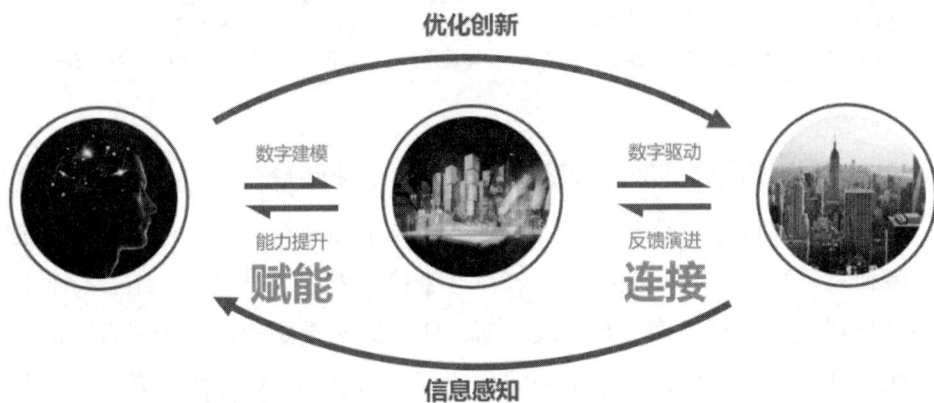

资料来源：广联达《数字建筑白皮书》。

意识世界是主观精神世界，思维活动和思想客观内容的世界，人类创造性地集中显示和提高的世界。意识世界丰富多彩，既包括了主观精神、思维活动，也包括了思想内容的知识世界，是人类创新、创造的源泉。

物理世界是客观物质世界，是能直接感知的物理实体或物理状态的世界。在"二元世界"中，要想将意识所想变为现实，只能直接作用于物理世界的实体上，生产的产品实物如不符合要求，需变更、调整甚至重新生产，造成很大浪费，试错和验证成本太高。

在"三元世界"中，人脑是"意识世界"核心，电脑是"数字世界"核心。通过数字建模，可将意识所想先作用于数字世界的数字虚体，不受时间和空间限制设计、模拟和优化，可不眠不休进行超高速运算、分析和推演，直到达成最优方案后再实施，能更高效、更低成本、更充分实现意识世界的构想。数字世界的数字虚体可借助物联网充分感知物理世界并形成实时映射，通过智能算法和程序操控物理世界的实体自主化运行。物理世界不断将信息与数据反馈给数字世界，加速数字世界的自我学习和进化演进，使其拥有类似于人的感知和认知能力，为意识世界提供更智能化服务，极大解放人类劳动力，提升人类意识世界的想象力和创造力。让意识世界能更充分和全面感知物理世界，优化改造的物理世界。

"三元世界"相互促进、共同进化、共生发展，认识世界和改变世界的能力大大提升，成本大幅降低，加速对物理世界改造效率与进程。对于基础设施建设所生产出的特殊产品——各类构筑物而言，通过"数字世界"模拟优化后建成的产品，降低试错概率后报节约的投资、提高的效率将远远大于其他行业，对既有以及正在建设过程中的物理世界而言意义非凡。

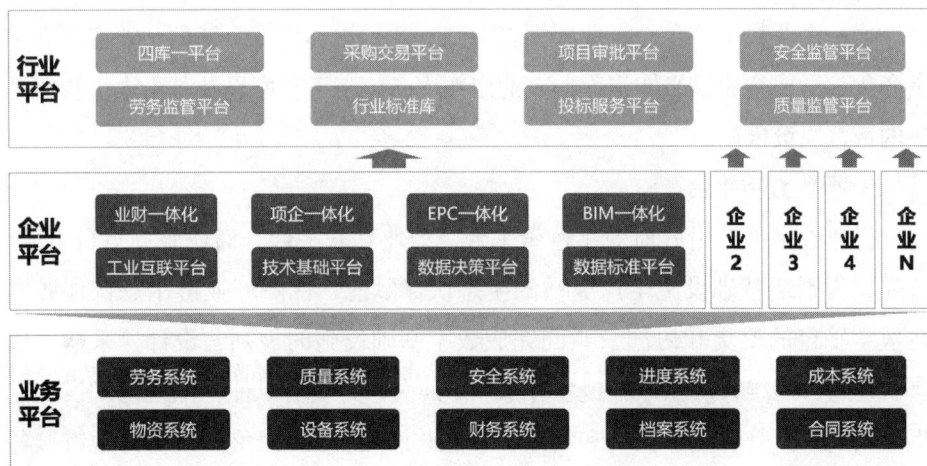

（二）"三台"是保障数字基础设施建设的核心支撑

数字基础设施的建设离不开数字平台的支撑。以云计算、大数据、物联网、移动互联网、人工智能、区块链等数字为基础，结合先进精益的建造理论方法，通过集成人员、流程、数据、技术和企业业务平台，从而实现基础设施全过程、全要素、全参与方的数字化、在线化、智能化，最终构建出项目、企业和产业的平台生态新体系。

1. 业务数字平台

通过数字化工具赋能岗位和人员，助力实现人力解放和人才升级。通过"人、事、物"的泛在链接和实时联接，实现基于执行过程的"数字孪生"。而收此产生全新项目生产对象，项目对象再扩展到数字虚体，使实体空间结构具有时间维度的动态数字模型，既在项目全过程保持连贯和连续，提升协作效率和协同效果。

2. 企业数字平台

企业数字平台为满足企业纵向贯通和横向联通的企业数字一体化平台，实现对企业信息的真实感知和自动处理，实现基于流程和职责的数字化匹配。

企业数字平台通过人力数字化、财务共享化、业财一体化、流程在线化、采购平台化、决策智能化赋能企业战略有效落地，助力企业打造个性化、差异化的市场竞争力。

通过企业数字平台，企业数据将得到有效积累和传承，辅助企业实现数字资产化，形成企业核心知识库、企业定额库、施工工艺库以及基于人工智能算法的智慧决策模型。

3. 行业数字平台

行业数字平台由政府数字监管平台、产业互联平台、商业服务平台组成。首先，为围绕基础设施全产业链的生态伙伴赋能，保障产业链生态伙伴各方在数字平台的聚集和协同，共同完成数字基础设施的规划、设计、采购、生产、建造、运维，降低产业链协作成本；其次，为政府赋能，围绕基础设施全生命周期的监管将更加精准和高效，赋能政府放管服；最终，因更好地链接各参与方，相互间更好传递能力，通过相互赋能加速产业催化并实现平台的自我进化。

（三）"三新"是实现数字基础设施建设的最佳路径

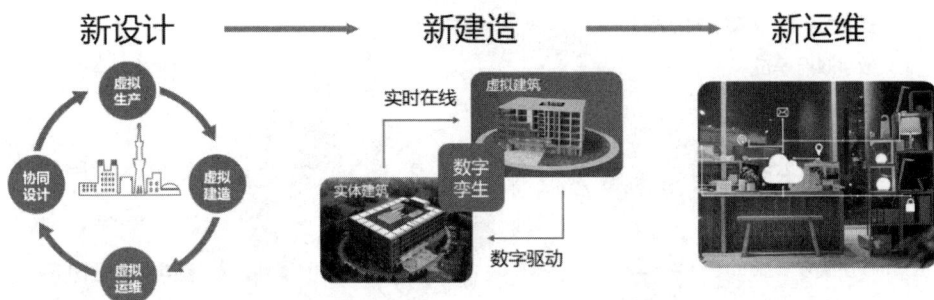

资料来源：广联达《数字建筑白皮书》。

1.新设计

新设计主要模式为全数字化样品。在传统物理基础设施实体建设开工前，通过三维可视化设计和全数字化模拟，实现基于场景的前置虚拟设计。通过虚拟设计可消除各种局限视角的工程实施风险，实现设计方案、施工组织方案和运维方案的协调和优化，以及基础设施全生命周期的成本统筹优化，保证总体投资最优。通过新设计模式，使大规模、标准化施工建造成为可能。

2.新建造

新建造主要方式为工业化建造，表现形式为数字工厂和数字工地。通过数字工厂实现标准构件的工业化生产、标准化工序、自动化控制，辅助实现真正的精益建造。通过数字工地实现对基础设施施工现场的真实感知，人、机、料通过物联传感被准确和真实地映射到数字虚体中，助力实现数字指挥调度。

3.新运维

新运维即智慧化运维。通过数字基础设施把物理基础设施升级为可感知、可链接、可分析，可自动控制，乃至自适应的智慧化系统和生命体。智慧化运维将以数字孪生为基础，为基础设施运维提供可视化高效运维工具，提供便捷化数字服务。

（四）"三全"是构成数字基础设施建设的基本范畴

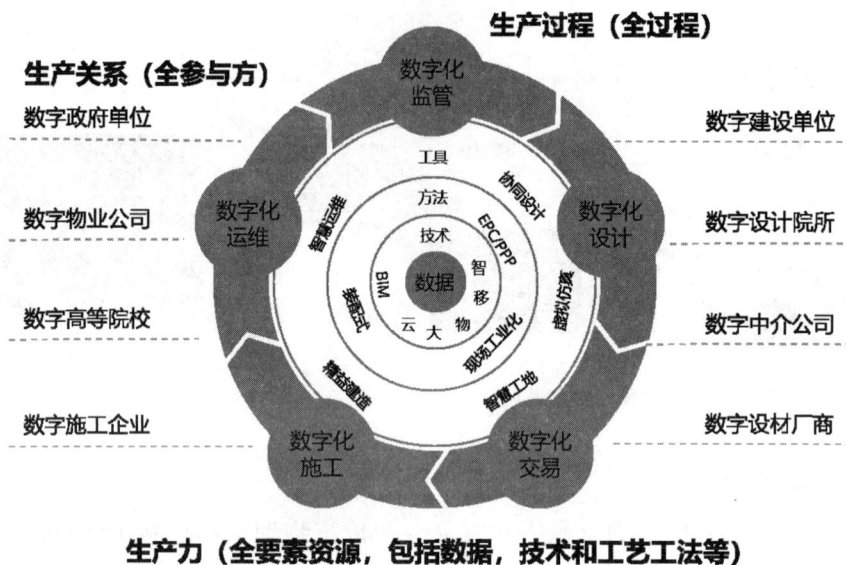

资料来源：广联达《数字建筑白皮书》。

1. 全过程贯穿

数字基础设施的建设绝非仅仅指"建设"，而是贯穿全过程的实施。其平台是基于从规划到设计、从建造到运维的全生命周期，推动基础设施产业多方共赢、协同发展的一体化平台。

2. 全要素覆盖

数字基础设施平台需覆盖基础设施建设过程涉及的全部管理要素（进度、成本、质量、安全等）和生产要素（人、机、料、法、环等）。通过新要素的覆盖和叠加，传统的人、机、料等生产要素配置效率可获得质的提升。通过技术赋能管理要素，可形成定额、BIM 构件库、工艺工法、指标信息、材价信息、劳务信息及行为数据等各类专业信息，助力行业专业化能力提升和产业转型升级。

3. 全参与方连接

基础设施领域产业链上下游各方主体通过数字平台实现"产业链垂直融合、价值链横向整合、端到端的撮合"，从行业主管部门到建设方、从设计单位到施工单位、直到各供应商及分包商均可被直接或间接联通，形成开放、共享、生态共聚的产业生态圈。

（五）"三化"是贯穿数字基础设施建设的主要目标

资料来源：广联达《数字建筑白皮书》。

1.数字化是基础——从实入虚，建立数字模型

数字化是通过对基础设施实体与实体活动的解构与建模，构建与实体映射的数字化模型，实现全过程、全要素、全参与方三方面的数字化。通过对基础设施本体数字化，未来基础设施全生命周期将被赋予新的数字化生产场景。在全生命周期过程中，各类要素资源、数据、技术和工艺工法等完全数字化表达，汇集成全新生产力，并促进各参与方通过数字在线链接与协同形成全新生产关系。

2.在线化是关键——虚实双生，形成融合机制

从基础设施实体到其中的人、机、料、法、环等管理与生产要素，通过各类终端实现泛在连接和实时在线，彻底改造传统的生产、商务、技术等管理过程，实现数字化、精细化、智慧化管理。

3.智能化是核心——数据驱动，演化智能算法

虚体基础设施与实体基础设在大数据、智能算法基础上具备可感知、可适应、可预测能力。通过相互依赖与优化，成为具有全面感知、深度认知、智能交互、自我进化的数字孪生，形成科学决策、精准执行的"人工智能"。从而

在基础设施建设及运维过程中更契合客户需求和期望，更安全、更高效地实现建设目标。

二、"数字监管"引领数字基础设施建设新航向

（一）市场监管与服务数字化

结合新形势下系统业务协同难、资源利用效率低、数据信息不对称等行业信息化问题，市场监管与服务数字化模式基于"用数据治理、用数据服务、用数据决策、用数据创新"原则，着力打造"管理一条线、数据一个库、监管一张网"的数字化管理模式。

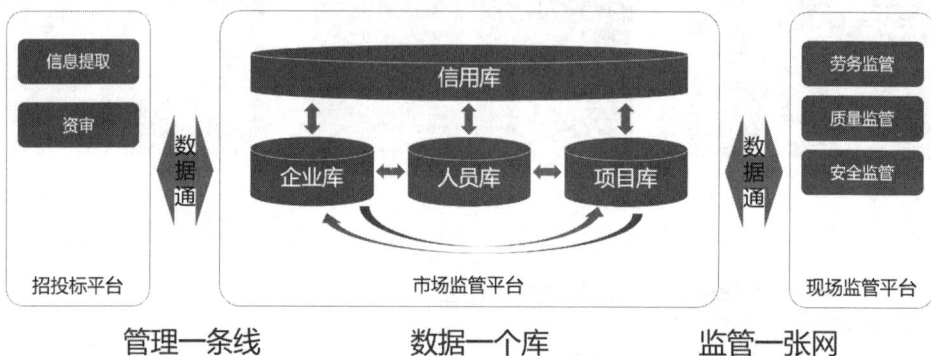

1.四库一平台

"四库一平台"即住房和城乡建设部全国建筑市场监管公共服务平台，由住建部和各省分别统筹建设，实现针对建筑行业从业企业、从业人员、建筑项目的全国统一管理，实现基于上述三种主体的静态和动态信息的信用建设。

企业数据库基本信息库、注册人员数据库基本信息库、工程项目数据库基本信息库、诚信信息数据库基本信息库通过一体化工作平台实现四库互联互通，实现身份证可查人员，单位名可查人员，人员可查单位。

"四库一平台"最大作用是解决数据多头采集、重复录入、真实性核实、项目数据缺失、诚信信息难以采集、市场监管与行政审批脱离、"市场与现场"两场无法联动等问题，保证数据全面性、真实性、关联性和动态性。通过信息资源网络化传输、证照材料电子化复用，大幅度减少服务对象业务办理来回跑

腿的次数，改变原有纸质材料办理方式。

2."三场联动"一体化平台

"三场联动"即通过实现建筑业市场、招标投标市场和建筑施工现场三者之间的互联互通，以此引领建筑业市场主要监管在企业资质审批、企业资质抽检、企业资质执法、人员资质管理的创新和发展。在库企业通过三场联动在办理注册登记时仅需提供一次基础资料证明，其他环节即可实现自动提取和验证，实现真正的"一库通办"。

以上两平台在实现平台直接管理目标的同时，也必然规范建筑企业资质、从业人员资质相互借用问题，促进行业健康有序发展。

（二）建设审批与管理数字化

工程建设项目审批信息数据平台，可实现与其他相关平台的互联互通。工程建设项目审批信息数据平台以"共享、协作、监管"为核心理念，按照"横向到边、纵向到底"要求，通过信息技术手段，建设多级联动的审批管理系统。

（三）投标监管与服务数字化

基于互联网的全流程电子化招标投标服务平台以信息技术为支撑，以交易业务流程为依托，实现在线招标、网上投标、在线开标、在线评标的全电子化操作。通过全电子化的推广和应用，彻底替换纸质招投标的现状。基于复杂网络社团结构分析算法，对投标主体进行横向抱团分析，识别疑似围标串标的投标人，锁定疑似横向抱团主体，同时结合国家企业信用平台、四库一平台、天眼查等权威公开网站进行辅证和预警提示。进一步规范招投标市场行为，维护三公原则，促进建筑市场的廉洁阳光建设。

（四）造价管理与服务数字化

1.工程计价定额及信息数字化

通过互联网＋实现基于定额的经济、技术、社会跨界融合，利用平台化、实时化、在线化等方式打破时间和空间的限制，充分发挥行业监管、工程建设、平台服务等多方力量，将原来线下采编工作转变为基于平台的在线化数据采集和协同，实现定额数据的高效修正和及时补缺。

2.造价管理与会员服务数字化

造价管理、监管与数字化服务主要包括造价咨询企业资质管理平台、造价工程师资格管理平台、造价咨询企业信用评价平台、造价咨询业会员服务平台不同层次的数字化应用和服务。

（五）质量与安全监管数字化

1. 安全双控体系监管数字化

以落实国家针对基础设施工程建设过程的安全监控为目的，以服务安全监督机构为使命，以事故隐患分级、隐患排查治理为核心，建设安全隐患排查治理平台及移动终端用 APP。通过管理平台和移动 APP，各地安全监察管理部门可以针对基础设施工程施工现场进行隐患排查，针对具体项目，可以详细记录隐患发生的部位、类别和数量，可以同步对隐患部位进行拍照、录制视频取证。同时，通过隐患排查大数据可实现基于地区、工程领域等不同方向隐患进行关联分析和初步预测，辅助做到隐患排查和治理的双重预防，实现关口前移、精准监管、源头治理、科学预防，从根本上提升基础设施施工安全生产水平，防范安全事故发生。

资料来源：深圳市建设工程智能监管平台官网。

2. 危大工程监管数字化

危大工程数字化监管平台是基于建设行政主管部门、建设工程安全监督单位和工程建设参与各方对危大工程的监管需求，由政府部门主导建设的数字化监管服务平台。通过数字技术，实现对基础设施建设过程中涉及的深基坑、高支模、脚手架等危大工程的安全监测以及风险数据的自动采集、传输、分析和计算评估。

3.特种设备监管数字化

特种设备数字化监测重点是通过在特种设备上加装物联网传感器，对特种设备运营过程中的载重、力矩、高度、幅度、风速、倾角等指标进行自动化实时监测。通过特种设备数字化监控平台能进行设备信息采集、运营数据实时采集、超限报警、远程控制，实现特种设备操作的身份认证。

4.现场人员监管数字化

依据国家针对基础设施施工过程中的劳务实名制规定和要求，建设针对基础设施现场人员管理的数字化监控平台。人员数字化以人员实名制为准则，以居民二代身份证为基础，集成定位技术、门禁、人脸识别、指纹识别、人工智能等，实现对施工现场管理人员、工人和特种作业人员的实名制监管。

5.试验检测数字化监管

通过试验检测数字化平台，可实现针对检测机构资质的数字化收集、审核和监控，也可满足对试验过程试验数据的自动采集、见证取样等管理。通过实时数据采集，能保证数据的真实性、验证检测报告的合理性，也可实现试验行为比对、试验报告自动输出、试验结果数字化追溯、试验态势分析和预测等监管目标。

三、"虚拟设计"奠定数字基础设施建设新基石

（一）数字化资源库助力规划设计效能提升

基础设施工程设计过程中需要遵循统一的设计标准和要求，包括基准地形地貌、坐标、轴线、高程等基础数据的标准一致性。基于 GIS、BIM 的数字化资源可以快速实现各类基础设施可视化模型搭建，能够帮助政府部门、建设单位、设计单位、施工单位，甚至基础设施未来用户在项目规划设计阶段参与到规划建设运行过程，在建设之初提出自己建议和想法，一方面辅助决策，另一方面使建成的构筑物更精准服务于用户，减少因修复、返工导致的资源浪费。

（二）数字化工具推动进入平台化协同时代

在基础设施工程设计中，融合 BIM、GIS、倾斜摄影、AI 等新技术，基

于可视化、数字化、信息化的设计模式已经逐渐成为工程行业共识。数字化设计核心是以 BIM 模型为载体，以数字化协同平台为依托，彻底贯通基于基础设施各专业之间的任务协作和数据共享，实现所有设计师基于同一个设计标准体系、同一个数字平台的交互式设计，所有设计和审核人员可在一个虚拟设计环境中按照分工开展设计。

（三）数字化算法赋能设计实现智能化模拟

1. 数字化助力初步设计科学合理

依托于 BIM（建筑信息模型），结合先进的专业设计，可以实现基于可视化的智能选线、开挖模拟、能耗模拟、采光模拟、受力模拟、地震模拟、风荷载模拟。通过全数字化模型，借助通风、采光、气流组织以及视觉对人心理感受的控制因素，通过模拟工程实体、设备运行、光照、温度、湿度、风环境、人流疏散、车流量等情况，可对设计方案进行优化与再模拟，直至性能最优。例如在地形复杂区域，施工过程中需对临近山体进行开挖和防护，利用数字化设计模拟工具模拟开挖，可模拟土石方开挖效果，从而确定最优开挖方案，节约建设成本、改善建设进度的同时，也最大程度地保障开挖及防护的安全性。

2. 全数字化模拟确保成本最优

基于三维可视化的工程全数字化模型，也是全生命周期进行数字化虚拟集成交付的过程。在实体工程建设之前，参建各方通过数字平台对项目的设计、采购、生产、施工、运维各个阶段进行数字化的 PDCA 循环模拟，实现管理前置控制，对设计方案的设计优化、施工方案优化、运维方案优化，并不断进行迭代、确保方案合理可行，商务经济最优，产品个性需求得到满足，并形成设计模型、施工和商务方案的数字化模型，并用以指导实体建造和运维过程。

3. 通过数字设计实现个性化需求

依托于数字设计平台，颠覆传统建筑业的商业模式，将开发商盖房子与消费者买房子的传统方式，转变为消费者先通过"数字化样品"以可视化交互式体验定制极具个性的房屋、家居等产品模型。开发商通过"数字平台"所表达的定制需求进行开发建设，实现按需建筑。其背后逻辑是通过数字建筑实现产品内在模块化和部件标准化，借助标准化的不同组合，基于客户个性需求，实现每个户型产品的定制化，大规模实现个性化定制。

四、"智能建造"助力数字基础设施建设新范式

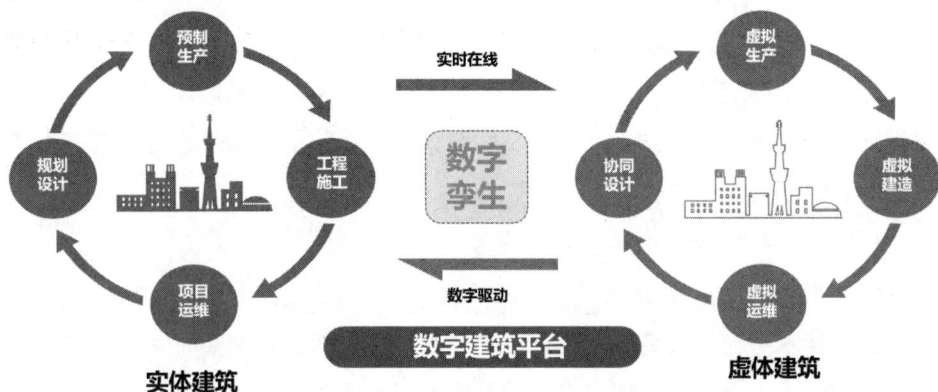

（一）建筑工业化与"数字工厂"

2020 年住建部发布《关于推动智能建造与建筑工业化协同发展的指导意见》指出，要以大力发展建筑工业化为载体，以数字化、智能化升级为动力，创新突破相关核心技术，加大智能建造在工程建设各环节应用，形成涵盖科研、设计、生产加工、施工装配、运营等全产业链融合一体的智能建造产业体系。

基础设施建设行业的"数字工厂"是融合工厂生产和现场施工的一体化"数字生产线"。通过数字指挥调度系统可充分链接固定厂站与施工现场，以现场标准化施工驱动厂站工业化生产，通过工厂生产，实现节能、环保、提质增效；通过现场标准化施工，满足工程建设质量提升；通过厂场一体化最终实现全基础设施建设行业的产业协同与数字化生产管理。

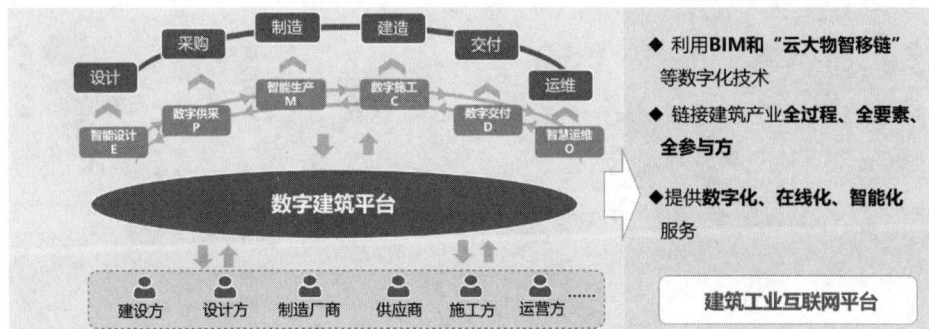

基于 BIM 模型，诸如钢筋、钢结构等加工数据可无缝传递到数字化加工设备，例如数控机床、3D 打印机等，实现自动化数字加工。后场预制梁场、轨道板厂、管片厂、钢筋加工厂通过厂站中设置的 RFID 或电子标签利用 APP 自动进行工序绑定和标识，生成基于厂站生产的形象进度图标。任何人员通过可视化图表即可了解厂站生产进度及状况，并智能分析判断是否需要调整生产计划和资源配置。

（二）数字指挥调度与"电子沙盘"

数字指挥调度主要围绕"人、机、料、法、环"进行跨时空沟通和调度，利用数字技术对施工现场生产要素、生产过程的全面感知和实时互联，构建虚实融合的电子沙盘，可视化展现基础设施工程的线路走向、地理位置、工程模型、环境模型以及过程数据，从而实现远程高效管理。

通过电子沙盘叠加倾斜摄影或正向摄影，可精确反映和展示在建工程与周围环境的交互关系，帮助政府、建设单位、施工总包单位更好统筹征地拆迁、施工组织规划、施工场地布置等工作。可随时随地了解现场每个人及每台设备的位置和状态、每类材料的库存和耗用、每个部位的进度和偏差、每个构件的生产进度，进而实现精准项目管理。

（三）质量安全监控与"物联传感"

通过施工现场的各种智能传感设备，实时采集和感知施工现场的施工部位安全状态、机械设备安全状态、人员安全状态以及天气、噪声、污染、扬尘等环境状态，并通过人工智能和大数据智能识别和预判安全风险，及时对可能发生的异常情况进行预警或主动干预。

针对基础设施施工建设过程中的数字化监测主要包括基于定位的智能安全

帽；基于物联网传感器的各类高风险因素监测（如深基坑、高边坡、高支模、塔吊、架桥机、盾构机、施工电梯、隧道有害气体、作业车辆、桩机、炸药库）、各类质量影响因素监测（如大体积砼测温、公路智能压实、公路智能摊铺）。

通过各种智能设备对施工现场进行联动执行与协同作业，通过大数据分析，利用人工智能进行科学决策，对各种问题与风险进行主动预警和预测性作业，有效支持现场作业人员、项目管理者、企业管理者各层的协同和管理工作，提高施工质量、安全、成本和进度的控制水平，让施工现场作业更智能、管理更高效。

（四）科学管理决策与"数据智能"

随着越来越多的基础设施项目探索和利用数字化，海量的数据逐渐被积累，依托于大数据和人工智能的发展，基于"数据资产化"的数据挖掘和智能算法帮助基础设施建设各参与方在作业、控制和监管过程中实现智能识别、智能判断和智能决策。

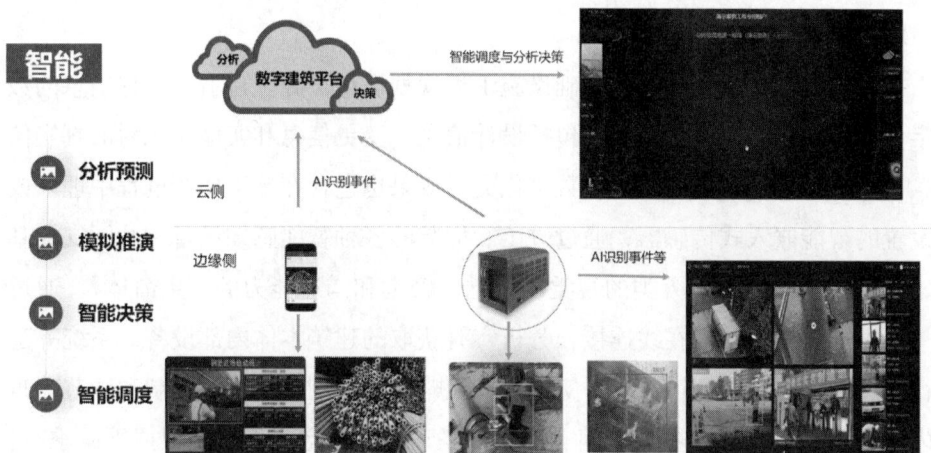

1.基于智能控制的生产调度

在基础设施工程进入实体建造阶段后，基于工序标准化和工序平均持续时间的智能算法将工序自动排程，工序任务精确到小时级别，依照工序任务及约束条件向各个生产单位推送工序任务包，在执行过程中动态反馈执行情况，自动智能优化后续工序任务包、调整排程，再向各个工作单元推送新任务包。

2. 基于人工智能的风险识别

风险智能识别已被逐步应用到工程建设实际场景，典型场景包括通过图像智能算法自动识别施工现场的人员违规（未佩戴安全帽、未系安全带、进入危险区域等），根据施工进度自动提示关键部位风险监测并给出针对性强的应急预案。助力管理者及时发现工程质量缺陷和安全隐患，并予以警示或处理，结合计划排程不断分析进度偏差，及时调整资源配置。

五、"数字孪生"推动基础设施运维进入新时代

数字平台可实现建筑及设施从感知到认知的升级，借助嵌入式传感器和各种智能感知设备，结合数字化模型，建筑及设施将成为拥有类似人类的视觉、听觉、触觉和沟通能力的"数字孪生体"。基于"数字孪生体"的数字平台将推动基础设施运维进入数字化运维时代。

（一）数字化移交奠定智慧运维基础

基础设施工程建设的数字化交付是数字基础设施的重要依据，是实现基础设施数字化运维的基础。

数字化交付结果集成了基础设施工程规划设计、施工建造全过程信息的数字化模型和相关电子化文件，包括设计信息、变更信息和实体完成后的真实信息，以及各种信息之间差异。数字化交付成果也包含在施工建造过程中埋入或设置的智能嵌入式传感器，通过竣工后加装的各种智能感知设备，共同支撑基础设施成为拥有类似人类的视觉、听觉、触觉和沟通能力的"生命体"。通过与云端"大脑"实时在线连接，分析实时获取的建筑本体内部设备、系统等运行状态数据与外部环境数据，实现运行策略的智能判断，优化控制和调节建筑内各类设备设施，使各系统间有机协同联动。例如空调系统可根据不同季节、时间段，结合建筑物内人群密度，实时获知环境参数及人群舒适度指标，动态调整空调系统运行。

（二）数字化运维赋能运营养护提效

传统基础设施或建筑运维存在服务效率低、能耗高、环境舒适度差、建筑资产浪费大、运维数据价值挖掘利用率低等问题，利用数字技术可将竣工后的基础设施实体升级为可感知、可分析、可控制。通过以虚控实的数字孪生，实

时感知建筑实体运行状态，实现建筑及设施运行策略的智能判断，达到自我优化、自我管理、自我维修。例如交通领域的车辆和设备维护，通过集成传感器数据、整合运维信息、大数据分析，不断优化运维资源，提升维修维护过程的管控能力，支撑从"计划修""故障修"转向"状态修""预测修"，实现维修维护过程可管可控。

（三）数字化服务助力服务水平提升

1. 智慧乘客服务

在交通领域，智能车辆或设备运行通过对乘客的状态感知，实现客流预测及监视；升级后的路网调度指挥中心，可以接入客流数据，通过多维度显示行车、客流等信息实现路网全貌监视；通过预测客流定制行车组织方案，实现列车编组灵活调整以及基于互联互通的跨线运营，提升客流与运能的匹配能力；建立路网级设备管控中心，对关键设备集中监视、全程管控；研究单专业多线路管控模式，形成高效应急处置统一调度。

2. 智慧空间服务

数字基础设施可更好地利用大数据、人工智能、感知设备，以人为本，自适应地感知和预测人的各种服务需求，提供满足个性化需求的各种服务。基于基础设施所有静态数据和动态数据的云端存储，大数据分析技术将所有系统变为一个整体，不断深度挖掘环境、用户体验、运行成本等各类问题，向敏锐感知、深度洞察与实时决策的智慧体发展，作出各种智慧响应和决策。如人员进入某一区域，自动识别其身份，允许其进入相应区域，当人员进入相关权限区域后，依据体感舒适度、衣着、个人习惯等，调节灯光、通风、温度等，满足个性化环境需求。

3. 资源共享服务

数字基础设施将物理实体、数字虚体、意识人体有机融合交互，实现成千上万的基础设施建筑实体互联互通，充分获知建筑内各种资源的使用现状，形成一个巨大社会体，实现各种闲置资源共享使用，充分实现全社会资源共享，驱动新的共享经济模式。在资源从"拥有"转向"使用"理念下，数字运维为分享建筑的各种资源提供支撑，企业可灵活租用建筑内的工位、会议室等空间，改善资源使用效率。

六、"超前布局"引领数字基础设施建设新领域

以 5IABCDE（5G、IoT——物联网、AI——人工智能、Blockchain——区块链、Cloud Computing——云计算、Big Data——大数据、Edge Computing——边缘计算）等为代表的新一代数字技术在数字基础设施建设中扮演着重要角色，可谓独领风骚。这些技术应用一般不是单枪匹马，打的是组合拳，区块链具有很强的"融合性"，为 5G 提供数据保护、为大数据技术提供数据确权、为云计算技术提供可信数据源、为物联网技术提供去中心化运维等，在数字基础设施建设中能很好融合运用这些相关技术，本书主要讲解区块链在数字基础设施建设中的作用。

（一）区块链在新型数字化基础设施建设中的应用价值

1.区块链的数字基础设施的属性

区块链技术解决了数字社会中普遍存在的信任构建问题，能够在不依靠中心机构，完全无信任基础的前提下建立端与端之间的相互信任，并完成社会价值的转移。区块链技术的最有效应用即是较完美地解决了对数据的确权问题，通过去中心化加密技术，构建一种分布式节点共识机制，在互相关联的数据块中存储有效信息，相互验证，不可篡改，在此基础上构建一种价值互联网。这一技术的出现大大加快了数据资产确权过程。区块链技术可以实现如下目标：

（1）数据共享：通过 P2P 网络实现数据高效快速的点对点传输。

（2）数据安全：通过区块链的去中心化分布式存储技术保障数据安全。

（3）数据可信：保证数据时序可以有序追溯，各个数据环节均可确认。

（4）数据确权：保证区块链网络上生成的数据的权属关系，使得数据所有问题明晰，有效保护数据所有者的权益。

2.区块链技术解决基础设施数据安全问题

随着数字技术的大范围应用，数字基础设施和网络出现的漏洞数量呈现爆发增长的态势。随着大数据应用的不断出现，黑客通过设备漏洞盗取数据的风险也逐渐加大。区块链技术可以保证数据从产生、传递到存储各个环节的安全可靠，整个过程不留下痕迹且无法篡改，保证数据真实、有效且安全。在工业互联网部署过程中，区块链技术可以发挥自身在数据确权、安全传输和保密方面的优势，保证工业设备从注册、控制到信息传输各个环节的安全可控，保

证工业互联网的设备安全，同时保证网络连接安全可靠，提升信息交流的安全性。

3.区块链技术提升基础设施数据共享开放水平

区块链技术能有效协调产业链上下游的数据协作和共享，通过构建安全、可信和可追溯的共享链条，有效促进新型基础设施间的数据共享和开放。

在轨道交通场景下，通过区块链技术实现不同城市地铁运营公司之间乘车区段和价格的共享，实现自动秒结算的功能，有效解决跨城出行的异地票务问题；新能源充电桩是一个应用案例，由于不同充电桩互联互通程度较差，同时充电桩运营水平管理不足，充电桩的使用率普遍偏低，区块链技术通过建设充电桩互通互联的"联盟链"，实现充电桩使用状态实时共享，从而提高充电桩的使用效率，使充电桩产业有序发展。

（二）区块链在新型数字化基础设施建设中的应用举例

1.工业互联网：区块链＋工业安全

近来工业互联网发展迅速，但是普及范围仍然比较有限，同时工业互联网在发展过程中也存在着网络安全、控制安全和数据安全问题。这些安全问题不仅会对工业互联网的数据和业务安全产生影响，还可能影响工业设备的功能安全。工业互联网运行过程中产生的巨量数据会产生许多的数据安全、可信和隐私保护问题，让企业对涉及技术和商业秘密的安全保护十分担忧，十分担心敏感数据泄露。

区块链能够有效解决工业互联网的数据安全共享和安全访问问题。区块链解决工业互联网安全问题的方式是通过嵌入式 Linux 系统和在其上运行的区块链 app（分布式应用程序），实现对设备的分布式控制和安全管控。数据的采集过程符合工业现场安全要求，并对企业透明。数据只能通过区块链的形式实现存储和共享，从而实现数据访问、控制的全流程监控，避免出现额外的数据安全问题。

2.金融：区块链＋供应链金融

供应链金融主要为供应链上下游的中小企业提供贸易融资等金融服务，以缓解供应链各节点的资金短缺问题，保证供应链上下游采购、生产、销售等各个环节能够稳定运行。但是，由于供应链上下游信息不对称，供应链本身发展受到了制约，主要在于银行仅对供应链上下游核心企业提供金融服务，但中小企业融资难、成本高，征信水平较低，而商业汇票等融资工具使用场景有限，转让难度也很大。区块链技术对数据共享和开放的有效支持可以保证供应链上下游能够清楚地掌握货物和资金情况，使供应链上下游实现物流、资金流和信息流高效共享。通过在区块链上运行一种数字凭据，该凭据可以在安全透明的环境下随意拆分和转移，这样整个商业体系中的信用将可以传导追溯，从而为供应链中的中小企业提供信用，保证供应链上下游的资金流动效率，降低中小企业的资金成本。

第四节　数字基础设施建设的安全管控

数字基础设施是科技驱动的新型基础设施建设，包括 5G 网络、大数据中心、人工智能、工业互联网等新型基础设施，涉及通信、电力、交通等多个关系社会民生的重点行业，它的发展受到了国家科技发展政策的带动，逐渐成为主导经济发展方向的重点领域。随着数字新基建的大力推进，其安全管控的配套政策、机制和风险防控措施也逐渐成为人们关注的焦点。

一、数字基础设施建设面临的安全痛点（隐患）

（一）数字网络范围进一步扩大导致安全防护难以全面覆盖

数字基建开展之前，只有部分重点行业如信息传输、软件和信息技术服务业的数字基础设施需要重点防护，同时这些行业本身就具有充足的资金用于安全防御，因此数字基础设施并没有很严重的安全隐患。但是在数字新基建迅速扩张之后，由于市场要求和经营发展的需要，无论是农业、工业还是服务业，都开始大规模建设 5G 网络基站、大数据中心以及工业互联网等，对数字基础设施安全防控的需求大大增加。（1）数字基础设施安全防控由原来的重点行业防控转向全国范围内的全产业链防控，这种由点到面的扩张使得安全防控范围以指数级的速度扩张。（2）数字基建相关的软硬件产品的安全漏洞也会大量暴露在黑灰产的面前，再叠加数字基础设施间多种网络复杂互联等因素，数字基础设施的安全防控将难以覆盖全域网络，这需要更多的资金、安全设备、安全系统以及安全人员的投入，才能更好地支撑数字基础设施的全面安全管控。

（二）虚拟和现实边界融合导致防护难度进一步加大

由于产业数字化和数字产业化趋势的不断发展，智能制造、智能家具、智能运输和智能金融服务等新兴业态不断出现，这些传统经营活动在数字技术的加持下不断迁移到数字基础设施上，进而上传到网络，在虚拟网络世界完成交易和支付，使得传统产业现实和虚拟的边界越发模糊。在这种现状下，网络攻击不仅会对虚拟空间的网络基础设施造成破坏，同时也会沿着虚拟网络与现实基础设施融合的边界点，对现实中人们的家庭、工作场地和出行环境造成严重影响。譬如，由于车载互联网和无人驾驶技术的广泛应用，未来车辆的运行和调配将统一在虚拟网络上进行，如果黑客瞄准车载互联网进行攻击，将导致一片区域甚至整个城市车辆运行的混乱，进而导致城市交通瘫痪，看起来"固若金汤"的交通系统瞬间变得"不堪一击"，造成巨量的经济损失和人员财产的安全问题。随着产业数字化的迅速推进，这类安全问题会快速波及各个行业的个人和企业，从而影响整个数字经济的正常运行。同时，网络攻击为了能进一步对现实世界造成影响，逐渐演变出阻断式和渗透式的网络攻击手段，这些攻击会阻断现实和网络的连接，同时窃取用户隐私数据，给企业造成严重损失。因此，在虚拟网络和现实边界不断融合的环境下，数字基础设施安全防护工作的难度会迅速提高，网络威胁将会严重影响个人、企业、政府的工作和数字经济社会的正常运行。

（三）产业生态系统的高度开放导致安全威胁由外及内

在消费互联网时代，数字基础设施只在部分行业或企业内部部署，因此产业内部的网络是局部独立且分散的，形成了一个个较为封闭的网络个体，这些网络个体面对的安全威胁通常来自外部黑客或病毒的侵袭。但是，在产业互联网时代，数字新基建的快速推进使得5G网络、物联网、大数据中心等设施在各行业全面部署，不同行业、不同企业之间的内部网络逐渐互联互通起来，这使得未来数字网络和服务的部署和运营模式更加开放、互通和生态化，网络与网络之间的边界也更加模糊，原来属于外部的网络个体内化为内部网络，甚至不再有"内部"和"外部"之分。这种数字化环境将会带来更多的安全威胁，同时对数据保护、基础设施防控和安全运营能力提出了极高的要求。尤其是网络不断连接而内部化以后，原来没有安全隐患的网络可能因为和安全隐患较多的网络互联导致自身也受到威胁，这就使得网络攻击的源头更加复杂。网络攻击在今后可能不仅来自外部，而是更多地从内部开始。在这种形势下，为了保障数字经济能够可持续发展，网络防控应当在复杂网络威胁环境下能够有效、快速地识别网络威胁来源，有效保障数字化业务的安全持续进行。

（四）我国数字基础设施安全防护能力依然较弱

目前，我国的数字基础设施安全防护能力依然很弱，突出表现以下几点：

一是我国工业互联网当中的工业控制系统和安全防控系统技术还无法自主掌控。我国的工业控制系统和安全系统内许多硬件还使用的是外商制造的产品，自主研发能力十分薄弱，安全核心技术依然掌握在国外巨头手中。据《2019—2025 年中国工业控制系统信息安全防护行业发展分析及研究报告》显示，国内工控 HMI 组态软件市场上，国外产品市场份额约为 68%，占据了主导地位。在国内 PLC 市场上，75% 以上市场份额被西门子、三菱、欧姆龙、施耐德等国外厂商占据。

二是国内的企业对网络基础设施安全管控的整体认知还不足。除去一些安全技术先进的互联网企业，国内众多传统行业的企业在产业数字化趋势中并不能准确认识到数字基础设施安全的重要性，这突出体现在传统企业对网络安全知识匮乏、认识不足、培训不够。近年来，虽然国家在大力推动针对传统行业数字化进程中的安全风险培训，但是仍不足以应对与日俱增的安全风险。很多企业的安全管理人员配备严重不足，数字基础设施安全防控设备陈旧落后，防控技术也严重落后于当前流行的网络攻击技术，这导致数字基础设施安全管控的难度进一步加大。

三是当前国内网络攻击技术门槛大大降低，攻防本身具有严重的不对称性。由于我国现有的数字基础设施仍然较为落后，安全防控设备的全部更新还需要一段时间，因此网络防护能力相比较黑灰产的攻击能力严重不足，网络攻防两端实力严重不对称，因此必须加快数字基础设施尤其是安全防控设施的更新，及时研究防控的新技术、新应用，并及时做好跟踪评估和风险预警。

二、数字基础设施建设安全的发展趋势

（一）数字基础设施建设将与网络安全防控深度融合

一是从新基建项目的落地来看。目前，基础设施建设份额中新兴基础设施的占比也达到了 33%，并且这一份额在未来还会不断加大。而如此多的新基建项目的开展将会带来相配套的安全项目的增加。以工业互联网为例，根据工信部数据，2020 年 2 月工信部正式对外公布 2019 年工业互联网试点示范项目中安全类的项目的比例就占到了将近 50%，与 2019 年和 2018 年相比安全项目数量实现了大幅度增长。可见，随着未来数字新基建的快速推进，安全行业将借助东风实现高速发展。

二是从未来物联网发展来看。5G 网络的快速发展将推动物联网在全国范围内的迅速部署，万物互联的安全将是未来国家与社会的关注焦点之一。物联网连接着虚拟的网络空间和实体的物理空间，连接处是具有计算能力和快速响应能力物联网终端。随着新基建的快速扩张，物联网终端数和网络节点将会实现指数级增长。未来，智慧家具、智慧医院、智慧社区等现实中的物理实体会通过物联网相互连接，海量的数据和信息资源通过高速 5G 网络在各个终端之间传输。这些物理终端和数据资源的安全必须得到保障，一旦发生安全问题，不仅海量的数据会泄露，物联网终端设备将会难以运行，从而威胁到数字经济社会的正常运转。

（二）新兴技术领域的发展将催促数字基础设施安全管控要求提高

新基建涉及的技术领域非常广泛，其中人工智能、工业互联网、物联网、5G 等技术领域属于新兴技术领域。这些技术领域具有迭代速度快，技术难度高等特点，相对应，这些领域的安全管控技术同样也十分复杂，需要高精尖的技术安全人才和大规模资金投入才能保证安全管控的有效可靠。通过大规模投资和建设，这些关键技术的安全风险、典型应用场景安全风险、垂直行业应用安全风险以及产业链供应安全风险将日益严重，相应的安全管控局面也愈加严峻。因此需要企业和政府在加快新基建项目开展，深度推进各领域数字化进程的同时，持续增加新型基础设施领域安全管控技术的资金和人员投入，以满足数字基础设施领域越来越高的安全要求。

（三）数字基础设施建设将促使安全防护技术转型和提升

新基建下的数字化产业运行的场景与传统的应用场景不同，网络安全产

业将在新型数字基础设施建设的要求下转向主动防御和安全服务。（1）由于当前网络攻击的渗透性和高频化，传统的被动防御技术已经难以满足数字基础设施的安全管控需求。目前基于情报分析和攻防一体化技术的主动防御策略逐渐被企业青睐，逐渐成为安全产业采取的主要安全防御方案。（2）数字基础设施建设背景下，网络安全应用场景和保护对象发生了重要变化，催生了许多新的安全服务需求。物联网和工业互联网的快速发展使得需要进行安全管控的终端设备越来越多，网络防护模式由单点模式向规模化防护转变。网络保护的对象也逐渐从实体终端设备转向虚拟的数据和算法。（3）随着物联网和云计算的发展，网络边界逐渐模糊，传统的针对网络边界的安全防御方法已经过时，需要构建一体化的安全服务体系来应对当前日益严峻的安全挑战。

（四）数字基础设施建设将成为拉动安全产业的重要动能之一

长期来看，新基建将促进产业数字化并不断向产业链纵深发展。在这一过程中，新兴技术的不断应用会催生出许多新兴业态和新商业模式。这些新业态的出现会对自身数字安全提出新要求，从而为数字安全产业提供源源不断的需求。因此，数字基础设施的建设会拉动安全产业的不断发展，反之安全产业也将保障数字基础设施的安全，从而为数字经济的发展保驾护航，两者是相互促进，相辅相成的关系。

三、数字基础设施建设安全管控的整体思路或原则

（一）重塑对数字基础设施安全的认知

数字基础设施的建设涉及许多新概念、新技术，这对于习惯了传统行业安全防护的企业主和技术专家而言必然存在着一定的时代隔阂。因此首先需要从思想上，认知上重塑对于数字基础设施安全的认知，需要认识到：（1）仅仅做好自身的隔离无法实现安全，数字化网络是互联互通的，必须构建内外兼备的防护体系。（2）单纯地购买安全服务软件或雇佣第三方安全专家只能暂时维持自身安全，数字经济时代的网络无时无刻不存在着威胁，必须建立自己的实时安全解决方案。（3）安全并不意味着和外界彻底的隔离，必须实现在整体设施安全基础上企业的正常运转，保证数字经济的稳步发展。（4）网络安全和现实

安全并不是隔绝的，虚拟网络和现实世界高度融合，虚拟世界的安全问题会严重影响到现实世界。

（二）以系统性思想指导数字基础设施安全能力建设

数字基础设施和数字经济活动、数据信息共同构成了一个全新的生态系统，即数字生态体系。数字生态体系中的各个组成部分相互依赖，牵一发而动全身。因此，安全防控不能仅仅针对技术和相关独立的应用场景来入手，而应该具备整体思维，以系统性思想为指导，从产业生态维度的角度构建安全防控体系。这就需要从生态系统角度出发建立数字基础设施安全防控的整体框架，然后建立系统性的安全风险动态监测机制，提出数字基础设施的全生命周期安全管理措施，最后实现数字基础设施、数字经济活动和数据信息资源的整体安全可控。

（三）革新数字基础设施传统的安全方法和手段

由于数字经济时代安全技术迭代速度过快，传统的安全技术和方法逐渐面临失效的局面，因此需要企业和科研单位保持技术革新的敏锐嗅觉，不断追逐世界先进安全技术来保障数字基础设施安全防控的科学有效。（1）当前数字基础设施的边界防护能力明显不足，要同时面临来自内外部的安全压力，需要同时革新内外部的安全管控技术。（2）安全防御需要虚实结合，不仅要关注虚拟网络的安全管控，同时也要重视对实体基础设施网络的安全检查。（3）当前安全防控体系还不够智能化，需要加大对人工智能技术在数字基础设施领域应用的研发投入，实现智能化防控布局。（4）加强工业互联网或物联网各个安全节点的协作能力，着重提升产业链上下游的安全协作程度，使数字经济活动能够在更大范围内安全开展。

（四）采取高效互补的多方合作模式

数字基础设施安全管控工作并不仅是企业的任务，还需要政府、高校和用户的共同合作。（1）对于企业而言，在"新基建"时期，企业需要抓住机遇，积极建立高效可用的数字基础设施安全解决方案，积极使用行业先进的安全技术打造一批成功的数字基础设施安全应用案例。（2）对于政府而言，需要从顶层设计出发制定数字基础设施的安全规划，出台相关法律法规维护企业和用户的安全利益，同时增加对数字基础设施安全防控的补贴。（3）对于高校等科研机构而言，需要紧跟世界先进的数字基础设施防控技术热点，根据未来技术发展潮流进行科技攻关，加大研发投入和科技成果转化，以尽早实现我国数字基础设施安全管控技术的自主掌控。（4）对于用户而言，行业用户要加强自身网络安全保障，按照网络安全法、密码法等法规要求规范自身行为，同步制定符合自身特点的安全技术保障措施，保证自身的网络安全。

四、数字基础设施建设安全管控工作

（一）构建数字基础设施总体安全建设框架

根据新基建的安全内容分析，新基建安全建设总体框架包含了宏观层面基于安全观念的战略规划和架构策略设计，以及微观层面数字新基建网络安全合规和风险管理。数字新基建和智能新基建被统一在一个框架下，如下图所示。在数字新基建安全保障的管控下实现数字新基建的安全运行。数字新基建和智能新基建各要素，大数据中心、工业互联网、AI、5G网络、智能充电桩、城市轨道交通网的安全防控都必须统一在这一框架下，通过安全技术保障、新基建安全管控保障、新基建的安全运行保障和数字新基建能力建设实现高水平的数字新基建安全防控。

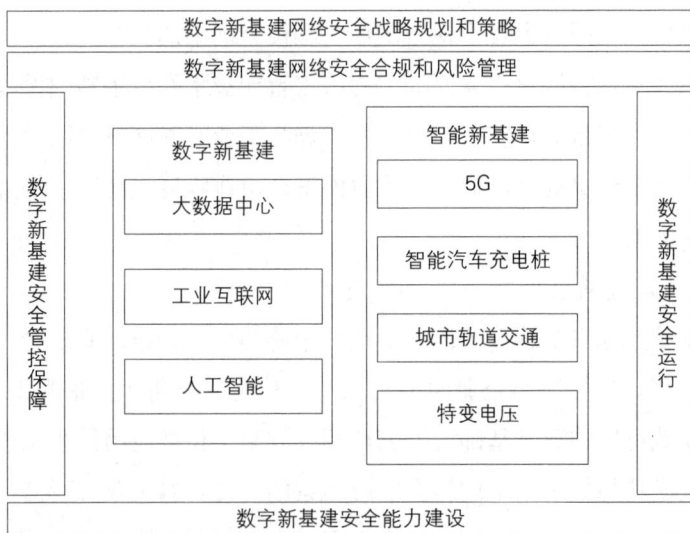

资料来源：谢江编写的《面向数字新基建产业群的安全保障体系建设思考》。

（二）从政策上加强对新基建的安全保障

新基建是国家战略性规划，必须在政策层面上出台相应的法律法规保障新基建的顺利开展，如《网络安全审查办法》《计算机信息网络国际联网安全保护管理办法》和《中华人民共和国计算机信息系统安全保护条例》等法律法规。同时，需要保障数字基础设施建设、信息化建设和安全规划三项工作同步建设和进行。这需要政府加强数字基础设施建设的监管，加强突发事件的响应能力，监督指导数字新基建的各方主体通力合作，完善制度管理体系，定期做好数字基础设施的安全检查工作。

（三）从投资上重点关注新一代信息技术安全投资

新基建的七大重点领域各有侧重，目前我国在5G网络、大数据中心和城市轨道交通方面已经取得了较高成就，今后需要重点关注人工智能、智能汽车充电桩、特变电压等数字技术与新能源结合的领域。能源领域的数字基础设施安全关系着我国的能源供应，是关乎国计民生的重点行业；人工智能为代表的新一代信息技术的网络安全正受到全世界范围的重点关注，也是未来需要加大投入力度的产业投资热点。

（四）从应用上加快建设网络安全防护体系

按照《网络安全法》《密码法》等要求，企业和政府应当加快数字基础设施安全网络的建设，将数字基础设施安全管控的框架落到实处。（1）同步制定数字基础设施安全管控的具体措施，同时制定针对数字新基建的安全测评、安全审计和日常检测等制度，通过检查和评估发现新基建安全管控中的薄弱环节，针对性地提出相应的风险缓释和具体改进措施。（2）加强对公众和企业的安全教育知识培训，加强新基建安全专家的引进和专业技术人员的培养，培养高精尖技术人才，加强人才队伍建设，提高专业人员业务能力。（3）加强应急管理能力，提高安全风险预测的精度。建立区域或者国家层面的网络安全检测预警平台，根据现有的网络安全威胁建立安全威胁情报库，并适时进行安全演练保证安全预警平台的有效运行。

（五）从供给上积极提升产品安全能力

数字基础设施建设需要使用大量的网络安全设备和服务，保障这些网络安全设备和服务的安全能力就能为数字基础设施建设的安全奠定基础。（1）政府应当严格筛选数字基础设施的供货商和服务商，提高准入门槛，严把产品和服务的安全质量关。(2) 供货商和服务商应当严格按照国家相关产品的安全标准，提高产品的安全技术含量，同时严格与当前国际安全标准对接，保证各个厂商的安全产品的兼容性。(3) 产业联盟可以鼓励部分实力较强的互联网企业和网络安全设备供应商直接参与数字基础设施的建设，将自身安全防控的先进技术和理念应用到数字新基建之中，不仅可以扩展国内相关企业的营收，而且能够进一步落实企业的公益责任，承担对数字城市、数字社会建设的任务，促进数字经济的安全稳定发展。

第六章　数据资源管理与安全

数据科学家维克托·迈尔-舍恩伯格在《大数据时代》中曾经提到"虽然数据还没有被列入企业的资产负债表，但这只是一个时间问题"。全球已步入数字时代，数据成为全球经济最活跃要素，成为大国竞争前沿阵地。

伴随数字化转型加快，数据对提高生产效率的乘数作用凸现，已成为最具时代特征的生产要素。党的十九届四中全会通过的《中共中央关于坚持和完善中国特色社会主义制度、推进国家治理体系和治理能力现代化若干重大问题的决定》提出，"健全劳动、资本、土地、知识、技术、管理、数据等生产要素由市场评价贡献、按贡献决定报酬的机制"，首次将数据列为与劳动、资本、土地、知识、技术、管理并列的生产要素。2020 年 7 月公布的《中华人民共和国数据安全法（草案）》第十二条规定，国家坚持维护数据安全和促进数据开发利用并重，以数据开发利用和产业发展促进数据安全，以数据安全保障数据开发利用和产业发展。

第一节　数字经济的核心要素——数据

《经济学人》杂志曾将数据比喻为"21 世纪的石油"。在数字经济时代，数据是新的生产要素，是基础性资源和战略性资源，也是重要生产力。党的十九届四中全会首次将数据增列为生产要素。中共中央、国务院印发的《关于构建更加完善的要素市场化配置体制机制的意见》将数据列为五大核心要素之一。

以色列历史学家、作家尤瓦尔·赫拉利在其著作《今日简史》中写道：随着权威从人类转向算法，世界可能不再是一个自主的、人们努力作出正确选择的剧场。相反，我们可能会认为整个宇宙就是一个数据流，每个有机体不过是一套生化算法。至于人类在这个宇宙中的任务，则是打造一套无所不包的数据处理系统，然后与系统融为一体。

2016 年麻省理工学院科技评论与甲骨文公司合作撰写了报告《数据资本的兴起》，将数据描述为与人力和金融一样重要的资本，认为数据将成为未来公司重要的竞争优势来源。麻省理工学院数字经济倡议董事 Erik Brynjolfsson（布林约尔松）认为"经济中越来越重要的资产不再是由原子，而是由比特组成"。

数据是数字经济发展的"燃料"，资本和劳动是传统的经济学中最基本的生产要素。土地资源、自然资源、能源等"物"的要素形成了资本要素；人的辛勤工作形成劳动要素，勤劳的人们借助不断进步的技术将"地球的馈赠"变成了劳动果实如各种各样的产品、服务，这就是经济增长的本质。

一、数据相关概念

（单位：ZB）

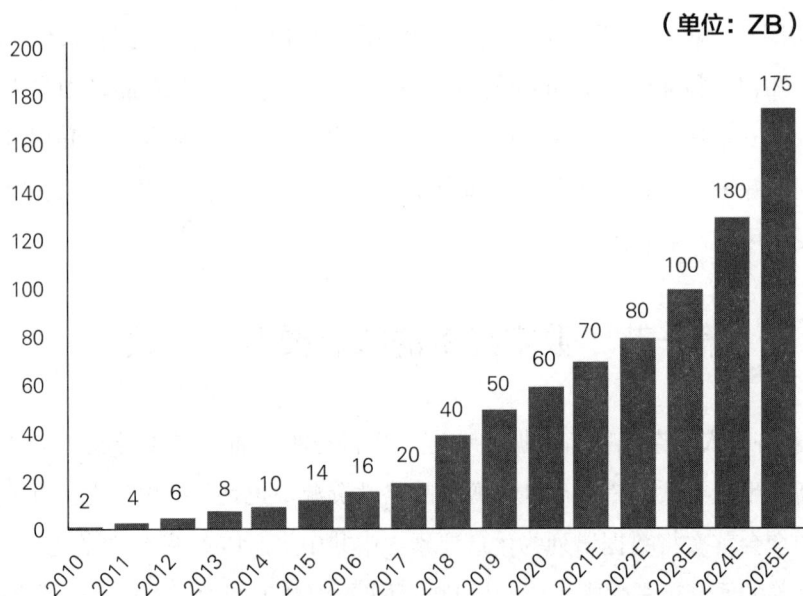

资料来源：IDC 编制的《数据时代 2025》报告。

人类已经进入 DT（Data Technology）时代。随着数字科技深入人类社会的工作、学习与生活，人们的一切语言和行动几乎时刻被各种各样的数据记录着、保存着。透过数据，可以知晓你的姓名、年龄、身高、体重、家庭地址、教育经历、工作情况、金融资产、行为习惯……

我国作为第一大数据资源国，具备发挥数据要素关键作用的巨大潜能。近10年来，我国数据量年均增长40%以上，预计到2025年我国数据规模占全球比重将超过四分之一。在首届数字中国建设峰会上，中科院院士梅宏表示，发展数字经济，数据是关键要素，网络是基础设施和载体，信息技术应用是重要的推动力。建设数字中国、构建数字经济，必须将推进数据资源建设放在首要地位。数据资源管理就是开发好、利用好数据，促进数据的流通交易，实现数据的资源化、资产化、资本化。

《中华人民共和国数据安全法（草案）》中分别定义了"数据""数据活动"以及"数据安全"，其中：数据是指任何以电子或者非电子形式对信息的记录；数据活动是指数据的收集、存储、加工、使用、提供、交易、公开等行为；数据安全是指通过采取必要措施，保障数据得到有效保护和合法利用，并持续处于安全状态的能力。

数据是指对客观事件进行记录并可以鉴别的符号，是对客观事物的性质、状态以及相互关系等进行记载的物理符号或这些物理符号的组合。数据表现为一系列可辨别的、抽象的符号。数据既包括数字，也包括具有一定意义的文字、字母、数字符号的组合、图形、图像、视频、音频等。数据经过一系列加工处理后就成为信息。

数据与信息既有关联，也有区别。（1）一般来说，数据是信息的载体，如同文字需要纸张做载体，音乐需要唱片或磁带做载体。在数字经济时代，信息更多地储存在电子化的媒介中，就是常说的数据。（2）数据和信息内涵的外延并不相同。从信息论角度来说，数据包含数据冗余与信息，只有对数据进行仔细甄别和分析才能得到有用信息，同时信息不一定依赖数据来传递，与传统媒介相比，数据能容纳的信息量更大且传递更加方便，逐渐取代传统媒介成为信息主要传播媒介。（3）信息和数据概念分属不同学科门类，其发展和应用领域有很大差异。信息是传播学概念，主要用于社会学和传播学领域的研究，而数据则属于通信和计算机学科，主要应用于解决实际问题的信息工程学科。但在数字技术高速发展的今天，数据成为信息主要传播方式，两者高度依存，常被混淆。

数据的种类划分较多。（1）根据表现形式划分，数据包括结构化、半结构化、非结构化等，结构化数据最为常见，在日常工作中所使用的就是结构化数据，即数据库里的数据；非结构化数据包括视频、音频和图片等；半结构化数据介于结构化数据和非结构化数据之间，包括日志文件、XML 文档等。（2）根据数据权属与隐私保护方式划分，数据可分为私有数据与公共数据，私有数据产权归组织或个人所有，所有方可自行决定数据使用方式和用途；公共数据则是由社会共有的具有公共属性的数据，如宏观经济社会数据等。

这里定义的数据本身是一个广义的概念，从展现形式上包括了电子和非电子形式，从传播途径上并不排除网络数据或非网络数据，从数据类型上也未作任何限定，既包含个人数据也包含企业数据、国家数据等非个人数据。

数据活动实际上表达的是数据整个生命周期中涉及的场景，是一个动态、完整的过程。事实上，数据全生命周期是一个被广泛讨论的概念，也存在着不同理解和分类。比如，在国家市场监督管理总局、国家标准化管理委员会联合发布的《信息安全技术数据安全能力成熟度模型》（GB/T37988-2019）中分为数据采集、数据传输、数据存储、数据处理、数据交换、数据销毁等。丁丽媛的《基于数据生命周期的金融数据安全管理研究》一文中又分为数据创建、数据存储、数据使用、数据共享、数据归档、数据销毁等。

数据安全在这里也是一个广义的、动态的概念。（1）狭义的数据安全指的是对单项数据本身的、静态的保护，主要包含其完整性、保密性和可用性。（2）从空间上进行延展，对单项数据保护远远不够，应以更加全局化视角对整个企业、行业甚至国家数据集合进行整体保护。（3）从时间上进行延展，数据不是静止不动或一成不变的，静态数据保护只是基础，但也需对数据"从生到死"的生命周期中各项数据活动进行持续的保护，强调动态性和持续性。

二、数据是基础性资源和战略性资源

数据是数字经济重要资源。维基百科认为，数据资源是所有可能产生价值的数据，包括自动化数据和非自动化数据。国际数据管理协会（DAMA）在编制的数据管理知识体系（DMBOK）中认为，数据资源是由企业拥有或企业控制的，能为企业带来未来经济利益的，以物理或电子的方式记录的数据资源。中国移动董事长杨杰在《着力发挥数据基础性和战略性作用》一文中认为，数据是新的生产要素，是基础性资源和战略性资源，也是重要生产力。

（一）数据是数字经济的基础性资源

企业的经营是以特定方式组织、整合或加工生产要素，在这个过程中产生价值。当前实体经济竞争较为充分，包括资金、劳动力、能源、原材料等传统生产要素的需求和供给已趋于平衡，传统行业没有足够动能增加对这些要素的消耗，但数据可以做到这一点。谁能率先通过对数据进行组织、整合或加工以产生价值并带来新的增长动能，谁就更可能在数字经济阶段站稳脚跟，以此取得长足发展。

（二）数据是数字经济的战略性资源

（1）对于企业而言，充分利用数据资源，合理挖掘信息价值，能够让企业更清楚地把握一系列经营决策环节，如商机在哪里、该采购什么、该生产什么、把多少存货运往哪里、产品如何定价等，提升其内部资源的利用率和外部上下游的协同效率，加速企业的流程再造，以此降低生产成本、提升运营效率，最终提升企业在数字经济中的核心竞争力。（2）对于政府而言，合理构建数据治理和数据应用体系，推动数字政府的进程，从政务体验、营商环境、监管效能等多个方面优化政府服务，引导资金流、物流、人才流、信息流等社会资源的高效融合，助推各产业链数字化升级的持续演进、社会新旧产能的有序更替，最终能够提升个人对政府的满意度、提升企业对政府的依存度、提升民众的幸福感。因此，合理利用数据资源，能够持续促进社会资源高效运转、驱动经济健康发展、稳步增进人民福祉水平。

三、数据资源特点

传统意义上资源包括自然资源和社会资源，自然资源包括水资源、能源、土地资源等；社会资源包括劳动力、资本等。数据资源作为最新被广泛接受的资源类型，有着与传统资源相似共性，也有其专属特性。

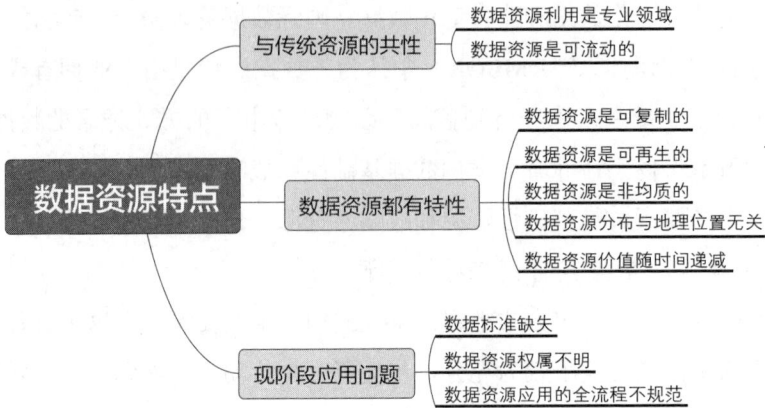

```
                          ┌─ 数据资源利用是专业领域
        ┌─ 与传统资源的共性 ─┤
        │                 └─ 数据资源是可流动的
        │
        │                 ┌─ 数据资源是可复制的
        │                 ├─ 数据资源是可再生的
数据资源特点 ─┼─ 数据资源都有特性 ─┼─ 数据资源是非均质的
        │                 ├─ 数据资源分布与地理位置无关
        │                 └─ 数据资源价值随时间递减
        │
        │                 ┌─ 数据标准缺失
        └─ 现阶段应用问题 ──┼─ 数据资源权属不明
                          └─ 数据资源应用的全流程不规范
```

（一）共性

1.数据资源的开采利用也是专业领域

每一项资源的利用与管理都是一门专业领域，比如水源的勘探与净化、石油的冶炼与存储、劳动力的培养和保障、资本的引导与配置。数据资源也是类似，数据的价值需要合理开采、加工、使用才能产生和体现，因此精通数据科学有助于企业和政府获得价值。

2.数据资源也是可以流动的

与其他传统资源类似，数据资源是可以储存、传播与交换的，而且与其他资源相比，数据资源的储存和流动成本会低得多。比如，使用电脑进行数据拷贝、使用电子邮箱发送邮件、使用即时通信工具分享数据文件，都是数据资源流动的方式。

（二）特性

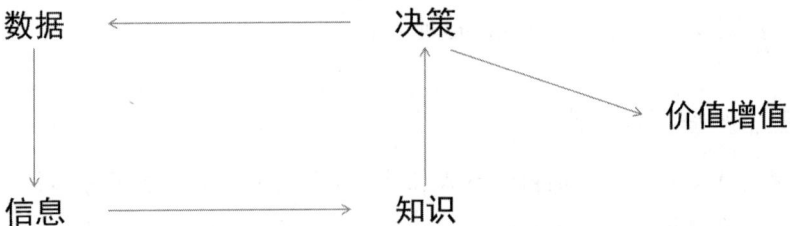

```
   数据  ←──────── 决策
    │               ↑    ↘
    │               │      价值增值
    ↓               │
   信息  ────────→ 知识
```

1.数据资源是可复制的

许多经济学教材中都强调资源具有稀缺性，数据资源在这一点上有本质差异。一笔钱投给 A 企业了就没法投给 B 企业，一杯水甲喝掉了乙就没得喝；而数据资源并非如此，可以极低成本进行复制，并且复制以后并不会导致数据资源提供者丧失数据。业界也有学者称其为非排他性。

2.数据资源是可再生的

许多资源是不可再生的，用完以后就会消逝，短期内无法再次获得，比如石油需要千百万年才能形成；而数据资源是可以持续产生的，环境、人口、资本等相关数据每时每刻都在更新，并且似乎永无止境。

3.数据资源是非均质的

能源、粮食、资本、人力等各类资源大多可以找到替代资源，并不存在"独家供应"一说，比如大米买不到可以买小麦，找不到中石油的加油站也可以找中石化代替。数据资源却并非如此。(1)不同数据中蕴含的价值完全不同，比如宏观经济数据对各行各业产生指引作用，而彩票开奖数据可能在大部分行业都无人问津。(2)数据资源较难找到同质替代品。比如用户银行账户的流水数据，无论如何也找不到替代程度较高的数据资源。

4.数据资源分布与地理位置无关

中东的石油、摩洛哥的磷酸盐在当地几乎"取之不尽"，而在世界上其他许多地方却一矿难求，劳动力、资本等社会型资源也是更倾向于分布在经济较发达地区。相比之下，数据资源较为特殊，它不会因地理位置导致分布不均，其分布密度与收集方式、交互频次有很大关系。

5.数据资源价值随时间递减

简而言之，越是新产生、收集的数据，价值越大，越旧的数据价值越小。比如，人们习惯会随着科技进步、社会演进而不断变化，基于上年的用户行为数据挖掘出的模式，可能就不如基于上个月的用户行为分析的应用效果更为理想。

相比其他资源，数据资源在实际应用过程中，也暴露出了一些问题，有的还可能会导致社会乱象。具体包括：(1)数据标准缺失。各个国家、各个产业、各个公司甚至各个部门，可能都使用不同的数据标准，这在一定程度上限制了数据的传播和广泛使用。(2)数据资源权属不明。用户的行为数据到底属于服务提供方、设备提供方、用户还是国家，可能目前还无法给出一个明确而统一的答案，目前一般都是数据采集方偷偷"笑纳"然后"闷声发大财"。（3）数据资源应用的全流程不规范。数据的收集过程大多是无感的，手机、电脑、摄像头、可穿戴设备等各类电子设备都在有意无意地收集大众数据；这些数据可能被经手人有意"共享"或者无意泄露，数据传播范围也较不容易追查；数据资源的使用也可能是数据产生方"无感"的，比如刚买完房子，可能立刻就有房屋租赁中介来收集出租意向，装修公司来指导装修方案，消费金融公司来提供消费＋担保＋贷款的"一条龙"服务，让人倍感苦恼。这些问题都有待于逐个击破，推动数据资源的合法、安全、有序地使用。

四、数据成为核心生产要素

"经济学之父"亚当·斯密就提到过生产要素，亚当·斯密的生产要素有三个：土地（自然资源）、劳动和资本。《二十国集团数字经济发展与合作倡议》指出，"数字化的知识和信息作为关键生产要素"。数据不再仅仅用石油这样物质财富直白描述，已发展为如同水与空气般的必需品。水、空气看似廉价，却能催生出水电那样的能量；数据单个体虽微小，但通过聚合也可能驱动质变。

2019年10月，党的十九届四中全会提出，健全劳动、资本、土地、知识、技术、管理、数据等生产要素由市场评价贡献、按贡献决定报酬的机制。这是中央文件第一次将数据确立为一种生产要素。

（一）核心生产要素的演进路线

原始经济时代，采集、狩猎是人类生存的主要手段。人类几乎是资源的索取者，这个过程人并不因为劳动产生过多价值，因此经济总量也极为有限。

1.农业经济时代，是以人类的农耕技术突破为推动力

农耕技术能够帮助人类有效利用自然资源，但劳动力对社会整体生产价值的影响有限，人类文明长期处于"靠山吃山、靠水吃水"的时代，土地的多寡仍然是决定经济总量较为核心的因素。劳动能够一定程度上帮助经济的增长，但同时也带来了对资源需求更盛的局面，过大的人口密度导致人均资源不足，因此这种经济模式下很容易触碰到"天花板"，即到了一定发展程度后增长难以维系。由于资源能够容纳的人口数量有限，人类文明因为土地资源的争斗也长期处于"内卷"状态。

2.工业经济时代，是依靠科学技术的突破为驱动力

科技的繁荣，使得原本在农田上勤勤恳恳劳作的人一下子解放出来，投身到工业领域中，推动产业规模化、机械化、流水化的发展。这个阶段，科技的边际效用极高，伴随着的是经济总量的迅猛发展；人类有资源对劳动力进行系统的教育和培训，科技赋能的劳动力其生产效率得到进一步提升，同时也为科技的持续创新打下坚实基础，形成科技与社会经济的正向反馈循环。

3.数字经济时代，是伴随着数字技术的突破为新形态

数字技术驱动了数据价值的发掘，形成了物理世界与数字世界的联结。数据驱动的生产使得生产效率得到进一步提升，数据驱动的管理更是为精细化的分工与协作提供了重要保障。在这个时代中，必须充分认识到数据作为核心生产要素能够为经济高质量发展发挥重要作用。

（二）数据成为核心要素的原因

数据作为核心生产要素，究其根源主要有两个，一是传统生产框架持续面临挑战，二是数据能给经济带来新活力。

1.传统框架面临挑战

以土地、劳动力、资本等为生产要素的传统框架已发展到一定瓶颈，主要体现在：（1）投入生产要素规模与报酬呈递减趋势。传统生产要素具有排他性，无论投往哪个方向都存在机会成本；而许多行业已发展到瓶颈，增加传统生产要素投入会导致规模不经济，即"投得越多，挣得越少"。（2）时空限制被一次次突破，世界联通方式被重构。数字技术将物理世界与数字世界有机结合在了一起，原有的物理世界的时空边界被重新定义。比如，现在不少企业都支持居家办公，不用聚集在一个固定的物理空间；物联网、5G等技术也使得企业生产管理可以真正做到"运筹帷幄"。（3）个体关系、群体关系模式可能发生重大变化。由于物理世界的联结方式被重构，未来学校与学生、公司与雇员、政府与公民等相处模式可能都会改变，比如网课的盛行使得学生们可以随时随地享受世界顶级教育；受益于移动互联、社交平台的盛行，现在有越来越多的自由职业者能够有条件养活自己，他们不想、也不用受到传统上班族那种拘束；此外，疫情中，移动互联等技术大放异彩，可以用于各级政府与居民的信息同步、密切接触者的有效追踪等。

2. 数据带来新活力

以数据为核心生产要素能给经济带来新的生机，主要体现在：（1）数据具有非排他性和可复制性。数据作为生产要素投入任何一个行业或者领域，并不会对原有数据有任何损耗，没有传统生产要素那种机会成本。（2）创新依赖数据和数字技术。传统创新与人的经验和知识有较大关系，在当下信息爆炸的时代，这种依靠人的观察、总结的模式存在较大局限性，人的关注度是有限的，难以完全捕捉到数据中的细微差异；此外数据也是日新月异，人的归纳推理速度可能无法赶上环境变化。相反，数字技术在某些场景下能有效地解决这些问题，比如，利用大数据和人工智能技术，能以小时甚至以分钟为周期来学习新数据并更新"认知"。（3）推动新的商业模式。工业经济时代，规模化、标准化生产固然极大地控制了成本，并让企业价值创造能力迅速扩大，但数字经济时代，消费者的个性化需求日益凸显，企业也要有"客户需要什么，我们就生产什么"的经营观念和格局，通过数字技术把握住个性化需求，生产出让每个客户都满意的产品是价值创造的重要模式，原有的生产要素周转率也能进一步提升。

（三）数据驱动经济发展

伴随数字化加快发展，数据对提高生产效率的乘数作用凸现，已成为最具时代特征的生产要素，成为驱动经济发展的引擎。赛迪研究院资深研究专家陆峰在《发挥数据生产要素的创新引擎作用》一文中认为，数据作为生产要素，能起到经济资源配置的优化、社会治理效能的提升、产业创新业态的推动等效果。

1. 优化经济资源配置

数据作为生产要素，在资源配置上起到重要作用。（1）通过合理引入并使用数据，消费者可快速找到满意的商品从而节约搜寻时间，让企业及时洞察商机的变化从而针对性地布局，有效降低经济运行损耗。（2）通过挖掘数据中蕴含的信息，以此协同合理的资金流、人才流、物流配置，提升传统生产要素的利用率、促进经济运转效率。

2. 促进社会治理效能

数据应用在政务领域，可提升政务服务、治理、监管等一系列政府活动的能效。通过汇集法人、个人的基本信息和行为数据，收集工商、税务、财政、消费、进出口等一系列经济相关的重要数据。这种基于客观事实的决策治理方式能够有效减少传统经验的认知偏差、减少信息传导的时间差、避免突发状况时"两眼一抹黑"的窘境，能够让政府行为更加有据可依、有迹可循，而不是"拍脑袋""我觉得"。进一步地，针对教育、金融、医疗、人口、交通、环境保护、应急救灾等诸多领域，都能够基于数据进行精细化治理，使得政府服务更有针对性、更加有效。比如，颁发一项政策，投入多少成本、影响哪些企业、带来多大经济价值，都能基于数据进行更精准的成效预估和效果测评。

3.推动产业创新业态

数字经济自身已经成为重要产业，已影响着我们生活方式。数字经济也为传统产业带来新的发展动力。传统企业纷纷上马数字技术、智能制造，许多产业链上的企业也正在合力推进数字化转型，引发了生产模式、协作模式、价值创造和分配模式的全面变革。例如，企业通过精准营销能了解客户在哪儿，掌握客户偏好；通过智能制造让企业生产更加柔性化，为企业快速响应市场需求变化提供了重要抓手；基于客户的反馈数据和大数据舆情，能够掌握产品的优劣势在哪里，并不断进行正向反馈改进。总而言之，数据作为核心生产要素，正在不断推动各行业实现产业升级和创新。

五、数据要素的作用模式

数据这一生产要素与土地、劳动力、资本等传统要素相比，对生产活动的作用模式并不相同。数据一般不能单独对生产活动产生影响，而是与土地、资本等要素相结合，通过在生产、分配、交换和消费等各个环节的应用来促进传统要素生产率的提高。数据在当前数字经济的重要程度和独特性质决定了其作用模式有以下几点：

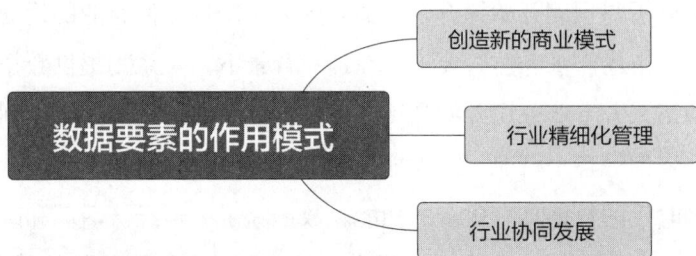

资料来源：沈建光编写的《释放数据生产力》。

（一）创造新的商业模式

对数据的重视和有效挖掘是数字经济时代实现生产力进一步释放的必然要求。数据的合理使用一方面能够有效提升上层决策的效率和准确性，另一方面能够使传统生产要素的利用更加合理，优化资源配置效率，充分发挥生产资源的作用。因此，数据的大规模使用会使传统商业模式发生巨大变化。以金融业为例，传统的金融业具有较高的门槛，一般偏向于那些有充裕现金流和良好固定资产的企业，但是却忽略了许多未来发展前景广阔但是目前经济实力较弱的中小微公司，而这些小微企业所代表的朝阳产业反而是未来投资收益极高的优质标的。因此这传统金融业的资金投资效率较低，难以将优质的信贷资源精准投向那些具备更广阔发展前景的企业，造成了资本配置的无效。而在数字经济时代，金融科技迅速发展，数据在分析企业画像、评估风险与收益方面有着极大的优势，可以有效帮助金融企业合理设计资金投放路径，也有利于金融机构合理发展业务并拓展优质客源，从而使金融产品更好地服务于优质客户和朝阳产业，使金融行业进一步向纵深发展。

（二）数据使行业更加精细化

数据的大规模使用使企业生产过程越发精细化。数据在使用的过程中必须要结合算法和一定量的算力，三者的结合使得人工智能成为可能。算法和算力的加持使得企业的生产过程更加可控，能够根据市场上更具体的需求创造更加符合消费者偏好的商品，这样能促进市场供需更好的适配，从而使社会整体效用水平得到极大的提高。

数字经济时代数据起到的作用不仅仅是对经济活动进行记录，而是作为一种商业工具，更深入参与到企业规划、决策、生产、控制和销售的各个环节，从经济分析与预测开始提升企业的生产效率，从而使企业的运营更加精确合理，更符合市场需求和监管要求。在这一背景下，一系列提供数据搜集、存储和分析的第三方专业公司开始涌现，数据价值不断被发掘并应用到电商、金融、交通、咨询等各个行业，极大地提高了社会整体的运营效率。

物联网时代的数据具有更多的功能。数据除了参与经济活动和改造传统商业模式之外，还逐渐成为和现金、房产、土地等具有等同价值的"资产"。数据本身成为人们交易的标的，优质数据甚至成为许多商业巨头争抢的对象。出现这一现象的原因是数据在人工智能和大数据技术的应用下，其收集、存储和分享变得更加简便和科学化，经过特殊编码的数据甚至可以在网络上被加密为类似货币的一般等价物。在这个时代，所有的生产和生活都可以被数据化，商品和经济活动的价值本身也可以用数据来衡量，因此数据正在不断改造传统的产业价值链，为今后更广泛的社会变革奠定基础。

（三）数据强化行业协同发展

从工业革命开始，各行业的协同发展一直成为困扰社会整体生产力进一步提高的难题。在数字经济时代，由于生产市场和消费者市场的数据可以被统一纳入到大数据平台中进行整合，消费者和生产者之间的距离被拉近，传统的产业链被迅速缩短，产品的生产制造和销售过程中参与的各个企业可以通过工业互联网和产业互联网进行充分的信息交流，并以此为基础开展统一协作，产业内部的企业协同水平可以得到迅速提高。同时，行业之间通过这种模式也可以实现产业链上下游之间的协作共赢，避免出现产业链某一环节产能不足或者过剩，使得行业之间的壁垒被不断打破，社会整体生产力水平得到迅速提高。

在数据不断改造传统产业的过程中，数字化基础设施也在逐渐得到完善，行业数字化发展所需要的组件和基础设施为数字化业务的开展提供了良好的条件，线上支付结算和线上办公运营等得以迅速实现；同时随着数字化业务的不断开拓，数据的积累和分析能力的提升又能进一步拓展客户类别和数量，从而实现正反馈的作用机制，使不同业务联动拓展，生产可能性边界的外延不断扩大，促进社会化大生产不断进步。

第二节　数据资源的收集、利用与确权

2020 年 7 月公布的《中华人民共和国数据安全法（草案）》第五条规定，国家保护公民、组织与数据有关的权益，鼓励数据依法合理有效利用，保障数据依法有序自由流动，促进以数据为关键要素的数字经济发展，增进人民福祉。

如把大数据比作一座金矿，需要做好数据管理工作，通过一系列工作挖掘里面的黄金（有价值的数据）。中国科学院院士梅宏在《构建数字治理体系，支撑数字经济发展》的主题演讲认为，明确数据的资产地位，要将数据的归属、估值、交易、管理等纳入一般资产管理体系，促进数据的确权、流通、交易、保护。

一、数据资源收集

数据收集需要一定的成本投入，包括硬件、软件、人工。当数据规模达到一定的程度之后，它将发挥巨大价值，比如利用数据来进行精准销售、精准生产和精准售后服务等。当前数字社会的数据量呈现爆发式增长的态势，社会生产、消费、管理无时无刻不在产生着海量的数据。在大数据平台和云计算技术的助力下，数据的收集工作开始更加科学和系统化，数据开始真正从无人问津的经济活动附属品转变为具有应用价值的"数据资源"，这一切都需要采用科学有效的方法将存在于各行各业和各个地区的数据收集并整理在一起，使碎片化的数据呈现出整体有序的状态。

（一）数据资源收集原则

资料来源：普华永道公司编写的《数据资产生态白皮书》。

1.重要性原则

数据资源的爆发式增长导致大规模数据量迅速产生，但是数据的重要性并没有下降。许多重点地区、领域和行业的数据涉及敏感性原则，对数据的收集和使用需要进行重点审查和确认，并采取措施严防数据泄密。

2.时效性原则

在数字经济时代，信息的变化是瞬息万变的，数据的更新在不断进行，因此对数据的搜集和使用必须要注重时效性，使数据符合当前的需求，从而能实时反映生产环节的情况。

3.准确性原则

数据在使用过程中并不一定能对生产和生活起到正向作用，主要原因就在于很多场景下数据的准确性无法保证，因此在收集、利用和传输数据的过程中要及时对数据复核和确认，以保证数据信息能够准确反映现实情况。

4.全面性原则

数据信息除了可能会出现错误以外，缺失问题也很可能导致数据的应用出现问题，导致数据分析判断有误，并对最后的决策产生不利影响。

5.精确性原则

这一原则对应数据的搜集阶段，由于很多数据需要采用专门的仪器进行搜集，甚至是通过实验在特定条件下生成，因此仪器的精确程度和实验条件的稳定性将会对数据的精确性产生影响。

6.直观性原则

当前数据的爆发式增长导致数据本身复杂程度进一步增加，这对数据的处理和展示提出了很高的要求。在数据展示环节，需要用简单直观的术语和图表来展示复杂的数据关系，这样才能方便决策者对数据蕴含的信息进行全面的了解。

（二）数据资源收集框架

在数据收集工作的具体操作过程中，需要采用一套完整的框架和流程，首先确定需要搜集的内容，然后确定数据来源，进一步地，需要确定收集数据的方式，最后对收集工作的人员进行分工，如下图所示。

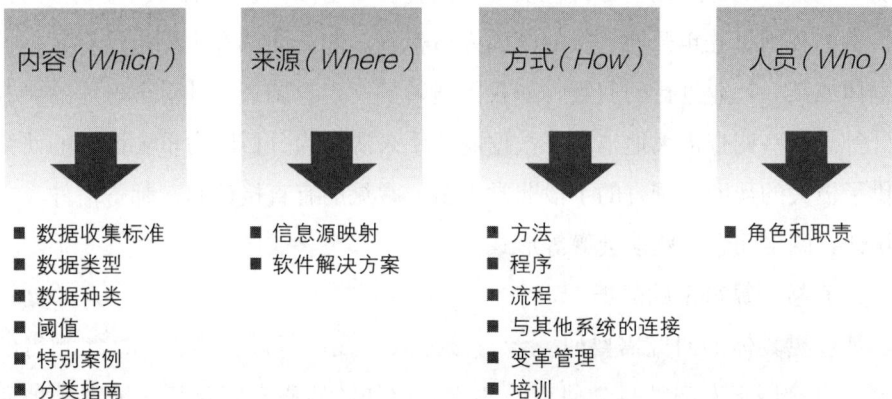

内容（Which）	来源（Where）	方式（How）	人员（Who）
■ 数据收集标准 ■ 数据类型 ■ 数据种类 ■ 阈值 ■ 特别案例 ■ 分类指南	■ 信息源映射 ■ 软件解决方案	■ 方法 ■ 程序 ■ 流程 ■ 与其他系统的连接 ■ 变革管理 ■ 培训	■ 角色和职责

资料来源：普华永道公司编写的《数据资产生态白皮书》。

数字经济发展与安全

（三）数据资源收集流程

数据资源收集需大量工作，必须遵循一定的流程，一般分为以下五步：一是确定调查的目的，根据调查目的再确认调查的对象；二是根据调查对象特点和调查的区域选择合适的调查方式，如问卷、在线访问、线下访问等方式；三是制订合理的调查计划，开展调查活动，并收集数据；四是将调查得来的数据归集整理，并采用图表的形式表示；五是要进行合理的数据分析，得出相应的结论。

（四）数据资料来源

无论是学术研究还是日常生产活动，数据来源通常都为以下四种：

1.官方及半官方数据

我国的政府部门以及学校、科研院所等事业单位一般都会建有专门的数据库，并定期向社会公布全国以及各地区各个时间段的数据，这些数据主要涉及国计民生等重要领域，比如国家统计局会定期发布我国 GDP、消费者价格指数（CPI）、社会消费总额等等宏观数据，同时各个部门如卫生部、工信部、教育部、商务部等重要部门也会公布医疗卫生、工业生产、教育培训和国内外经济交流等各个领域的数据，这些官方和半官方的数据是经济分析时使用的重要数据来源。

2.各个平台统计的数据

一手的数据主要来源于调查统计，我国的全面统计调查通常都由专门的平台负责实施，统计的调查方式包括全面调查和非全面调查。全面调查又称为普查，例如我国每五年开展一次的全国人口普查。非全面调查主要指针对某一社会群体或某一行业进行的调查，如我国适龄妇女生育调查，针对金融业的调查统计等。这些调查极大地丰富了数据的一手来源，为分析国内重要课题的研究提供了极大的帮助。调查的手段非常丰富，常见的有直接访问、邮寄信件、电话访谈、网络问卷、座谈会等等形式。

3.直接测算得来的数据

某些更具体的研究需要研究者直接深入一线进行调查测算，这些测得的数据将直接用于专门的科学研究与实验。比如，地质学家对某一地区的地质地貌进行研究就必须深入实地进行测量。通过特定的仪器和搜集设备对地形地貌进行描绘和记录，为后期的加工分析做准备。一般来说，直接测算需要采用一定的指标和规则对实物或者是抽象概念的特征、行为等进行数量化，从而有利于数据的科学有序收集，这需要科研工作者在测量之前就做好指标体系的构建。

4.通过实验得到的数据

通过实验得到数据是学术界，尤其是理化生等自然科学获得数据的主要途径。实验开展需一定条件。对于自然科学而言，实验之前需要做大量的准备工作，如准备实验器具、准备实验材料、设置实验参数和实验安全防护等。通过实验得来的数据都是在特定条件下得到的，而有些条件极为严苛，这决定了有些数据一般适用范围较小。同时，要保证实验可以复制，数据在同样的条件下能够重复得到，这样能保证数据的准确性和真实性，避免数据造假。

二、数据资源利用

数据资源在收集整理之后要实现充分利用，以彻底发挥数据资源在经济社会运行中的巨大作用。数据资源的利用在数字技术的不断发展过程中取得了长足进步。通过云计算技术，海量的数据导入"云端"，在大数据技术的加持下，数据可以实现大批量的处理分析，使数据能够有序地注入到具体的生产环节，从而实现量变到质变的过程。

（一）数据资源在实体经济中的利用

当前，我国的经济正从高速发展阶段向高质量发展阶段转变，处于发展模式转化、经济结构优化和增长动能转换的决定时刻，这为实体经济和数字经济的融合带来了十分有利的形势。数字经济发展势头迅猛，对经济社会变革和人们生活质量的提高发挥了重要作用。大数据、云计算、人工智能、区块链、物联网等新一代数字技术对经济的加速整合给新产业和新生产模式的产生提供了一定的技术基础，极大地促进了生产和生活数字化程度的提高。在数字经济时代，数据广泛用于生产、流通、交换、消费、制造、服务等领域。例如，普惠金融事业是金融领域数字化技术大量应用于社会各行业的典型案例，数据广泛应用于客户的准入、授信管理和风险评估各个领域。随着大规模数据的应用，数据催生了许多新的经济共享平台和商业模式，具体表现在以下几个方面：

1. 提高了数据分析的质量

数据资源的大规模应用从根源上提高了各产业数据分析的能力，包括宏观经济形势分析、商业建模、数据处理、专业报告展示等等数据分析过程。数据资源对于产业内部实体经济发展规划和具体的生产过程相结合有着重要的意义，能够有效避免发展规划与生产活动脱节的问题，从而提升产业整体的分析能力和规划能力。

2. 促进科技平台与传统企业的合并与共生

在产业数字化的进程中，腾讯、京东等优秀互联网公司起到了重要作用，他们首先通过兼并收购和参股的方式将自身的先进数字技术与传统产业相融合，促进了一批优质的科技平台和中小企业的诞生。同时这些公司也为后来者提供了优秀的可供参考的案例和数字技术支持，共同推进了数字经济的发展。未来，在物流、传统制造、医疗和教育行业，优秀的互联网平台将进一步加速产业链上下游的协作，通过技术外部性有效提升其他行业的生产和管理效率的提升，从而实现科技平台与传统产业的进一步融合，促进产品供给变革，并加速商业模式创新，实现科学技术平台与传统企业的合并与共生。

3. 重建商业模式

近年来，数据资源的整合和数据要素市场的进一步扩展提升了社会整体数据资源的价值，加快了各类数据平台的开放和共享。智能生产、网络协作和服务方向的创新加速了新商业模式的出现，数据和实体经济深度集成驱动了企业组织新模式的出现，企业的核心竞争力得到提升，社会各行业的发展格局被不断打破和重塑。

（二）数据资源助力普惠金融纵深发展

小微企业融资难、融资贵一直是困扰普惠金融发展的世界性难题，尤其在疫情冲击下，中小微企业受到极大冲击，经营情况普遍不佳，融资难度和还款难度进一步增加。在这种不利局面下，政府根据实际情况不断推出有利于普惠金融发展的政策和规划，如国务院发布的《推进普惠金融发展规划（2016—2020年）》和人民银行推出的《关于切实做好2019年—2020年金融精准扶贫工作的指导意见》等文件，对我国建立和完善与全面建成小康社会相适应的普惠金融服务和保障体系起到了重要作用。整体来看，我国的普惠金融发展十分迅速，中小微企业融资难题得到了一定的缓解，但仍然面临较严峻的形势。

随着我国普惠金融发展政策逐步深化，普惠金融模式不断创新。商业银行作为我国现代金融体系的主要部分，是发展普惠金融事业的重要力量。近些年的成功实践证明，海量数据资源和前沿数字技术的应用能够提高商业银行的获客和风控等方面能力，推动商业银行普惠金融事业全面、深入、可持续发展。在实践中，邮储银行作为普惠金融的倡导者、先行者和推动者，近年来持续深耕普惠金融领域，运用大数据、机器学习等数字技术，推动小微金融业务向"数字化、智能化、开放化、敏捷化"转型发展。在数字普惠金融模式创新优化之下，邮储银行普惠型小微企业贷款余额呈不断上升趋势（见下图），截至 2020 年底，全行普惠型小微企业贷款余额达 8012.47 亿元，同比增长 22%，有贷款余额的户数 161.05 万户，较上年末增加 9.45 万户，贷款余额占全行各项贷款的比例高达 15%，占比在国有大型商业银行中名列前茅。

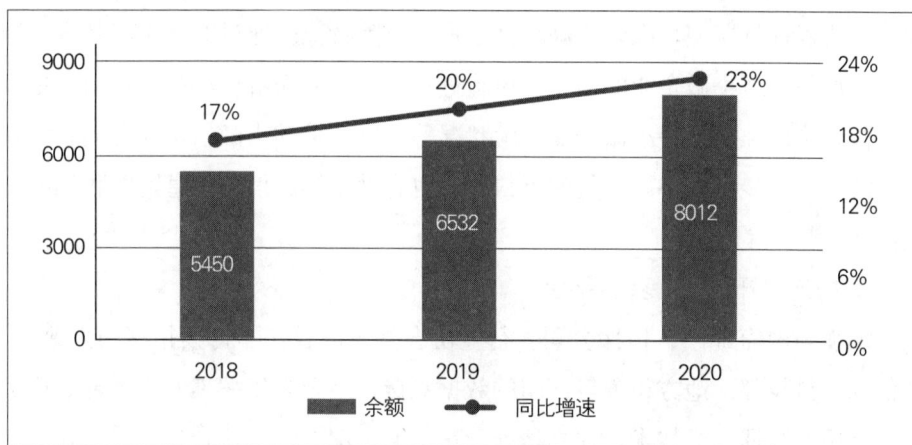

数据来源：中国邮政储蓄银行。

1. 创新"数字化"产品模式

创新推广"小微易贷""极速贷"两款数字化拳头产品，通过对小微企业法人和小微企业主多维行为数据的采集和分析，判断企业实际经营情况、履约能力和资金需求量，为小微企业提供免抵押、免担保的融资支持。作为全国中小企业融资综合信用服务平台（简称"全国'信易贷'平台"）首批入驻的金融机构，邮储银行率先借助全国"信易贷"平台，创新研发垂直工程行业领域信用大数据应用产品"工程信易贷"，结合国家信用大数据创新中心提供的行业信用报告，运用大数据分析等数字技术，系统性地对小微客户进行综合评分与信用评价，为工程行业小微企业提供纯信用、线上化、自助式融资服务。此外，邮储银行持续拓展"小微易贷"业务模式，在税务、发票、综合贡献、工程信易贷模式的基础上，推出线上抵押、线上保证模式，形成"4+2"发展格局。依托遍布城乡的近 4 万个网点，推动线上线下一体化深度融合，进一步扩大小微金融服务范围。截至 2020 年底，线上化小微贷款产品余额 4570.70 亿元，较上年末增加 2520.52 亿元，较年初增长 122.94%。

2. 打造"智能化"风控模型

广泛对接和获取工商、司法、征信、税务、发票、海关、国网等各类细分场景的内外部数据资源，通过大数据、机器学习技术，挖掘多维度信息之间的关联性，开发了数十条负面规则和预警规则，优化贷前调查、贷中审批、贷后预警全流程计量模型，准确刻画小微客户的风险特征。通过对多维度数据资源的充分评估，对小微企业的实质性风险进行判断，从而解决小微企业财务报表不规范、难以准确反映小微企业风险状况等问题，推动小微信贷业务向长尾客户下沉，进一步提高小微信贷的可得性，也有助于形成信用信息财富积累的良性循环。

3. 搭建"开放化"获客平台

加强与政府部门、担保公司、行业协会等多方合作，持续拓展与发改委、工信部、科技部、地方税务等部门的数据对接，结合多年积累的内外部数据资源，运用大数据分析技术，建立精准营销模型，深度挖掘符合条件的潜在优质客户，提升精准获客能力。积极探索打造线上线下融合、金融与非金融交互的生态圈，携手多方构建小微金融服务平台，结合银行的客户和数据资源禀赋，延伸小微金融服务"触角"，为小微企业提供"融资"服务的基础上，提供"融商"支持。

4. 优化"敏捷化"服务流程

坚持以客户为中心的服务理念，以客户旅程优化为抓手，进一步提升客户体验。通过外部数据资源和数字技术的有效运用，实现线上贷款申请、审批、放款、贷后及档案管理的全流程数字化，把"窗口服务"转变为"门口服务""指尖服务"，推动小微金融服务向服务效率更高、运营成本更低转变，同时更多地让利小微企业，为小微企业提供便捷高效、价格更优的融资服务。

三、数据资源确权

（一）数据确权的含义

数据作为一种资源和资产，正在受到政府、企业和普通民众的重视。与大部分资产都具有所有权属性一样，数字资产在近年来也开始兴起所有权的概念，并产生了许多争议。对于企业尤其是互联网公司而言，数据是其赖以生存的特殊资源，但是数据本身是与用户有关的数据，却是在互联网公司的业务平台上产生，因此数据究竟是归属于用户还是互联网公司，便成为主要争议话题。

对数据产权（包括但不局限于隐私数据）的确定，也就是数据确权。数据确权问题首先是一个法律问题。我国的《物权法》是解决国内涉及所有权的法律问题最为权威的法律文件，但是其中对于数据所有权归属却没有明确的规定。数据确权首先在法律上来确定就有一定的难度，法律上不仅要确定数据属于谁，还要确定数据产生后由谁来控制，谁来管理、维护和使用。确权本身是一个简单的概念，但是因为数据不仅仅是消费者和用户创造的，还必须要借助某一互联网平台或网络上发生的经济、社交等活动才能产生，因此在这一过程中电信服务提供商和互联网平台都对数据的产生、传播作出了贡献，数据的权属问题因而变得复杂起来。数据确权的难度决定了当前数据所有权的模糊，因此对于隐私数据的管理和保护更加棘手，数据使用者可以利用数据所有权的不明确肆意使用和复制传播数据，甚至错误使用数据从而造成不必要的损失。因此，数据确权工作十分重要，对于数据的规范使用和管理有着重要的意义。以电商为例，消费者是数据产生的主要来源，但是消费者必须在电商平台上产生购物和交易行为才能产生数据，这些交易信息一般被电商平台使用，作为改善自身营销策略的主要数据来源。因此，对于电商平台上产生的数据，消费者自身通过注册、浏览、订阅、购买、评论等一系列行为留下了大量信息，自然对这些数据有所有权，但是电商平台提供了在线场景和软硬件环境，也有自己的贡献，因此两者都保有对数据的所有权诉求。

以全球的主要互联网商业巨头为例，如国内的BAT（百度、阿里、腾讯），字节跳动和美团，国外的facebook（脸谱）、苹果，亚马逊公司，这些公司的很大一部分营收来自平台流量带来的广告和其他增值服务，而这些数据流量的主要贡献就是消费者。消费者的网络购物、交通出行、社交游戏和网络浏览行为产生了大量的数据，这些数据基本都涉及消费者的个人身份信息和个人消费习惯等敏感信息，从这一层面而言，数据应当归属于个人，尤其是那些涉及个人隐私的数据信息。但是由于数据在互联网公司的平台上生成，其技术实力和经济实力相比较单一的消费者有着压倒性优势，这造成互联网公司收集管理和使用用户数据的成本极低，因此互联网公司违法收集用户隐私信息且从中牟利的现象非常普遍。如苹果和facebook等知名互联网企业都被爆出过内部员工违规搜集用户隐私数据并进行违法交易的案例，但这些案例也只是冰山一角，数据的所有权归属问题还有很多细节需要进一步研究。

（二）数据确权中的归属问题

数据确权过程中涉及的归属问题十分棘手，主要原因在于政府希望大力推动数据交易市场的形成，使数据真正成为一种可以市场化的关键生产要素。但是数据在产生和流通过程中涉及了许多主体，其中包括数据产生主体如消费者和企业，数据的传输主体如电信服务提供商以及数据的管理主体如电商平台等互联网公司，而政府在其中还起到监管与协调的责任，因此数据要素市场的发展过程中各主体之间的博弈使得问题更加复杂化，使得其中各方之间的关系非常微妙。例如，政府一方面希望壮大数据市场，另一方面又不得不担心数据使用过程中的安全和隐私保护问题，从而陷入了两难的境地。解决这一问题的关键在于如何建立一个公开透明的数据要素市场监督管理机制，这对于政府、企业和公众都是一个不小的挑战。对于公众而言，他们期待数据在产生之后能够为自己服务，提升自身的购物、出行等生活体验，同时也要得到隐私上的保护；对于企业而言，他们希望能够充分利用数据，从而实现企业自身利益的最大化；对于政府而言，数据的大规模应用推动数字经济进一步向纵深发展是时代的要求，也是政府的职责所在。因此，数据的归属问题必须要协调好各个主体之间的利益，确保实现对数据归属的合理划分，这是当下亟待解决的问题。

对于数据确权问题，学术界和业界很多专家学者都有自己的观点。例如，华东政法大学数据法律研究中心主任高富平主张，数据资源应当按照经济规律创设和配置数据权利，遵循"谁生产，谁决定"的原则，即谁生产数据谁就享有初始的权利，并可开始数据的流通、社会化利用。他认为，"数据要不断流动，和新的数据混合才有意义，而混合之后数据的边界就模糊了，所有权在数据世界中也变得模糊，数据权最后很可能是基于事实控制而形成的控制权"。

（三）数据确权的相关法律

国内目前对"数据所有权"的规定尚不明确。2017 年颁布的《民法通则》中规定"自然人的个人信息受法律保护。法律对数据、网络虚拟财产的保护有规定的，依照其规定"。但是，数据的确权内容至今在国内法律中没有明确规定，需要我国推动相关法律的出台来进一步完善。

而在国际社会，对于数据确权已经经过较长时间的探索，对我国未来完善相关法律有很强的借鉴意义。2018 年 5 月，欧洲出台了第一份对数据进行系统性定义和规范的法律文件——General Data Protection Regulation（GDPR）。这一文件对数据的概念、定义、传播规则进行了详细描述，被认为是世界上第一部"数据宪法"，标志着数据时代正式到来。但 GDPR 并没有界定数据所有权问题，为弥补这一缺陷，增加了用户对数据的控制权和"携带权"，如 GDPR 第 20 条第 2 款规定："在技术可行的条件下，用户有权要求数据控制者向第三方直接传输数据。"

为了解决互联网企业对用户数据肆意使用的问题，许多国家和国际组织纷纷采取措施对互联网公司进行限制，这其中的重要法律措施就是推出"数字税"。"数字税"是对互联网企业使用用户数据获取暴利进行限制的一项税收。互联网企业在数据收集、使用和商业化方面已经积累大量经验，并获得丰厚利润。但是，由于数据所有权意识的淡薄，很多企业在数据的使用过程中并没有征询用户的同意，因此许多国际组织试图通过"数字税"形式调节利益分配，提高互联网企业征税比例来增加整体税收，并对互联网企业形成一定管制。2019 年 7 月，法国率先做出尝试，对谷歌、亚马逊、脸谱（Facebook）等 30 余家全球著名互联网企业征收"数字税"。2020 年 2 月，G20 组织也开始积极在全球推动对科技企业征收"数字税"。

美国在全球一直处于技术、金融和法律层面的领先地位，但是在数字立法方面却被甩在了后面。在 2019 年 10 月，美国国会举行了一系列有关数字资产的听证会，对数据是否应当确定为一项资产进行讨论。最终爱达荷州参议员迈克·克拉波（Mike Crapo）指出，数据有传统资产依然有着天壤之别，因此数据立法在美国一度被中断。然而，即使没有相关法律，美国各州也在逐渐重视对数据资产的保护。"数据作为财产"的观念已经深深影响到美国政府官员和普通民众。俄亥俄州参议员谢罗德·布朗（Sherrod Brown）认为互联网企业正在逐渐威胁着美国普通民众的数据隐私，因此必须建立一个统一的市场来管理数据，使民众也能享受到数据带来的收益。

虽然美国国家层面并没有相应的法律来规范数据资产的使用，但在 2018 年美国加利福尼亚州仍然通过了消费者隐私法案（The California Consumer Privacy Acto of 2018，CCPA），并已于 2020 年 1 月生效。CCPA 与欧盟的 GDPR 类似，在企业收集、存储和转让公民个人数据时保护公民个人的权利不受侵犯。CCPA 规定，企业收集加利福尼亚州和纽约州居民的数据必须遵守 CCPA 的规定，且必须公布收集和转让公民个人数据的具体流程，以及可能会得到这些数据的第三方组织和机构。同时，数据在互联网企业手中传输时也依然保留用户的处置权，如果数据所有者提出删除数据的要求，则互联网企业也必须及时响应对数据进行删除，不得私自复制和存储。

因此，在未来数据资产将成为一种授权类的服务，所有权将牢牢把握在数据所有者手中，数据管理者必须经过所有者授权才能对数据资产进行收集、处理，并向使用者提供。数据资产所有权将在法律上被进一步明确，其所带来的经济利益分配将有法可依。未来，随着欧盟、美国和中国数据资产相关法律的不断完善，学术界和法律界将对数据资产进行更深入的研究，数据交易各方的"数据所有权"将会得到更好的保障。

（四）区块链技术在数据确权中的应用

区块链是指通过分布式存储方法将数据在网络上实现去中心化存储的一种数字化技术。从本质上来说区块链是一项加密技术，通过去中心化分布式存储将网络上的数据进行加密，存储于区块单元的信息包含了所有区块之间的交流信息，因此各区块之间没有中心区块，而是相互连接共同存储着大量信息，随着信息交流的扩大，区块之间的联系十分复杂，难以破解，因此是一项十分高效且严密的数字加密算法。在区块链技术发展过程中诞生了许多优秀的公司，比如有家公司旨在推进物联网及 AI 之间数据互联、交易结算、智能合约的去中心化区块链技术平台，以个人数据加密为主要业务，挖掘个人数据的价值，将每个人的个人信息和有形及无形资产用区块链技术进行加密，形成个人专属的数据资源库，甚至是个人数字银行。个人信息在区块链技术的加持下具有极高的安全性，而且不可篡改和流通交易，个人可以根据个人需要进行公开或者保密，并且在个人离世之前可以选择他人来继承。

通过区块链技术，个人也可以对自身的所有信息和财产进行加密保护，从而脱离银行、保险等其他机构，实现个人信息和资源的完全独立，这样就给人们的网络行为提供了非常完善的保护措施，能够有效避免网络上个人信息泄露。此外，人们可根据个人意愿有选择将个人信息放在网络上开放，这样就将数据的交换和传播主动权完全掌握在自己身上，有效解决数据所有权归属问题，互联网平台公司和电信运营商将不再能轻易地获取用户个人信息。当任何组织和机构在网络上需要采集个人信息时，数据采集方就必须支付相应价值作为获得数据回报。

第三节 数据资产的定价与交易

在数字经济时代，数据已经成为一种重要的资源被广泛利用，数据的价值在政府、产业和个人的充分挖掘后被逐渐释放。但是我国由于数字化起步较晚，在数据的收集、利用、确权、定价与交易方面与发达国家相比还存在着技术落后、使用不规范、交易定价机制不完善等问题。2020 年 4 月《中共中央国务院关于构建更加完善的要素市场化配置体制机制的意见》中明确提出加快培育数据要素市场，加快数据要素市场的制度建设。因此，必须深入研究数据资产权属不清、数据技术落后、数据定价机制不明以及数据要素交易市场无序等等问题。只有解决了上述问题，我国的数字经济才能真正释放发展潜力，数据才能真正成为支持我国经济迈向新台阶的生产要素。

世界经济论坛在《个人数据：一种新资产类别的出现》报告中指出，个人数据成为一种新的"资产类别"。

一、从数据资源到数据资产

"数字资产"一词于 1996 年由 Meyer（梅耶）提出。2013 年，Toygar（托伊加尔）等认为"从本质上说，数字资产拥有二进制形式数据所有权，产生并存储在计算机、智能手机、数字媒体或云端等设备中"。"数据资产"一词于 1974 年由 Peters（彼得斯）提及。2018 年，朱扬勇等将数据资产定义为拥有数据权属（勘探权、使用权、所有权）、有价值、可计量、可读取的网络空间中的数据集。

（一）数据资产的定义

中华人民共和国财政部令第 76 号规定，资产是指企业过去的交易或者事项形成的、由企业拥有或者控制的、预期会给企业带来经济利益的资源。并非所有数据都构成数据资产，数据资产是能为企业产生价值的数据资源。数据在当前已经被明确为一种新的生产要素，数据的大规模应用对于生产关系变革、生产率提升和生产组织的改进起到了革命性的作用，能够在极低经济成本和环境成本的条件下促进经济发展、社会创新和整个社会的开放共享，符合当前"碳中和"的发展要求。由于数据的价值被逐渐挖掘，产业界也开始重新对数据进行定义，开始将其视为一项资产，给予其金融和货币属性。一旦数据的所有权归属问题和定价问题被完美解决，数据就可以像债券、股票等金融资产一样实现自由交易，不仅可以成为一种资产，也可以成为一项负债。但是，与已经存在了上千年的物理资产和金融资产相比，数据资产的管理仍然不完善，缺乏合理有效的机制保证数据资产价值的稳定。当前数据量呈井喷式爆发，数据质量参差不齐，缺乏系统有效的定价机制对其价值进行衡量，如果在条件不成熟的情况下将数据投入市场必然会造成交易市场的混乱和无序。因此，有效的数据资产必须建立在分布式计算技术、量子计算技术在社会上大规模应用的基础上，将数据的内容、层级实现有效的管理，从而形成标准化的定价机制和交易机制，这有赖于区块链技术在数据交易阶段的广泛而有效的应用。如果数据能真正转变为一种资产，那它将彻底改变当前的价值体系，重塑产业生态和行业竞争格局，那些掌握高品质数据资源的企业将成为各行各业追逐的龙头，数据资产的高效开发和有效利用将会给企业带来巨大经济利益，同时将大大丰富社会资源，使社会上现存的资产总额呈现指数级增长。

（二）数据资产的概念与界定

数据资产和数据资源是两种不同的概念，需要加以区分。数据在诞生时都可以被视为一种资源，但是数据资源转变为数据资产却需要一定的条件。数据资源一般是用某一媒介记录下来的资料，如文档、录音和其他电子数据，但是数据资源要转变为数据资产，则必须具备一定的价值，并且可以在市场上进行自由交易。数据资产可以为个人和企业带来巨大的经济利益，而数据资源则可能只是简单地对经济活动进行记录而生成的资料，其价值一般有限。

数据资产和数据资源之间有以下区别：（1）数据作为"资源"和"资产"存在的时候，其基本概念和基本属性截然不同。资源一般有自然属性，是一种客观存在事物，而资产则是一种具有经济属性的价值手段，是经济实体为了保有一定的价值，同时通过交易实现经济利益的标的物。（2）数据资产与一般资产不同，是符合会计核算准则的标准化的数据资源。数据经过记录之后一般是无序的符号和文字，但是要转化为资产就必须经过特定的处理和存储过程，形成标准化且能被社会普遍接受的资产。（3）数据资源和数据资产的管理属于不同的领域。数据资源管理属于数据管理的初级阶段，首先需要从经济价值的角度对数据资源进行识别和收集，并在收集之后通过一定的标准化流程使其更符合通用规则，从而为进一步转化为数据资产做准备；数据资产管理是针对数据和信息资产进行管理的流程，是企业对其收集所得的数据资产进行进一步开发、改造和完善的过程，以实现数据资产质量的提升和价值增值，从而在日常生产活动和交易过程中为企业带来更多的利益。

二、数据资产的定价

（一）数据定价的影响因素

数据成为一项资产的重要前提条件之一就是在市场上能够自由流通和买卖，要实现这一目的的基础就是完善且标准化的定价机制。没有完善且合理的定价机制，数据的价值将难以有效地衡量，市场也难以对这一资产提供长久的信心。因此，未来要建设完备的数据要素交易市场，就必须完善数据资产的定价机制。但是数据相对比其他的资产而言，其定价机制非常特殊且复杂。这是因为：（1）大数据时代，数据自身产生的速度很快，而且数据量庞大且结构复杂，这给数据价值的评估带来了很大的挑战。（2）数据确权较难。数据的归属问题一直困扰着法律界和企业界。（3）数据交易过程中对特殊环境的要求，数据的安全性问题也会对数据定价产生干扰。这些因素的叠加使得数据资产定价异常复杂。

要对数据资产进行合理定价，就必须要有效评估数据资产的价值，必须充分考虑影响价值的各项因素。数据由于种类多样，其评价维度也是多元的，不能仅仅依靠单一的标准来对数据资产价值进行衡量，需要考虑其不同的应用场景，从数量、质量、应用和风险四个维度来进行综合化的考量，如下图所示。

资料来源：普华永道编写的《数据资产生态白皮书》。

（二）数据定价的策略

1.处理成本策略

数据要素从一种资源转变为资产必须要经历一种预处理过程。这种预先处理过程的目的是使数据尽量标准化和科学化，从而能够在市场上进行评估和正常交易。因此，预处理给数据资产在市场上交易奠定了基础，这些处理的人力、时间和金钱成本自然也就成为数据资产内部价值的来源，从而实现对数据成本进行定价的可能。这种定价策略的优势能够充分体现数据从收集、加工到在市场上买卖的一系列成本，从而使得这种定价策略的可操作性较高，同时也更能被数据来源方接受。在这种情况下，数据资产的理论价格区间为：

$$C_1 + C_1 \cdot r_1 = P_{min} \leqslant P \leqslant P_{max}$$

其中：

$$P_{max} = \Big| \sum_{i=1}^{n} T_i J_i - \sum_{j=1}^{m} Q_j H_j \Big|$$

C 和 r 分别为包含数据在交易之前的处理成本和弥补成本所需要的最低收益率，其中 $r_1 >= 0$，Pmax 为数据资产在处理之后和处理之前给人们带来的效用的差值，这代表了数据在处理前后的最大价值变化。这一策略的意义在于给人们提供了一种很直观且操作性较高的成本定价方法，适用性较强。

2. 拍卖定价策略

拍卖定价策略是另一种常用的定价策略。由于数据资产本身定价机制的复杂性，如果直接采用成本方法进行测量，对于很多数据而言，成本来源难以追溯，因此对于数据的价值直接采用拍卖策略是一种非常直接且方便的操作。拍卖策略可以兼顾买卖双方的利益，同时符合市场原则，能够形成市场的均衡价格。数据资产的拍卖有以下原则：（1）要进行分期拍卖，数据资产由于价值难以衡量，所以很难一次性给出拍卖的合理价位，需要在不同时间段、不同主体的参与下进行多次拍卖，以此来确定合理的价格。（2）要采用多种形式相结合的拍卖形式，买方竞拍、反响竞拍等常见的拍卖形式应该结合使用，这是由于拍卖双方如果存在信息不对称的问题，难以对数据资产的价格达成一致，会出现价格太高无人问津，或者价格太低严重影响数据拍卖的延续性，因此最好的方法是多种拍卖方式相结合，找到最合适的价格。

以买方竞拍为例，数据资产的购买者有多个，各自对数据资产的保留价格为 B_k，则可知最终竞拍价格为：

$$P = \max_{1 \leqslant k \leqslant l} B_k$$

其中，B_k 也就是理论最大值，即 $B_k = P_{max}$。如果初始拍卖价定为成本价，则出现 $P = P_{min}$ 的情况；如果无人提出拍卖价格，则说明此数据资产价值过低，不符合购买者的心理预期。

3. 反馈性定价策略

如果前两种的定价策略都不适用，都无法得到对数据资产的合理价格，那么就必须采取以更加综合化的策略来进行定价。反馈性定价策略正适用于这种情况，其主要原理是针对拍卖定价策略进行优化，增加协商的过程。通过对拍卖策略初步得到的价格进行协商，如果出现买卖双方对价格的异议，则需要反馈至拍卖方，对价格进行调整，或者再次拍卖。这种反馈的形式一般有两种：双向反馈式和单向反馈式。

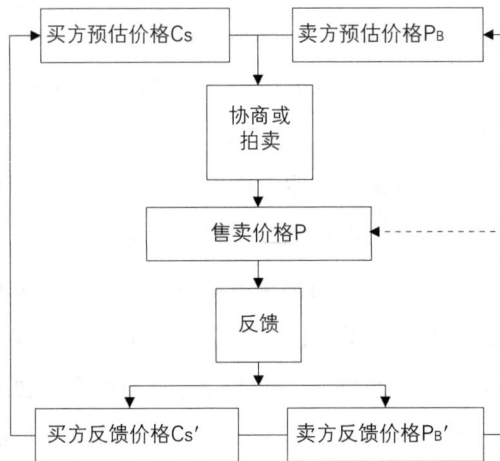

资料来源：刘朝阳编写的《大数据定价问题分析》。

4. 公允价值策略

公允价值法是采用公开市场参与者在公平交易中交易资产得到的价格进行定价的方法。数据资产的公允价值法适用于通过交换获得的数据资产，对于没有在市场上交易过或者难以交易的资产，则不适用于此方法。例如，国内向万方、CNKI（知网）购买的电子数据，金融企业向同花顺等证券数据公司购买的数据普遍可以使用公允价值策略来进行定价。

数据资产计量的公允价值法通常包括三种：（1）市价法。这一方法通常适用于经常在市场上进行交易的数据资产，如知识付费公司和金融数据公司的数据资产。（2）类比法。这一方法适用于找不到数据资产交易价格时，通过参考类似项目的市场价格来进行定价的方法。（3）估价法。估价法的适用情况更加苛刻，当数据资产几乎不存在市场交易信息，同时也没有类似的数据资产作为参考时，可以采用市场上普遍采用的估价技术对数据资产的公允价值进行估计。通常情况下，数据资产的公允价值策略都能从市价法、类比法和估价法中至少选择一种方法。

三、数据资产的交易

（一）数据资产交易的含义

数据资产交易是数据要素市场化工作的核心，即为数据资产交易双方提供进行所有权转换的中介或者平台。对于个人而言，数据资产交易平台的建成有利于激发个人的数据隐私保护意识，同时有利于个人通过数据资产交易获得收益，增加个人收入；对政府部门和企业而言，数据资产交易是数据要素实现市场化配置的核心，有利于政府部门的数据治理和企业数字资源价值的提升。如果缺乏完善的数据交易平台，数据资产的价值就无法被市场发现，市场的价格调控机制便难以发挥作用，数据资产交易只能通过地下等小范围的交易平台来流通，必然导致线上线下等多维度的数据资产管理的混乱无序，对产业数字化的发展形成严重的阻碍。数据资产的交易体系目前主要分为国有产权、集体产权和民营产权的交易制度，对应我国的主要所有制形式。国内部分地区已经初步建立了数据交易中心，如2014年建成的贵阳大数据交易所、2016年建成的上海大数据交易中心，以及2020年9月刚刚成立的北京国际大数据交易所等。但这些交易机构目前只是初步上线了数据交易系统，数据资产交易的品种和规则还没有形成统一的规定，交易机制还没有在全国全面上线。

工信部是我国目前推动数据资产交易工作的主要政府部门。在2020年5月13日工信部发布了《关于工业大数据发展的指导意见》（简称《意见》），对我国未来工业大数据生态体系的建立制订了详细的规定，主要包括工业数据收集处理、数据共享机制、数据治理机制、数据安全管理以及最为重要的数据资产交易机制建设。《意见》的发布对于我国产业数字化转型有着重要意义，有利于从根本上激发数据资源要素的潜力，加快数据生态体系的完善，从而落实国家的中长期发展规划。

在数据资产的交流和交易方面，工信部明确提出了多个意见以促进数据资产交易工作迅速落地，包括"引导和规范公共数据资源开放流动，鼓励相关单位通过共享、交换、交易等方式，提高数据资源价值创造的水平"，"构建工业大数据资产价值评估体系，研究制定公平、开放、透明的数据交易规则，加强市场监管和行业自律，开展数据资产交易试点，培育工业数据市场。"

（二）数据资产交易体系的构建

1.交易的参与方

一是数据资产购买者。数据资产的购买者主要包括以下三类：（1）需要数据资产或服务用作新产品开发的初始资源的购买者。（2）为了降低运营成本和风险，需要数据资产来提供运营分析的购买者。（3）为了进一步扩充自身数据资产以丰富资产负债表的购买者。这三类企业包括了现在能够见到的主要企业类型，包括小额贷款公司、保险公司、消费金融公司还有互联网企业等。

二是数据资产拥有者。数据资产所有者是数据资产的提供方，目前市场上拥有标准化数据资产的企业主要有银行、证券、保险、信托等金融企业，以及拥有大数据平台以及较高数据运营能力的互联网企业，而个人由于自身数据管理能力参差不齐，数据储存能力较弱，目前还无法成为市场上的主要数据资产提供方。对于政府而言，出于对社会管理和敏感数据资产保护的需要，政府需要对工商税务、经济运行以及社会治理等各方面的数据进行统一规划管理，同时很多数据需要定期对社会公布，以实现政务的透明化。

三是交易平台运营者。数据资产交易的运营部门为数据资产的购买方和拥有方提供了资产交易的平台。这一参与主体的职责是运营整个数据资产交易的体系，为资产交易提供公平、合法、有序的交易环境，但自身并不参与具体的资产交易工作，也没有对数据资产交易的控制权。

2.构建目标与原则

从数据资产交易双方的角度来看，数据资产交易原则需要包括以下两个方面：（1）保护购买者权益。一般来说，交易平台都有信息不对称的问题，交易的买方相比较卖方在掌握信息方面有天然的劣势，因此数据资产交易需要特别保护购买者的权益，尤其是购买者的知情权、隐私权，保证数据来源的准确性。（2）保护数据所有者权益。数据所有者在交易过程中一般面向交易平台，容易出现平台欺诈以及数据资产丢失的问题，因此需要在交易过程中对数据资产所有者的权益进行保护，保证其在资产交割之前保有对数据资产的合法权益，并确保交易过程中资产的安全。根据这两个原则，区块链技术可以在交易过程中发挥有效的作用，区块链技术能够有效保护交易者的权益，通过去中心化加密技术能够有效保证数据的安全性，有效实现数据的确权、追溯、点对点交易和匿名保护。

　　3. 总体架构设计

　　数据资产交易平台的总体架构主要包括五个层次，分别为存储层、网络层、扩展层、服务层和应用层。具体来看，网络层和存储层位于架构的最外层，分别负责数据资产交易的点对点通信和交易信息的存储加密功能；扩展层主要通过特殊算法、信用证明以及数据区块等内容，为整个体系提供安全保障机制；服务层主要提供交易日志、历史数据查询、数据安全验证、交易成员认证等功能；应用层则直接面向交易双方和平台管理方，满足平台使用者的需求，为参与方提供可视化操作界面，主要包括注册、查询、交易、投诉和外部接口功能。

第四节　数据生产关系与数据要素市场

　　新一轮科技革命和产业变革方兴未艾，带动数字技术快速发展，以数字技术为引擎的第二次机器革命悄然而至。我国作为本轮科技革命的先行者，从政策引导、资源积累、技术发展和应用驱动等方面都具备较好基础。

　　数据如水，有序流动，滋润经济，势不可挡；数据如水，阻断流动，降低效率，必治而用。面对数据这样的汪洋大海，人们有些望"数"兴叹、不知所措。

　　数据资源已经成为各国争夺的战略资源，我国也把数据要素市场培育和数字经济发展作为国家战略，推出一系列政策措施。2019 年，我国首次将"数据"列为生产要素，提出了"健全劳动、资本、土地、知识、技术、管理、数据等生产要素由市场评价贡献、按贡献决定报酬的机制"。2020 年，我国发布的《关于构建更加完善的要素市场化配置体制机制的意见》，正式提出要加快培育数据要素市场。在"十四五"规划和二〇三五年远景目标中明确提出，要加快数字化发展，推进数字产业化和产业数字化，推动数字经济和实体经济深度融合，推动数据资源开发利用，扩大基础公共信息数据有序开放，建设国家数据统一共享开放平台，加强国家数据安全和个人信息保护，提升全民数字技能，同时积极参与数字领域国际规则和标准制定等。

这一系列政策的发布，说明了数据生产要素对经济社会发展的重要性。大数据不仅是技术，也是思维模式。数据是新要素，需要新思维、新手段、新工具、新机制、新模式、新技能、新素养和新成就。数据治理能力和数字经济发展水平体现了一个国家综合竞争实力，对国家战略、国家安全和国家发展具有重要意义。

我国数据资源高度丰富。我国历经 30 多年信息化发展，积淀了海量的数据资源，特别是网络基础设施、信息高速公路及数据基础设施建设方面取得引人注目的成绩，互联网普及度高，电子商务、共享经济、移动支付、直播带货等各类数据创新应用覆盖面广，为我国逐步建设数据应用创新中心创造了有利条件。从数据治理的视角来讲，我国正处于数字革命与产业变革的交汇期，开始从一个制造大国向数据大国迈进。从观大势谋发展的角度来看，我国正面临一个百年未有之数据发展战略机遇。据 2020 年《世界互联网发展报告》和《中国互联网发展报告》，全球互联网用户数约为 45.4 亿，互联网普及率达 59%。中国互联网用户数 9.4 亿，互联网普及率达 67%，而我国网民的手机普及率达到 99.2%，有 9.32 亿移动用户。

随着物联网和移动智能终端的普及，尤其是 5G 的快速发展，每一个人、每个物品能成为数据的生产者。我国在发展大数据产业方面具有一个巨大空间，中国作为一个数据大国，凭借先进的数字技术、巨大的人口数量、庞大的制造体系，正在从人口红利向数据红利转变，这是我们亟须抓住的一个前所未有的大机遇。

从生产要素视角来看，（1）农业文明首先要解决吃饭的问题，主要涉及土地和劳动力。（2）工业文明要解决的是大规模生产的问题，主要涉及资本、劳动力以及土地、技术、知识和管理等要素。（3）进入数字文明，真正要解决的是大规模生产过程中生产过剩问题，通过有效收集市场真实的个性化订单数据，以柔性制造为手段，按照客户个性化需求进行计划性定制化生产，而生产决策的科学性来源于海量数据供给。

一、培育数据要素市场面临的挑战

随着数字技术的快速发展，数据资源数量快速增加，数据要素各利益相关方关系日趋复杂。作为一种特殊的资源，数据要转化成为生产要素，首先要按照资源加以梳理和管理，形成可开发利用的数据资源，其次要按照资产化运营方式进行管理和开发利用，形成可纳入资产负债表的数据资产，最后再通过资本化运作转化为数据资本。这也是数据要素市场培育的核心目标。数据要素市场培育面临着很多调整，是一个国家性重大难题，其主要核心的问题表现在六个方面。

（一）数据新要素的内涵及资产地位认识不清晰

数据资源作为新的生产要素，各方对其内涵及资产地位的认识仍不清晰，主要表现为：（1）理论认识不足，对数据新要素的边界划分不清晰，数据新要素包含的内容还不明确，还没有哪一个层面对数据作为新型要素给出准确定义，特别是在数据新要素理论层面的研究还不够深入。（2）制度供给不足，关于数据和数据治理方面的法律法规相对滞后、数据治理的体制机制尚未理顺、数据标准规范有待扩充完善、相关政策措施亟待抓紧研究制定等。

（二）数据资源的完整底账不清楚

分析现状发现，大多数部门、企业及个人对所拥有的数据资源底账情况还处在混沌或无序状态。（1）从政府数据来讲，有些部门有数据，有些部门还没有数据，有数据的部门存在数据底数、数据台账不清，有些部门有数据但又不想与其他部门共享数据，部门纵向数据打通了、横向数据难以打通，层级部门数据打通了但跨区域、跨领域、跨业务的数据又难以打通等。（2）从企业数据来讲，大部分企业对自己数据家底是说不清楚的，有些企业有数据但难以实现与相关领域企业数据对接等。（3）从个人数据来讲，有些信息进行了数字化，有些没有，有些数字化信息由于安全问题和隐私保护措施不强很难实现权限清晰管理等。这些都是数据底数不清的表现。同时，由于数据质量不高、数据安全隐患、数据隐私保护、数据难以管理等原因，很难做到真正的"心中有数"。

（三）数据加工工具供给不足

面对庞杂的海量数据，数据的加工处理工具已成为一个技术难题。（1）元数据管理、主数据管理、参考数据管理、数据指标管理、非结构数据管理、数据中台以及数据湖等各类工具名目繁多，让人应接不暇。一些开源的数据加工工具，功能单一只能满足个别加工需求，不成体系、操作不便，很难满足专业化数据加工处理的需求。（2）很多数据加工处理的技术又掌握在少数供应商手中，很难做到普惠大众，让公务人员、普通业务人员有效参与数据加工过程。（3）数据加工处理需要一定的专业知识、计算方法、程序代码、专用设备、专业人员等，这些因素都影响数据加工工具供给能力。

（四）数据应用场景具有局限性

数据的广泛使用受到应用场景限制。比如京东、淘宝、美团、拼多多等电商平台，这些平台数据的应用场景相对受限较小；政府的"一网通办""一站通办"和"一体化平台"等，其数据应用场景是受用户和操作对象等条件限制；一些企业的 ERP 平台，特别是一些大中型企业和一些大型制造业企业，其数据应用场景在很大程度上是受一定条件的限制。

（五）数据管理能力不足

数据管理和数据治理是一个全新的领域，需要具备专业知识体系、专业技能及实战经验。目前，大部分部门、企业及个人在数据管理的能力方面明显不足和亟待改进，在数据的管理意识、管理方法以及管理模式等方面非常欠缺。如何通过合理配置人、财、物等因素，通过履行计划、组织、领导、控制等职能，进而改变管理意识、改进管理方法、构建管理模式等，实现对数据的有序管理、数据要素的有效配置、数据市场的有效培育等，这些都是在数据管理方面需要提升的能力。

（六）非传统安全风险集聚

数据作为一种新型生产要素经过一个时期数据聚集之后，数据要素新的安全风险、隐私保护、数据垄断、数据泄密以及数据勒索等新问题随之而来。如何应对和解决这些新问题、新风险，将是一个大挑战和大考验。

二、培育数据要素市场的基本思路

针对上述存在的问题，需深入剖析数据要素基本特征，以新型生产要素价值释放为核心，更新劳动工具，培养新型劳动者，构建一个科学合理的数据治理体系来重构数据生产关系。

（一）数据新要素区别传统生产要素的基本特征

数据作为新要素的三个特征。（1）具有非竞争性和可再生性，数据是一种资源，但又跟煤、石油等物质性资源不一样，物质性资源不可再生，你用多了，别人就用少了，很难实现共享。而数据可以重复使用、不断产生新的价值，在共享的前提下能够制造双赢。（2）跨界拓展的边际成本很低，极易与传统产业、其他前沿技术融合，这也是数字化转型和产业数据化快速发展的原因。数据如果不被融合、联系在一起，也不能称之为大数据。（3）由于数据迭代周期短，在短时间内可汇聚海量数据，形成累积优势，实现赢者通吃。过去积累了大量数据，而近几年在数字技术快速发展过程中所产生的数据，超过了人类社会几千年积累的数据总和。这些新特征带来了困扰，面临数据确权、数据共享、数据利用等问题，急需新的方法论和工具。

（二）数据生产关系的基本思路

激活数据要素市场新活力，释放数据要素市场新动能，激发各主体积极主动性，就需要从市场主体角度出发设计激励机制，厘清数据要素市场主体的权责关系，不断探索数据开放共享的新模式，进而构建新的数据生产关系。在数字经济时代，数据成为新型生产要素，而数字技术催生了加工新型生产要素的新型工具（大型计算机、小型机、个人计算机、移动处理终端、网络计算机、云计算、量子计算机等），进而衍生出大批新型劳动者（如软件工程师、数据库管理员、数据科学家、数据分析师、首席数据官、数据专员、数据管家等），进而形成新的生产关系，构造新型生产力，提升生产率。同时，通过不断明晰产业发展政策和制定相关管理制度，推动各类公共数据资源体系标准化、规范化、制度化，促进数据的有序流动和有效加工利用，以数据价值释放为上线，鼓励各主体充分竞争。

（三）数据要素市场培育要坚持三大原则

1.坚持"两线"原则

（1）牢牢抓住数字经济发展这条主线，通过数据的有效供给，促进数字经济发展。发展才是硬道理，通过努力发展数字经济来充分释放数据红利，同时在数据价值充分释放的过程中来解决发展中存在的新问题。（2）牢牢守住数据安全与隐私保护这条底线。安全是发展的前提，发展是安全的保障。数据治理以释放数据价值为目标，安全则是数据治理的底线，通过建立安全的负面清单，明确哪些是不可触碰的"红线"，同时做好隐私信息保护，让组织和个人合法权益得到可靠保障，统筹好发展与安全之间的关系，才能做到"发展"为先，"安全"为本。

2.坚持"两手"原则

（1）加强有为政府的建设，发挥好"看得见的手"作用。政府部门应该在政策上、制度上、机制上以及环境上做好政府在数据治理方面该做的事情，充分发挥政府表率作用，建立并完善数据治理的框架体系和规则秩序，界定好数据管理的体制机制、数据开放共享的策略机制、数据治理的准则标准、数据安全及隐私保护的法律法规等，打造好数据治理的有为政府。（2）创造一个有效市场，发挥好"看不见的手"作用。数字经济发展的关键一环是推动数据要素的高效配置，通过建立统一开放、竞争有序的数据要素市场体系，加强顶层设计实现数据市场化的有效配置，积极创新数据要素治理模式，完善数据流通交易规则，平衡数据有序流动与数据安全之间的关系，实现数据要素资源价值的深度开发利用。充分发挥市场在资源配置中的决定性作用，更好发挥政府作用，推动有效市场和有为政府更好结合。协调好"两只手"的关系，让这"两只手"有效协作充分发挥作用，不断培育壮大数据要素市场。

3.坚持"两轮"原则

数据要素市场培育的一个重要基本驱动方式是"两轮驱动"，就是用需求侧和供给侧来进行"双轮驱动"。（1）"一个轮"是从供给侧提高数据加工的核心工具供给能力，数据资源开发利用需要生产工具，目前现状是加工工具供给能力不足，这就需要产业部门统筹考虑，不但要解决好核心加工工具上自立自强的问题，还要解决好加工工具的平台化、模块化、集成化和便捷化等问题。（2）"另一个轮"是从需求侧推动融合应用、场景牵引，通过融合应用场景深化数据加工工具功能需求，带动数据加工工具改进完善，促进业务结构化改革和产业结构化调整，形成以需求发展带动技术创新的不断迭代升级，实现一个真正意义上的"双轮驱动"模式，进而推动数据产业的健康发展，加快培育和繁荣数据要素市场。

三、培育数据要素市场的抓手

数据产业的未来是什么？数据产业要成为一个真正意义上的数据加工业。数据如同沙子，无序数据就是垃圾，有序数据才能转化为资产，如何真正实现淘沙成金，关键在于保障数据从采集、传输到加工过程的有序化。"大浪淘沙，沉者为金"是未来发展的趋势。劳动产生价值，而真正的价值是通过人类劳动产生的，衡量数据的价值应该是衡量数据加工过程所付出的劳动，即应对数据加工劳动过程进行定价、评估以及征税。激活数据要素市场新活力，释放数据要素市场新动能，激发各主体积极主动性，可从市场主体角度出发来设计激励机制，构建一个良性的生态体系。具体来讲，可围绕新制度、新要素、新工具、新业态、新职业、新风险构建数据要素市场生态体系。

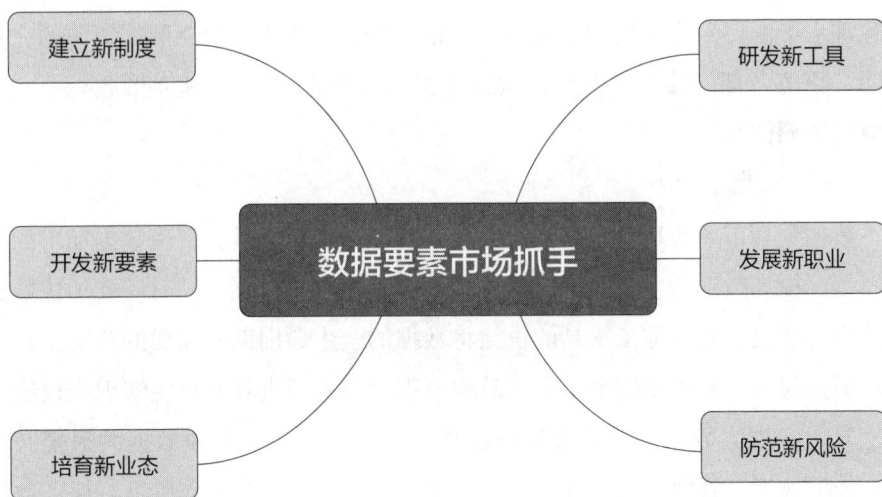

（一）建立新制度

建立数据要素市场生态体系要解决制度问题，应加强基础性制度和配套制度规则的制定。（1）以顶层设计强化政策引导和制度保证，建立与我国现行制度相适应的数据规范体系和体制机制。通过制定数据"游戏规则",明确政府部门之间的权责关系,明确市场主体之间的权责范围,营造良好的数据创新创造环境,推动数据要素资源的合理开发利用。(2)建立高效有序的数据开放、数据共享和数据协调、数据服务等机制,确保数据的有序流动,促进数据市场的有效运转。比如地方政府成立相关的大数据管理部门,明确相关委办局的职能职责,建立一系列的管理制度和配套制度,制定数据方面的政策文件和标准规范等,这些都是确保政务数据有序开放共享和有效流通运转的前提基础和必要条件。

(二)开发新要素

高质量、规范化数据要素市场的培育,可从源头上保证数据新要素的可靠性、有用性和标准化,制定各类数据产品标准,提升数据质量。(1)通过加快一体化大数据平台建设和数据共享交换平台建设,按照物理分散、逻辑集中的集约化原则,规范数据加工产业各个环节的操作标准,制定相关的数据产品标准,从而打造互认互通的标准化、规范化、高质量的数据资源。(2)要尽快确立数据资源的资产地位,把数据资源作为重要资产加以管理,优化提升数据质量管理水平。(3)要开展数据资源的申报、登记、普查,绘制数据资源的完整地图,摸清各部门的数据资源,做到真正的心中有"数",建立形成一个完备的数据资源体系。

(三)研发新工具

数据要素市场的培育,需要研发核心的数据加工工具,解决数据加工的技术瓶颈,提高数据的生产效率,确保核心技术的自立自强,同时还要加快数据基础设施建设。数据加工工具的供给将数据的全生命周期所需要的各类工具有效地衔接起来,从供给侧来出发,政府要引导培育一批具有自主知识产权国产化工具,实现大数据产业的关键核心技术突破,开发一批对数据的采集、存储、加工处理、脱敏、安全等全生命周期进行高效、安全操作工具,保证数据要素市场自立自强。

(四)培育新业态

培育一个真正数据新业态,可以应用场景牵引带动数据要素市场的繁荣发展,以领域为主体培育不同类型的数据加工产业,不断探索优化数据加工模式与定价机制，不断深化产业结构性改革升级。从需求侧来看，数据要素市场应当以应用为牵引，以技术为支撑，以市场为纽带，有效链接供给和需求两端，形成市场和产业之间良性互动。加紧数据资源的资产化运营机制探索与实践，构建安全可靠数据资源开发利用环境，促进多元主体参与各类数据产品和服务的开发和运营，形成科学合理定价机制。

（五）发展新职业

新要素孕育出新职业。数据要素市场的培育急切需要一批拥有新技能的专业劳动者，这就会创造一批新职业。应尽快培养一批符合市场需求的专业大数据人才队伍，为我国大数据安全稳定发展提供智力支撑。通过设置多重激励机制吸引和培养新型的劳动者，培养一批大数据产业的专业化服务供应商，提升大数据加工和管理能力。

（六）防范新风险

数据安全事关国家安全。防范数据安全的新风险，必须加强底线思维，强化伦理道德规范，提升数据安全防范意识，遵守民法典及个人隐私保护的相关制度，构筑数字生态安全体系。同时要加强统一的监督制度，防范非传统安全风险。亟须完善数据领域的相关法律、规范建设，开展数据安全治理，平衡数据流通使用与个人信息保护及数据安全之间的关系，加强个人信息保护和数据安全管理，加大数据安全保护力度，确保数据要素市场得以安全可靠有效运行。

第五节　数据资源的安全与保护

数字化时代，左手做好数据，右手做好安全，已成一种标配。数据资源安全（本书简称为"数据安全"）是数字经济安全的重要组成部分，做好数据资源安全防护是本源驱动。随着数字科技时代的深化，对数据的认知应该更加深入和全面，对其数据资源安全的技术防护也应该更加体系化、全面化和智能化。

一、数据资源安全面临的主要风险

（一）狭义数据安全风险

从单项数据本身出发，狭义的数据安全风险主要考虑单项数据在其保密性、完整性、可用性等方面出现问题。其中，根据《信息安全技术数据安全能力成熟度模型》（GB/T 37988-2019）中的定义，保密性指的是"使信息不泄露给未授权的个人、实体、进程，或不被其利用的特性"，完整性指的是"准确和完备的特性"，可用性指的是"已授权实体一旦需要就可以访问和使用的数据和资源的特性"。从比较通俗的角度简单来说，违反上述三个基本安全特征，出现数据安全风险时，主要就包括三类：一是看到不该看的，二是看到不准确的，三是看不到该看的。

1.数据泄露风险

由于内外部多种可能的原因，比如：外部黑客窃取、内部员工有意泄露或失误疏忽等，导致违反数据的保密性要求。主要包括以下几种情况：（1）数据授权控制缺失、失效或失误，即数据的访问授权权限方面出现问题，要么根本就没有设置，要么被攻击失效或是设置失误。这一点使得不恰当的人、实体或系统进程能访问查看到相关数据。（2）数据未加密或加密被破解，即数据等同于直接明文存储，这一点使得被访问的数据能够被查看的人或系统所理解。（3）数据未设置防复制、防打印、防下载等，即数据能够被轻易地通过电子化、物理化等方式带离原有位置，这一点使得数据泄露的严重性进一步加深。目前，从世界范围看，数据泄露已成为威胁金融数据安全的严重问题。许予朋在《数据泄露：21世纪金融安全的"拦路虎"》中报道，据美国非营利组织隐私权情报交换所（Privacy Rights Clearinghouse）统计，截至2018年，全世界金融业累计发生高达6.44亿次数据泄露事件，几乎是2005年数据泄露次数的85万倍。

2.数据篡改风险

因为数据本身的准确性和完备性被人为或系统干扰而导致违反数据完整性的要求。主要包括以下几种情况：（1）缺乏数据标准，即对各类数据的业务属性、技术属性、管理属性等缺乏统一、明确的定义与规范，从根本上使得数据的准确性和完备性出现模糊，从而不同人或系统可能对同一个数据产生"见仁见智"的理解，在日常操作上极易出现问题。比如：企业的所属行业分类是在做宏观研究、策略分析和资产管理等工作时都会涉及的概念，然而行业分类并没有通行标准，主流使用的有包括国标、申万、证监会等在内的多种行业分类。在不同的行业分类标准中，同一家企业可能被划分到不同的行业中。在这样的情况下，如果金融机构没有选定公司统一的数据标准，那么对应数据在不同员工的录入或使用时就可能"千差万别"，又何谈数据的准确呢？又比如，理财行业里产品净值是极为重要的概念，是客户申购和赎回交易中对金额和份额进行转换的重要纽带。在上下游系统中存储时是保留小数点后 4 位、6 位或是 8 位，对超过位数的部分是进行截位、进位还是四舍五入，这些标准和操作都将直接决定最终的产品净值以及由此计算出来的申购确认份额或是赎回确认金额，可能出现不同的结果。（2）数据被非法或疏忽修改，不论是主观恶意还是疏忽大意，其结果都是直接导致数据失真，对后续的数据使用、处理等造成一连串的后果。

3.数据丢失风险

此风险将导致违反数据的可用性要求，主要包括以下几种情况：（1）数据内容被有意或无意完全删除，使得对应数据真正丢失，虽然在一定条件下可以通过技术手段进行部分恢复，但从业务连续性、机构声誉等方面来看，仍然往往对金融机构造成严重后果。（2）数据访问权限或访问通道被阻断。这种情况中数据本身其实并未实质丢失，仅是从逻辑上或者物理上失去访问许可或通道，但也将严重阻碍正常业务开展。

（二）"空间扩展"后的数据集合安全风险

从数据集合的"空间维度"考虑，也存在几类主要风险将威胁该数据集合的保密性、完整性和可用性。

1.数据集合加大泄密风险

在数据集合来源多样、内容有交叉时，利用大数据、人工智能等新技术通过对多个数据集合的对比分析、数据挖掘等，攻击者将可能从中获取到远比单数据有价值得多的隐藏信息，从而加剧重要信息泄露风险。

2.数据未分类分级容易导致泄密风险

数据种类繁多、数量巨大，并且持续积累沉淀，其中有客户信息、交易信息、账户信息等保密性要求高的敏感数据，也有产品介绍、利率牌价等公开数据。若没有适当的数据分类分级，没有区分数据重要性或敏感度，没有差异化采取管理措施和安全防护措施，容易因为混杂管理而使得数据风险隐患增大，可能导致高等级敏感数据因管理机制不完善等原因而出现泄露。

3.数据梳理不当导致数据被掩埋风险

种类多、数量大的数据原本是机构的核心资产，蕴含极高业务价值，但如缺乏必要管理，没有清晰全面梳理，则大量数据可能反倒会成为"数据垃圾"甚至是"数据灾难"。在这种情况下，极易造成人为的数据掩埋，失去部分数据的可用性，从而一方面影响必要的业务活动或管理活动开展，另一方面还会造成数据的重复制造，进一步加重数据混乱和数据灾难。

4.元数据、主数据管理缺乏易导致数据处理混乱和数据冲突等风险

（1）元数据是描述数据属性、结构及其关系的数据，主要用于公司各类数据之间的血缘关系分析、影响性分析等，帮助机构从纷繁复杂的数据海洋中找到相互关联的脉络，便于数据定位、协同处理等。在没有元数据管理的情况下，对数据进行协同处理和分析就犹如盲人摸象、大海捞针，容易出现混乱和错漏。（2）主数据是系统间或业务场景间一部分共享使用的关键数据，在系统或业务交互中起到重要的基准、衔接作用。比如，客户基本信息在存款业务中存在，在基金投资信息中也存在，这是判断客户唯一性、计算客户总的金融资产等信息的重要数据。如果没有适当的主数据管理机制，各系统或者各种业务中随意管理，则极易出现主数据不一致，从而导致基于主数据开展的各项数据活动均出现偏差。

（三）"时间扩展"后的数据生命周期安全风险

数据的生命周期管理是从时间发展和事件活动的维度对数据从"生"到"死"（即从创建到销毁）进行全面观测和管理。到目前为止，对于数据的全生命周期并没有完全统一的划分。参考相关标准和文献，本书将其划分为以下六个环节：数据创建或收集、数据存储、数据传输或共享、数据使用或处理、数据归档或备份、数据销毁。

从本质上讲，数据在生命周期各个环节所面临的风险其实都可以归类到对其保密性、完整性、可用性的威胁。鉴于数据生命周期概念的重要性，本书从动态、持续保护数据安全的角度将各个环节所特有或者主要的风险介绍如下：

1. 数据创建或收集环节的风险

在这个环节比较容易出现违规或过度收集客户信息的情况，由此导致两方面风险：（1）对客户而言，可能存在个人隐私被泄露或滥用的风险。（2）对机构而言，可能因此存在合规风险、声誉风险和索赔风险等。

2. 数据存储环节的风险

在这个环节首先的风险是前面介绍单项数据风险时提及的明文存储风险。此外，同样比较高发的情况还包括违规操作出现的数据泄露风险。比如，很多打印或复印设备带有存储模块，会记录公司日常打印或复印的材料信息。当这些设备出现故障时，有的公司管理员可能会未将存储模块拆卸就直接送外检修。

3. 数据传输或共享环节的风险

这个环节容易出现的主要包括三类风险：（1）非安全传输风险。如：未使用 HTTPS、SFTP 安全传输协议，未对传输数据进行加密处理。（2）非必要传输风险。主要是未对业务场景进行细化分析，未明确不同场景下必须传输的数据范围，从而导致传输过多冗余数据，不但可能导致效率下降，更可能会加大重要数据泄露的风险。（3）非法传输风险。有的高密级数据，依据相关规定可能不允许在网络上传输，而应该通过线下、纸质方式交换共享。

4. 数据使用或处理环节的风险

这个环节涉及最为复杂的场景，包括：开发测试、业务生产活动、数据提取分析等情况，常常出现以下几种风险：（1）未合规脱敏风险。所谓数据脱敏，指的是针对敏感数据进行必要的变形，比如，对身份证号中间字符替换为星号、客户家庭地址统一替换为无意义数据等，使之"失去生产数据的原貌"，避免在使用时出现生产数据泄露。若在开发测试等使用前未及时脱敏，则有可能因此泄露。（2）如前所述，信息滥用导致隐私泄露和合规处罚等风险。（3）处理不当风险。比如，金融机构柜员未按要求和标准录入客户的真实、准确手机号等数据，则造成数据质量低下，将严重影响后续的对客服务和经营管理与分析。

5. 数据归档或备份环节的风险

数据归档主要指的是将有保存价值的历史数据科学、系统、长期地保存下来，可能是通过将数据从业务系统转移到单独的归档设备中。而数据备份主要指的是为了业务连续性和数据安全，将部分重要数据定期复制存储。这两项数据活动容易被忽视，也存在几种常见的风险：（1）未实施归档或备份。若未归档，将直接导致历史数据要么被删除后无法提取，要么长期占用业务系统空间影响运行效率。若未备份，则直接导致系统一旦丢失主生产数据则无法及时恢复，影响业务连续性。（2）归档或备份策略不当。不论归档还是备份，都是有代价的，最直接的就是对更多存储空间的占用和更多系统批量运行时间的占用。因此，归档或备份的数据范围、频率、保留时间、设备类型等相关策略均需要结合不同数据的分类分级情况进行科学研究和决策。（3）归档或备份数据丢失。与前述的数据丢失风险一样，直接影响归档和备份的功效发挥，对业务和管理造成损失。

6. 数据销毁环节的风险

这是最容易被遗忘的环节，也常常因此而导致数据泄露。主要包括四方面：（1）未全部销毁。敏感数据到达这个环节应该确保应毁尽毁，往往有机构在销毁时遗漏部分纸质数据或散落的电子数据。（2）未及时销毁。未按照相关要求及时处置报废设备或材料，因缺乏关注和管理，常常引发安全问题。（3）未彻底销毁。随着技术进步，电子化数据的销毁越来越具有专业性，不合适的销毁方法可能导致数据残留或被非法恢复。（4）未合规销毁。进入销毁程序的数据一般都是重要、敏感信息，通常都会有监管或是公司指定的销毁机构，需要严格按照程序完成。若随意送外销毁或不遵守销毁程序，可能都会引发数据泄露。

二、数据资源安全的整体应对思路

数据资源安全攻防无疑是一场拉锯战。胜利与和平不会从天而降，以斗争求和平则和平存。上至国家，下至企业，所有组织与个人都需要有清醒的认识、正确的方法、持之以恒的决心，才能凯旋。本节尝试从战略标准、组织意识、联动协同、人才资源、技术防护等角度提供数据资源安全防御战的应对思路。

（一）提升战略地位，完善法规标准

鉴于数据资源安全的重要意义，需要从国家层面加强顶层设计，提升战略地位，不断完善各项法律法规，指导行业管理机构和行业机构不断完善行业规则与规范，加快各类数据资源安全标准制定与落实，从上至下营造数据资源安全防护的氛围和行动依据，做到有法可依、有规可循、有标可落。

从世界范围看，美国、以色列、欧盟等国家和地区也在不断从顶层完善各项法律和规划，如，美国密集出台网络安全法案及政令、以色列积极推动网络安全国际合作、欧洲国家加速安全能力的整合提升等。

从我国来看，国家层面和行业层面一直致力于数据资源安全提升，尤其是2014年2月，我国成立中央网络安全和信息化领导小组（2018年3月更名为中央网络安全和信息化委员会）并由习近平总书记担任领导小组组长以来，我国进一步加速网络安全的国家治理。

（二）完善组织架构，提升安全意识

从机构层面看，正面迎接数据资源安全的挑战才是防御之道，最先需要解决的就是"组织"和"意识"问题。

一是数据资源安全涉及方方面面，有技术性问题也有非技术性问题，防御战线长、防御难度高，类似于组织大兵团作战，没有成体系成建制的组织架构、没有成熟全面的战略规划，没有相互配合的战斗计划和令行禁止的严格纪律，想赢得这样大规模的全面战争是难以想象的。正因如此，各家企业应该从组织架构层面和战略策略层面认真思考和部署，可参考行业标准或业界最佳实践去设计和规划本机构的信息安全防御大计。

二是当前的信息安全防护主要针对的是对外部恶意攻击的抵御，然而企业内部各层级各种角色的人员信息安全意识往往是引发信息安全事件的重要突破口。企业的内部人员普遍能接触到大量的、不同类型的敏感信息，天然成为数据资源安全的重要隐患，甚至有研究机构统计表明，内部员工有意或无意造成的信息安全事件占比竟然高达70%以上。因此，（1）要开展常态化、有效的、接近实战的宣传培训，使得员工熟悉掌握信息安全的常识、要求、技能和手段。（2）要常态化进行警示教育，使得员工充分了解不良行为可能导致的严重后果。

（三）强化上下联动，促进横向联盟

俗话说，众人拾柴火焰高。面对日益猖獗、无处不在的数据资源安全风险，没有一个机构能够独善其身，既要发挥国家与行业监管的统筹力与引领力，也要发挥各类企业的主观能动性，既要提升单机构的防护能力，也要探索推动机构间、行业间建立有效的横向联盟，更要持续推动产学研一体化合作与国际交流。

一是国家和行业监管机构要发挥顶层指导与统筹，为行业指明方向、路径，定好标准、规范，通过行政手段强化落实。而作为数据资源安全防御的一线作战单位，各个企业是否充分理解上层设计意图、是否实质性实践、是否结合实际主动反馈优化意见建议，与国家信息安全治理和行业信息安全监管是否步调一致，能否形成良性互动闭环，将很大程度上影响我国数据资源安全能否持续正向发展。

二是单一机构资源与禀赋的局限性与外部安全风险的无限性形成越来越不对称的对比，开放共享、合作共赢将日益成为数据资源安全的发展趋势。（1）在合理设计与必要监管的基础上，值得探索企业跨公司跨行业的信息安全风险联防联控机制与平台，通过集合多家机构的专业人才、技术与资金等多维度资源，在不同细分领域形成对外部威胁的局部优势，进一步筑牢数据资源安全防护网。（2）充分利用产学研等不同角色的自身优势禀赋，共同构建数据资源安全防护的一体化能力，助力前沿研究、加速产业孵化、持续补充后备人才。（3）从科学研究、实践经验、产业融合等多角度加大国际交流与合作，以"人类命运共同体"的视角和胸怀共同应对全球数据资源安全挑战。

（四）加快人才培养，加大资源投入

作为智力密集型领域，数据资源安全攻防双方的竞争，说到底是人才的竞争。

从我国情况看，网络安全人才供给侧短缺。国家计算机网络应急技术处理协调中心（CNCERT）在《2019年我国互联网网络安全态势综述》中明确指出，建议通过专业学科建设、抓好示范项目、加快创新基地建设等方式，持之以恒抓好网络安全人才培养，形成人才培养、技术创新、产业发展的良好生态。

具体到我国各类型企业，也普遍存在着信息安全人才的匮乏，甚至有的机构未能设置信息安全专人专岗，亟待加大资源投入，补充专业人才。

（五）明确技术为本，增强技术防护

数据资源安全本质上是对信息科技运用的考验，随着云计算、大数据、移动互联网、人工智能、区块链、量子技术等新技术的深入发展与应用，没有信息科技的硬实力，保障数据资源安全无异于一句空话。

国家计算机网络应急技术处理协调中心建议，加强网络安全核心技术攻关，通过强化威胁预测、威胁感知和威胁防御，建立健全我国网络空间安全一体化防护能力。

鉴于技术防护的重要性，对信息安全的感兴趣的企业可去研究近年来业界比较看好的数据资源安全的一个未来发展方向——零信任架构。

三、数据资源安全的防护

（一）密码技术

密码技术是一种古老的信息编码技术。通过按照特定规则编码，使得原本清晰明白的信息变换成一串无法理解的符号，实现对数据的"加密"，即"密码编码"。而"解密"，即"密码破译"，则指的是通过一定的变换规则将无法理解的字符串重新恢复成可理解的数据。这里用于加密或是解密的规则就是加密算法或是解密算法，而用在明密转换算法中重要的输入参数被称为"密钥"。正是由于可以将信息从明文到密文之间反复变换，因此密码技术自然成为数据防泄密的基本技术，主要用于保护存储和传输的数据。

自密码技术诞生之后，出于研究和实践需要，密码编码与密码破译作为密码技术中的一体两面，总是如影随形，环绕上升。也正是由于这种矛盾统一的关系，密码技术得以一直不断发展。根据加密算法的划分，密码技术通常分为对称加密技术和非对称加技术。

1. 对称加密技术

顾名思义，"加密侧"和"解密侧"使用的密钥是一样的，也就是相同的密钥既用于加密又用于解密，这也就是"对称"的意义所在。作为较早被应用的加密算法，对称加密技术相对成熟、效率相对较高，但安全性相对较低，一旦密钥泄露则加密无效。常用的对称加密算法有 3DES、IDEA、RC5、Blowfish 等。

2. 非对称加密技术

加解密算法中使用的密钥不再相同，用于加密的密钥称之为"公钥"，可以发布给公众，而用于解密的密钥称之为"私钥"，只由解密方单方面保管。

这样的设计一是由于私钥不用交互传递而提高了安全性，二是由于可以使用同一个私钥解密多方发送的公钥加密信息而简化了多方加解密架构。但是由于加解密密钥不同，这种算法的运算速度会低于对称加密算法。目前，常用的非对称加密算法有 RSA、背包、椭圆曲线、Mc Eliece 等。

（二）容错技术

为了提升数据的可靠性和可用性，减少因为数据损坏、丢失等而导致的严重后果，可以在数据存储时考虑使用容错技术。本质上看，数据容错与密码技术一样，也是对原始数据进行编码变形。但密码技术中的编码是为了保密，而容错技术中的编码是为了形成数据冗余，以便使得当部分数据损坏或失效时，仍能通过技术手段恢复出原始数据。显然，冗余在带来安全的同时也会带来计算和存储资源的消耗，因此平衡冗余安全性和系统资源负担是容错技术中必须面对的话题。

综合相关文献，常用的数据容错技术主要有数据备份、纠删码和再生码等。

1. 数据备份

这种技术是将原始数据复制多份，分别存储在存储系统的不同位置，以便实现相互备份。其中每个位置的数据副本出现部分数据甚至全部数据丢失时，可通过重新拷贝其他位置的数据来实现数据恢复。这种方法的优缺点非常明显，简单有效，但存储资源会成倍消耗，当数据量不断增大时将面临严重的系统资源问题。因此，随着技术发展，相对于上述全量备份方法，逐步出现了增量备份、差分备份等减少存储资源消耗的备份方法。

2. 数据纠删码

与数据备份最大的区别在于，数据纠删码方法中并不是直接将完整数据复制到不同位置，而是首先将数据冗余编码、分拆成不同小的数据子块，再将这些数据子块分别以不同的组合复制到不同位置，在需要恢复数据时通过将不同位置存储的不同数据子块全部传输到一起进行整合解码即可恢复出原始数据。例如，原始数据一共分为 m 个数据子块，每个数据子块都被编码加入了冗余校验信息，每次将其中不同的 m/k 个数据子块复制存储在 n 个不同的网络位置，则通过 k 个网络位置存储的数据子块就可以整合恢复出完整的原始数据。在这个例子里，（m，n，k）就表达为一个数据纠删码。由于各个存储位置复制的并非完整数据，仅是部分数据子块，因此对存储资源的消耗比数据备份方法更小，但由于每次恢复时需要多个存储位置的不同数据子块进行交互整合解码，因此造成了更大的网络带宽资源的侵占。

3. 数据再生码

这是一种对数据纠错码的改进方法，能显著降低纠错码方法中对网络带宽的侵占。数据再生码方法的主要思想与数据纠错码一样，但最主要的差别在于，每次需要数据修复时，同一存储位置的不同数据子块首先会进行相互整合编码，形成一个编码后的新数据子块再通过网络传递到一起进行整体的汇总解码，最终恢复出原始数据。例如，假设一个存储位置存储着 n 个数据子块，在数据纠错码方法中，该位置将把 n 个数据子块分别传递出去用于汇总解码，而在数据再生码方法中，该位置仅将整合了 n 个数据子块后生成的 1 个新的数子块传递出去进行汇总解码。粗略地说，相比数据再生码方法，数据纠错码方法因此需要消耗 n 倍网络带宽。

（三）若干新技术

1. 区块链

实际上，区块链本身不是一种单一技术，而是涉及数学、密码学、互联网和计算机编程等多科学交叉性技术。通俗来讲，正如中国人民银行数字货币研究所彭枫在《区块链与金融信息安全》中所说，区块链是一个分布式、去中心化、不可篡改、留痕可追溯、集体维护、公开透明的共享账本。对于数据安全而言，最核心的特点有如下两点：（1）数据可靠性、可用性极强。其完全分布式的架构，使得每一个区块链系统都天然成为多地多活系统，其中每一个网络节点都是全量备份多活节点。任一节点遇到故障或被攻击控制，均不会影响系统以及其他参与节点。（2）数据一致性、准确性极强，难以篡改。虽然区块链上的任一个网络节点均可以访问其他网络节点里的数据，但由于其巧妙的共识和验证机制，使得在区块链中修改某一数据需要调整所有的后续数据记录，难度极大。正因如此，区块链成为当今数字化时代中被深度追捧的新兴技术，甚至被认为是继大型机、个人电脑、互联网、移动互联网之后计算范式的第五次颠覆式创新，对数据安全和信息安全起到了基础性、举足轻重的作用。

2.人工智能

人工智能技术指的是一大类高级智能型技术，主要包括机器学习、知识图谱、生物特征识别、计算机视觉等，因为其特有的技术特点使得对数据分类分级、防篡改、访问控制、重要场所智能监控等数据安全方面提供重要的技术保障。(1) 机器学习技术通过大量数据的自我学习，逐步形成并不断完善自身的感知判断能力，可以用于恶意攻击识别，也可以通过聚类、分类等算法辅助进行数据的分类分级，助力精细化数据治理。(2) 知识图谱技术通过知识抽取、知识表示与知识融合构建数据安全知识图谱，增强智能感知能力，可以用于识别数据异常变动、恶意使用等信息，提升数据防泄露、防篡改等能力。(3) 生物特征识别技术通过结合人脸、指纹、虹膜等生理特征和声纹、步态、签名等行为特征综合进行身份识别，可极大优于传统基于证件和口令的认证措施，进一步加固身份认证安全，助力数据访问控制。(4) 计算机视觉技术基于提取、处理、理解和分析图像集合等能力，可为档案室等重要场所提供智能化、自动化监控管理，及时发现并预警可能发生的线下数据（如纸质文档）被复印或拍照等情况，避免相关敏感数据泄露。

3.数据沙箱

"沙箱"就是用软件程序建立与外界相对隔离的一个虚拟环境，在这样的环境里通过执行严格的访问控制及隔离限制、最小化权限配置等安全控制机制，可以测试验证相关软件程序，也可以做未脱敏生产数据处理，有效避免因数据未脱敏而导致的信息泄露风险。

（四）基于数据治理的全面安全防护

数据的复杂性不仅在于种类多、数量大，更在于它每时每刻都在产生和变化、全业务全流程无处不在，而且涉及每个部门、每个人，这种普遍性往往使得数据容易被轻视，然而也正是这种普遍性、琐碎性和迷惑性，使得数据管理和数据安全变得极其复杂。上面的种种技术或者手段分别从不同的角度，进行某个方面的安全防护，但是数据的管理和安全防护绝不是一时一点一处，而是应该全天候全领域全流程进行全方位的立体化防护，应该抛弃"头痛医头、脚痛医脚"的片面化思维，从系统性工程的角度总体规划、组合防护，不留遗漏。

这种系统化考虑数据管理与数据安全的方式，就是目前行业里大热的数据治理的出发点和落脚点。国际数据管理协会（DAMA）认为，数据治理是对数据资产管理行使权力和控制的活动集合。虽然目前对数据治理并没有完全统一的定义，但总体的目标是通过全面的组织、规划和实施，实现公司数据质量和数据安全提升，最大化发挥数据价值。

一是在管理领域上，数据治理主要关注以下领域的管理：数据标准、数据模型、元数据、主数据、数据安全、数据质量、数据生命周期等。

二是在系统支撑上，一般通过建设完善公司级数据（治理）平台，配套各个业务系统内嵌改造等实现系统化支持，通常包括大数据平台技术框架、数据采集与交换模块、数据模型管理模块、数据标准管理模块、元数据管理模块、主数据管理模块、数据安全管理模块、数据质量管理模块、数据生命周期管理模块、上层数据应用模块等。

三是在技术运用上，上述各类技术需要协同融合，在数据平台各模块、数据治理各领域中共同守护数据安全。

四、个人信息的安全与保护

个人信息越来越受重视，并受法律保护，除了每个人需加强个人信息保护意识外，更重要的是要求相关机构做好个人信息保护工作。

（一）个人信息的技术防护

一般地，机构除了通过必要手段保障整体数据安全之外，还会根据数据敏感程度，提供针对性的防护措施。以下从个人信息的生命周期——信息的收集、传输、存储、使用、删除或销毁逐一进行分析。

1.信息收集

信息收集，即对个人信息主体各类信息进行获取和记录，它是信息生命周期中的第一环。无论是出于审慎经营理念，还是出于监管合规要求，只有收集了必要的信息，机构才能为客户提供产品，才能更好地为客户服务。

在信息收集过程中，一般需要注意的方面有：（1）采取必要的技术手段引导客户阅读隐私政策，并且获得客户明确同意，然后开展针对客户的信息收集行为。（2）根据信息最小范围收集原则，不收集任何与当前业务不相干的个人信息；通过合法、正当的途径，向客户明示要收集数据的范围。（3）通过受理终端、网上银行、手机银行等方式收集用户鉴别信息（比如交易密码）时，应当使用必要的技术措施保证数据是安全的。(3)机构提供的应用软件，遵循"最小可用"原则，即只申请最小权限即可。

2. 信息传输

信息采集端一般不负责处理核心的交易逻辑，而是需要通过信息传输的手段将数据送往后端系统统一处理。信息传输中，需要注意的事项包括：（1）应根据个人信息的不同类别采用相适应的安全传输手段。（2）作为数据传输中的接收方，需要对接收到的个人信息数据进行完整性校验。

3. 信息存储

机构一般都会存储必要的客户相关信息，用以持续地为其客户提供安全、优质的服务。在设计信息存储机制时，可参考以下几方面经验：（1）在各类终端、客户端软件及其操作系统中不存放任何用户鉴别信息。在办理当前业务的必要环节，实时采集这些敏感信息，采集到的数据仅用于当前业务办理，并且在交易后及时进行清除，尽可能减少泄露的可能。（2）尽量不在本机构系统中留存其他机构的用户鉴别信息，如果确实有必要留存这类数据，应当获得客户以及其账户管理机构的授权。（3）用户鉴别信息使用加密措施确保数据存储安全。（4）隔离存储客户账号、身份证号等数据与个人生物识别信息数据。

4. 信息使用

机构的信息使用是出于客户办理业务的需要、通过技术手段充分发掘用户需求促进营销或者满足监管部门的要求报送客户相应信息。信息的来源可能是办理当前业务直接采集的、其他机构传输来的或者在本机构的系统内预先存储的。无论信息来源如何，在实际操作中，机构对于信息使用都有相应规范以保证客户的个人信息安全。

5. 信息删除与销毁

当个人信息不再具有用途，或者客户取消了相关授权时，机构再存储、持有客户的相关信息就变得不合时宜了。在实际操作中一般注意：（1）使用相关技术手段，保证个人信息被安全除去。在相关联的业务所涉及的系统中抹掉该客户享受相关金融服务的信息，不能被访问或者查询到。比如，对于证券公司而言，客户注销其证券账号时，也无法再通过证券公司的交易软件查看该账户下的历史交易记录了。（2）对于客户的个人信息存储介质而言，销毁这些介质也需有严格监督过程。存储介质包括光盘、机械硬盘、固态硬盘、U盘等，销毁这些存储了客户敏感信息的介质，机构需覆盖登记、审批、介质交接、销毁执行等全销毁过程，避免这个过程中存在数据外泄。

（二）安全管理

针对个人信息保护，金融服务提供方除了采用必要的技术手段之外，针对这类数据构建安全管理机制也是必备措施。

1. 安全策略

个人信息防护的安全策略指的是与这类客户数据防护活动相关的一套规则。（1）建立客户数据保护的相应制度，明确参与相关活动中的角色及其工作职责，并清晰地定义其标准的工作流程。（2）明确参与个人信息保护活动中的责任人和责任单位。（3）对于涉及个人信息处理岗位的相关人员，建立严格的岗位准入和退出机制。（4）对于处在个人信息处理岗位的相关人员，一般建议定期开展相应的安全制度培训和考核。

2. 访问控制

在机构开展业务的过程中，不可避免地会有流程需要业务人员、系统运维人员或外部机构人员接触到个人信息数据。针对这些客户数据访问，机构一般也会有一套访问控制机制来保证该活动尽可能地安全可控。（1）这类数据访问操作一般也满足最小授权原则。（2）对于这些个人信息的权限管理，需要有一套基于角色的访问控制机制来完成授权、权限回收（一般包括主动撤销授权、权限过期自动回收的能力）的功能。（3）对于授权操作，机构的系统一般都提供业务操作日志记录功能。在涉及个人信息访问的系统中，客户数据的新增、修改、删除、查询等操作，都会在业务操作日志中被清晰、完整地记录下来，包括操作者、操作对象、具体操作、操作时间等要素。

3. 监测评估

针对个人信息安全的监测评估也是保障客户数据安全的重要活动。依据国家与行业有关标准，机构会建立个人信息安全影响评估制度。一般地，各机构需定期开展信息安全影响评估，以及本机构与外包服务机构、外部合作机构的审查与评估。对于评估活动中发现的问题，有相应的机制及时对问题或风险进行补救，评估活动最终产出评估报告，以备查阅。

4.事件处置

事件处置一般是在事件（往往是负面事件）发生后的处理，预先建立这样的处置机制可有效提升事件处置的效率和时效性。（1）机构可制定针对个人信息安全事件的合理应急预案。应急预案中包括了这类安全事件的处置规范和流程，以及应急处理流程中相应的岗位和职责。（2）针对应急预案建立适当的推广和演练措施。（3）建立投诉与申诉管理机制。

（三）法律法规

个人信息是数字时代的一大"宝藏"，在大数据、人工智能等技术的推动下，合理利用个人信息，能够为客户提供优质服务体验。然而，我国国民、各机构对个人信息保护的意识仍需进一步加强，一定程度上导致在我国居民享受科技带来的便利时，个人信息泄露案件仍然层出不穷。这些案件主要有以下几种情形：（1）非法采集和存储信息。（2）非法盗取和交易信息。在巨大的信息黑色产业中，个人信息被不法人员像商品一样进行公开买卖，甚至"明码标价"。（3）非法使用信息。通过非法手段获取个人信息后，不法分子会利用电信诈骗、复制银行卡、冒名办理贷款甚至敲诈勒索。

目前我国法律法规体系中，已有宪法、法律、行政法规、地方法规、部门规章等多个层面的法律法规涉及个人信息隐私保护。许多法律法规在一定程度上明确了个人信息安全的责任主体和其相应责任，在处理一些个人信息泄露的案件时能做到有法可依。例如2020年10月通过的《中华人民共和国个人信息保护法（草案）》明确规定，促进个人信息合法、合规、合理利用，并确保其具备一定流动性。

根据保护个人信息的各项法律法规，机构及从业人员一般要注意以下几个方面：（1）思想上高度重视信息安全。法律法规要求金融从业机构和从业者能够以规范的方式进行信息的全生命周期处理活动（采集、传输、存储、使用、删除和销毁），并且有相应监管机制对该活动参与者进行约束。（2）重视信息收集和销毁的合规性。（3）保障信息存储的安全性。（4）恪守信息使用的规范性。

第七章　数字产业化发展与安全

　　随着"数字中国"建设作为国家重大战略，加快了数字化发展，开启了我国数字产业化发展的新征程。

　　《中华人民共和国国民经济和社会发展第十四个五年规划和 2035 年远景目标纲要》指出，加快推动数字产业化。培育壮大人工智能、大数据、区块链、云计算、网络安全等新兴数字产业，提升通信设备、核心电子元器件、关键软件等产业水平。构建基于 5G 的应用场景和产业生态，在智能交通、智慧物流、智慧能源、智慧医疗等重点领域开展试点示范。鼓励企业开放搜索、电商、社交等数据，发展第三方大数据服务产业。

第一节　数字产业化概述

数字产业化规模及增速

资料来源：中国信息通信研究院、国家统计局。

我国数字产业化近年来总体实现稳步增长。中国信息通信研究院数据显示，2019年，数字产业夯实基础，内部结构持续优化。（1）从规模上看，2019年，数字产业化增加值规模达7.1万亿元，占GDP比重7.2%，同比增长11.1%。（2）从结构上看，数字产业结构持续软化，软件产业和互联网行业占比持续小幅提升，分别较上年增长2.15和0.79个百分点，电信业、电子信息制造业占比小幅回落。

一、数字产业化含义

数字产业化是近年来的热门话题，国内的专家学者也纷纷探讨数字产业化的含义。数字产业化包括5G、大数据、云计算、应用软件、互联网等产业化，这些产业是发展数字经济的基础产业，在5G的驱动下，数字产业正在加速发展。2020年数字产业化增加值规模已逾34万亿元，从结构上看，数字产业结构持续优化，软件业和互联网行业占比持续提升。产业数字化深入推进，由单点应用向连续协同演进，数据集成、平台赋能成为推动产业数字化发展的关键点。李东红在《夯实数字产业链的关键环节》一文中表示，数字产业是以数据为最主要的投入要素，并对数据进行梳理加工，将产出丰富的数字产品提供给客户的新兴产业部门。

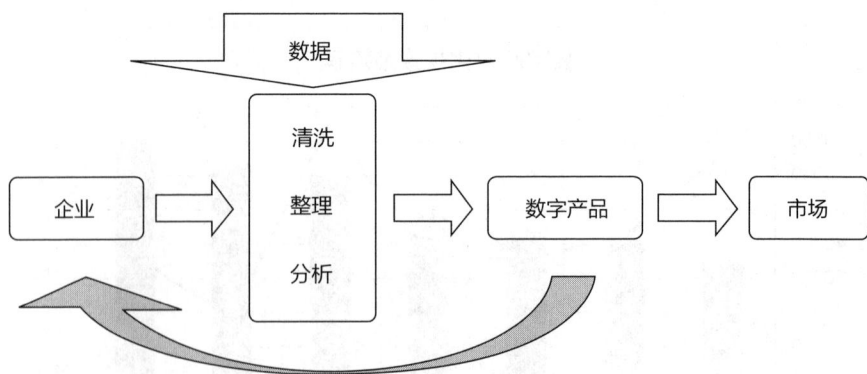

资料来源：李永红等《我国数字产业化与产业数字化模式的研究》。

随着5IABCDE（5G、IoT——物联网、AI——人工智能、Blockchain——区

块链、Cloud Computing——云计算、Big Data——大数据、Edge Computing——边缘计算）等数字技术的兴起和持续发展，衍生出一系列基于"虚拟世界"的数字经济。数字产业化就是将数字技术广泛地应用到市场中，推动数字经济发展和数字生态建设的过程。数字技术由传统信息技术衍生进化而来，数字产业也与传统信息产业有着千丝万缕的联系，其中较大区别在于对数据的重视程度和使用程度。数字技术能赋能数据的感知、采集、传输、存储、加工、计算、使用全生命周期，帮助企业、行业从数据中挖掘价值并创造财富；数字产业化核心是合理使用数字内容，围绕各产业进行数据价值挖掘和产业赋能，促进经济整体发展。随着信息技术的诞生和繁荣，人类社会演进出新的生产方式，传统行业有些被淘汰，有些焕发生机，同时催生新产业链条和产业集群；随着数字技术的发展、数字产业的深化，其最终也会趋于形成数字产业集群，经济体以高效形态协同、健康、可持续运转。

二、数字产业化意义

数字产业化蕴含巨大价值，对经济建设、科技发展、文化演进、国家战略而言都有重大意义。

（一）经济意义

数字产业化对经济发展具有重要作用。首先，数字技术能够不断催生出新产业、新业态、新模式。数字产业是经济发展新动能，其特点是受到时空制约较少、具有较强生命力，其规模也逐年快速扩大。其次，除带来直接收益，数字产业还可反哺实体经济。可增加经济活动中信息的传递速度，减少因信息传递延时给生产活动、管理决策带来的阻碍和不确定性，使得各产业整体生产效率得到有效提升。例如，遥感结合人工智能和大数据分析技术，提前预警洪灾、旱灾、火灾等多种灾害，就能给各行业留出充足时间制定对策并有效应对，尽可能减少灾害对生产活动的影响。

（二）科技意义

数字产业化加快知识与科技的传播、交流、发展。一是知识传播方面提升传播效率。例如，新冠疫情对人民群众的学习、工作、交流方式影响很大，但我们没有被困难击倒，大、中、小学生都纷纷通过数字化技术接受教育，做到"停课不停学，停课不停教"；在线的成人教育、在职教育也为广大民众所接受并推崇，为国民整体素质的提升发挥了重要作用。二是科技交流与发展方面，借助数字化技术，我们也能很方便地查阅科技文献，追踪国内外前沿技术的最新研究成果。国内外的科学技术顶级会议，比如，CVPR（Conference on Computer Vision and Pattern Recognition，国际计算机视觉和模式识别会议）、ACL（Association of Computational Linguistics，计算语言学协会），都将会议移到线上，更加印证数字产业化能够保障知识的传播和科技的交流。

（三）文化意义

数字产业化加速了文化的传播与创新。首先，数字产业化颠覆了传统文化使用报纸、电视、广播的传播方式，借助互联网、移动网络等新型传播媒介，使得文化内容的触及面更广、时效性更高，极大丰富民众生活。其次，每个接入网络的个体即使文化接受者与传播者，也是文化创造者，借助数字技术构建的平台生态，人民群众充分发挥想象力，创造层出不穷的新型用语、新型文风、新型文化交流圈。再次，书籍、电视剧、音乐等文化作品的制作、发行方式也有很大变化，原有的文化产业也随之变化和升级。最后，数字产业化有利于世界范围内的文化交流，帮助讲好中国故事，帮助世界认识中国。

（四）战略意义

数字产业化具有重要战略意义。数字产业化能推动产业结构优化，使得产业进一步从劳动密集型、资本密集型向技术密集型、知识密集型变迁；数字产业也是当今世界中，衡量一个国家经济发展水平的重要指标，衡量一个国家在经济全球化中占主导权多寡的重要因素。

三、数字产业化分类

数字产业的基础是数字技术，围绕着数字产品和服务的生产、流通、消费等各个环节提供相应的解决方案并赋能。数字产业化按照服务形态不同，可分为电信基础、电子信息制造、信息技术服务、互联网及服务共四个大类。

（一）电信基础

基础电信业主要是利用现代化通信技术进行准确、快速、安全的数据传输，包括有线网络（如光纤网络、海底光缆）、移动网络（如 4G、5G）、卫星通信、因特网、物联网等。基础电信为信息可靠、高效的传递提供了坚实的保障，是构建数字产业化的一类重要基础设施。

（二）电子信息制造

电子信息制造业面向数据采集、存储和使用提供相应的基础设施，包括集成电路、电子计算机（如个人电脑、服务器、超级计算机）、传感器（如光学传感器、声学传感器、重力传感器、压力传感器）、智能终端设备（包括智能手机、智能可穿戴设备、智能汽车）等。电子信息制造使得人与物接入网络并为物理世界和数字世界的交互构筑了桥梁。

（三）信息技术服务

信息技术服务是利用电子信息设备和电信网络等技术，提供信息的收集、加工、传输、存储、计算、检索等功能，为用户提供便捷的办公软件、家用程序、管理决策工具、信息技术服务、信息安全保障服务等等。其形态包括软硬件研发销售、软件研发外包服务、信息技术咨询、系统集成、电子商务等。

（四）互联网及服务

互联网行业在此处的概念较为广义，泛指对互联网、云计算、大数据、人工智能等多种数字技术进行研发，或者使用这些技术为用户提供服务。如互联网新闻资讯服务、音频服务、视频服务、在线阅读、网络游戏等内容服务平台，智能机器人、VR/AR、无人驾驶等新型技术服务平台，网上外卖、网约车等生活服务平台，各类政府机关的电子政务、公用事业的网上营业厅等公共服务平台。

四、数字产业化发展路径

了解数字产业化发展路径，可以从走在数字化前列的经济区域的演进道路中窥得端倪。杨大鹏在《数字产业化的模式与路径研究：以浙江为例》一文中认为，由于数字化产业依赖于数字技术的积累和数字产品的创新，其发展路径按阶段大致可分为技术层、产品层和产业层。

我们可从以下三个阶段来理解数字产业化发展路径。

（一）技术主导阶段

新产业的发展动力源于新技术的持续积累和突破。在新产业发展初期阶段，科学研究机构、科研院校、企业研究院等机构在这个过程占据主要驱动力量。数字产业化背后的是数字技术体系，包括以 5IABCDE（5G、IoT——物联网、AI——人工智能、Blockchain——区块链、Cloud Computing——云计算、Big Data——大数据、Edge Computing——边缘计算）等为代表的新一代信息技术在内的多个基础研究领域的技术创新全面开花，并且相互具有较为紧密的联系和学科交叉的融合，最终通过成果转化基金、产学研合作等手段从实验室成果到落地应用转化的背景和条件。

（二）产品主导阶段

如果说技术主导阶段是从 0 到 1 的过程，那么产品主导阶段就是从 1 到 100 的过程。这个阶段需要依靠龙头企业，它们具有资金、技术、人才优势，重点解决将技术变成一个个成熟的创新产品，并通过这些高科技附加值的产品快速颠覆市场认知、形成市场标准、开拓市场规模，并在自身做大做强后纵向和横向辐射到整个产业和其他相关产业。

（三）产业主导阶段

有了龙头企业的示范效应，产业化就是进一步打开空间、创新业态的过程。这个过程就是以数字技术为核心，拓展特色产业，加速技术互补企业的聚集。通过平台构建、政策扶持、人才吸引等方式，构筑一个个特色小镇，通过协同效应的正向反馈逐步扩张小镇规模和产业影响力，在产业发展中占得先机。

五、数字产业高质量发展建议

（一）夯实产业发展基础

要想保质保量地发展数字产业，首先离不开完善的基础设施建设。对于数字产业而言，新基建尤为重要。新基建主要包括特高压、城际高速铁路和城市轨道交通、新能源汽车充电桩、5G 网络、大数据中心、人工智能、工业互联网七大领域。其中特高压负责充足的能源供给，轨道交通系统和新能源车充电桩负责物理世界的互联互通，5G 网络是数字产业的"神经系统"，大数据中心、人工智能是数字世界的"心脏"和"大脑"，工业互联网是连通物理世界和数字世界的桥梁。推进新基建的建设和融汇工作，布局数字技术创新中心和产业集群基地，是奠定数字产业发展基础。关于新基建相关内容后面有章节详细论述。

（二）优化产业政策引导

合理政策能保障数字产业在征程路上更为顺畅。（1）统筹制定数字产业发展战略，并通过相应的产业政策落实。关注产业中各个类型各个阶段的企业，重点培育符合数字产业发展方向的企业，通过成立投资基金、发放企业补助、提供贷款服务、所得税金减免等方式，对于产业内出众的企业予以多种形式奖励，带动社会资本加盟、吸引优质企业入驻、引导原有企业转型。（2）强化人才吸引、培养和保障制度。通过"产学研"等方式让高校培养产业所需人才，通过构建良好的科研环境和创业环境鼓励海内外优质人才投身建设，通过住房优惠政策、启动资金援助、研究经费支持、子女教育补贴等多种方式加强人才的各类保障制度。（3）重视基础技术研究和突破。通过政策鼓励高校、研究院实现基础技术上的原创性研究和突破，并建设合理的成果保护的机制、成果转化收益的机制来激励技术创新工作。

（三）提升产业利用水平

数据价值是数字产业价值的核心组成部分，充分挖掘数据价值对于发展数字产业具有重大意义。（1）增强数据资源获取能力。通过建设数据采集网络、数据汇集和分析平台、数据开放与应用平台等设施，扩充数据资源的获取能力，构建大数据运营能力，作为数字产业链的重要生产资料供给。（2）推进数字产业融入百姓生活。数字产业能为人民群众提供生活服务、政务服务、信息服务、娱乐服务等，增强民众的使用程度和幸福指数，数字产业从能中产生价值。（3）挖掘各类产业与数字产业的融合价值。许多行业通过数字产业的加持，获得自动化、智能化的能力，通过产业协同的方式提质增效，使其原有价值可能获得质的飞跃，比如工业生产、物流运输、电子商务、金融服务等。

（四）构筑产业链生态圈

产业链生态圈是加强产业内、产业间协同创新和成果转化的重要手段。（1）依托原有产业优势，培育重点龙头企业。各级政府梳理辖区内产业链上的实力较强、潜力较强的企业作为重点培育对象，积聚力量发展产业链中的核心环节。（2）发挥产业协同效应。通过龙头企业带动产业链上其他企业的创建和聚集，孵化特色小镇、创新园区等方式明确产业集群的整体发展方向，为产业集群配备高水平的园区服务，加强产业链上各企业的合作关系，共同构建具备综合竞争实力的产业生态圈。

第二节　电信基础业务发展与安全

作为数字时代的基础性、先导性行业，电信基础业务的发展与安全是推动各行业数字化转型、加快建设"数字中国"的有力支撑。

一、电信基础业务概述

（一）电信基础业务定义

电信业务是电信行业使用最为广泛的一个概念，但目前业界对电信业务并没有一个统一的定义，在传统电信运营管理中业务与产品的概念极为混淆，给出明确定义尤为重要。普遍意义来讲，电信业务是利用电信技术和电信基础设施为不同用户提供各种信息发送、传输、接收等服务的统称。随着通信网络、技术的不断发展，以及社会活动内容的丰富，电信业务的范畴和种类也有了很大拓展。业界相关部门根据自身业务职能和对电信业务属性特征的理解分别给出了电信业务的定义，如下表所示。

机构	定义内容
国际电信联盟（ITU）	电信是指有线电、无线电、光或其他电子系统，对信号、文字、图像、声音、符号或任何性质的信息传输、发射或接收。电信业务是指为了满足特定的电信需要，由主管部门或经认可的私营机构向其客户提供的服务。
《中华人民共和国电信条例》	本条例所称电信，是指利用有线、无线的电磁系统或者光电系统，传送、发射或者接受语音、文字、数据、图像以及其他任何形式信息的活动。(第二条)电信业务分为基础电信业务和增值电信业务。基础电信业务，是指提供公共网络基础设施、公共数据传送和基本语音通信服务的业务。增值电信业务，是指利用公共网络基础设施提供的电信与信息服务的业务。(第八条)
中国联通	电信业务指通过网络、平台、终端等技术手段，向用户提供的各种应用和服务能力，业务最小颗粒度为元业务。电信业务是构成电信产品的基础，是能够向用户提供的基本服务能力，不直接进行销售。
电信管理论坛	电信业务是以电信基础设施为核心，表明网络"能做什么"，属于一定功能的独立元素。电信业务可以单独出售，如"短信业务"等。电信业务开发的基础是网络元素。

从上述不同机构对电信业务的定义能够看出，我国电信条例与国际电信联盟（ITU）给出的电信业务定义相类似，都是指利用相关电信基础设施资源对外提供通信信息服务。而从电信运营企业对电信业务的定义来看，运营企业更倾向于将电信业务看成是电信产品的核心组成部分，将电信业务赋予产品属性，增加其他相应属性后成为产品出售给客户。综上所述，"电信业务"的实质是"电信服务"。广义的电信业务包括电信设备制造业务和狭义电信服务业务，而狭义电信服务业务主要指电信网络运营和电信业务应用（基本业务与增值业务）。除特别叙述，本节所指电信业务主要是狭义的电信服务业务。

（二）电信基础业务分类

我国现行的《电信业务分类目录（2015年版）》由工业和信息化部于2015年发布，将电信业务分为基础电信业务和增值电信业务两大类，其中基础电信业务又分为第一类基础电信业务和第二类基础电信业务，增值电信业务又分为第一类增值电信业务和第二类增值电信业务，整体的电信业务分类架构如下表所示。

电信业务分类

第一级	第二级	第三级	第四级
电信业务	基础电信业务(A1)	第一类基础电信业务（A1）	A11 固定通信业务
			A11-1 固定网本地通信业务 A11-2 固定国内长途通信业务 A11-3 固定网国际长途通信业务 A11-4 国际通信设施服务业务
		A12 蜂窝移动通信业务	A12-1 第二代数字蜂窝移动通信业务 A12-2 第三代数字蜂窝移动通信业务 A12-3LTE/第四代数字蜂窝移动通信业务 A12-4 第五代数字蜂窝移动通信业务
		A13 第一类卫星通信业务	A13-1 卫星移动通信业务 A13-2 卫星固定通信业务
		A14 第一类数据通信业务	A14-1 互联网国际数据传送业务 A14-2 互联网国内数据传送业务 A14-3 互联网本地数据传送业务 A14-4 国际数据通信业务

续表

	第一级	第二级	第三级	第四级
电信业务	基础电信业务（A1）	第一类基础电信业务（A1）	A15 IP电话通信业务	A15-1 国内IP电话 A15-2 国际IP电话
		第二类基础电信业务（A2）	A21 集群通信业务	A21-1 数字集群通信业务
			A22 无线寻呼业务	
			A23 第二类卫星通信业务	A23-1 卫星转发器出租、出售业务 A23-2 国内甚小口径终端地球站通信业务
			A24 第二类数据通信业务	A24-1 固定网国内数据传送业务
			A25 网络接入设施服务业务	A25-1 无线接入设施服务业务 A25-2 有线接入设施服务业务 A25-3 用户驻地网业务
			A26 国内通信设施服务业务	
			A27 网络托管业务	
	增值电信业务（B）	第一类增值电信业务（B1）	B11 互联网数据中心业务	
		第二类增值电信业务（B2）	B12 内容分发网络业务	
			B13 国内互联网虚拟专用网业务	
			B14 互联网接入服务业务	
			B21 在线数据	

续表

	第一级	第二级	第三级	第四级
电信业务	增值电信业务（B）	第二类增值电信业务(B2)	处理与交易处理业务	
			B22 国内多方通信服务业务	
			B23 存储转发类业务	
			B24 呼叫中心业务	B24-1 国内呼叫中心业务 B24-2 离岸呼叫中心业务
			B25 信息服务业务	
			B26 编码和规程转换业务	B26-1 域名解析服务业务

资料来源：工业和信息化部发布的《电信业务分类目录（2015 年版)》。

　　由《电信业务分类目录（2015 年版)》可知目前电信业务主要是指包含了固定通信、移动通信、卫星通信、数据通信和电话通信等基础电信业务以及互联网服务、信息服务等增值电信业务在内的综合通信信息服务业务。从电信运营企业角度来看，可将电信业务大致概括为三种类型。（1）集成业务，是运营商盈利的主要业务类型，也是当前运营商规模最大，发展最好的电信业务类型。（2）分包型业务，主要是指运营商总包承担集成业务并分包给第三方的业务。由于集成业务涉及面广，门类繁多，有必要将其中的部分子任务分包给其他专业第三方来完成。（3）运营型业务，主要是指运营商利用电信网络基础资源向客户提供通信信息服务。这类业务是电信运营商的核心业务，同时也是电信运营商无法被代替的关键业务。

二、电信基础业务的发展

多年来，随着信息技术的不断更新迭代，电信产业经历了一次又一次的波浪式的滚动发展。纵观电信产业的整个发展历程，从最初的邮政、电报、固话通信时代，到以移动话音、移动宽带等流量业务为主的移动通信时代，再到目前如火如荼的 5G 高速宽带通信时代，电信产业的每一次革新都深刻改变了人们的生产生活方式，极大提高了社会生产水平。随着 5G 等新一代通信信息技术的深入发展，在传统的邮政、电报、电话等行业基础业务上发展起来但又有新变化的电信业，已不再单纯从事信息传递的业务，在信息传递中同时含有信息增值的内容，并正在向综合信息服务转型。

（一）电信基础业务发展现状

1. 移动电话普及率稳步提升

随着固定电话市场趋于饱和，固定电话普及率呈现逐年下降趋势，而移动通信技术的不断更新迭代，促进了移动电话普及率的持续稳步提升。世界银行提供的相关数据显示，全球移动电话普及率由 2010 年的 76.14 部 / 百人增长为 2018 年的 104.94 部 / 百人。我国工业和信息化部公布的《2020 年通信业统计公报》数据显示，截至 2020 年底，我国移动电话用户数达到 15.94 亿户，移动电话普及率达到 113.9 部 / 百人。

2. 固定宽带业务呈现正增长趋势

固定宽带网络是支撑经济社会发展的重要公共基础设施之一，世界各国都把大力发展固网宽带业务上升到国家战略高度。据拓墣产业研究院《全球固网宽带市场发展趋势解读》中公布的统计数据显示，全球固网宽带用户数由 2017 年第四季度的 9.105 亿户增长为 2020 年的 11 亿户以上，实现了持续正增长趋势。我国自"宽带中国"战略实时以来，持续加大光纤网络投资建设力度，充分利用 FTTx（光纤通信）接取技术具备的大传输容量、高可靠、远程传输距离等优势，积极提升各城镇宽带接取网络光纤化覆盖率，据我国工业和信息化部公布的《2020 年通信业统计公报》数据显示，截至 2020 年底，我国已实现 100Mbps 及以上接入速率的固定宽带接入用户总数达 4.35 亿户，成为固网宽带接入数量最多的国家之一。

3. 移动宽带业务持续快速增长

移动宽带业务处于迅速成长的周期中，全球移动宽带用户从 2010 年的 5.55 亿增加到 2019 年的 45.4 亿，年均增速高达 70%，成为担当电信市场新主力的重要业务之一。受新冠肺炎疫情冲击和"宅家"新生活模式等影响，导致移动互联网应用需求激增，据我国工业和信息化部公布的《2020 年通信业统计公报》数据显示，2020 年，全国移动互联网接入流量消费达 1656 亿 GB，比上年增长 35.7%。在移动宽带业务快速发展的背景下，移动宽带服务提供价格也有明显下降，而电信服务价格下降又进一步促进移动宽带业务的持续增长。

综上所述，一系列统计数据表明移动电话、固定宽带、移动宽带业务等传统电信业务市场规模饱和后渐趋稳定，市场规模高速增长时代已近尾声。从面向个人消费市场的电信业务发展情况来看，个人用户规模增长百分比与营业收入增长百分比之间的差距越来越大，而在面向企业用户市场的电信业务发展模式还不够成熟，不足为垂直领域用户提供满足市场需求的电信产品。传统电信企业需要尽快转变传统业务发展模式，革新传统产业链模式，打造新型电信业务生态系统，实现跨界融合发展，才能在万物互联的 5G 时代崭露头角。

（二）电信基础业务发展趋势

随着新一代信息通信技术的快速发展，传统电信产业的数字化转型已是大势所趋。这给传统电信业务发展带来新的发展机遇，也为电信运营商以创新业态驱动连接价值、实现跨越式发展提供可能。

1. 在通信技术日渐综合化、个性化，电信市场竞争愈加激烈的形势下，全业务运营已是电信业发展的基本趋势

全业务运营主要是同时经营移动、固定、数据网络，全方位开展接入服务、通信业务、增值业务、内容应用的运营模式。全业务运营市场空间广阔，在市场竞争中具有不可比拟优势，有助于规范电信经营秩序，真正实现电信业的有效竞争。对运营商来说，开展全业务运营有利于优化资源配置、节约运营成本和分散经营风险。从消费者需求来看，单一业务经营，很难满足用户个性化、多样性的需求，只有走全业务运营路线才能提高电信业务产品价值，吸引更多的用户。实践证明，全业务运营通过大大降低成本的方式来提高电信企业的核心竞争力。全业务运营是电信市场发展的必然选择，提升电信企业竞争力的必要手段。

2. 随着 5G 时代的到来，传统电信业务模式发展瓶颈逐渐显现，想要单纯依靠流量业务实现电信产业的持续增长已经不太现实

为了消除传统电信业务固有发展模式的消极影响，电信运营企业通过在业务跨界融合方面的不断探索，逐渐意识到电信业务与互联网产业的相互融合发展将有助于打破传统电信业务的固有发展模式，实现电信产业的多元化经营。因此，依托新型信息基础设施建设和互联网产业的蓬勃发展，通过移动互联与宽带互联的积极融合，实现电信互联网业务的融合发展逐渐成为电信运营企业实现可持续发展的重要保障。

3. 随着电信业数字化转型进入深水区，想要保持电信产业的持续增长，电信产业必须实现根本性的全方位转型

软件定义网络（Software Defined Network, SDN）、网络功能虚拟化（Network Functions Virtualization, NFV）、网络切片、边缘计算（Mobile Edge Computing, MEC）等新技术赋予电信业务诸多新特性，为改变传统电信产业的"管道化"发展模式，行业内众多企业开始利用网络软化技术实现传统电信业的突围。中国信息通信研究院在《电信业数字化转型白皮书》一文中指出网络软化能从根本上改变电信企业业务交付方式，这就要求电信企业必须利用新一代通信信息技术，针对各个垂直行业细分领域中的普适性业务和个性化业务特点，重新打造网络架构，消除网络管道化影响，实现电信业务的数字化转型升级。

三、电信基础业务的安全

随着数字化进程的不断深入，信息技术的迅速发展，信息通信效率大幅提升，通信信息资源充分共享，电信产业正在经历新一轮技术革命带来的巨大变革，而紧随其来的电信业务系统安全问题也日渐突出，深入分析数字化转型下的电信业务安全形势和安全应对策略，对保障电信产业安全高效运行、提高电信企业安全防护水平意义重大。

（一）数字化转型下的电信业务安全形势

随着通信信息技术的快速发展和电信业务管理模式的不断演进，电信业务支撑系统在电信企业运营管理和经营决策中的作用日益凸显，并逐步成为电信运营商的核心竞争力之一。经过多年的发展和沉淀，传统电信业务支撑系统作

为营业、计费、账务、客服等业务应用的载体，已经形成了一套安全高效、完善良好的运行机制，能够较好地满足各类电信业务需求。随着电信运营企业的经营策略与业务经营模式的变化，电信业务支撑系统不再是仅仅针对企业内部开放使用的独立系统平台，同时，电信互联网业务的逐步融合发展要求更多的业务系统功能对互联网开放，电信业务系统需要满足更高的安全防护要求。因此，电信运营企业必须在传统电信业务安全防护基础上，针对新业务发展模式带来的网络架构安全风险增多、互联网应用防护不足、数据安全风险加大等问题，合理使用多种安全防护技术，加强电信业务系统的安全风险评估，建立全流程电信业务安全管理模式。

5G作为新一代移动通信网络基础设施，将面向多种应用场景、多种设备形态提供超大带宽、超低时延的通信信息服务。5G网络自身的开放性和支撑多业务场景的特性，使得网络系统安全问题和业务应用安全问题相互交融，导致5G通信系统所面临的安全问题和挑战纷繁复杂。同时，网络功能虚拟化、边缘计算和网络切片等5G新技术的应用在给人们生产生活带来诸多便利的同时，也对通信网络系统安全、业务应用安全、数据信息安全以及用户隐私保护等提出了新的挑战。因此，需要针对5G通信系统涉及的网络自身安全、业务应用安全、数据安全和信息内容安全等多个方面采取更加全面的安全防护策略。

（二）数字化转型下的电信业务安全策略

数字化转型下的电信业务面临的安全形势决定了企业所要采取的安全策略，结合传统电信业务和5G通信系统安全需求，分别从升级电信业务系统安全架构、提高电信业务系统互联网应用防护能力、加强电信业务系统数据安全防护能力以及提升5G通信系统整体安全防护能力四个方面提出新形势下电信业务的安全策略。

1.迭代升级电信业务系统安全架构

由于传统电信运营企业的安全防控中心不突出，思路转变不够及时，导致电信业务系统安全防护仍停留在传统的电信网络安全和相关业务应用程序的信息安全防护等方面。韦峻峰在《互联网化转型下的电信业务支撑系统安全思考》中指出传统的电信业务系统安全架构逐渐难以满足越来越多样化、智能化的电信业务发展需求，亟须调整思路，围绕全业务经营、电信互联网融合、网络软化等新兴电信业务需求，实现传统电信业务系统安全架构的迭代升级。在安全架构升级演进过程中，电信企业应重点关注电信互联网融合业务等新型电信业务系统薄弱环节，加强系统安全架构对电信业务系统的支撑保障作用。

2. 提高电信业务系统互联网应用防护能力

电信业务数字化转型的重要表现之一就是电信业务系统的互联网化应用发展，增加安全防护设备、定期安全扫描、及时处理最新漏洞等传统安全防护手段已经不能满足电信互联网业务融合发展要求。针对电信业务系统的互联网应用防护应在传统安全防护手段基础上，重点围绕非授权防护、恶意代码防护、攻击防护、应用交付、应用合规和安全开发等方面展开。同时，注重加强系统安全管理，提高从业人员安全防护意识，通过系统安全管理手段来提高电信业务系统的互联网应用防护能力。

3. 加强电信业务系统数据安全防护能力

电信业务数据安全至关重要，它关系着整个电业运营系统的高效运转。但传统电信业务发展模式弱化了对电信业务数据安全的重视程度，多数企业把精力都放在了网络安全和信息安全防护方面。面临数字化、智能化、开放化的电信业务系统安全形势，为了进一步加强电信业务系统数据安全防护能力，电信企业应积极开展基础数据梳理，摸清电信业务系统相关的基础数据现状，建立以全生命周期电信业务数据安全为核心的安全防护体系，加强电信业务系统的数据安全防护能力。

4. 提升 5G 通信系统整体安全防护能力

5G 安全涵盖了网络自身安全、业务应用安全、数据安全和信息内容安全等多个方面，既包含了 2G/3G/4G 等通信系统的传统安全问题，也包括了软件定义网络（SDN）、网络功能虚拟化（NFV）、移动边缘计算（MEC）、网络切片等新技术引入带来的新的安全问题。面临 5G 网络的多种安全需求，王小鹏等在《5G 网络安全白皮书（2020）》一文中提出从安全架构、网络自身安全、业务应用安全、数据安全和信息内容安全等多个方面制定针对性的安全防护策略。比如针对 5G 网络开放性与虚拟化特点，在传统安全框架基础上，引入网络开放接口安全，打造全新网络安全架构，加强网络切片之间以及切片内部的安全隔离和防护。

第三节　电子信息制造业发展与安全

电子信息制造业是国民经济的战略性、基础性、先导性产业，是国民经济和社会信息化建设的技术支撑与物质基础，是保障国防建设和国家信息安全的重要基石。我国电子信息产业具有技术含量高、附加值高、污染少等特点，随着以平板电视、智能手机等为代表的市场热点产品的发展速度进一步加快，电子信息产业对社会变化影响力日益加大，并被国家作为战略性发展产业。

一、电子信息制造业概述

电子信息制造业是电子信息产业的重要组成部分。电子信息产业是实现信息的产生、传播、接收、处理等功能，以电子信息产品为工具，进行硬件生产、软件研发、系统集成、设备制造等工作的集合；而电子信息制造业则是致力于研究、设计、生产各种通信设备、电子计算设备、电子元器件、电子仪器仪表的工业。

得益于电子科学技术的蓬勃发展和遍地开花的应用，该产业目前已经是中国国民经济的一个支柱产业，也是推动制造业革命的重要手段。电子信息制造业的产物覆盖各行各业，与许多行业都密切相关。（1）在工业领域，制造各类零件的数控机床，制造高端芯片的光刻机，都是基于电子技术和电子设备研制而成。（2）在教育领域，教学设备也逐渐从黑板粉笔变成了计算机和投影仪，通信设备、智能设备也帮助在家就能接受全世界的优质课程。（3）在交通出行领域，高铁、飞机、汽车都依赖于电子设备用于通信、导航、智能驾驶，交通信号灯、电子眼也用于维护良好的交通秩序。（4）在医疗领域，众多厂商提供种种医用或者家用的电子设备，如电子血压计、CT 诊断仪等诊断设备，手术设备、急救设备等治疗设备。（5）在安防领域，智能监控设备、智能预警装置能全天候 24 小时保障安全。（6）在金融领域，电子信息技术提供核心系统设备、终端交易设备，保障金融系统平稳、正常、有序运转。（7）在基础学科领域，也越来越依赖高精密电子设备来寻求突破，小到实验室的电子显微镜观测细胞和微生物，大到坐落于贵州的 500 米口径球面射电望远镜（Five-hundred-meter Aperture Spherical radio Telescope，简称 FAST）用于观测脉冲星、引力波等宇宙现象。

近年来，电子信息制造业诞生了智能手机、智能可穿戴设备、智能家电等热点产品，给民众生活带来便利性和多样性，在行业内掀起快速发展和创新潮流。电子产品已融入每个人的生活，其社会影响力不言而喻。随着我国的城镇化水平的提升、移动网络的普及，人口红利正逐渐消失，亟须找到新的经济增长点。而高科技附加值的电子信息制造业很可能会是推动综合实力稳步上升、人民生活水平蒸蒸日上的重要驱动力，该行业迫切需要通过引入自动化、智能化的设计和生产模式来扩大产业规模、优化产业结构，通过技术革命取得长足发展。

二、电子信息制造业的发展

随着数字技术的日新月异，作为核心基础产业的电子信息制造业的重要性不言而喻。市场上，关于电子信息制造业的热点层出不穷，从智能手机、平板电脑，到可穿戴设备、智能机器人，产业对社会发展进程的推动作用与日俱增。世界各国也纷纷视该产业为战略型产业，并通过多种方式引导产业发展，促进本国经济的增长。

自20世纪80年代以来，我国电子信息制造业发展迅速，尤其是加入WTO之后，产业产值突飞猛进，为我国产业结构变革、人员技能变化带来了深远影响。电子信息制造业势头活力十足，该产业已成为拉动我国经济增长的重要驱动力。

具体而言，该产业在我国呈现以下几个特点。（1）内资占比逐步上升，但外资仍占据重要作用。外资在过去几十年内在国内纷纷建厂，利用中国的巨大人口红利和市场资源谋求发展，也带动了国内产业集群效应。近年来，内资在移动通信、大家电、个人电脑等领域已站稳脚跟并逐渐摆脱对外资依赖；在至关重要的芯片领域，也有华为海思等企业纷纷斥入巨资、投入核心人才投入研发，在某些专业领域已有产品问世，整体实力上与国外仍有差距。（2）国内逐渐产生了能走向世界舞台的企业。如华为的5G解决方案、小米的手机、海康威视的监控设备等，技术上处于世界前列水平，都能在海外市场中占据一席之地。（3）高端制造与世界一流水平仍有差距。目前电子信息产业的高端制造技术仍然由外国企业主导，许多跨国公司出于种种考虑没有将核心的产品设计和管理方法放在中国，而是将技术含量较低、人工投入较大、机械劳动较多的工作放在中国，比如设备组装、芯片封测等。受制于产业链分工，我国许多电子制造公司的设计、开发和管理局限于门槛相对较低的领域。

在未来的电子信息制造领域，数字技术将继续引领风骚，如何在关键技术上实现创新、在国外封锁上实现突破，是我国产业需要用智慧化解的问题。（1）技术上，电子信息制造业需要使用以 5IABCDE（5G、IoT——物联网、AI——人工智能、Blockchain——区块链、Cloud Computing——云计算、Big Data——大数据、Edge Computing——边缘计算）等为代表的新一代信息技术的升级，使得制造变得信息化、自动化、智能化、集成化。具体包括：使用5G、人工智能等通信技术实施监控生产过程；使用机器人、物联网、虚拟现实等技术进行设备的巡检、诊断和维修；基于物联网、大数据和人工智能等手段对生产线进行控制和优化；运用大数据、机器学习、自动驾驶等技术对存货、物流进行智能化调配和运输；综合运用数字技术对生产、经营、管理、决策等过程进行跟踪和持续优化。（2）产业合作上，我国进入技术创新密集阶段，政府通过政策引导、社会资本加持产业升级、产业链核心企业横向和纵向带动、辐射、渗透，最终形成跨地域、跨领域的创新，构筑内资主导的有序、智能、健壮的产业生态。

三、电子信息制造业的安全

电子信息制造业的行业特色较为鲜明，因此该行业也有特有的安全考虑。

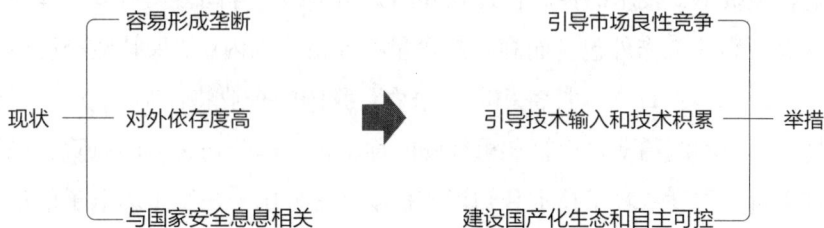

电子信息制造业安全现状及应对举措

（一）电子信息制造业安全现状

1.容易形成垄断

电子信息制造业是垄断、寡头的高发产业。（1）电子信息产业高度依赖电子技术，巨头公司斥巨资进行技术研究和创新，推动行业标准按照有利于自己的方向演进，并使用专利等手段保护知识产权以阻止其他竞争对手跟上自己，还可以通过收购知识产权或者收购科技公司的方式快速构筑自己的护城河，"让别人无路可走"。（2）相比传统技术而言，电子技术的研发投入成本高，更新换代周期更短、节奏更快，很可能某项技术在投入大量资源研发成功后，市场已经有了更新更优质的技术而使得研发"打水漂"了。对于大公司而言，他们技术积累广泛、人才储备充足、资金财力雄厚，可以通过高投入、广撒网来突破下一代技术，"东方不亮西方亮"；对于中小公司而言，没有充足的人力物力财力，经常只能面临放手一搏的困境，而一旦结果不及预期，这种局面都是"难以承受之重"。（3）电子信息制造业对于生产资料要求相对不高（比如芯片的原材料就是沙子），产能的扩张相比传统制造业也更为容易，并不存在"蛋糕一个吃不完，邀请同行共进晚餐"的情况；龙头企业由于技术相对领先、产品契合标准、生态构建完备，在市场上容易占得极为优势的地位；而许多电子信息制造业的产品毛利润极其丰厚，堪称"一本万利"，龙头企业再将丰厚的利润砸向下一代技术研发，进一步叠高自己的"城墙"。如此一来，很容易形成"赢者通吃"的局面。

2. 对外依存度高

相比其他产业，我国的电子信息制造业对国外的技术和企业依存度较高。（1）跨国公司将供应链的许多环节设置在中国，养活了产业链上的千千万万中国企业，但资本、技术的控制权还在外国公司手中，外国公司可以选择性地将技术含量不高的工作外包，而高科技含量产业留在国内；如果其他经济体如美国、欧洲、韩国、日本等具备相应竞争力，我国的企业将面临"刀尖上跳舞"的困境，不仅利润稀薄，而且还可能随时面临被外国公司舍弃的风险。（2）我国的许多行业重度依赖于技术和知识产权掌握在外国公司手里的电子信息制造业产品，这其中最具代表性的就是芯片。芯片是所有计算机和智能设备的"大脑"，产业链长期以来被以美国为代表的西方国家把控，外国政府视其为重要的谈判筹码。例如美国政府执行对华为的禁令，这意味着美国企业和与美国技术紧密相关的企业都不能与华为有商务合作，华为面临被美国主导的高端芯片产业链"断供"。类似事件告诉我们，如果高科技含量的电子信息制造业被外国公司、外国政府控制，我国产业健康发展将面临重大挑战。

3. 与国家安全息息相关

随着信息化、数字化浪潮的推进，电子信息制造为国防、航天等领域带来的提升是"肉眼可见"的，技术的发展使得"运筹帷幄之中"成为现实。然而，随着通信技术的发展、电子信息设备的广泛运用，在市场化竞争机制下，出于设备稳定性、运行效率、成本等多方面的考虑，国外技术加持的许多电子元器件甚至国外厂商提供的整个设备在我国都占据较大的比重，这对我国的安全性构成了较为严峻的挑战。电子信息技术有许多是商业机密甚至是国家机密，对于未能掌握核心技术的国家而言都是"黑盒"技术，一旦在这些特定领域使用了外国设备或外国技术，国家安全面临的威胁就会难以估量。

（二）电子信息制造业安全措施

针对上述电子信息制造业存在的安全性风险，建议可以采取以下措施应对。

1. 引导市场良性竞争

垄断容易形成社会资源的低效运转，因此维护市场的健康、自由的竞争是必要的。我国电子信息制造业在政府积极扶持和市场化竞争的机制下，也涌现出一批能在国内外市场有实力和名望的企业，比如华为、小米、美的、格力。它们在各自领域中有出色表现，发挥着盘活产业链、建设产业生态体系的作用。

由于电子信息制造业较为容易带动区域经济、体现管理政绩，许多地方政府都试其为重点扶持产业，从批地盖楼、税收减免、财政补贴等多方面为当地企业提供丰厚条件。这里需要注意的是，政策需要有规范性和目的性，不能一味给企业"撒钱"，而是要引导企业在市场化竞争机制下，达到自立生存、茁壮成长的目标，并发挥协同效应带动其他企业共同进步。同时也需谨防某些企业过大过强，形成一家独大，在市场中占据垄断地位，阻碍新兴技术的运用、新兴企业的发展，政府需要采用手段避免市场失灵、产业损害的问题。

2. 引导技术输入和技术积累

为了破解国外为我国设置技术壁垒，可考虑以下措施：（1）完善知识产权保护体系。知识产权是证明和保护智力劳动成果的重要手段，一旦某个个人或者企业拥有重要的知识产权，可以在相当长一段时间内通过授权或出售等多种方式"躺着收钱"，也可以作为竞争手段限制对手的发展。良好的知识产权保护体系包括完善的法律法规、有力的执行手段、公民的知识产权意识等，这可有效地吸引技术流入中国，并且激励人才进行技术创新。（2）重视技术研发和人才培养。推进本土教育改革，按照产业链上需要的技能培养人才；制定优惠政策和打造优质环境吸引海外人才回国创业或就业，促进优质技术向国内输入，带动产业技术升级。（3）引导高端制造业在中国落地。高端制造业蕴含高科技水平，对于打造本土高端产业链、培养本土高端人才都具有促进作用。

3.建设国产化自主可控的生态

电子信息产业的研发投入较高，成果不确定性较高，这使得很多企业对重金招聘人才和全力以赴研发持有保留态度。政府可通过定向发放科技研发贷款、参与高端制造股权投资等方式鼓励国内企业为产业发展创新多做贡献。与国防、军工、航天等产业安全相关的环节，从电子元器件、物理设备到软件产品，全部采用国内公司自主可控的解决方案，避免环节中任意节点可能出现的"黑盒"对国家安全的潜在威胁。

第四节　信息技术服务业发展与安全

数字经济时代，数字消费（电商、社交、音频、视频等）成为人们工作、生活的典型需要，而信息技术服务业数字经济中的基础产业之一。

一、信息技术服务业概述

（一）信息技术服务业的定义

软件是相对硬件来说的，如果说硬件比喻为人的肉体，那么软件就是人的思想和灵魂。软件由代码组成，以电子形式存在，看不见、摸不着、无重量。软件的核心价值是处理"信息"，包括：生产信息、收集信息、加工信息、存储信息、传递信息、检索利用信息等，也将与软件相关的服务称为信息技术服务，英文名称 Information Technology，简称为"IT"服务。

（二）信息技术服务业的分类

信息技术服务业是围绕软件所开展的所有服务的总称，可以简单区分为五大类，包括：软件产品服务、信息技术服务、嵌入式系统软件、信息安全服务、平台服务五大类。

软件产品服务　平台服务　信息技术服务　嵌入式系统服务　信息安全服务

（三）信息技术服务业的发展趋势

伴随通信技术、互联网技术的迅速发展和应用的不断深化，软件与互联网深度耦合，软件与硬件、应用和服务紧密融合，软件和信息技术服务业加快向网络化、服务化、体系化和融合化方向演进。

网络化	IT 技术的重心已经从计算走向网络，软件的技术创新与网络发展实现了深度耦合，网络已经成为软件研发、传播、部署、运行和服务的主要平台。
服务化	软件商业模式从著作权采购转向软件服务租赁，用户可不安装维护软件，即开即用，按需付费。
体系化	软件向着更加综合的一体化平台演化，硬件与软件、内容、终端、服务一体化的整合速度加快，完全独立的软件服务愈来愈少。
融合化	随着信息技术应用得当逐步深化，软件与业务出现深度融合趋势，消费者眼中看到已经不再是软件，而是透过软件传递的业务。比如滴滴打车，腾讯微信、美团、携程、拼多多等，人们已经不把它看成一个软件，而是一个业务服务。

二、信息技术服务业的发展

信息技术服务业的发展日新月异，按照五大分类进行归纳整理，为了解软件信息技术服务整体架构提供参考，前面四个类别在本小节中表述，信息安全在下一节中表述。

（一）软件产品服务

软件产品服务是以免费或收费模式提供软件组件、软件系统、软件源代码的服务形式，常见的软件产品服务包括基础软件、支撑软件、应用软件、工业软件、嵌入式软件、App 移动应用软件等。

编号	产品类型	说明	示例
1	基础软件	基础软件是比较重要的经常使用到的软件，通常为其他软件系统运行的基础。基础软件包括操作系统、数据库系统、中间件、语言处理系统（包括编译程序、解释程序和汇编程序）。可以这么说，你在使用电脑，手机或其他智能设备，你就在使用基础软件，这就是基础软件的地位。	Windows、Linux Android、IOS、MySQL、Tocat、Java、.net、Python 等
2	支撑软件	支撑软件是从传统应用软件概念中分离出来的软件类型，之所以称为支撑软件，主要指的是这类软件不直接针对特定的应用领域，而是为应用软件的生产制造过程提供支撑。典型支撑软件包括：软件工程软件、大数据分析软件、办公软件、图形处理软件等，支撑软件是软件及信息服务业的生产力工具，有助于提高软件及信息服务业的生产效率。	EA、PhotoShop、Hadoop、Python Azure 等
3	工业软件	工业软件是一类典型应用软件，由于它对工业的软实力发展起到支撑作用，特地区分为一类软件。通常将工业软件区分为下列类别：工业设计类（外观设计类）、机械设计类（产品设计类）、加工编程类、仿真分析类、集成电路设计类等。	AutoCAD、ProE、3DMax、Catia、SolidWorks 等

编号	产品类型	说明	示例
4	应用软件	以管理信息系统类型为主，基本可以区分为政务、民生、城管、生态环保、休闲娱乐几大类，以下这些类别都是应用软件：通信行业软件、金融财税软件、教育软件、交通运输行业软件、动漫游戏软件、医疗领域软件、政务服务软件等等。我国是软件制造业大国，大量的软件工程师都在从事应用软件的研发。	ERP 软件，财务软件、学习软件、教育软件等等，因为太多，此处就不再举例
5	嵌入式软件	嵌入式软件是为嵌入式系统服务的，生活中遇到各种智能设备都离不开嵌入式软件。它与外部硬件和设备联系紧密，嵌入式软件是应用系统，根据应用需求定向开发，面向产业、面向市场，需要特定的行业领域，每种嵌入式软件都有自己独特的应用环境和实用价值。	嵌入式 Linux、Vx-Works、Windows CE 等
6	App 移动应用软件（移动）	App 软件是在移动设备（主要是手机）上下载、安装、运行、使用的软件，主要区分为 IOS 类和 Android 类软件，微信公众号、小程序，也是当前流行的移动软件形式。	微信、支付宝、美团、携程等都是典型的 APP 软件

（二）平台软件服务

平台软件服务是相对软件产品服务来说的，软件产品在用户终端安装后，一般情况下可以脱离于网络环境运行使用；而平台软件服务要求用户不安装或部分安装软件系统，依托网络环境支撑才能获得软件服务功能。平台软件是数字经济时代的典型基础设施，它极大降低个人和组织获得优质软件服务的门槛，让软件无处不在。

在互联网时代，通常将平台服务分解为三层：IaaS（基础设施即服务）、PaaS（平台即服务）、SaaS（软件即服务）。

编号	服务类型	说明	示例
1	IaaS（基础设施即服务）	基础设施（主要指硬件）即服务，把硬件基础设施（服务器、存储、网络带宽）等通过网络对外提供服务，给用户提供最基本的运算能力、存储能力、通信能力、安全能力，根据用户实际使用量或占用量进行计费的一种服务模式。	阿里云、华为云、腾讯云等
2	PaaS（平台即服务）	平台即服务，商家提供运算平台、解决方案服务，但不直接面向最终用户提供服务，用户无需管理底层的基础设施，包括网络、服务器，操作系统或者存储。只能控制部署在基础设施中操作系统上的应用程序，配置应用程序所托管的环境的可配置参数。	华为云、阿里云、腾讯云等
3	SaaS（软件即服务）	软件即服务，在云基础架构上运行的云服务商的应用程序。用户可通过轻量客户端接口（比如浏览器、微信、App 移动应用程序）从各种客户端设备访问应用程序，使用应用程序的服务和功能。	钉钉、企业微信号、美团等

（三）信息技术服务

信息技术服务区别于软件和平台服务的是，通过信息技术专业人才为客户交付服务，根据客户诉求不同，需要的专业人才也不同。信息技术服务业务主要包括以下八大类：信息技术咨询、信息技术运维服务、设计开发服务、测试服务、数据处理服务、集成实施服务、培训服务、信息人才外包服务等。

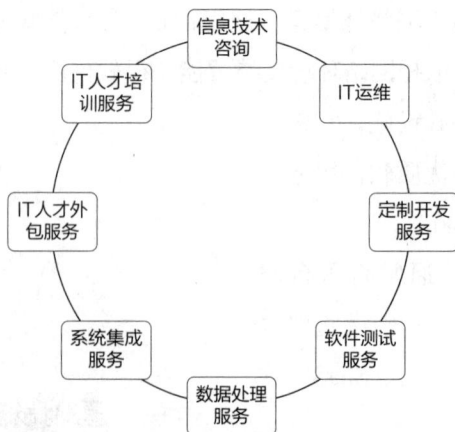

编号	服务类型	说明	典型企业
1	信息技术咨询	数字经济时代是没有硝烟的战场，同时这也是一个伤痕累累的战场，由于软件项目的抽象性和隐蔽性特征，许多项目定位不合理，设计不到位，开发过程质量无保障，重复立项，不可持续迭代升级，导致大量的项目投资都付诸流水。信息技术咨询的价值就是为客户的IT建设目标提供咨询、IT建设过程提供咨询或保障服务，常见的信息技术咨询包括：IT战略规划及实施计划、IT系统设计、IT工程监理等咨询服务。	IBM、安永、毕博、德勤、埃森哲等
2	IT运维	住宅小区、办公大楼建设交付使用后，需要专业物业团队或物业公司进行运行维护。同样，IT系统建设交付完成后，IT系统的运行保障就成了关键工作，这是一个随着计算机信息技术的深入应用而产生的新服务领域。IT运维的常见服务包括：设备管理、应用服务、数据存储、业务监控、目录内容、资源资产、信息安全等。	神州泰岳、亿阳信通、华胜天成等
3	定制开发服务	成型的软件往往难以满足用户个性化需求，在这种场景下，就可以委托专业的软件开发团队，根据客户需求进行定制开发。	华为、腾讯等
4	软件测试服务	软件测试服务的作用是通过各种测试手段检验软件交付的质量。软件测试服务已逐渐形成了一套不同于软件研发的方法体系、工具体系，逐渐演化成为一种独立的业态，以第三方公司服务形式为客户提供软件测试服务。	中国软件评测中心等
5	数据处理服务	在大数据时代，数据处理服务已经成为一种独立信息化建设目标，一个城市、一个行业（委办局）、一个集团企业、一个学校、一个医院等等都需建立自己的数据中心，需对各种系统所输出的不同形式数据进行加工整理，其过程包含对数据的收集、存储、加工、分类、归并、计算、排序、转换、检索和传播的演变与推导全过程。	甲骨文（Oracle）等
6	系统集成服务	系统集成是对计算机技术、网络技术、软件技术、互联网技术的一种综合性应用服务，系统集成包括计算机软件、硬件、操作系统技术、数据库技术、网络通信技术等的集成，以及不同厂家产品选型，搭配的集成，系统集成所要达到的目标——整体性能最优，即所有部件和成分合在一起后不但能工作，而且全系统是低成本、高效率、高可靠性、可扩充性和可维护的系统。	浪潮、东软等

续表

编号	服务类型	说明	典型企业
7	IT人才培训服务	IT人才，特别准IT人才（大学毕业生），其知识技能储备跟不上市场需要，这就催生了IT人才培训服务业态。IT人才培训，既有针对企业在职员工的短训服务；也有针对准IT人员的长训服务。	传智播客等
8	软件人才外包服务	软件人才外包服务本质上属于一种人力资源服务，将软件人才派驻到客户的软件研发中心、软件项目组中，以人天、人月计费的方式收取服务费。	文思海辉、东软集团等

（四）嵌入式系统服务

嵌入式系统简单的理解就是既包含软件也包含硬件的系统，软件专门为特别的硬件定制开发，协同实现特定设备的智能化支持。一般来说，不能定义为电脑的、带有CPU（中央处理器）、带有按设定程序运行的电路，都可称作嵌入式设备。如没有CPU，仅是模拟电路的，例如，老式收音机、调挡的吹风机，一般不称作嵌入式设备。常见的手机、空调、冰箱、电视、扫地机器人、洗衣机、空气净化器、加湿器、遥控器、热水器、微波炉、液晶广告牌、电子体重秤、电梯、电表、水表、气表、门禁系统、照明系统、通风系统、摩托车、电动车、红绿灯、遥控卷帘门、遥控玩具等具有嵌入式系统。

通常来讲，嵌入式软件主要包括下列组件：应用、驱动、算法、系统。

编号	服务类型	说明
1	应用	嵌入式应用包括协议开发、UI开发、业务逻辑开发等。比如使用QT（一个开发工具）开发一个汽车智能中控的图形用户界面程序，使用安卓开发一个机顶盒的应用程序。常说的嵌入式应用开发并不包括APP，那些属于移动应用开发范畴，一般不把这些看作嵌入式的应用开发。
2	驱动	一个新出的芯片是需要开发人员做从bootloader（启动装载）到操作系统（Linux、windows、IOS、Andriod等）内核的适配的，其中包含有USB、flash、I2C、SPI、串口、DMA、网卡等模块的驱动，不管是在bootloader（启动装载）下的驱动还是集成到操作系统内核驱动的开发都可说是驱动开发。

续表

编号	服务类型	说明
3	算法	一款嵌入式产品可能会包含有很多算法，例如一款运动相机，它需视频编解码算法、图像处理算法（ISP）、防抖算法。在人工智能兴起之后，一些嵌入式产品如安防相机也需集成人脸识别、车牌识别、运动检测、景深识别等算法。算法开发也是嵌入式应用服务的重要类型。
4	系统	指完整的应用系统开发，通常包括：产品经理策划产品的功能以及规格；系统架构师设计规划产品架构，比如：采用什么操作系统？如何建立代码工程，整个产品使用什么框架进行设计，开发语言的选择等；最后程序员完成代码的开发。

三、信息技术服务业的安全

（一）信息安全概念、目标和原则

1. 信息安全概念

国际标准化组织定义信息安全为数据处理系统建立和采用的技术、管理上的安全保护，为的是保护计算机硬件、软件、数据不因偶然和恶意的原因而遭到破坏、更改和泄露。

2. 信息安全的基本目标

信息安全的核心目标包括保密性、完整性、可用性、可控性和不可否认性

编号	目标	说明
1	保密性	阻止未授权用户使用相关信息。
2	完整性	防止信息被未授权用户进行篡改，确保信息保持原始状态以保证信息的真实性。
3	可用性	保障授权用户在需使用信息时能得到信息服务的能力。
4	可控性	对信息和信息系统实施安全监控，阻止非法利用信息和信息系统。
5	不可否认性	建立一种机制，确保信息交换的双方不能否认其在信息交换过程中发送信息或接收信息的行为。

3. 信息安全原则

信息安全技术使用必须遵守一些基本原则：（1）最小化原则。（2）分权制

衡原则。（3）安全隔离。

编号	原则	说明
1	最小化原则	在一定范围内共享受保护的敏感信息，为满足工作需要，根据安全策略授权用户使用系统，仅被授予其访问信息的适当权限，称为最小化原则。
2	分权制衡原则	针对不同用户，授予不同权限，使每个授权主体只能拥有其中的一部分权限，使他们之间相互制约、相互监督，共同保证信息系统的安全。
3	安全隔离原则	将信息的主体与客体分离，按照一定的安全策略，在可控和安全的前提下实施主体对客体的访问。

（二）信息安全服务的常用技术

1.入侵检测技术

黑客通常可以利用程序漏洞入侵他人计算机，其目的是窃取信息或者破坏信息资源。入侵检测属于一种"侦听性"技术，该技术综合运用密码技术和通信技术，及时了解计算机中存在的安全威胁，然后再采用相应处理措施。

2.防火墙以及病毒防护技术

防火墙技术属于一种"防御性"技术，其手段是建立检测和监控系统阻挡外部网络入侵，以控制外界系统对计算机系统的访问，保护计算机系统的保密性、稳定性和安全性。

病毒本质上是一种"植入性"软件，通过在计算机系统内运行病毒程序，起到破坏系统或盗取数据的目的。病毒防护技术包括两个方面，一方面是防止病毒入侵安装到系统上，另一方面就是消灭已经安装的病毒程序。

3.数字签名以及生物识别技术

数字签名是一种"通行证"技术，主要用于云平台上，它在网络传播信息中贴上一个数据签名，通过验证数字签名的有效性判断信息的合法性，避免计算机受到恶意攻击和侵袭。

生物识别技术用于保护系统用户的合法权益不被盗用，确保使用者就是系统中的用户本人，通常情况下就是用人体的可辨识的唯一性特征来辨识，比如说：指纹、视网膜、声纹、活脸验证等。

4. 信息加密处理与访问控制技术

信息加密是通过一定的算法规则将信息由明文改为密文的技术，用户在使用这些信息时通过技术进行解密，将密文转化为明文的技术，包括传输过程中的加密处理和存储过程中的加密处理。访问控制属于"授权"控制模式，针对不同的用户授予不同的访问权限，包括功能授权和数据授权。

5. 安全防护技术

安全防护技术是网络防护技术、应用防护技术、系统防护技术的总称：网络防护技术是从网络基础设施层面保护系统安全，比如防火墙、UTM（统一威胁管理）、入侵检测防御等；应用防护技术是从应用系统层面保护系统安全，比如：访问令牌、生物识别、信息加密等；系统防护技术是在基础系统中保护安全，比如防篡改、系统备份与恢复技术等。

6. 安全审计技术

安全审计属于一种"管理型"安全技术，不直接保护系统的安全，而是间接分析安全事件或者预判安全风险。安全审计包含日志审计和行为审计，日志审计是管理员在受到攻击后，通过网络日志评估网络配置的合理性、安全策略的有效性，追溯安全攻击轨迹；通过对员工或用户的网络行为进行审计，确认用户操作行为的合规性。

7. 安全检测与监控技术

针对互联网应用，对于用户访问流量、用户提交内容进行适度监管和控制，避免恶意访问、垃圾内容、有害信息传播等。

8. 身份认证技术

身份认证是一种身份授权访问技术，只有授权的用户才能访问系统，授权用户使用特定的身份标识来验证，验证通过后方能进入系统。典型的身份认证手段包括：用户名口令、身份识别、PKI（公开密钥基础设施）证书和生物认证等。

（三）信息安全防护的常用措施

1. 加强安全防护意识

信息安全从来都不是单纯技术可以解决的，用户安全防护意识至关重要，每个人在日常生活中都有大量的账户信息，比如，网银账号、微博、微信及支付宝等，用户必须提高自身安全意识，保护这些账户信息不被他人截取，具体包括：提高密码安全等级，拒绝下载安装不明软件，不访问不明网址、提高账号密码安全等级、禁止多个账号使用同一密码等。

2. 数据库安全管理

在信息系统中，数据库在信息安全中起到核心地位，保护好数据库安全是关键。数据库安全包括：数据加密存储、数据管理员账号不被泄露、数据库备份等。

3. 科学采用数据加密技术

数据加密技术在保护信息安全中是一种有效而且常用的手段，它能最大限度避免和控制计算机系统受到病毒侵害，保护计算机网络数据库安全。

4. 提高硬件质量

信息安全不仅仅是逻辑链路安全，还有预防物理性的损害导致数据丢失，要求提高硬件系统质量，加强日常维护等。

5. 改善自然环境

自然环境，或者说机房环境也在包含硬件安全中起到重要作用，包括环境卫生、除尘、温度湿度保护等。

6. 安装防火墙和杀毒软件

为了预防外部攻击，安装防火墙属于一种常规手段，自动分析网络安全，将非法访问拦截下来，增强系统防御能力。

病毒也是互联网上最常见的信息安全敌人，安装杀毒软件，拦截或者消灭系统中存在的病毒，也很重要。

7. 加强计算机入侵检测技术的应用

入侵检测是一种"亡羊补牢"特性的安全防护技术，通过 IDS（入侵检测系统）入侵检测系统的使用，及时发现计算机与网络之间异常现象，给予系统维护者报警，以及时采用对应的策略。

（四）信息安全法

信息安全看上去是技术问题，但是从技术角度解决信息安全，是永远的猫鼠游戏，信息安全问题将一直存在，为了对危害信息安全的行为做斗争，法律是一个非常重要的武器。

信息安全法律环境是信息安全保障体系中的必要环节，明确违反信息安全的行为，并对该行为进行相应的处罚，以打击信息安全犯罪活动。国家在立法工作上对信息安全工作高度重视，制定了一些法律法规，如《中华人民共和国密码法》《中华人民共和国国家安全法》《中华人民共和国电子签名法》《计算机信息系统国际联网保密管理规定》《互联网信息服务管理办法》《计算机信息网络国际联网安全保护管理办法》。

第五节　互联网及服务业发展与安全

随着数字经济时代的到来，互联网及服务业逐渐占据了当前社会服务业的主流。互联网与其他各类服务行业融合，提升了企业服务能力，扩大了企业的消费群体，同时构建了综合化的互联网平台，满足了消费者的个性化需求。互联网服务业的兴起构建在普及的互联网网络和企业核心的生产管理信息系统上，并通过互联网技术实现了对客户数据的搜集和智能化分析，从而为客户提供精准的服务。但这些技术的基础同时也会受到数字化的安全威胁，需要从技术、产业规划等各方面制定安全措施，实现完善的安全防护。

一、互联网及服务业概述

（一）互联网及服务业含义

互联网起源于 1969 年美国国防部研制的"阿帕网"（ARPANET），起初是用来连接小范围内数台计算机的局域网。后来，随着网络内计算机数量不断增多，不同小型局域网开始互相连接，逐渐形成了目前几乎遍布全球各个角落的互联网。互联网及服务行业是在网络技术应用范围扩大后逐渐兴起的新兴行业，并成为当前数字经济的主要组成部分，并呈现出与各类传统服务业日益融合的趋势，具有极大的发展潜力。

互联网服务业主要有网络层和基础层两个层面的含义。（1）网络服务应用层是在应用层面上的互联网服务业的表现形式，如网络游戏业务、网上交易服务、网络广告业务、网络教育培训等，其中最主要的代表是网络游戏业务和网上交易服务，这两项业务的代表企业由我们熟知的网易、搜狐、淘宝、京东、拼多多等企业。（2）基础网络服务是互联网服务应用层的技术基础，为网络应用提供数据、技术支持以及安全保障，以实现产业内部的数据通信和线上业务的正常开展。电信、移动和联通三大网络运营商是提供网络通信服务的主要企业，而华为、360等企业则是服务器等硬件和安全服务的提供商。

从应用领域来看，互联网在服务业的应用领域主要包括：电商相关的交通运输、仓储和邮政业、住宿和餐饮业、金融业、房地产业、租赁和商务服务业以及文化、教育和娱乐业。这些领域主要面向群众的消费，即围绕着现代数字社会人们在日常生活、投资、线上购物、休闲娱乐和学习进步各方面的需求而产生的服务业，通过互联网这一平台，借助快速而高效的信息传播速度，为特定区域人群和企业提供多样化的增值内容服务。互联网服务业典型业务模式是会员制，即通过价格歧视手段将客户区分对待，为购买内容资源的会员提供个性化的解决方案，具体包括：会员折扣活动、个性化定制服务、消费附加增值服务等等，并发放一些会员卡等作为互联网客户享受特殊待遇的准入凭证。

（二）互联网及服务业影响

互联网自诞生之初就对全世界产生了深远影响。互联网服务行业是伴随着互联网发展起来的新兴行业，并呈现出与电信服务日益融合的趋势，具有极大的发展潜力。互联网及服务业的影响可以概括为以下几个方面：

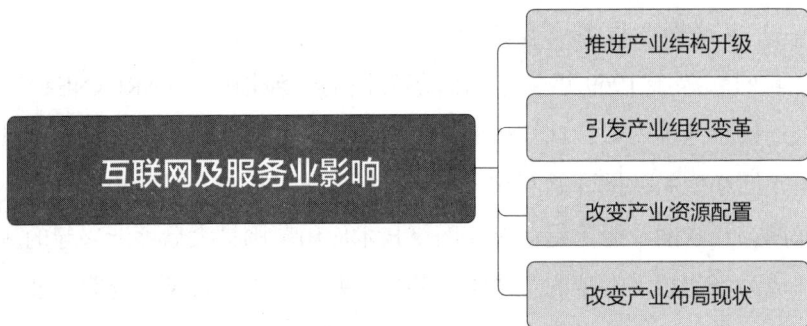

资料来源：湖南省经信委编写的《互联网对服务业带来的十大影响》。

1. 互联网推进产业结构升级

对于产业而言，互联网的主要功能是服务性工具，具有一定的现代服务业属性。由于互联网的发展使生产生活能够在一定程度上忽略时空的限制，从而为分工协作创造了良好的条件，在互联网与传统行业融合到一定程度后就会产生许多新兴行业。（1）对于农业和工业，农业和工业互联网的发展，产业之间的分工协作使得产业融合进一步加快。（2）对于第三产业，互联网服务企业已经占据了主流，网络游戏、在线购物、线上教育、线上打车与线上会议等行业已经逐渐取代了传统行业，使现代服务体系更加符合年轻人的需求。

过去，我国互联网发展以消费互联网为主，消费者贡献了绝大部分产值。根据麦肯锡全球研究院的报告，2020年中国的网络零售规模达到1.9万亿美元，而美国仅为8600亿美元左右，企业的互联网普及率也不断提高，已经达到了90%以上。如今，我国工业互联网、产业互联网发展越来越迅速，企业将许多业务转移到云端，采用云计算技术进行生产过程分析，这样传统的生产方式就发生了变革，传统制造业、物流业和金融业等业态都发生了巨大的变化。

2.互联网引发产业组织变革

互联网企业的运行建立在数字基础设施和云端计算上，其运行并不需要如传统产业一般借助大量的厂房、土地等固定资产，运行机制十分灵活，成本较低。传统服务业与互联网服务业相比，在运行效率、成本耗费、市场拓展方面都有着先天的劣势，在竞争规则改变的前提下许多传统企业都面临着危机。例如，电信行业因为垄断地位，缺乏市场竞争的威胁，其商业模式极其单一，仅依赖传统的语音、短信和网络服务就获得大部分客户，但是在腾讯微信、YY（一款在线语音沟通软件）和其他社交软件的冲击下，电信服务运营商受到了极大的冲击，纷纷推出竞争产品来实现转型。同样地，传统银行等金融企业的业务也在互联网金融的扩张下岌岌可危，网络小额贷款和线上金融服务的出现使得传统的存贷业务难以竞争。伴随着互联网金融的持续升温，传统金融企业被迫进行数字化转型，使得我国的金融行业进入全面重塑阶段。

3.互联网改变产业资源配置

在数字经济时代，数据是一种全新的转略资源，同时也是重要的生产要素。互联网技术对于数据的高效运用使得数据能深入参与到产业内部的各个环节，重塑整个产业价值链。譬如，百度自诞生之初就是我国搜索行业和大数据行业的龙头企业，其大数据分析已经深入到地图、翻译、学术研究和互联网媒体等各领域，并为更多的企业提供第三方数据分析和智能化服务。通过百度旗下全国最大的互联网用户行为数据库，企业可以精准地确定消费者的行为习惯和消费偏好，从而实现精准营销和个性化服务，增强用户黏性。如今，数据资产已经成为许多互联网公司的重要战略资源，商业价值难以估量，数据安全和保密工作也成为企业十分重视的安全工作，被纳入到安全战略中。

互联网的一大突出优势是能够将产业内部最重要的信息流、物流和资金流全部结合在一起，形成高效协作的生产网络。资金流为生产和研发提供动力，物流是整个环节运行的基础，信息流是全流程管控和效率提升的保证，三者的结合使得互联网企业相比较传统企业在运行效率上优势巨大，甚至可以说是"降维打击"。以阿里巴巴为例，阿里巴巴集团拥有淘宝和天猫电子商务平台，加上"三通一达"物流企业，再加上控股的金融子公司，三者完美实现了物流、信息流和资金流的结合。对顾客而言，线上购物、商品运输和资金支付全部都在阿里巴巴集团提供的服务链条下实现，这种一条龙的服务体验是传统企业难以比拟的。正是依靠这种以互联网为基础的全流程服务，阿里巴巴的淘宝网在 2020 年"双 11"实现了高达 4982 亿元的庞大交易量。同时，在数字技术与传统行业快速融合的背景下，腾讯等互联网行业巨头不断对传统企业进行并购，逐步实现对更多传统服务业的掌控，扩张自己的势力版图。仅在过去五年内，阿里巴巴就陆续并购或入股了中信 21 世纪、高德软件、银泰百货、优酷土豆、恒大足球俱乐部、21 世纪经济报道等企业，其业务范围已经扩展到社交网络、金融、视频、体育、传媒等各个行业，实现了更多行业的资源优化配置。

4.互联网改变产业布局现状

我国的经济格局一直都存在不平衡的问题，其中以城乡二元结构现象最为突出。在城乡的巨大差距下，我国的服务业发展也呈现出极其不均衡的状态。但是，近年来在农村互联网等数字基础设施不断普及的趋势下，农村地区通过数字化普及率的提高逐渐缩小了和城市地区的差距。农民通过互联网也可以实现线上零售，增加个人营收的同时也逐渐改变了农业的产业格局。目前，农村市场已成为电商行业的重要产品市场，全国出现的大批"淘宝村"正是互联网改造农业的典型案例。

互联网的快速发展使得企业可以将经营触角伸向原来无法触及的地区和国家。由于互联网能够在一定程度上忽略地域和时间的限制，原来本地服务业较为落后的地区只要接通了互联网就能直接与外界联系，并享受到在线购物和教育等网络服务。同时，很多企业依靠互联网在全球的布局，将自身的业务延伸到许多国家。例如，亚投行的设立是我国"一带一路"倡议中成立的对外投资银行，在亚投行的带领下，中土、中铁、中建等工程类央企不断前往亚非拉国家参与当地的基础设施建设，援助了许多第三世界国家的经济建设，为我国加强与世界各国的经济联系作出了重大贡献。

二、互联网及服务业的发展

（一）整体发展情况

据工信部运行监测协调局数据显示，2020年我国互联网和相关服务业发展态势平稳，业务收入稳中有落，利润保持两位数增长，研发费用增速回落。细分领域呈现不同增长态势，音视频服务企业、在线教育平台等保持较快增长，生活服务平台等受疫情影响较大。互联网业务收入增长稳中有落。2020年，我国规模以上互联网和相关服务企业完成业务收入12838亿元，同比增长12.5%。

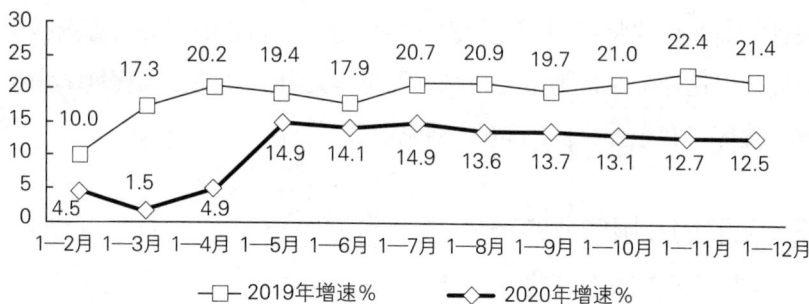

资料来源：工信部运行监测协调局数据。

行业利润增速高于收入。2020年，规模以上互联网企业实现营业利润

1187 亿元，同比增长 13.2%，增速低于上年同期 3.7 个百分点；得益于成本控制较好，营业成本仅增长 2.4%，行业营业利润高出同期收入增速 0.7 个百分点。研发费用增速回落。2020 年，规模以上互联网企业投入研发费用 788 亿元，同比增长 6%，增速低于上年同期 17.1 个百分点。

（二）互联网及服务业未来发展趋势

1.农村市场将逐渐成为主流市场

对于针对企业和消费者的互联网市场来讲，当前行业格局已经逐渐被阿里、京东等大企业占据，城市地区的行业进入壁垒较高。因此，初创类的互联网服务企业要打开市场，平稳度过初创阶段就必须避其锋芒，从小微企业入手，将视角转向广大的农村地区和城市郊区。初创企业要从小微企业做起，磨炼自身服务能力，瞄准大企业忽略的地带进行定点突破，然后再逐步发展自身业务，逐渐壮大自身实力，使农村地区成为消费市场的主流。

2.基础服务已经难以满足企业主的需求

服务企业的互联网产品的特点是以企业为单位，更多在工作场景和业务场景使用，目前大多数服务的使用门槛仍然较高，同时形式较为单一，对企业的服务同质化严重。未来的互联网服务需要更注重企业的实际利益，保障客户的使用效果，通过各种手段保障企业的业务顺利开展并实现成功。

3.一站式服务会成为互联网服务的主流

一站式的全链条服务模式可以给企业客户和消费者提供卓越的消费体验，在未来这一商业模式将得到市场的进一步肯定，一站式的服务会逐渐被更多的大企业使用，这样除了能够节省市场交易成本之外，还能更大程度上满足客户的需求，使客户和企业之间的黏性不断提高。

三、互联网及服务业的安全

（一）互联网及服务业安全现状

进入数字经济时代以来，网络安全和数字基础设施安全受到党和政府的高度重视，需要法律法规来规范网络和电信业务。在这一背景下，以《网络安全法》的出台为标志，我国网络安全的法律法规和政策标准体系逐渐形成。

1. 确立体制机制

2018年成立的中央网络安全和信息化领导小组是我国网络安全事业的最高领导机构，在成立后全国集中统一领导的网络格局逐渐形成。中央网信办统筹协调，各地网信机构逐渐建立，网络安全管理工作格局逐步成熟。

2. 树立安全战略

2016年12月，中央网络安全和信息化委员会办公室发布了《国家网络空间安全战略》，确立了网络安全的战略目标、战略原则、战略任务；2017年6月1日起，全国人大制定的《网络安全法》正式施行，这是我国网络安全领域首部基础性、框架性、综合性法律，这部法律的出现标志着我国网络安全事业真正实现了有法可依，对全国网络安全事业的开展意义十分重大。

3. 提升应急响应能力

网络安全问题相比较其他生产安全问题发生更加迅速，难以及时应对，因此必须在安全问题发生时有提前的完善预案进行防控。2017年1月，中央网信办印发了《国家网络安全事件应急预案》，这标志着我国网络安全应急响应和处置能力有了极大提升；除了应急响应能力，事前的审查和评估也必不可少，因此，《网络安全审查办法》在2020年4月正式生效，这标志着我国各行业的网络安全服务内容审查工作实现了规范化；2019年2月，国家互联网信息办公室、国家发展和改革委员会、工业和信息化部和财政部四部门共同制定了《云计算服务安全评估办法》，提高了党政机关、关键信息基础设施运营者采购使用云计算服务的安全可控水平。

4. 强化网络安全统一标准

网络安全标准的统一对于安全防控工作的开展有十分重要的意义，因为只有在统一的安全标准下，安全技术才能在不同地区、不同行业实现兼容和应用。这些标准的制定必须在国家的统一规范和领导下制定。目前我国对网络安全标准进行统一技术归口，标准的制定需要统一申报和审查。当前已发布个人信息安全规范等国家标准263项，其中39项国家标准和技术提案被国际标准化组织吸纳。

（二）互联网及服务业安全工作

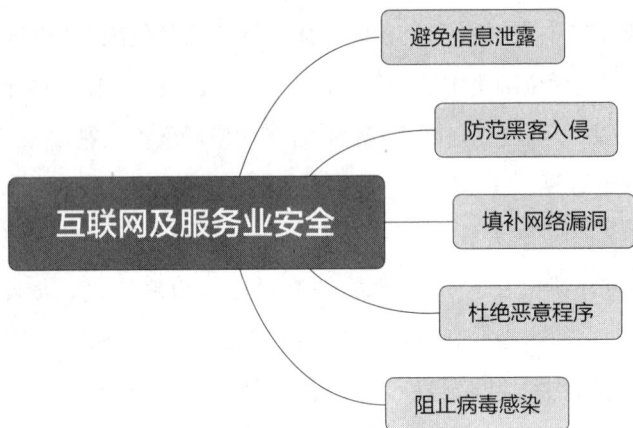

资料来源：冯登国编写的《网络空间安全——理解与思考》。

1.提高计算机用户安全意识，避免信息泄露

大数据时代，网络信息安全已经是重要问题，当前信息安全问题的解决关键在于网络信息管理员和计算机用户的信息安全意识是否强烈。时下，要自觉接受相关信息安全教育和宣传知识，从本质上解决安全意识落后的问题。同时，计算机用户对计算机的密码设置要有一定难度，以免被黑客破解。公用的Wi-Fi尽可能少连接或者不连接，以此提高手机个人信息的安全度。

2.提高网络安全知识，防范黑客入侵

如今，黑客已经在生活中长期存在，一些不法分子通过不正当手段和技术盗取计算机用户信息，用于不正当使用。因此，建立健全防范黑客入侵技术和提高网络安全知识势在必行。这其中，防火墙技术可以大大增强网络信息安全，可以实现保护计算机网络安全。它主要是在网络边界建立一种网络通信监控系统，阻断外部网络和内部网络之间的串联，防止入侵。倘若黑客想要攻击计算机网络系统，就需要攻破防火墙的安全防线。但当前的网络安全还是存在漏洞，即使使用防火墙技术也是很难彻底避免黑客入侵，这就需要相关人员不断努力攻克技术难题，发展网络技术。

3.重视网络恶意程序拦截，保障网络安全

当前，在生活和工作中使用计算机时，往往总是出现一些网络恶意程序，务必要加以重视，一方面要有做好对恶意程序的分析和判断，破坏恶意程序的生存环境，使其无法恶意攻击，避免恶意程序传播蔓延。一旦恶意程序传播开来，就会造成恶性循环传播，使整个局域网络出现网络安全问题。基于此，要重视网络安全，学习相关网络技术知识，防范网络恶意程序。参加网络安全知识学习和培训，做好笔记并传播相关网络安全知识，使身边人都能识别和鉴别网络恶意程序，做到网络安全全覆盖。

4.填补网络系统漏洞，加强网络安全

大数据时代，信息化发展迅速，云端存储数据大，数据传输过程中难免会出现漏洞，漏洞的出现就给黑客和不法分子以可乘之机，对网络系统安全造成严重威胁。故此，计算机用户可通过在所用系统官方网站下载相关系统的补丁或者杀毒软件，以此修复系统漏洞，强化网络安全。

5.提高病毒防范意识，切断病毒感染

计算网络技术发展速度快，计算机病毒种类也较多，对其进行统一规范管理难度也比较大，从根源上主要是防止病毒传播。这就要求用户在使用计算机登录网站或者使用计算机存储设备时，加以注意防范。比如说，在使用硬盘或者U盘时，要习惯使用杀毒软件进行病毒检查，确认硬盘是否感染病毒，如若感染病毒，则需要进行及时查杀，未感染病毒方可放心使用。随着计算机网络技术和大数据技术的交融发展，病毒的产生和迭代也相对较快，这就要求互联网用户尽快提高自主防范病毒的意识，切断病毒感染。

第八章　产业数字化发展与安全

产业数字化，利用数字技术全方位、全角度、全链条地改造传统产业，提高全要素生产率，释放数字对经济发展的放大、叠加、倍增作用。推动数字技术深度融合实体经济，可加快制造业、农业、服务业数字化、网络化、智能化。

诺贝尔经济学奖得主舒尔茨曾经说过，科学知识，以及将它转化为新的更先进的产品和生产方式，是推动经济增长的最重要力量。同样道理，数字技术的发展也需与产业相结合，实现产业数字化，进而成为推动产业增长的动力引擎。

数字技术正在持续加深产业的重塑，正在横向展开、纵向深入。产业数字化是"产业乘科技"的无界融合，助推产业网络化、数字化和智能化，以便提升用户体验、降低产业成本、升级产业模式。

第一节　产业数字化概述

产业数字化是数字经济发展主动力。产业数字化是数字经济在实体经济中的融合渗透，经济发展水平越高，产业数字化进展越快，占比就越大。

产业数字化转型由单点应用向连续协同演进，传统产业利用数字技术进行全方位、多角度、全链条的改造提升，数据集成、平台赋能成为推动产业数字化的关键。根据中国信息通信研究院统计，2019 年我国产业数字化增加值达到 28.8 万亿元，占 GDP 比重提升至 29.0%。

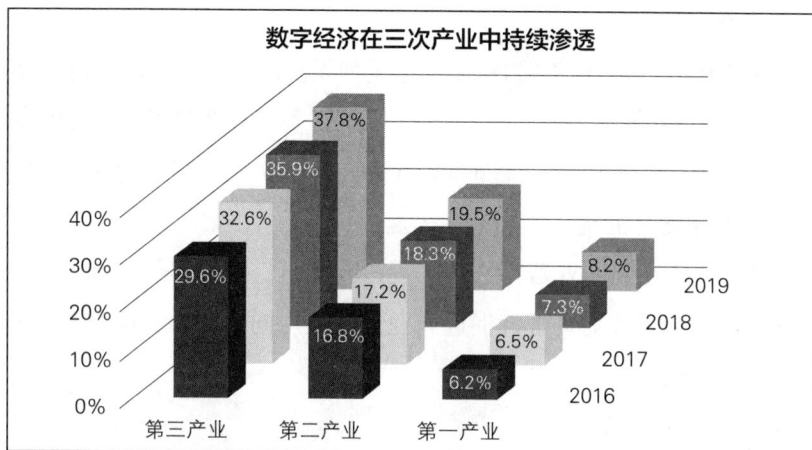

数字经济在三次产业中持续渗透

资料来源：中国信息通信研究院。

一、产业数字化内涵

欧盟委员会 2020 年 2 月发布公报说，恰当地使用数字技术将使企业和民众在多方面受益，未来 5 年在数字化转型方面欧盟委员会将聚焦三个目标：让技术为人服务、公平和有竞争力的经济环境以及开放、民主、可持续发展的社会。

中国信息通信研究院认为，产业数字化是传统一、二、三产业由于应用数字科技所带来的生产数量和生产效率提升，其新增产出构成数字经济的重要组成部分；国家信息中心信息化和产业发展部等编制的《携手跨越重塑增长——中国产业数字化报告 2020》认为，产业数字化是在新一代数字科技支撑和引领下，以数据为关键要素，以价值释放为核心，以数据赋能为主线，对产业链上下游的全要素数字化升级、转型和再造的过程。产业数字化发展对于企业、行业以及宏观经济都具有极其重要的意义。

产业数字化就是培育数字经济新业态，深入推进企业数字化转型，打造数据供应链，以数据流引领物资流、人才流、技术流、资金流，形成产业链上下游和跨行业融合的数字化生态体系，构建设备数字化—生产线数字化—车间数字化—工厂数字化—企业数字化—产业链数字化—数字化生态的典型范式。

1.打造数字化企业

在企业"上云"等工作基础上，促进企业研发设计、生产加工、经营管理、销售服务等业务数字化转型。建立平台企业帮助中小微企业渡过难关，提供多层次、多样化服务，减成本、降门槛、缩周期，提高转型成功率，提升企业发展活力。

2.构建数字化产业链

打通产业链上下游企业数据通道，促进全渠道、全链路供需调配和精准对接，以数据供应链引领物资链，促进产业链高效协同，有力支撑产业基础高级化和产业链现代化。

3.培育数字化生态

打破传统商业模式，通过产业与金融、物流、交易市场、社交网络等生产性服务业的跨界融合，着力推进农业、工业服务型创新，培育新业态。以数字化平台为依托，构建"生产服务＋商业模式＋金融服务"数字化生态，形成数字经济新实体，充分发掘新内需。

二、产业数字化意义

产业数字化是指在新一代数字技术的支持和指导下，以数据为关键要素，以价值释放为核心，以数据赋权为主体，对产业链上下游数字化升级、改造和再造的过程。

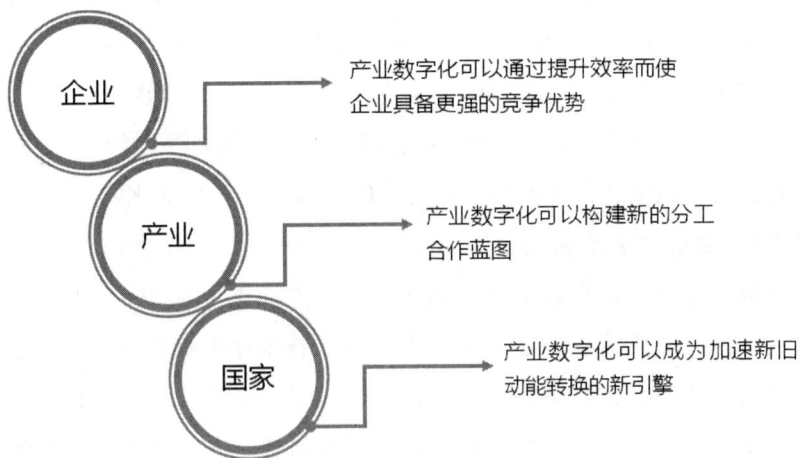

企业　产业数字化可以通过提升效率而使企业具备更强的竞争优势

产业　产业数字化可以构建新的分工合作蓝图

国家　产业数字化可以成为加速新旧动能转换的新引擎

产业数字化三个层面意义

产业数字化是实现数字经济和实体经济深度融合发展的重要途径，是适应数字经济发展的必由之路和战略抉择。产业数字化具有重要意义：（1）从企业角度，产业数字化可以通过提升效率而使企业具备更强的竞争优势。（2）从产业角度，产业数字化可以构建新的分工合作蓝图。（3）从国家角度，产业数字化可以成为加速新旧动能转换的新引擎。

（一）数字化技术助力传统产业升级

近年来，全球经济增速持续放缓，尤其近期受新冠疫情肺炎影响，全球经济增长动能不足，传统产业迫切需要找到新的增长点来支撑。正在此时，数字经济得到前所未有的发展，数字化服务项目越来越普遍，从互联网金融、数字乡村、数字营销到智慧城市，数字科技与实业的高度融合以及高水平数字化技术提升为传统产业升级创造了希望。传统产业已成为数字技术与自主创新的关键领域，在数字化技术渗透到各个领域的基础上，正确引导了第一产业、第二产业和第三产业的融合，宣告了数字经济的高速发展。

产业数字化现实意义

（二）数字化创新促进制造业提质增效

数字化创新有利于完成制造、货运、仓储物流和市场销售等各个阶段，已达到降低成本提升效率的目的。（1）数字技术可以提高商品生产和加工全过程的自动化技术和智能系统水平，在提高生产效率的同时，降低新产品开发和制造的成本。（2）借助网络平台，可以完成生产和使用的整合，使供需关系更加灵活，进而在一定程度上减少企业仓储物流和销售成本。（3）数字化创新可以基于数据分析，帮助企业完成精准的营销和推广，人性化的服务，完成自主创新和运营模式的转变，从而降低营销和服务项目的成本。（4）数字化可以重构产业运营生产和管理决策过程，高效率提升产业流程效率，改变成本结构，从而实现规模效应，产生经济效益和网络效应。

（三）数字化应用催生诸多新生态

当今，大数据、云计算、人工智能、物联网、区块链、5G 等新型的现代数字信息科技，我们日常生活被这些技术所催生的网络购物、移动办公、新媒体等方式彻底改变。数字信息技术在各领域的广泛应用和随之而来的消费需求变化，产生了网络共享经济和平台共享经济等新的业态和新的模式。与此同时，数据取代资本和技术成为新经济模式下的生产要素，以大数据、AI、物联网、5G 为代表的数字信息科技创新经济社会各环节，加速了关键核心技术的突破与创新，提高了成果转化率和产业化率，并且催生了包括机器人、可穿戴装备等新兴产业，实现了数字产业化。

（四）数字化运营赋能制造业转型

数据化运营最重要的就是与实体的有效结合，这可以说数字化的意义所在。数字化的根本任务就是将现实世界的知识与信息，通过产生大量数据而实现数字化，并基于大数据分析，将运营的结果反馈到现实世界，形成完整的价值链。数字化还可以将传统制造业的各生产环节串联起来，打通内外部真空地带，形成多维立体网状化的关联，从而创造为制造产业链创造更大的价值。

三、产业数字化特点

（一）数据要素驱动

在产业数字化发展中，数据作为新经济下的生产要素，发挥着重要的作用。

产业数字化特点

1. 数据促进产业创新

数据促进产业生产模式发生转变，促进生产方式集约化整合，改变产业协作机制，改变着产业技术、生产材料、人才培养等方式，深刻影响产业的各项生产要素。（1）在数据要素驱动下，原本的生产制造向虚拟仿真转变，在实物真正制造前，通过建立模型开展数字虚拟组装，从而减少实物的浪费，节省实际生产过程，提升生产效率。（2）在数据要素的驱动下，制造过程的协同化水平有效提高，制造过程控制更加智能化，大规模定制成为可能，逐渐转变了传统的生产模式。（3）在数据要素的驱动下，企业从生产销售扩展到生产性服务领域，从传统的单一服务扩展到"一站式"服务领域，发展模式横向和纵向都在不断延伸，从而由经营链向经营网转变。（4）在数据要素的驱动下，数据成为企业管理的最佳"军师"，帮助企业负责人制定更加科学的决策，提升企业管理能力。（5）在数据要素的驱动下，通过对消费人群个性化的分析，准确描绘消费者画像，可以推动生产创新。

2. 数据资产管理提升

数据信息作为生产要素，早已成为企业的核心资产，不断激发运营模式的自主创新，并持续催生新业态、新模式。（1）企业已经逐步认识到数据资产运营的重要性，通过围绕数据采集、存储、传输、应用等全生命周期建立数据资产管理体系，解决数据规模扩大、质量不高、协同效率低、应用不充分等问题。（2）随着数据资产管理能力的加强，数据的应用从内部管理使用逐渐向外部扩展，数据作为资产的价值被不断挖掘，企业甚至可以将数据作为资产出售，数据资产的应用领域不断扩大。

（二）科技平台支撑

科技平台通过改变企业生产、供应、营销、服务和设计研发等管理方式，促进了以数据为关键的生产全要素的全面互联。在科技平台的基础上，不断积累的数据资产、迭代改进的技术结构等为企业数字化转型的加速和企业的持续改进提供了支持。

1. 科技平台架起链接桥梁

随着企业数字化步伐加快，更多的企业通过科技平台的建设，架起了软硬件之间的桥梁。借助科技平台，打通经济生产全要素之间的链接，优化整体的架构及流程，加快产业数字化转型。（1）科技平台可以通过数据及信息技术，实现对制造过程的监控、对生产管理的调整、对市场营销的定位、对设计研发的成果转化等，带动生产和管理效率提升。（2）科技平台可以通过数据及信息技术，深度拓展供应链渠道，带动产品供应的创新。（3）科技平台可以通过数据及信息技术，整合资金、数据等生产要素，引领业务模式发生转变。

2. 技术平台助推协同发展

科技平台能够使数据及信息在交换和反馈过程中实现更加精准的匹配、更加快捷的反馈，通过数据和信息的交互和共享，推动行业各项资源匹配和整合，提高行业协同发展的水平。（1）"火车跑得快，全靠车头带"，龙头企业在行业数字化过程中，将数字化转型的经验分享传递给行业内中小型企业，引领行业数字化转型。（2）科技平台公司对外提供自身的数字技术及资源，帮助传统产业企业实现业务的转型升级。

（三）服务先行拉动

依托强大的消费群体，近年来随着移动互联的深入发展，我国互联网消费业取得了全球瞩目的成绩。电商、餐饮、旅游、教育、医疗等服务行业借助移动互联网的普及，实现了消费侧的高度数字化。借助服务业全球领先的产业数字化水平，国内以 BAT 为首的众多互联网企业均在全球 500 强中占有领先地位。

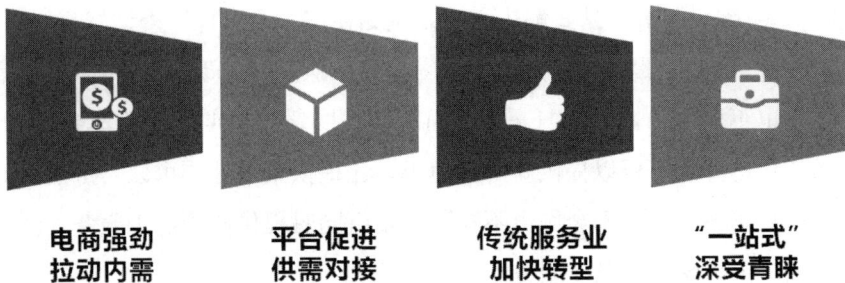

| 电商强劲
拉动内需 | 平台促进
供需对接 | 传统服务业
加快转型 | "一站式"
深受青睐 |

服务行业先行拉动产业数字化发展

1.电商强劲拉动内需

我国"双11"销售额连续多年创纪录，更是超越了世界200多个国家一年的GDP，足以证明我国电商发展规模的庞大。新冠肺炎疫情防控期间，由于居家办公等限制了实体交易，很多行业相继关门，而电商购物却逆势增长。

2.平台促进供需对接

平台经济、共享经济因其可以提高交易的快捷度、便利度及精准度，已经逐渐成为商品交易市场转型升级和创新发展的重要方向和途径。共享经济可以借助数据及信息技术将商品交易过程中的生产制造、交易流通和服务资源聚集在一起，同时盘活闲置资源，从而带动商品质量、服务满意度和全流程效率的提升。

3.传统服务业加快转型

近年来，作为具有一定垄断地位的医疗和教育，也改变传统服务印象，正在加速数字化转型的步伐。（1）"好大夫""丁香园"等医疗服务APP，在患者与医生之间搭建了沟通的桥梁，在解决患者看病难问题的同时，也改变了一些患者的就医习惯。疫情防控期间，医院的网上预约系统和医疗问诊服务APP都在很大程度解决了患者就医难的问题，也有效控制了医院人员流动，对疫情防控起到了积极作用。（2）同样是疫情期间，由于中小学延期开学，通过各网络直播课堂居家上课，线上教育培训机构得到了前所未有的发展，在线听课人数屡破纪录，各类线上培训如雨后春笋般出现。

4."一站式"深受青睐

随着电商服务的不断提升，一站式生活服务平台应运而生，为用户提供了

"吃住行、游购娱"等一站式解决方案。例如在"大众点评"查询好目标餐馆，顺手可以完成座位预定，一键式餐厅位置导航服务可以让开车的你直达目的地，没车也不要紧，嵌套的打车服务可以直接一键帮你叫好出租车到达餐厅。又例如"盒马鲜生"可以提供新鲜的蔬果，还提供菜谱让你可以一键购买好相关的食材和调料，自己不会做也不要紧，超市同时提供厨师加工服务，让你在超市实现"买做吃"一条龙服务。

（四）政企融合发展

政府多次在重要文件及会议上提出加强产业化发展，提出建设"网络强国""数字中国"，加快 5G 网络、数据中心、人工智能、工业互联网等新型基础设施建设，实现企业以及产业层面的数字化、网络化、智能化发展，支持传统产业优化升级，加快发展先进制造业，推动互联网、大数据、人工智能和实体经济深度融合。

各级政府深入推进新型智慧城市，以"只跑一趟""一站式服务"等为理念，建成了一批综合网络政务服务平台，同时开发政府服务 APP 应用程序，让许多原来需要在特定时间、需要在特定地点、需要等待特定人员的流程审批都可以在掌上完成。特别是新冠肺炎疫情防控期间，政府管理平台对肺炎疫情的防控起到了重要作用，通过大数据、人工智能识别等技术应用，显著提高了政府应对疫情的敏捷性和准确性。

四、产业数字化应用领域

借助人工智能、大数据、云计算等信息技术工具，数字化已经渗透到各产业的全流程，覆盖了生产制造、供应链、市场营销、运营服务、设计研发等多个环节。随着数字科技与产业不同领域的深度融合，产业数字化的应用潜力巨大，将不断拓宽拓展。

（一）在生产环节实现智能制造

在生产阶段，传统产业基于大数据、云计算等现代信息科技，实现智能化制造。（1）在产品层面，企业通过数据采集与分析，利用现代信息科技及互联网大数据，高效精准地实现产品的智能化制造。（2）在企业管理层面，企业通过与进入 Internet 网络，促使并完成自身的智能化改造，从而增强企业在市场的竞争力。

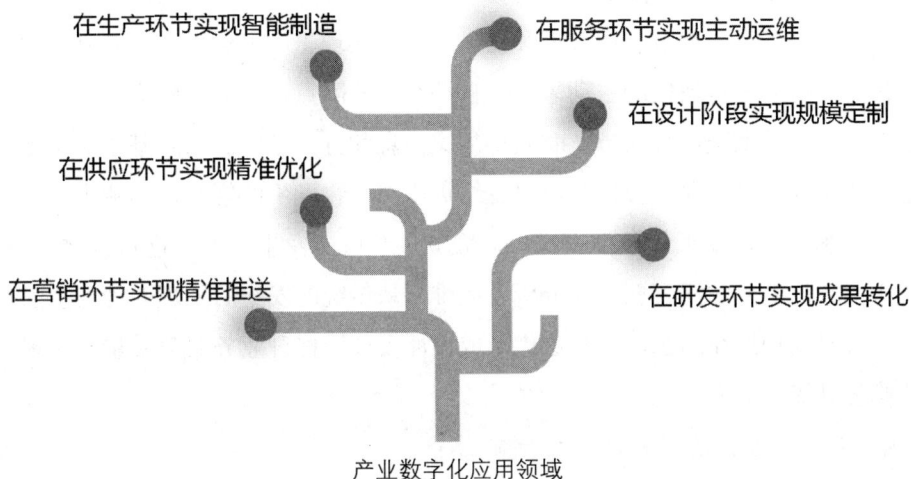

产业数字化应用领域

（二）在供应环节实现精准优化

产业数字化在供应链阶段的应用最核心的内容就是利用大数据技术对于市场需求的精准分析与预测。

1.精准满足需求

在数据和网络信息的应用下，通过对需求端海量数据的采集与分析，可以准确勾勒出用户的画像，获得包括兴趣爱好、消费习惯和消费潜力等多维度数据，更准确地反映市场的需求，从而帮助企业更准确地提供产品和服务。

2.优化资源分配

在数据和网络信息的应用下，通过对供应链各阶段的运转情况分析，进而找到业务流程或规模不经济的环节，有针对性地进行调整，改善资源分配，强化供应链管理的协同作用，实现利润最大化。

（三）在营销环节实现精准推送

在营销阶段，通过利用数据和信息技术实现精准预测与推送。（1）可以通过对影响市场波动的宏观经济政策、热点事件、气候周期等因素进行综合分析，实现对产品需求和价格进行定量分析和预测分析。（2）可以根据客户画像，整合客户分组，针对不同人群、不同消费阶段准确分析和预测用户未来购买产品和服务的可能，有针对性地推送产品和服务信息，优化销售策略和销售渠道，提高产品的渗透率，从而实现营销全流程精准化服务。

（四）在服务环节实现主动运维

在服务环节，通过利用数据和信息技术，实现主动性运维。（1）基于数据和信息，可以进行数据的主动采集、自动查找故障点，并对问题进行分类，便于客户服务及系统运维人员及时获得相关信息和分析结果。（2）基于对出现问题的频次和类型的深入分析，可以总结提炼出事物发生的规律，预测事件发生的概率和时间，像天气预报一样，对服务环节可能发生的事件进行预测。（3）基于对数据信息的深入探索和分析，运维可从传统的发生后处理变为发生前预防，及时处理潜在问题，不断迭代形成良性循环，提升业务服务质量，实现自我修复升级。

（五）在设计阶段实现规模定制

在设计阶段，通过利用数据和信息技术，实现规模定制。原有的设计环节基本是设计师的想法、小样本的市场调研和老板的决策三者平衡后的结果。现在基于海量的数据和信息技术，可以在设计阶段实现大规模的定制，不仅成本低、效率高、质量好，而且可以兼顾个性化。设计阶段的大规模定制打破了原有市场调研的局限，可以准确地满足更广泛的客户需求，在设计阶段实现了"团购"，增加产品的用户匹配度，减少资源投入风险。

（六）在研发环节实现成果转化

在产品开发环节，通过利用数据和信息技术，完成科技成果的转化。

1. 数据和信息融合

大量信息是创建高效数据统计分析功能的基础。云计算技术使端到端数据信息融合更加合理，并且具有完全不同关系特征的准确数据信息，包括内部数据信息，外部数据信息以及已发布数据信息和现有数据信息。

2. 内部和外部合作

（1）在企业内部，研发部门都处于相对"闷头研发"的封闭状态，数据成为企业内部各部门间打破围墙的关键，企业内部部门间通过数据共享逐渐建立更多的链接与联系，加强协作。（2）数据变成了"音乐"，成为世界通用的语言，打通了企业内外部的壁垒，增强了公司与外部合作伙伴之间的合作。

3. 管理与决策应用

数据和信息可以支撑并帮助企业管理者执行繁复的管理决策。基于大数据，通过建立数字模型等方式，帮助企业开展诸如项目分析、业务服务开发、行业趋势预测等需要大量运算并需要短时间内作出决策的事项。

五、产业数字化发展的支撑条件

产业数字化除了要依靠包括云计算、大数据、物联网等新的信息技术帮助传统企业实现数字化转型，还需要企业架构转型、IT 基础设施建设、新型 IT 基础架构、完善的安全网络防护体系、数字化平台建设、人才教育培养及数据制度保障等支撑产业数字化的发展。

产业数字化发展的支撑条件

（一）企业架构转型

通过对国内企业数字化转型案例进行分析发现，企业架构转型主要分为三个层次：

1. 发展战略的重构

产业数字化发展需要企业发展战略更为清晰，并将资源整合、人才培养、自主创新作为支撑企业产业数字化的核心战略要点。

2.发展模式的转变

产业数字化首先需要改变原有外部客户服务的运营模式，逐步开始变更商业模式，最终实现组织结构的改变与转型。

3.信息管理的升级

产业数字化的前提除了要有新型的信息技术外，还需要有与之相匹配的信息管理及解决方案的升级。

企业架构转型对产业数字化发展的支撑

（二）IT 基础设施建设

"巧妇难为无米之炊"，产业数字化自然也离不开"巧妇"手中的"米"——IT 基础设施。IT 基础设施主要包括服务器设备、存储设备、网络设备及建设运营数据中心有关的其他设备。产业数字化过程中，由于对采集数据的需求，更多的设备被赋予采集数据的功能需求。这对数据的计算、存储、传输及数据安全提出了更高的要求。

1.数据计算要求

产业数字化过程中产生的大量数据，需要更强大的计算能力。尤其要避免和解决的就是数据处理延迟。

2.数据存储要求

数据存储设备不仅要满足数据的容量要求，还要同时满足数据分析处理的需求，这是数字化转型的关键环节。

3. 数据传输要求

数据需要在多种类型的设备间传输，首要需要解决数据传输拥堵的问题。这对网络的容载能力和运行稳定性提出了新的要求。

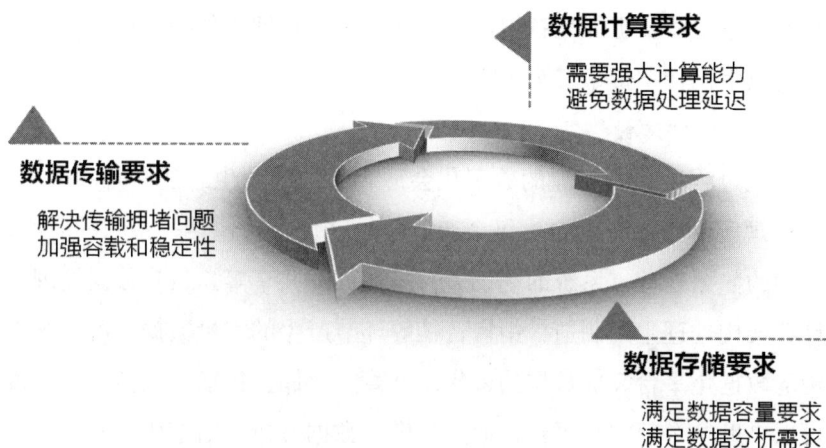

数据计算要求

需要强大计算能力
避免数据处理延迟

数据传输要求

解决传输拥堵问题
加强容载和稳定性

数据存储要求

满足数据容量要求
满足数据分析需求

IT 基础设施建设对产业数字化的支撑

（三）新型 IT 基础架构

产业数字化对新型 IT 基础架构提出新的要求。新型 IT 基础架构以云计算架构为核心，具有可以支持灵活的横向和纵向扩展能力。云计算架构将新型基础架构中的软件及硬件结合成为一个整体，数据在其内部实现计算、存储、传输，统一对外提供服务。新型 IT 基础架构通过云计算架构调配其内部数据的各项功能及网络运行能力，从而达到高效运营，有效提升管理效率的目的。

云计算架构根据其灵活多变的横向和纵向扩展能力，可以适应不同场景的应用。通过增加、减少或者变化连接的设备，弹性地开展计算、存储和传输，可以适应更为灵活快捷的开发需要。

（四）安全网络防护体系

产业数字化过程中产生的海量数据在存储、传输过程中都面临着安全性的问题，不断增加的数据量和越来越频繁的数据传输与交换，都需要建立一套完善的安全网络防护体系。数字化转型过程中，安全风险来自硬件设施和软性管理两个方面：

1. 硬件设施方面

传统的安全防御很容易被新型的网络应用等突破防御，需要配备可以与新型数据中心等匹配的安全系统。

2. 软性管理方面

新型数据业务也需要更加完备规范的管理，由于管理能力的欠缺，人为的疏忽一样会给数字化转型带来安全风险。

（五）数字化平台建设

产业数字化过程中不同产业的数字化会形成新的产业生态链和解决方案，这些方案可以理解为数字化平台。每个产业的数字化平台包括一系列的应用，例如云架构中的数据处理、系统的动态完善、数据的共享等。（1）数据处理可以借助云计算架构处理生产制造、销售营销等环节产生的大量数据，可以基于这个云架构的数据化平台完成数据的采集、计算、存储、传输和交换。（2）每个产业都可以借助这个数字化平台，通过建模、数据分析等措施优化研发、生产、物流、仓储、销售融资等各个环节。（3）数据平台的存在让数据可以实现实时开放与共享。透明化的数据来源和处理成为一种客观存在与需要，可以说"得数据者得天下"。

（六）人才教育培养

人才是科技进步与发展提供生生不息的动力来源。全球主要国家将人才培养作为数字化战略的核心内容，通过加强研究机构力量、组织实施研究项目、构建跨学科的研发平台，多维度培养数字化人才。（1）美国政府提出要加强数字技术开发应用的人才供给，鼓励大学跨学科开设数字技术开发相关课程，重点培养数字技术相关人才。（2）英国强调基础学科教育，在初级、中等教育中强化数字化相关课程，在大学阶段开设数据分析学科，通过强化"数据学科"建设，推进数据相关行业发展。（3）法国政府提出开展大数据支持计划，重点培养下一代数字技术科学家。（4）德国政府提出"数字型知识社会"教育战略，提高中小学教师数字技术应用水平，开设数字技术竞赛，用以培养在数字技术方面具有天赋的中小学生。

（七）数字化制度保障

产业数字化离不开完善的政策制度体系保障。政府机关在财政扶持、税收优惠、用地支持等方面的政策给予数字科技产业企业优惠政策，鼓励金融机构为其提供低息、免息贷款等资金支持及其他相关金融服务，帮助数字技术初创和先行企业降低运营成本。

第二节 大健康产业发展与安全

新冠肺炎疫情引发新一轮金融危机的同时，也启发健康产业数字化发展与安全建设新方案。

大健康产业是基于人群健康开展的行业，与我国医疗卫生服务机构类似。(1)从狭义上来说，大健康产业主要包括制药、生物科技、疾病预防、健康促进的卫生保健机构、医疗设备制造商和医疗卫生资源五部分。(2)从广义来看，大健康产业不仅仅包括生产链条、销售渠道，还包括向消费者提供数字医疗下的健康指导，增强健康市场的数字化安全建设，旨在提高人群健康素养，延长寿命。

一、大健康产业概述

2018年，我国首部用于指导大健康产业发展指导的"大健康产业蓝皮书"在京正式发行，借助"大健康＋互联网"的全新产业运营发展模式，为我国未来健康产业发展指明方向。建设大健康新兴发展产业，必须维护生态自然环境，充分改善公众不良自然环境，加强保护自然环境意识的培养。近年来，构建完备、全面的健康产业链生产流程离不开数字融合发展潮流，依借高新技术，激发大健康产业的最大优势，以满足公众乃至全社会的健康需求。

我国脱贫攻坚战的坚定目标之一是消除贫困，缩减城乡收入不均。我国公众基本工资普遍提高，消费能力明显增强，健康素养也显著上升，越来越多公众选择健康生活方式，更正不良行为习惯，也为开启我国大健康产业发展新征程提供新机遇。发展大健康产业目的是必须以维护自然生态环境为原则，助推企业间优良合作，实现绿色和谐发展。大健康产业主要提供医疗服务、健康管理服务、健康保障、医养结合等服务，以健康为第一要素，以减缓人口老龄化趋势为关键突破口，充分发挥自身优势，推进带有"中国特色"的大健康现代卫生体系均衡建设，全力推动大健康产业向新业态、新模式的广泛革新，提高我国在国际大健康产业发展中的竞争优势。

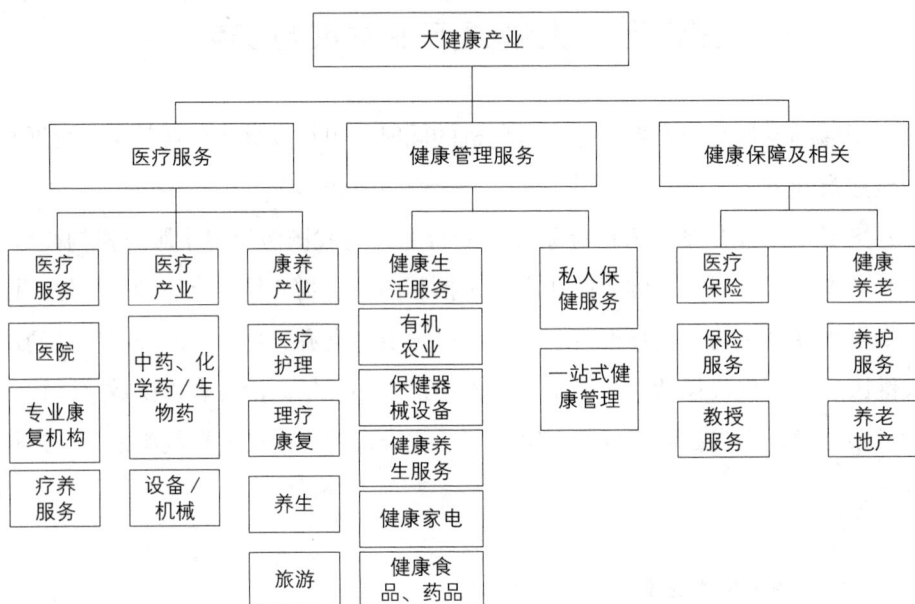

大健康产业
- 医疗服务
  - 医疗服务：医院、专业康复机构、疗养服务
  - 医疗产业：中药、化学药/生物药、设备/机械
  - 康养产业：医疗护理、理疗康复、养生、旅游
- 健康管理服务
  - 健康生活服务：有机农业、保健器械设备、健康养生服务、健康家电、健康食品、药品
  - 私人保健服务：一站式健康管理
- 健康保障及相关
  - 医疗保险：保险服务、教授服务
  - 健康养老：养护服务、养老地产

大健康产业一览图

大健康产业打造，（1）从微观上看，健康产业数字化给传统健康产业转型升级带来新启发，再造医药行业质量效率新优势。（2）从中观上看，健康产业数字化提升了产业生产效率和转换效率。（3）从宏观上看，大健康产业不仅加快了产业形态转换，更加以安全建设为中心稳步促进健康产业的时代变革。

二、大健康产业数字化发展与安全建设所面临挑战

（一）大健康产业体系不完善，产业链较短

我国大健康产业起步较晚，大健康产业中各个链条联合发展受阻，对资源利用不完全，健康产品研发进度缓慢，尚未构建起完整的大健康产业体系与运营发展模式。尽管近年来我国多家企业逐渐设计大健康产业，在数量与规模上不断扩大，但大多数企业仍未完全掌握大健康产业发展的核心技术，缺乏实践

应用，没有发挥健康产品作用最大化。除此之外，在产业安全结构布局层面，业务、信息架构、运营架构的全局安全规划还存在短板，尤其在面对突发紧急公共卫生事件时未能够及时提供准确应对方案，阻碍大健康产业的安全防御机制建设，产业变革发展速度明显变慢。

（二）大健康产业专业型人才匮乏

2020年国家卫健委发布数据显示，我国居民健康素养水平已升至19.17%。在新冠肺炎疫情的警示下，公众普遍自愿采取维护自我健康行为，积极学习、了解健康技能。但我国大健康产业发展较其他国家开始时间较晚，构建大健康产业发展与安全建设的关键型人才缺失，比拟其他国家，我国对大健康技术的开发利用也相对落后，欠缺培养大健康产业核心人才的关键平台及政策保障，这对我国大健康产业的数字化升级与安全维护带来极大不利影响。

（三）资金投入比例失衡，健康产业资源城乡分布不均

目前，政府支持、基本医保、商业健康保险是我国大健康产业的资金主要来源。大体而言，大健康产业资金与资源投入多放在城市地区，农村较少。就医保问题，对比前几年数据可得知，城镇公众基本医疗保险的报销比例、报销程度对比农村居住人口优势明显。除此以外，大健康产业基础安全构建在农村较为落后，不仅卫生设施较差，且人口住所分布较密，因此大健康产业在农村投资较少，健康资源落后于城镇，从而无法使城市联动农村共同构建数字安全产业的发展和生态环境。

（四）大健康产业缺乏有效的安全评价与预警机制

大健康产业安全建设涉及多部门、多中心、多组织，其产业安全建设的核心要素是构建一套合理高效的评价体系与预警机制。但是，目前我国大健康产业发展标准参差不齐，行业里缺少统一的评估标准，一方面不仅难以对产业安全性进行多维度评估，另一方面更是难以对产业潜在风险进行实时监测预警。但每个一级指标下面又会有若干个二级评价指标，在构建评价指标体系的标准上存在较大困难，现有健康监管体系难以就某一种健康产业或某一个健康经济区域进行实证分析，难以联动考察地区健康产业安全的现实水平和预测变化趋势，对健康产业的潜在风险无法进行有效预警。

三、大健康产业数字化发展与安全建设存在机遇

（一）供给侧结构性改革

提高供给侧结构性改革的突破口之一在于大力发展大健康产业。自 2014 年至今，中国经济逐步迈向中高速发展阶段，"认识新常态、适应新常态、引领新常态"成为引领数字经济发展的新目标，国家出台政策将"供给侧结构性改革"作为经济政策新发展的着力点，致力解决传统产业与新兴产业融合发展，供给侧不足的问题。供给侧结构性改革扩展到大健康产业所有单元，安全能力将成为关系到产业结构安定、经济平稳的关键基础能力。产业＋安全的结构改革模式是成为破除经济社会古老发展模式，全力发展新格局的强有力做法。在国家大力支持发展高新科技，引领大健康产业发展新风尚的基础下，以构建大健康产业安全结构为基底，紧紧抓住新一轮供给侧结构性改革的关键落脚之处，使之成为发展国民经济的主力军。

（二）第四次工业革命中实现弯道超车

当前经济社会正经历第四次工业革命，大健康产业的发展，正结合云计算、人工智能、清洁能源等不断涌现的创新信息技术，大力发展新一轮以产业智能化为主要标志的全新革命，为大健康产业发展带来无限活力，改变以往医疗卫生服务陈旧发展方式，突破固有的服务模式，制定更加符合公众自身特质的个性化方案，使医疗卫生资源利用最大化。大健康产业的发展，是新时代发展的必走之路，大健康产业的安全建设，是适应国家产业安全战略观的必然要求。结合数字化特有优势，主动规划产业安全能力体系，提高大健康产业在我国新一轮工业革命中的竞争力。

目前来看，我国大健康产业呈现蓬勃发展之势，据前瞻产业研究院发布的《中国大健康产业战略规划和企业战略咨询报告》统计数据显示，截止到 2017 年我国大健康产业规模达 6.2 万亿元，为 2011 年的 2.6 万亿元的 2.4 倍，2011—2017 年复合增长率达 15.6%。2018 年我国大健康产业规模突破 7 万亿元。2019 年我国大健康产业规模已达到 8.78 万亿元。

（三）"健康中国"战略提升大健康产业地位

2015 年政府工作报告中首次提出"健康中国"，截至今天，国家有关管理部门不断出台大健康产业发展的新政策、新要求，充分展现"健康中国"的建

设离不开国家政策扶持。"健康中国"已上升为国家重要发展战略,从国家总体安全战略建设角度看,从内至外、由表及里,对大健康产业发展提出新思想、新措施,把合规驱动的安全到数字原生安全能力进行颠覆性升维。《全国医疗卫生服务体系规划纲要(2015—2020 年)》《国务院关于积极推进"互联网+"行动的指导意见》等指导纲领为大健康产业发展指明了方向,广泛推动大健康产业发展与安全建设。

(四)国产新药发力加快市场重构

2019 年全国医疗卫生机构总诊疗人次达 87.2 亿人次,增长率达 4.9%,而全国医疗卫生机构入院人数 26596 万人,增长率为 4.5%。目前,门诊、住院需求在持续增长,三医联动同时发力是希望药企能有效供给,一方面解决临床未满足需求的创新药,通过医保谈判加快进入医保目录,另一方面品质升级的仿制药可借助于带量采购达到保证市场覆盖的效果。虽受疫情影响,2020 年仅上半年我国三大终端六大市场药品销售额实现 7839 亿元。如果加入未统计的"民营医院、私人诊所、村卫生室",则目前中国药品终端总销售额超过 20000 亿元,占 2019 年全国卫生总费用 65196 亿元的 30.7%(药占比)。

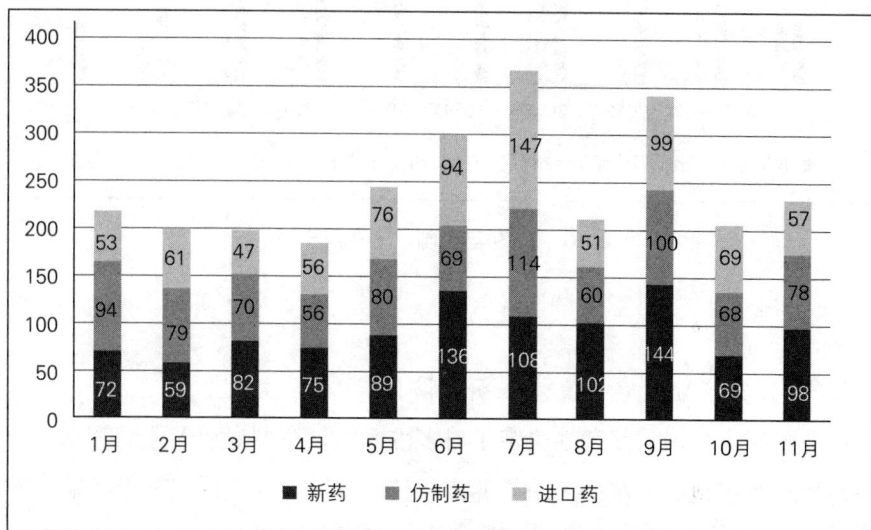

2020 年 1—11 月 CDE 承办药品注册申请情况

资料来源:米内网。

四、大健康产业数字化发展与安全的主要影响因素

（一）消费市场逐步升级与健康观念日趋转变

我国是世界人口大国，截至 2019 年，我国已有 14 亿多人口。随着公众健康观念的日趋转变，逐渐由重视诊疗转为预防疾病，改善生活方式，加强自我健康管理。人们逐渐转移对健康需求的重心，开始重视健康养生，健康产品的使用效果，加强对大健康产业发展链的关注程度，不再局限于以往的求医问诊、服药等。近年来，国家综合实力逐年递增，百姓平均收入也一路上升，全国卫生费用也呈明显增长趋势。截至 2019 年，全国卫生总费用支出高达 65195.9 亿元。

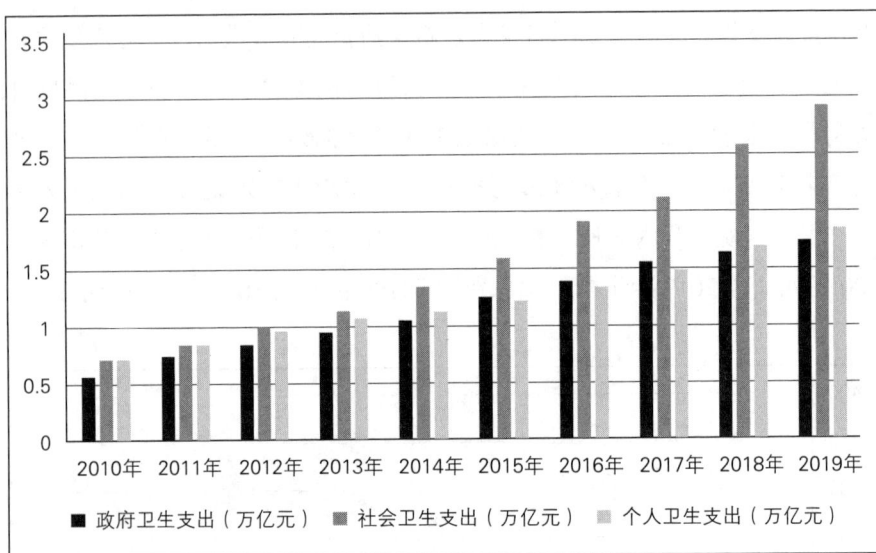

2010—2019 年全国卫生费用支出

数据来源：国家卫计委。

（二）提升产业数字化高水平研发队伍

产业数字化结构的复杂性决定了对多方面的复合型专业人才的需求，而目前各高校对数字化的高水平人才培养方式较为单一，开设课程有限，缺乏专门针对数字内容产业进行深层次培养的专业设置，师资配备不足。但产业数字化的安全发展离不开高水平研发队伍的支撑，因此，加强对数字化专业高端人才培养的关键程度清晰可见。同时也对传统产业结构变革至关重要，要从高校和

政府两者齐下手，增设高校产业数字化相关专业，政府部门扩充数字化高端人才就业职位等。

（三）完善产业数字化发展及安全建设的政策、机制

目前，我国对于缺少对于产业数字化发展的专门负责机构，对于企业、行业等进行产业数字化升级时，很难做到产业全局管理的相互协调一致。另外，政府部门指导大健康产业在数字化技术的开发、科技产品使用等方面存在效率不虞。威胁情报分析也是数字安全防护的前提。通过建设产业数字化安全预警平台，提升威胁情报能力，形成安全威胁情况生态体系，构建主动防御，能够让企业端在威胁预测、感知、响应上占领先机。产业数字化安全建设应该以国家法律规章为核心，社会安全需求为导向，通过营造良好和谐的产业竞争氛围来进一步提升产业结构的安全建设。

（四）健康产业数字化发展与安全环境

产业数字化发展与安全的顺利展开离不开良好社会环境。近年来，随着产业数字化与文化教育融合发展密度越来越高，层次越来越深入，数字化给文化发展带来新机遇。日前，许多城市，如重庆、武汉等相继建立"数字产业园"，聚集了大批企业和人才，组成文化产业数字化发展新团队。我国具有巨大数字消费市场，截至 2020 上半年，我国总人口中接近 9.4 亿人成为网络用户，在发展交互式网络电视(IPTV)、网络游戏、线上购物等过程中，起到积极推动作用。维护产业数字化发展与安全构建的关键因素之一在于安全运营内容的创新。产业安全是产品设计和生产的根本保障，也是数字内容产品实现商业价值的关键。

五、大健康产业数字化发展与安全建设实施路径

（一）加快制定健康服务产业政策

在全面推进健康产业数字化过程中，政府要站在"健康中国战略＋产业数字化"的高度，对促进健康产业数字化转型过程进行分析研判，因地制宜地制定大健康产业发展的具体政策。以政府为主导，加强对健康产业支持政策的制定，鼓励各地大健康产业进行数字化结构升级。同时，要进一步明晰政府在健康产业市场中的作用，推动数字要素市场改革，缩小城乡区域间的健康产业发展差距，推动大健康产业真正实现数字效能均等化。

新冠肺炎冲击下，"巩固拓展经济社会安全发展成果"是2021年实施国家"十四五"规划，以充分发挥政府推动健康产业数字化转型升级的关键指导保障力量。在国家创新产业驱动安全战略指导下，鼓励医药企业发展难点融合科技攻关，以及重点健康产业发展的充分国家政策支持。国家对健康产业数字化发展的精准施策给企业开拓市场创新，改变企业与政府，企业与员工间的互动方式，有效解决健康产业数字化转型过程中出现的压力，保障了企业在数字交互过程中的安全边界防护，降低企业转型升级成本，针对各产业链发展态势，精准施策，给予健康产业数字化发展与安全充分支持。

（二）加速创新数字化健康产业安全发展理念

我国目前在国际健康产业发展上处于落后地位，尤其在数字化应用层面与安全服务层面，需要不断探索。一方面，按照我国目前高质量发展理念，要按照科学思路对转型路径进行合理推进，根据我国现状作出产业安全战略转型部署，创新发展理念；另一方面，要革新数字发展理念，反作用于指导构建我国大健康产业稳定可持续发展。

（三）扩大数字健康产业发展规模

大健康产业数字化可有效利用数字经济降低产业发展成本，增强社会效益，因此要抓住数字转型机遇期，扩大数字健康产业的全国布局。首先，对现有健康产业进行解构重组，提升健康资源利用率，进而打造大健康产业示范园区，制定健康产业示范化标准。其次，充分在"一带一路"倡议背景下，加强国内外健康产业建设的合作机制，建设国际跨资安全合作平台，提升我国健康产业核心竞争力。最后，打造政府—企业—公众三方联动的健康产业数字合作机制，实现大健康产业数字化转型的多方参与。

（四）增强数字技术在健康产业中的应用

健康的发展离不开人工智能等信息化手段，在"信息共享，共建全民健康"国家发展战略的支持下，越来越多的医院开启线上诊疗、家庭医生的医养结合新模式，推动大健康产业与数字化融合发展。新冠肺炎疫情充分利用数字安全技术进行防控，数字化安全在疫情前期预警、中期处理、后期防控防治疫情反扑发挥巨大作用，线上医疗迅速改变人们就医诊疗等生活方式，保障互联网行业与医疗卫生资源实现生态融合的稳步发展。

第三节 大教育产业发展与安全

教育产业指在围绕教育改革背景下，为了弥补教育赤字等问题，以教学机构为场所，在运营、创收、版权等收费形式上进行教育作业，以通过教育产业安全运营实现盈利为目的进一步推动教育产业的发展。随着教育产业数字化不断扩大及大数据在各产业链中的应用范围，借助数字模式摆脱传统教育行业陈旧运作方式，转换教育产业发展新动力。

一、大教育产业概述

大教育产业是集新兴教育手段、教育内容、教育媒介为主要因素，同时以数字技术为支撑手段，搭建信息网络化教育平台，着眼于培养不同层次、不同能力、不同视野的教育对象，在数字经济的市场模式下，打造全新的教育产业。此次新冠肺炎疫情的大流行在加速促进着社会产业结构的变革。不少教育企业及机构在疫情期间，为了控制人流密度及社交距离，尽可能避免线下教学。与此同时线上教学、线上面试、面上会议等线上教育形式开始涌现，互联网教育产业也正在迅速崛起。所以，我们需要看到由于整个教育在产业数字化发展趋势下，面临着重新洗牌的局面。

一方面信息产业的高速发展促进其与教育产业的高质量融合发展，另一方面，教育产业数字化倒逼数字服务须以标准、规范的行业技术来支持教育产业的安全体系构建及安全制度保障的建设。大教育产业的范围不止局限于教育产业，为了促进教育产业的发展，大教育产业真正融入了政治、科技、信息、经济、文化等社会各大产业，其目的在于真正提升综合国家竞争力和社会文化服务力，使得新兴教育产业展现蓬勃生机。

二、大教育产业数字化发展与安全建设所面临挑战

（一）大教育产业数字化转型能力不够

截至 2019 年 12 月 31 日，我国公共教育开支总额占我国学历教育行业总收益约 81.3%。与发达国家比较，按公共教育支出占国内生产总值的百分比计，我

国截至 2019 年仍然落后。我国 2019 年的公共教育支出占国内生产总值约 4.1%，低于美国、法国及英国。对于大教育产业数字化转型，其核心关键点在于对数字技术的利用。目前，我国大教育产业对数字生产力开发力度不足，导致教育机构、企业在产业关键转型点上发力不足。根据当前教育产业整体对于数字技术的应用程度尚未实现全部智能化，不仅对于产业运营各环节还存在模糊效应，而且在提升更加广泛、普遍的教育产业安全建设能力下也提出了新的需求。一些教育机构因对新技术使用存在困难，就直接放弃了新技术的使用，又重回传统教学模式，导致产业转型过程中在做重复无用功，从本质上难以提升数字化转型能力。

（二）大教育产业数字化组织构建模式不灵

在大教育产业安全结构层面传统教育行业结构复杂、机构搭建不合理和领导效能低下的组织模式已经不再适应当下的数字时代。而教育模式的不断创新，则暴露出更多的安全漏洞，同时放大了安全风险。在大教育产业就业供需层面，教育延伸到就业岗位就出现一系列相关问题。目前，我国虽然整体就业率呈现不断增长趋势，但仔细分析后可发现我国教育人才劳动力大多还集中在传统岗位。同时，随着目前国家教育体系的改革，人才结构的多元化，社会及市场的目光不再局限于应届毕业生等，而是以效率为导向，以具有业务熟练度和工作经验基础为优先考虑。结果虽然短期看上去国家整体就业率上升，其实从每个毕业生个体来看还是加大了失业风险率。

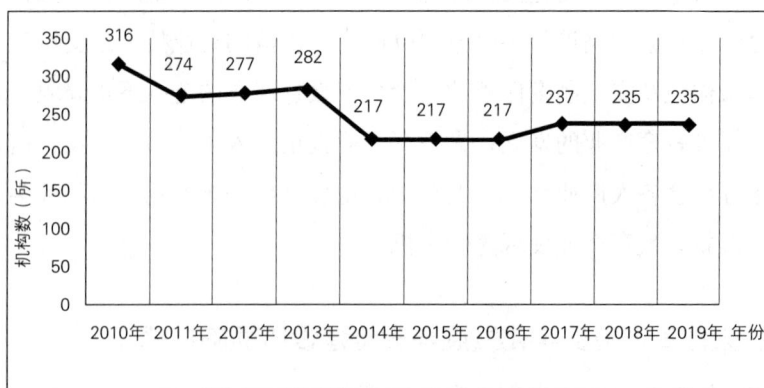

科研机构研究生培养机构数（所）

资料来源：国家统计局。

目前，越来越多的企业寻求与高校、科研机构及中小学校的深度合作。目前，教育大数据产品的成功研发与应用推广难度大，单靠企业的力量难以完成。企业一方面需要准确把握中小学的实际教育需求，另一方面又要与高校、科研机构协同攻克关键技术难题，设计有效的产品应用模式与策略。中国民营教育市场体量庞大，增速惊人。市场总体规模已达 2600 亿美元（1.6 万亿元人民币），并且 2020 年前将以每年 9% 的速度增长。同时，与其他国际上的民营教育市场相比，中国市场的渗透率还相对较低；如果达到与美国市场同等的相对规模，市场总值将达到至少 5000 亿美元。此外，中国教育市场的格局在过去 5 至 10 年间迅速整合和成熟，导致过去 2 至 3 年，教育投资趋于"狂热"。仅 2016—2017 年两年间，投资交易总数达到约 75 个，交易总值超过 70 亿美元。仅 2018 年一年，预计交易数量将达到 40 多个，交易总值约为 35 亿美元。

（三）大教育产业实验安全建设构建不完善

长期以来，国内对于实验室安全建设，不仅在人财物力方面投入不足，更是对于实验室管理未能给予足够的重视。实验资金是对于实验室整体运作的必要保障，更是给予实验人员激励的首位物质要素，由于实验资金的难以落位导致实验不仅难以正常开展甚至难以保障实验人员的工作效率。对于实验室安全教育，许多教研机构都忽略了对于实验工作人员的培训和指导，往往以学生为主导教育对象，难以提升实验室的整体安全工作水平，实验意识安全缺乏是实验室普遍存在的问题，许多学生甚至科研人员没有将实验室安全细节熟记于心，以"差不多""不碍事"的态度来进行实验，必将酿成危险的实验安全事故。

（四）大教育产业教研安全建设体系不当

教学及科研工作中的各类事故发生，大都是因为人员的不安全行为造成的。教研人员在教研过程中，因不同行为者的技术素质、业务技能参差不齐，则会造成违章违规现象，引发不安全行为。许多教研机构对于学生的培训过程中，在法律法规、项目安全、管理事项等重要安全因素方面未能给予足够的重视。使得科研人员在教研过程中我行我素，自我安全意识不强，导致教育产业整体发展偏离正轨。教研体系建设，不可能依靠某一个人或一个科室去管理，有效的教研安全管理系统，需通过层层分配，明确各级人员的任务和责任，充分发挥各部门的管理职能，一方面保障教研水平质量，另一方面保障教研过程的安全。

三、大教育产业数字化发展与安全建设存在机遇

（一）打造教育产业智慧体系

目前，随着智慧教育产业安全形势的重大变化：数字服务的安全对象从以个体为中心到以产业链为中心。随着 AI（人工智能技术）的研究深入，未来教育产业在 AI 安全、高效地扶持下可加速教育模式多元化发展，同时满足教育需求个性化。目前，通过人工智能技术对国内外教育环境进行数字化分析，可根据用户知识需求，分析用户网络学习行为特征，自动设计智慧化学习模式。基于混合现实技术（Mixed Reality）和虚拟现实技术（Virtual Reality）的支持，教育服务的提供者和教育知识的需求者，能够拓宽信息交互的维度，通过现实和虚拟场景的结合增强教学趣味性，针对航空航天、气候海洋、机械制造、生物医学等基础科学提供更好的教育，从而使得传统教育模式在数字化技术支撑下实现创新升级。

国内一些创新意识强的优质公司致力于智慧教育产业发展并取得良效。以全通教育集团（广东）股份有限公司为例，该公司由江西中文传媒蓝海国际投资有限公司投资，全通教育持续关注校园管理及教学环节的痛点难点，提供区域级及单校智慧教育综合解决方案，包括教育管理应用、教学应用和教育云资源库建设，推动技术与教育的深度融合，实现资源与各应用的互联互通，并对教师展开信息技术应用能力培训，促进管理效率的提升和教学模式的创新。重点打造的智慧校园是基于学校绿色无线网络全覆盖的基础、以安全为核心，利用物联网技术、人工智能技术、大数据技术及通过人脸识别、智能穿戴设备、AI 班牌等物联网技术及终端实现学生的身份识别、安全考勤、实时定位、家校互联、学生日常行为管控等功能，建立校园安全风险防控体系。提供学校科学管理、家校沟通、校园生活等辅助服务，满足学校信息化建设的多方需求。例如，在黔东南建立的智慧教育云平台严格建设网络学习空间，贯通了教育教学、教育管理、教育评价、生活服务等学校核心业务，打通了州、县、校三个层级，实现左右贯通、上下打通、互联互通；为江苏南师大附中宿迁校区提供的智慧化保障服务，采用"平台＋内容＋资源＋课程"的联合运营服务体系，可实时查看校内外安全预警、家校互动数据、校务资产、餐食和消费情况以及学生评价等数据。

（二）促进教育产业领域细分化

教育产业在数字化进程下将实现高速转型，从教育思想理念、教育基础设施到教育机构、教育安全形态等方面都进行了重点突破，尤其在教育思维安全形态上，形成了从以合规导向的安全集成到教育数字资产的原生安全，在此思路下促使教育产业进行高效细分。有效将数字要素充分融入到教育产业各过程，通过数字渠道联动实体教育，采集线上教育效应的反馈信息，在线下教育模块进行应用指导，真正实现"线上＋线下"相结合，共同开展多体系教育模式的构建。基于智慧管理系统下，师生角色不再是传统的老师教学学生被动接受的教育模式，而是启动师生在新兴技术的支持下共同探索未知世界获取知识的合作伙伴模式。

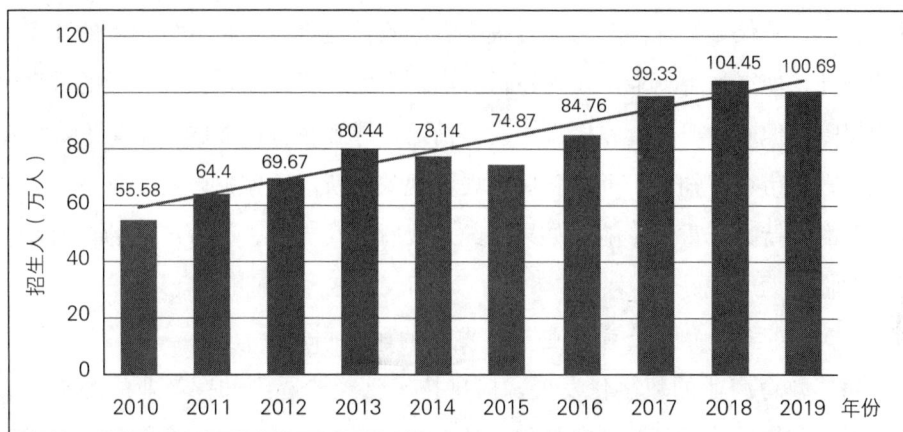

2010—2019 年中国网络本科生招生人数

资料来源：国家统计局。

（三）助力教育产业园区的形成

目前国内已在建多个大健康产业园区和智慧教育小镇。其目的在于融合智慧理念及技术把教育相关产业进行整合，通过结合小镇周边办公、商务、金融、学校等场所，形成以教育为核心的教育产业化集群。既为数字金融、数字政务、数字教育等跨行业数字化提供了软件基础，也为产业数字融合提供硬件安全措施保障。目前福州网龙智能教育小镇总体建设项目中已有 0.83 平方公里面积施工完毕，投资总额超 30 亿元人民币，小镇搭配各类集成团队超 2000 人。以泰睿数字产业园和宁波教育科技产业园为代表的教育产园，不断开拓国际市场，通过国际教育市场贸易平台不断进口和出口优质教育服务，一方面提升数字教育产品质量，更新现代教育内容，另一方面也充分借鉴国际教育资源来实现文化、教育的跨境流动，激活国际教育市场，使得教育资源向有需求的地方流动。

四、大教育产业数字化发展与安全的主要影响因素

（一）国家财政投入主导教育产业的构建

国家对于教育的投入，很大程度上影响教育行业的要素配置和组织模式的构建。低投入的教育经费，不足以建立初期的教育资本，无法达到市场需要的供给状态，不仅难以保障教育服务提供者的收益也难以维护受教育者的知识需求能动性，使得教育行业产出比过低。高投入的经费，虽可提高充足的教育经费为保障，但同时可能存在资源浪费等情况，导致教育产业的含金量下降，造成社会教育市场"知识"通货膨胀的失灵现象。所以国家财政对于整个社会教育产业的支持具有重大影响，如果单纯靠政府财政支撑，教育产业的自营发展就会面临很大风险。

（二）科学技术是教育产业安全发展的驱动引擎

随着教育产业的数字化发展，信息技术已经渗透到教育产业的源头、交换、服务和使用等各环节，科技化、精细化、智能化的网络安全管理已经成为全行业的共同追求。在科学技术的支撑下，不仅是单纯更改传统教育行业的教学内容，更是从教学过程、教学模式、教学结果等各方面来与技术进行充分融合，使得整个教学过程的展现更加具备多样性和丰富性。教育数字化贯穿产业教育产品研发、生产、流通、服务等全过程，其中无不涉及安全需求。在安全需求基础上新兴教育模式在摆脱传统教育模式的固定性和大同性后，更加以市场需求为导向，积极满足需求者的个性化学习需求和学习内容，不再局限于同样的学习标准来要求学习者，具备高新技术的教育机构在整个教育行业中将体现出更强的核心竞争力，也更加体现增强产业安全的核心动力。

（三）高效的市场监管机制促进教育产业规范化

大教育产业的安全服务建设，是教育产业如何在市场上规范化运行的关键举措，不仅考虑需要如何提升自身产业竞争力的优势，同时还需要创建有效、合理的监管制度。对于教育行业、机构的科学化考核，高标准管理，很大程度上能够提升整个教育生态圈的良性循环。只有科学、安全的监管机制，才能充分结合区域社会经济的发展态势，满足市场就业需求和加强教育生产力的发展，使得对今后教育产业的数字化发展进程有更清晰的研判。缺少严格的监管体制，将会出现不可估量的系统性风险，造成社会失业率严重，影响院校对于人才的输出和培养，造成教育市场安全产品储存量不足、产业链断裂，将会严重影响大教育产业安全，对其产业的生存和发展造成重大影响。

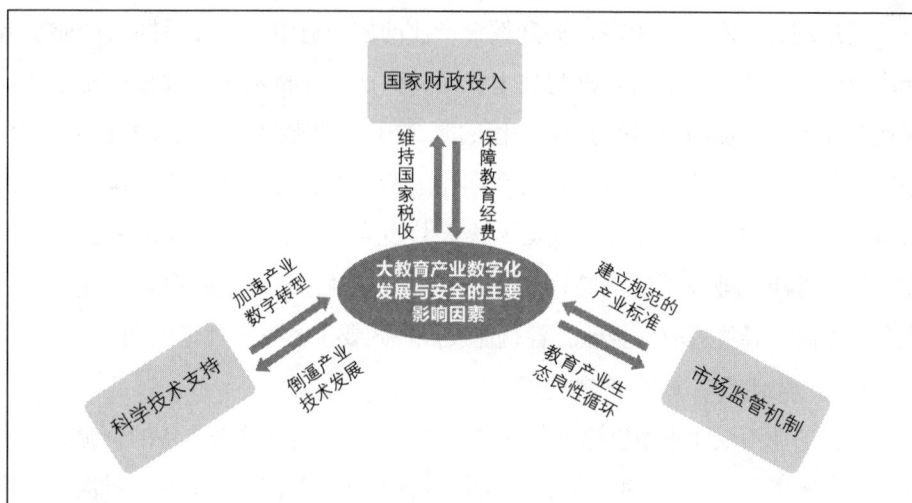

大教育产业数字化发展与安全的主要影响因素

五、大教育产业数字化发展与安全建设实施路径

（一）加强数字技术与教育产业的融合力度

要以数字化发展的视角来对传统教育产业进行转型升级，其关键点在于探索技术＋产业融合的内涵和实质，转变教育产业对融合发展的认知，教育企业、机构、人员要充分学习和运用数字化思维，创新教育模式。首先，教育产业要在数字化发展过程中客观认识自身发展能力，注重教育产业动态变化、与

时俱进发展的，作为教育产业安全结构打造。其次，挖掘潜在的用户需求，提供多元化、个性化的教育服务，真正实现数字教育福利普及大众。最后，注重产业发展实践性，要在新的环境下做好接受新挑战的准备，处理好不同层级次的教育产业安全转换关系，把教育产业发展改革关口前移，真正落到实处，避免出现空中楼阁的局面。

（二）充分使用数字技术带动传统教育产业变革

随着数字技术的飞速发展，数字科技所带来的影响已经从产业革命逐步过渡到社会生活。最近几年，随着数字安全形态的转变和数字教育理念的重构，数字教育模式已经逐步渗透到教育产业的布局、构建、发展、应用等各个环节，是推动教育产业数字化发展和安全构建的重要力量。数字化产业发展过程，其目的不再是将教育产业内容简单数字化，而是应该充分利用数字技术创新教育产业的展现方式和发展手段，提升教育产业的核心竞争力。在后期对产业平台标准化建设过程中，通过积极与技术开发商沟通，在技术研发过程中充分结合现代产业需求，提高教育产业数字化质量。搭建教育数字化发展安全服务平台，需要进行产业结构变革。尽管随着数字化逐渐改变教育产业运营结构，融合新兴科学技术，但产业数字化发展必然需要打造安全发展平台，保障平台的可靠性。完善健康产业发展空间结构和安全架构完整性，必须不断探索教育产业结构变革方向，寻找适应各企业、各行业发展模式要求和安全理论框架。

（三）盘活教育产业数字资源

教育产业不仅要重塑资源重要性的认知，更要对行业前期具备的资源进行盘活，对有效资源进一步提取，对潜在资源进行深度挖掘，教育企业、机构、人员在结合自身特色优势基础上，将不同的资源配置在相应的产业发展环节，充分提升数字资源的利用率。以盘活数字资源来带动教育产业的安全构建，通过大力培养数字化人力资源，可以发挥专业优势来保障教育产业安全的基础性和全面性。数字人力资源将大幅度提升教育产业的整体创新力，一方面可以更新知识，以适应现代社会发展需求，另一方面，可以提升教育资源质量，为后期教育产业的健康安全发展做好人才储备。从教育资源的形态发展历程来看，传统教育产业结构的转型革新不是一挥而就的，必须经历长时间的经验积累与打磨，以坚实的实践经验作为基石，为产业变革开辟发展新格局，创造发展新趋向。同时，为提高我国在国际文化产业中数字化的核心竞争力，必须把科学技术方法放在第一发展要点，紧抓新一轮知识革命发展时机。科技发展给教育产业数字化发展与创新带来有力支撑，能进一步提高多行业数字发展和安全建设。

第四节　大能源行业发展与安全

目前许多能源企业基于数字化创新方式和途径，加快适应社会生产结构变革关系，以提升能源服务价值为己任，更从满足社会能源多元化、个性化角度来进行企业转型。大能源产业数字化发展与安全建设，其内涵在于能源行业要以数据技术为核心手段，通过掌握自然科学数字技术的方法论和技术架构，促进能源产业摆脱传统的能源利用效率低下局面，借助数字生产力促进能源产业高效、高质量转型。

一、大能源产业概述

大能源产业是指积极利用有待推广的新型能源，通过使用数字化技术为传统能源产业革命与创新的手段，整合以实现自然能源与社会能量对等交互的新能源产业，从而推动能源市场开发和提升整体能源使用的效率，加快我国实体经济的发展，促进世界资源共享的新能源国际平台建设。目前大能源产业一方面使用全球领先的电力电子技术将局域式能量收集装备、区域型能量存储设备进行负载重构；另一方面通过使用先进的信息智能管理技术，将散布的多功能新能源进行互联网格化，将实现对大能源产业的数字化管理和运用。当前数字经济发展，社会各大行业争取在风口时期充分利用数字手段推进行业数字化进程。

对于能源产业数字化安全建设，（1）从技术发展来看，数字科技是推动能源经济形态和模式稳步变革发展的关键手段。（2）从国家政策来看，"数字产业"安全在近年来政府工作报告中多次提及，截至目前，能源安全战略已成为国家总体战略安全部署中的重要发展战略之一。（3）从历史进程来看，新能源安全已成为改变人类生活生产方式，是确保传统能源企业开启发展新态势，拓展经济社会产业发展新模式的重要保障。（4）从现实生活来看，能源安全建设是保障国家综合竞争力中不可或缺的中坚技术力量。

二、大能源产业数字化发展与安全建设所面临的挑战

（一）大能源产业数字化改造成本偏高

大能源产业建设，需要开发新型能源，在开放新型能源过程中就会产生开采、研发、生产、加工等费用，需要大量的资金支持作为保障。能源企业在数字化转型过程中需要投入大量资金进行研发创新，企业又需要给予足够的资金来继续对当前产业进行运营和维护。同时，能源产业属于大型产业领域，其产业安全性能需要给予足够重视。要在推动能源产业革新过程中，部分企业没有树立牢固的安全产业意识，尚没有形成低碳绿色的能源供应体系，使得能源产业总体管理力度不强，不仅造成能源浪费且存在安全隐患。

2010—2017 年我国能源工业分行业投资

指标	2017 年	2016 年	2015 年	2014 年	2013 年	2012 年	2011 年	2010 年
能源工业投资（亿元）	32259.1	32837.4	32562.1	31514.9	29008.9	25499.8	23045.6	21627.1
煤炭采选业投资（亿元）	2648.38	3037.68	4006.66	4684.47	5212.57	5370.24	4907.26	3784.66
石油和天然气开采业投资（亿元）	2648.93	2330.97	3424.93	3947.87	3820.61	3076.51	3021.96	2927.99
电力、蒸汽、热水生产和供应业投资（亿元）	24285.0	24772.5	22591.9	19674.1	16936.6	14552.6	12847.9	12879.4
石油加工及炼焦业投资（亿元）	2676.77	2696.23	2538.65	3208.49	3039.13	2500.45	2268.48	2035.08
煤气生产和供应业投资（亿元）	2229.78	2134.8	2331.49	2241.59	2210.24	1604.67	1244.43	964.19

资料来源：国家统计局。

（二）大能源产业安全维护能耗巨大

一方面，5G基站、数据中心等大量基础设施的运行会加大设备能耗。另一方面随着城市化的推进，为了保障工业正常生产、楼宇设施高效运行，因此需要消耗大量传统能源。能源产业数字化转型过程中，传统能源依据占据主导地位，新型能源的创新发展离不开传统能源的有力支撑。在数字能源开发前期，需要以传统能源作为铺垫消耗，来实现数字挖掘和探寻，离开传统能源的能量供给，任何数字设备也无法运作。能源安全战略，是从我国实际出发，以安全需求为导向来进行能源生态稳健的全方位构建。但目前我国能源资源分布不平均，且人均占有水平率低。为了维持国内人均资源使用平衡，"南水北调""西气东输"等巨大工程将会消耗更多的能源，排放更多的污染，且由于我国在新能源、清洁能源方面缺乏核心技术，又大大增加了能源产业的总体运作成本。

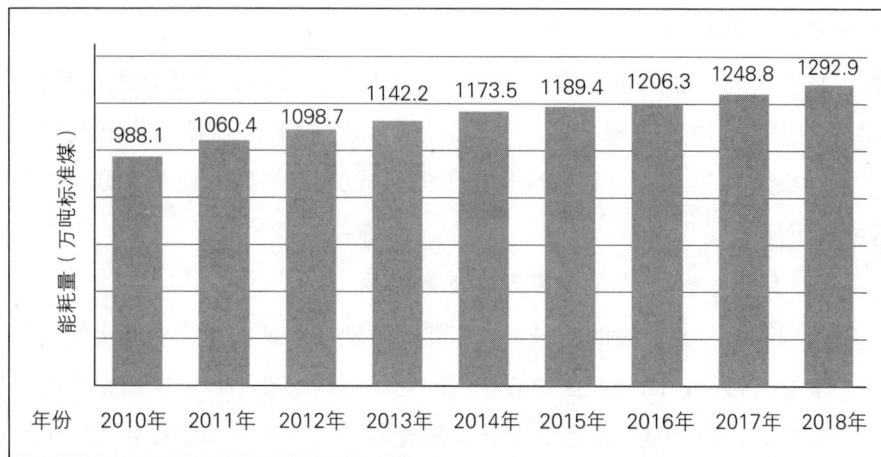

2010—2018年平均每天能源消费量（万吨标准煤）

资料来源：国家统计局。

（三）国内能源需求对外依存度高

进入2020年，受新冠肺炎疫情全球扩散叠加维也纳联盟破裂影响，国际油价崩盘，3月9日WTI原油期货盘初狂泻28%，至30美元/桶，创近30

年最大单日跌幅。中国石油企业协会发布的《蓝皮书》显示，2019 年国内原油产量 1.91 亿吨，同比增长 1.2%，原油产量连年下跌趋势得以扭转，同年国内炼油能力重回增长轨道，产能结构性优化调整加速，全产业链开放进入新阶段。但 2019 年，我国原油进口量 50572 万吨，增长 9.5%，石油对外依存度高达 70.8%；天然气进口量 9660 万吨，同比增长 6.9%，对外依存度达 43%。

（四）能源消耗过程中引发的生态安全问题

2021 年 1 月 29 日，中央第六生态环境保护督察组（以下简称督察组）在向国家能源局反馈督察意见时指出，9 大煤电基地新规划建设的输电通道明确配套煤电规模约 8800 万千瓦，截至 2020 年 8 月底投产规模仅约 4200 万千瓦；而 2017 年至 2020 年下达给部分东部省份煤电投产指标，则远超地方规划。大气污染防治重点区域中 12 省（市）煤电装机仍在增加，能源产业更密集地布局于大气污染防治重点区域。首要原因就是大量不可中断工序的钢铁、玻璃、焦炭、耐火材料、石化、电力，尤其是采暖都停不下来，排放量很高。而且与上年相比，产品的产量，无论是电力的发电还是钢铁的产量，以及其他高耗能、高排放的产品产量有两位数的百分比上升。目前 PM2.5 浓度依然较高，虽然全国 PM2.5 浓度普遍下降，但"2+26"城市的 PM2.5 浓度仍然较高。其次臭氧污染逐渐显现，臭氧浓度逐渐上升，成为仅次于 PM2.5 的影响优良天数的重要因素。

（五）新能源发展的安全问题和技术瓶颈

在我国能源产业发展的同时，也需要清楚地注意到由于产业安全问题引发的重大事故。目前，因为产业核心技术问题，我国对外不仅资源依存度高，技术依赖度也高，因此基于产业数字化发展过程中难以对其提供高效、安全的产业保护手段。能源数字化，意味着实体产业和信息手段相结合，信息技术依托下的产业也会遭到各种网络攻击，许多不法组织机构和分子企图通过信息渗透的方式，窃取我国的重要能源相关数据及瓦解我国的数字信息防护平台。对于我国能源产业的发展依然存在着较大的技术瓶颈，因缺乏核心技术导致的产业创新发展力不足，使得产业研发能力跟不上，转化效率低。在与国外竞争过程中没有能够体现我国产业的高精尖水平，无法实现国内的外规模化效应，不利于国家现场提出的以国内外双循环的新格局发展。

三、大能源产业数字化发展与安全建设存在机遇

（一）大能源产业数字化发展有助于传统能源企业蝶变

能源产业的数字化发展，不仅可以提升传统能源的利用效能节省自然资源，更能够提升产业核心竞争力，激发企业的创新能力。在数字化时代，数字生产力是第一竞争力，能源产业把握好关键发力点，才能实现产业高质量转型和高速度发展。在树立高品牌价值的同时，充分借鉴国外产业安全管理经验及技术设备使用。数字化安全效应引发的连锁反应在于不是单一产业体的部署，而在于产业结构群的打造，新数字产业集群携手迸发的数字能源力量，将作为推动社会真正改革创新的集成力量。

根据国家能源局发布《2020—2025 年中国各种新能源行业市场深度研究及发展前景投资可行性分析报告》显示，到 2019 年底，我国生物质发电并网装机容量 1214 万千瓦（不含自备电厂），占全国电力装机容量的 0.7%，占可再生能源发电装机容量的 2.1%，占非水可再生能源发电装机容量的 5.1%。预计 2020 年累计装机容量将突破 1400 万千瓦。能源行业数据统计指出，2019 年用电量为 6.31 万亿度，同比增长 6.6%，第一、二、三产业和城乡居民的用电量增速分别为 7.3%、5.5%、10.7% 和 7.8%，一定程度上反映了经济结构调整、节能工程推广等举措带来的成效。2019 年我国生物质能源发电量占可再生能源发电量的比重上升了 0.5 个百分点，达到 4.7%；我国生物质能源发电装机容量占可再生能源发电装机容量的比重上升了 0.2 个百分点，达到 2.3%。

（二）大能源产业数字化促进能源行业提质增效

能源产业数字化，是为了通过安全使用数字科技来提升能源的利用率，做好真正的社会产业服务。数字化一方面可以实现精准的能源勘探和开采，另一方面在使用的过程中可以实现高效运作，安全系数高。同时，数字化技术可以很好地监测能源质量，以打造高标准的产业建设水准，对投放市场使用的能源质量进行层层把关，以高度负责的态度对能源数字转型及安全管理进行实时监测。

2019 年，我国煤炭结构性去产能不断深入，原煤生产增速略有回落。2019 年，全国原煤产量完成 38.5 亿吨，同比增长 4.0%。2019 年，我国关闭退出落后煤矿 450 处以上，超额完成去产能目标任务；对年产 30 万吨以下煤矿分类处置，关闭退出落后煤矿。同时，煤炭优质产能持续释放，年产 120 万吨及以上

煤矿产能达到总产能的四分之三，进一步向资源富集地区集中。2019年，山西、内蒙古、陕西和新疆原煤产量占全国的76.8%，占比较上年提高了2.5个百分点。2019年1—8月，新核准产能主要集中于山西、陕西、内蒙古西部地区和新疆（33处中26处来自以上四省区），仅内蒙古一地新获得核准煤矿达10处，产能6230万吨/年，净增产能6140万吨/年，占净增产能约38%。

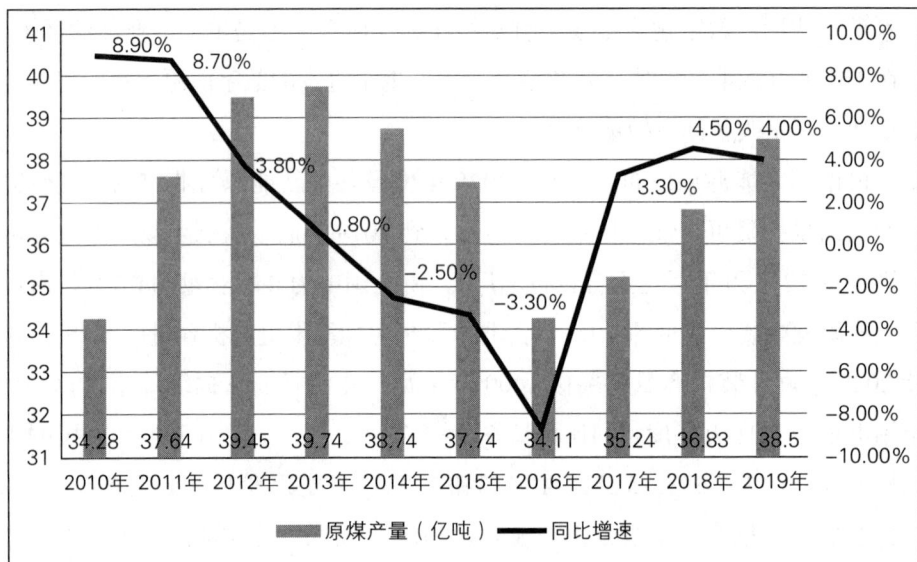

2010—2019年全国原煤产量及增速

资料来源：国家统计局。

（三）大能源产业数字化孕育新业态发展模式

数字化能源产业将摆脱传统重工业、破坏重、污染强的形象，取而代之的将是高效能、新绿色、创环保的数字工业形象。"数字科技＋绿色能源"的搭配所孕育的新型产业链，不仅满足社会工业发展的绿色要求，也实现了产业可持续健康、安全发展。从产业发展模式来看，数字技术将充分带动现代基础设施，并将产业安全化贯穿能源开采、生产、流通、服务等全过程。从产业链上游到下游实现革新突破，无论是对于能源产业的变革、催生数字化运作的平台还是激发数字经济产业革命，未来将是一次突破性的实体产业与数字技术的结合。

目前，西安经开区企业助力"碳中和"，获央视聚焦。在全国加强生态文明建设，确保 2030 年前二氧化碳排放达到峰值、2060 年前实现碳中和的背景下，光伏产业因安装灵活、投入少、方便就近消纳等优势而备受关注。日前，央视二套《正点财经》以隆基股份为范本，通过实地采访与调查，解析了中国光伏产业的发展现状与广阔前景。据国际可再生能源机构发布的数据显示，2010 年至 2019 年，光伏组件价格下降了 90%，这有力推动了整个光伏行业成本的下降。到 2020 年，光伏发电成本正式进入平价期，与火电、风电、水电等发电方式一样拥有了平价接入电网的竞争实力。2020 年 4 月以来，隆基股份光伏产品搭乘"中欧班列"从西安首发，直抵欧洲大陆。截至今年 1 月中下旬，已发送"光伏专列"45 趟，共 1847 个货柜，金额超 10 亿元人民币。2020 年 8 月，隆基发布首款建筑光伏一体化（BIPV）产品——"隆顶"。该产品不仅继承了隆基"稳健可靠、技术引领"的品牌基因，也实现了可靠建筑材料和高效光伏产品的完美结合，提高发电率达 15%。

（四）数字化助推大能源产业价值重塑

品牌价值是一个产业的灵魂，品牌价值的塑造要符合时代发展的观念。数字化能源产业革命将会颠覆传统产业的运营理念创造更深刻的社会价值。能源产业数字化不仅给予了企业更广阔的视角去探索研发，不断实现产品革新，更给予了社会大众能源产业价值理念的革新，让大众从更科学、更环保、更高效的认知来思考新能源建设，其背后蕴含着巨大的社会变革意义，从而展现出的能源产业价值是不可估量的。

从 2020 年下半年开始，我国新能源汽车市场强势复苏，产销远超预期。中汽协数据显示，2020 年我国新能源汽车产销分别完成 136.6 万辆和 136.7 万辆，同比分别增长 7.5% 和 10.9%。根据企查查数据显示，目前我国共有新能源汽车相关企业 23.2 万家，2020 年全年新注册企业 7.86 万家，同比增长 70.8%，其中四季度新增企业 2.7 万家。从地区分布来看，目前广东省以 2.6 万家企业排名第一，山东、江苏分列二、三名。此外，全行业 45% 的企业注册资本高于 500 万元。2021 年开年更是延续火爆行情，中汽协数据显示，1 月，我国新能源汽车产销分别完成 19.4 万辆和 17.9 万辆，同比分别增长 285.8% 和 238.5%，继续刷新单月销量历史纪录，目前已连续 7 个月。另据央视报道，春节期间一线城市的新能源汽车订单量同比增长 10 到 20 倍。我们预计 2 月新能源汽车市场将再创新高。

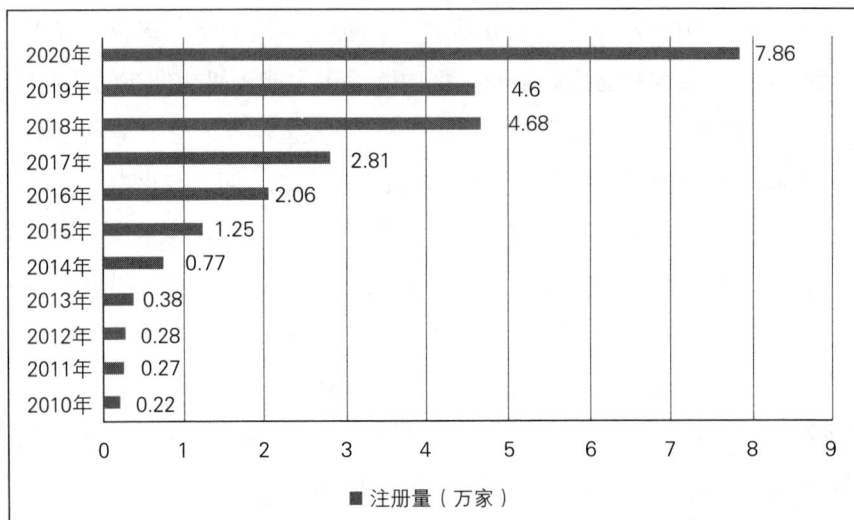

2010—2020 年我国新能源汽车相关企业注册量

资料来源：企查查。

四、大能源产业数字化发展与安全的主要影响因素

（一）能源安全战略布局与实施

我国能源安全战略的制定与实施事关我国整体安全战略的总体规划与布局，出于国家安全战略考虑，能源产业是支柱性产业，对我国总体经济发展、社会生产稳步推进、提升国家综合竞争力有重要影响。从国际资源战略竞争角度来看，为了打破国际能源寡头长期以来对能源产业的操控，势必需要采取相应的应对策略来提升我国能源产业的竞争力，能源安全战略的实施不是简单地搞封闭排他，相应地需要借助数字化手段，从进出口贸易端发力，既高效使得能源产业开发与利用，又能够使得能源产业为国家带来巨大经济效益。

（二）能源数字化法治建设与治理

能源产业数字化转型不是随意转、胡乱转，而是有序转、制度转。在保障能源产业在科学合理地实现数字化转型就需要落实相应的法律制度来约束能源产业的发展升级。法律具有强制保障和实施性，是维护社会公平正义的重要手段，任何想要通过靠能源产业使用不正当手段来进行数字化转型和竞争都将被法律施予严厉的制裁。只有真正把能源数字化落实到法律层面，才能保障数字能源产业设立规范的行业标准及安全的运营方案，既维护了市场公平竞争，又提升了市场监管效率。

（三）能源技术创新与产业结合

只有强大的科技基础、数据基础支撑，优化能源产业核心业务，才能实现能源企业从信息化向网络化，能源产业从智能化向智慧化转变的过程。在能源产业数字化发展过程中，数字生产力是驱动构建产业内外协同，实现能源产业跨界融合，是打造互利共赢生态发展新格局的关键，也是实施能源安全战略的重要基础。这意味着，数字化不仅可以创造能源产业新价值，更是构筑基础设施、运行实现数字化创新服务体系的重要影响因素。同时，创新能源产业服务体，将促发新能源商业理念、组织架构、经营模式、治理机制的深刻变革。

（四）消除能源数字福利普惠鸿沟

一方面，只有重视基础设施普惠，才能实现产业服务均等化，推进社会公平体系建设。能源资源属于公共资源，不分穷人富人、城市乡村，它更不是上层社会和产业资本家的专属，它属于全人类共有的自然资源，各国政府在促进能源使用均等化是消除能源产业数字化发展的重要因素。另一方面，重视提升公众数字素养，才能很好地推进能源产业安全、高效地转型。能源产业的数字化发展与安全构建，不只是能源企业领域需要下苦功夫，更是需要社会上每一个能源收益者去了解能源产业发展现状，培养能源安全意识，参与能源安全使用过程，才能真正实现能源数字化普惠发展。

五、大能源产业数字化发展与安全建设实施路径

（一）构建核心产业群，全面推进数字化创新

能源产业数字化发展与安全建设过程，要持续提升产业核心竞争力，全方位打造智能产业集群。加快核心数字信息技术设施的建设和布局，从发展绿色能源角度出发，把数字技术和新能源安全有机结合。同时，深入数字化平台建

设，在能源产业数字化转型过程中探索适宜产业发展的机制、标准、技术和政策。要加强对能源数字化平台的监管和安全治理，确保数字化生产力发展合法规范，确保产业安全发展公平有序。

（二）整合能源产业资源，大力发展数字产业转型

利用新能源优势，积极开展"新基建"，一方面建设高效、安全、绿色产业中心建设，另一方面为清洁能源产业链实现双向联动提供数字化安全保障。同时，加强产业技术攻关，以强力基础设施为支撑，大力构建数字产业安全网络，在能源产业数字转型过程中积极开展数字网络安全防护演习。最后，加快建设多属性、多性能、多效益的产业能源大数据服务平台建设，提供能源产业数字资源服务，减少外资对能源产业的市场控制、股权控制、技术控制、品牌控制等，以保障我国能源产业的安全性。

"绿水青山就是金山银山"，生态融合就是能源产业数字化发展的核心要求。依托全新融合发展体系，使能源数字化发展不再受行业、地域等物理边界制约，通过对实体（土地、技术、资金、人才等）与非实体生产要素（数据、知识等）跨业、跨界、跨域的充分融合。一方面，以数字技术为代表的新业态及共享经济、平台经济等新商业模式给传统能源产业升级带来了新机遇，传统能源产业面临着前所未有的外部转型压力；另一方面，通信安全技术的快速发展使得传统能源产业进入社会大产业壁垒大幅降低，跨界安全生态链融合需求持续增加。持续加深了开放、互通、共享的协作机制，通过安全生态链的协同共建，打造贴近真实业务场景的安全解决方案。

（三）完善能源数字发展机制，实现产业高效转化

能源产业安全建设涉及多行业、部门和企业，因此要重点围绕市场需求的能源业务，按照绿色、持续、安全的目标，对能源产业数字化转型的协作机制、效能机制、整合机制、责任机制、考核机制等建设进行重点探索，以创新应用模式为突破。聚合多方具有强力基础产业团队的力量，建立能源产业适宜发展机制，从而有利于数字平台化的构建和行业新型组织模式的建立。产业安全维护需要政府、行业协会及中介组织、企业和国民的齐心协力，尤其注重安全监管机制的构建，以促进能源产业稳步发展，在整个能源产业数字化发展和安全构建过程中实时进行监督、评估、考核和改进等工作。

第五节　大制造产业发展与安全

进入新时期，我国经济正在由高速增长阶段转向高质量发展阶段，"十四五"规划部署了深入实施制造强国战略。我们必须立足实体经济特别是制造业这一立国之本、强国之基，把握数字化、网络化、智能化融合发展的重大历史机遇，将制造业数字化转型作为落实智能化大数据与实体经济深度融合的重要抓手，作为推动我国制造业高质量发展、新旧动能转换和经济增长的必要路径，全面推进新一代信息技术与制造业全要素、全产业链、全价值链的深度融合，推动制造业产业模式和企业形态根本性转变，促进我国产业迈向全球价值链中高端，努力实现制造强国目标。

一、大制造产业概述

制造业是对经过初步加工的采掘工业产品和农产品进行进一步的再加工，生产或装配各种工业品和生活消费品的工业门类的总称，是国民经济的根基，其规模水平直接体现了一个国家的生产力发展水平和国家硬件基础设施、社会软环境的发达程度。

中国是全世界唯一拥有联合国产业分类中所列全部工业门类的国家。在世界 500 种主要工业品中，中国有 220 多种产量位居全球第一。改革开放 40 多年来，中国制造业发生了天翻地覆的变化，不仅体现在总量的变化，还体现为产业结构、区域结构、所有制结构、组织形态等方面的快速演变。（1）从总量来看，据世界银行数据，2019 年，中国制造业增加值近 4 万亿美元，几乎是第二位美国（2.3 万亿美元）和第三位日本（1 万亿美元）和第四位德国（0.7 万亿美元）的制造业增加值的总和，是名副其实的第一制造业大国。（2）从产业结构看，中国制造业经历了从劳动密集型向资金密集型进而向技术密集型转型升级的产业演进。（3）从区域结构看，中国制造业改变了计划经济时期"三线建设"主导的格局，总体呈现东中西梯度布局特征。（4）从所有制结构看，中国制造业从国有经济"一统天下"发展为国有、民营、外资"三分天下"。（5）从产业组织形态看，中国制造业企业从总体规模偏小、数量偏少的欠发展状态转变为大型企业规模巨大、中小企业数量众多的蓬勃发展状态。

从制造业创新看，据国家统计局网站报道，改革开放以来，我国着力面向国家重大需求和产业高端加强技术研究，在高温超导、纳米材料、超级杂交水稻、高性能计算机等一些关键领域取得重要突破；在载人航天、探月工程、量子科学、深海探测、超级计算、卫星导航等战略高技术领域取得重大原创性成果；C919 大型客机飞上蓝天，首艘国产航母下水，高铁、核电、特高压输变电等高端装备大步走向世界。

但是，我们必须看到，基于底层的基础技术仍然不足，工业母机、高端芯片、基础软硬件、开发平台、基本算法、基础元器件、基础材料等瓶颈仍然突出，关键核心技术受制于人的局面没有得到根本性改变；我国制造业大而不强，精益制造能力、高端制造产品较发达国家还有一定差距。同时，随着劳动力成本上升和资源环境约束不断强化，我国制造业的传统比较优势逐渐降低。

党的十九届五中全会提出，坚持把发展经济着力点放在实体经济上，坚定不移建设制造强国、质量强国、网络强国、数字中国，推进产业基础高级化、产业链现代化。要实现制造强国目标，就必须立足科技自立自强，实现关键核心技术自主可控，同时抢抓数字经济发展浪潮，为传统制造业转型升级注入新动能。

二、大制造产业数字化发展与安全建设所面临的挑战

（一）制造业数字化发展面临的挑战

在全球经济数字化的浪潮下，制造业数字化是实现制造强国的必由之路，也是落实产业数字化的必然要求。我国数字化发展也已从初期的理念普及、试点示范阶段进入到当前深化应用、全面推广阶段，在 2020 年新冠肺炎疫情的刺激之下，正加速发力。我国制造业数字化转型具备一定基础，但仍面临诸多挑战。

1.形成良好产业生态尚需时日

（1）在基础条件方面，企业数字化转型依然存在基础薄弱、数据不流

通的情况。目前，我国制造业自动化水平参差不齐，总体仍不足，生产设备数字化率不到50%，应用信息技术实现业务综合集成管理的比例不足20%。我国制造业使用的设备，其数据接口和数据格式往往自成体系，封闭性强，难以打通、兼容，这给设备"上平台""上云"造成很大困难。（2）在认知层面，存在"三重三轻"的问题：重技术轻管理、重单打独斗轻集团作战、重财政投入轻社会融资，推动数字化转型必须突破思想认识上的局限。

2.数字治理的"三个平衡"问题亟待理清

（1）网络主权与发展信息技术之间的平衡难以把握。（2）保护隐私与挖掘数据价值之间的平衡难以把握。（3）平台应尽职责和发展权利之间的平衡难以把握。

3.国际规则制定能力仍待提高

一方面，数字治理的"中国主张"尚未成型；另一方面，我国国际规则制定和议题设置经验和能力需提高。

4.数据统计方法和价值衡量面临障碍

（1）数据统计方法无法赶上数字技术迭代速度。数字技术带来生产要素、生产模式、经济范式的革新，目前的数据统计方法已不足以跟上数字技术的变化。（2）数据和数据流量难以衡量。数据是数字时代重要的生产要素，随着企业业务逐步转向数据驱动的精细化增长，数据已逐渐成为大多数企业的重要资产，但目前还没有一种标准化的方法来评估数据。

5.数字鸿沟依然较大

由于发展程度、认知经验、创新能力、应用水平的差异，不同地区、行业、企业之间数字化发展存在不平衡甚至两极分化的问题。城乡间的数字鸿沟依然较大，城市间的数字鸿沟仍待跨越，产业间的数字鸿沟亟待弥合。我国产业数字经济渗透程度最深的是服务业，以制造业为代表的工业数字经济发展仍需解决诸多障碍，农业数字经济发展则更需打破原有发展模式，这需要突破传统的观念和工作思路。

（二）数字化安全建设面临的挑战

党的十九大报告指出，统筹发展和安全，增强忧患意识，做到居安思危，是我们党治国理政的一个重大原则。党的十九届五中全会更是把"统筹发展和安全"写入了我国"十四五"时期经济社会发展的指导思想。信息安全是国家安全体系的有机组成部分，涉及网络安全、数据安全等方方面面，关乎经济运行、社会稳定和国家整体安全。

工业互联网和智能制造是人类共同面临的新工业时代主题，它将完全改变原有工业形态下信息孤岛、数据断层、网络分割、管理各自为政的局面，开启机器、人、物品的万物互联新生态模式。在这样的新型工业生态模式下，人机物将贯穿设计和互联的整个生命周期，网络安全保障和防护就成了命门。全球范围内工业设备联网数量持续增长，云计算、大数据等技术在工业领域加速融合应用，催生新的技术架构和运营模式，而软件和硬件也就不断产生安全新漏洞和攻击点。工业控制系统、智能设备、物联网等安全漏洞数量居高不下，大规模高强度安全事件屡有发生，网络钓鱼和勒索病毒攻击精准指向制造、航空、冶金、采矿、能源等重点领域工业企业，攫取经济利益，盗取知识产权。因此，工业信息安全越来越受到各国尤其是发达国家的高度重视。

我们必须充分认识工业信息安全的极端重要性，围绕工业互联网、工业云、工业大数据等产业发展需求，以应用为牵引，推动工业信息安全技术创新突破、企业做大做强、安全产业规模持续增长，大力提升工业信息安全保障能力，不断开创工业信息安全新局面。

三、大制造产业数字化发展与安全建设存在的机遇

当前，从国家战略、数字化实践、新型基础设施布局以及信息安全投入等方面来看，我国制造业数字化发展面临良好机遇。

（一）国家区域协调发展战略为制造业产业链集聚带来新机遇

随着"京津冀协同发展、长江经济带发展、粤港澳大湾区建设、长三角一体化发展""推动黄河流域生态保护和高质量发展"等区域重大战略和区域协调发展战略的深入实施，区域分散型市场格局正转变为全国统一、全面联动的区域协调发展新格局。"十四五"期间，为加快构建以国内大循环为主体、国内国际双循环相互促进的新发展格局，畅通国民经济循环，各战略区域以及全

国范围内制造业发展动能将进一步增强，将为制造业产业链集聚和创新要素集聚带来新的机遇，激发创新活力，必将有利于数字化基础设施快速推广和大规模应用。

（二）我国已具备一定的制造业数字化基础

过去十多年来，我国将两化融合作为长期坚持的重要战略，两化融合发展不断深化，取得日益显著的成效，信息技术在制造业加深渗透，工业互联网平台应用走深向实，新模式新业态持续涌现，为制造业全面数字化转型奠定了良好基础。

据工信部数据统计显示，2019 年我国数字经济规模已经超过 GDP 的三分之一；截至 2020 年 6 月，企业数字化研发设计工具普及率和关键工序数控化率分别达到了 71.5% 和 51.1%，制造业重点行业骨干企业双创平台普及率超过 84.2%；截至 2020 年三季度，全国有影响力的工业互联网平台已经超过 70 个，连接的工业设备数量达到了 4000 多万台（套），服务的工业企业数量超过 40 万家，工业 APP 数量超过 25 万个。这些都显示了中国制造业数字化发展的巨大潜力。

（三）国家出台新基建投资建设方案，5G 基站、大数据中心、工业互联网等成地方部署重点

"十四五"规划指出，围绕强化数字转型、智能升级、融合创新支撑，布局建设信息基础设施、融合基础设施、创新基础设施等新型基础设施。国家发改委在 2021 年初表示，在新型基础设施建设方面，将加强系统性布局，加快 5G、工业互联网、大数据中心等建设。各地也纷纷加快推进新型基础设施布局和加深力度。新基建是相对于传统基建而言的，其平台效应和数字科技的内核，将为我国新一轮产业变革带来重要的驱动力，既可带动上下游产业链强化关键核心技术与产品自研，也可实现人机物的广泛互联互通，激发更多数字化应用场景，促进新业态、新产业、新服务的发展，从而大幅提高生产管理效率、优化组织模式、转变经济增长方式，促进整个产业链的创新和优化。

（四）信息安全成为推进产业快速稳定发展的重要保障

我国持续重视信息安全，在"十五""十一五""十二五""十三五"国

民经济和社会发展五年规划均对信息安全保障体系建设作出重要部署。据工业和信息化部公报，2020年，我国信息技术服务实现收入49868亿元，同比增长15.2%，增速高出全行业平均水平1.9个百分点，占全行业收入比重为61.1%；信息安全产品和服务实现收入1498亿元，同比增长10.0%。2021年发布的"十四五"规划不仅对网络安全，也对数据资源全生命周期安全保护作出了部署，未来，随着数字经济的发展和5G、物联网、人工智能等新技术的全面普及，网络安全市场依然会保持稳定上涨的趋势，对网络安全的投入和防护技术的提升必将为产业数字化提供更加有力的保障。

四、大制造产业数字化发展与安全的主要影响因素

我国制造业企业将长期处于机械化、电气化、自动化、信息化、数字化、智能化几个发展阶段并存的状态，不同细分行业、不同企业发展不平衡的局面长期存在。与发达工业国家相比，我国制造业数字化发展的环境更为复杂、形势更为严峻、任务更加艰巨。产业基础、政策环境、标准制定、企业认知与管理能力、人才发展与培养几方面因素，都将影响我国制造业数字化发展与安全。

（一）产业基础

产业基础能力是衡量一个国家工业化程度和现代化水平的重要标志。我国已成为制造业第一大国，但是产业基础能力薄弱阻碍制造业高质量发展和迈向中高端的步伐。

硬件方面，我国是全球唯一拥有联合国产业分类中所有工业门类制造能力的国家，但部分核心元器件、零部件、高端仪器严重依赖进口。据海关统计数据显示，2019年，我国芯片自给率仅30%，进口金额3040亿美元；国内传感器市场规模达2188亿元，中高端传感器进口80%；仪器仪表行业进口528亿美元，90%的高端仪器来自国外公司。我国是全球高端数控机床第一消费大国，也是中低端数控机床第一生产大国；德国、日本、美国在世界数控机床设计、制造和基础科研方面处在绝对领先地位，全球前10位数控机床制造商都来自这3个国家。

软件方面，我国独立自主、能够帮助制造业实现数字化转型的工业软件公司数量不足，龙头企业急缺，核心技术水平有待提高。据统计，国产软件主要集中于经营管理、物流仓储以及与生产工艺结合比较紧密的领域，而大规模的、通用性强的企业资源计划（ERP）、制造企业生产过程管理系统（MES）、产品生命周期管理（PLM）、三维设计、虚拟仿真、控制系统、操作系统、数据库等软件仍以国外为主，这将制约我国制造业数字化能力快速提升和数据资产的自主可控。

（二）政策环境

国家和地方政策就像企业发展的指挥棒、定心丸和及时雨。当前，各级政府正积极贯彻落实国务院及有关部委制定的智能制造、数字化转型相关的规划、行动计划，制定促进智能工业发展的政策、法律法规，加强组织协调，建设跨界创新、万众创新的良好环境。近十年来，从中央到地方实施促进战略性新兴产业发展的一系列政策取得显著成效，主要包括财税金融政策、科技创新政策、资本市场政策、产业基金政策、技术转移政策、装备技术政策、产权保护政策、人力资源政策、政府采购政策等。"十四五"时期，保持这些行之有效的经济政策和产业政策的连续性、稳定性、可持续性至关重要。

（三）企业认知及管理能力

企业对智能制造和数字化转型的认识仍需进一步提升。制造业大部分企业已认识到制造数字化、网络化、智能化发展的必然性与先进性，并着手提升生产制造过程的自动化、信息化水平，但也有部分企业出于技术和理念的局限，缺少对智能制造的系统认识和把握，存在对数字化转型无从下手的现象。因此，亟须研究梳理出适合中国制造企业的智能制造系统框架，供广大企业参照实施。

（四）标准制定

近年来，通过实施智能制造试点示范，推进智能制造重大工程，有效地提升了企业的生产经营水平，提高了软件和装备的研制能力，促进了智能制造相关标准的创制，但也存在受技术和理念的局限，许多企业对智能制造的认识仍停留在技术和工艺阶段，很多企业仍以应用国内标准为主，应用国际标准和参与制定国际标准的能力不强。与制造业强国相比，我国智能制造领域标准建设还比较滞后，还存在标准缺失、行业发展不平衡、交叉重复等问题，将制约制造业数字化发展与转型的速度和质量。

（五）人才储备及培养

实现制造强国的战略目标，关键在人才。在全球新一轮科技革命和产业变革中，各国纷纷将发展制造业作为抢占未来竞争制高点的重要战略，并把人才延揽与培养作为实施制造业发展战略的重要支撑。

我国制造业发展正面临人口红利逐渐消失的形势，人才缺口问题日益凸显。此外，我国制造业人才发展总体水平与世界先进国家相比仍存在较大差距，特别缺乏既熟悉制造业又能充分理解和应用新一代信息技术的跨界高端人才。此外，我国学历教育阶段的人才培养不能满足智能业数字时代的人才需求、人才发展的体制机制障碍依然存在、培训技术手段建设滞后、人才成长发展的社会环境有待进一步改善。

五、大制造产业数字化发展与安全建设实施路径

全面提高数字化程度，将源源不断产生的数据作为企业的战略资产进行管理，重新梳理满足经济、社会、环境发展需求的商业逻辑，在此基础上制定企业数字化战略，围绕业务场景以数据促智能，在重构商业逻辑的基础上，以系统的战略、方法和具体措施来推动这一进程，对阶段性的数字化智能化成果进行动态验证。主要从以下几个方面着手，稳步推进，注重落实，再造我国制造业全球竞争新优势，由数字化逐步迈向智能化。

（一）加快培育制造业数字软件重点龙头企业、小巨人领军企业，促进产业集群发展

近年来，我国制造业不断向着中高端迈进，在此过程中，龙头企业和领军企业的带动作用越发凸显。但在制造业数字软件领域，行业龙头企业带动作用仍显不足，还未营造出龙头带动、齐头并进的协同发展态势。

政府部门须更好地发挥宏观引导作用，让龙头企业能够更好地发挥带动作用。一方面要多培育扶持龙头企业，鼓励企业通过数字化智能化改革实现转型升级，通过积木式创新实现兼并重组、强强联合；同时，给予那些帮助行业内

中小微企业的龙头企业一些奖补政策，充分利用互联网的优势来搭建让企业之间更好对接合作的平台，促进产业联盟的形成。另一方面要营造更加公平透明的良性竞争环境，不断激发龙头企业和领军企业的创新动力，也使中小微企业与大企业能和谐共生，差异化发展。

（二）加强关键共性技术创新

基于数据产生、存储、消费的全生命周期，围绕采集、清洗、存储、治理等数据功能，以及感知、控制、决策、执行等智能功能，针对关键技术装备、智能产品、重大成套装备、数字化车间、智能工厂的开发和应用，突破智能感知与采集、高精度高可靠智能控制、数字化设计与交付、数字孪生与仿真、工业互联网安全等一批关键共性技术，研发一批自主可控的核心支撑软件，布局和积累一批核心知识产权，为实现制造业全面数字化转型提供技术支撑。

（三）构建智能制造标准体系

参照国家智能制造标准体系建设指南，围绕智能设备、智能车间、智能工厂、智慧产业等维度，开展基础共性标准、关键技术标准、行业应用标准研究，以平台化方式推进标准的试验验证和试点示范。在制造业各个领域加快标准体系的建立，并全面推广。依托国家智能制造标准化协调推进组、总体组和专家咨询组，形成分工协作、协同发展的有效工作机制。多部门充分协调、多标委会通力协作，聚合国内外标准化资源，扎实构建满足制造业发展需求、安全需求、适用需求的智能制造标准体系。

（四）构筑工业互联网基础

顶层规划、分级建设工业互联网标识解析体系，为制造业实现全面物联打下扎实基础。加快发展边缘计算，研发新型工业网络设备与软件，同时开展工业云计算建设，形成"云—边—端"高效协同的工业互联网计算架构。推动制造企业升级改造厂内网络，积极探索 5G 在制造业的应用场景，实现厂内厂外互联互通。面向厂内建设大数据平台，不断提升生产管理数据的价值密度；面向厂间及产业链上下游建设产业链协同平台，实现全产业链信息快速流动、供需高效互联。研发自主可控的信息安全软硬件，搭建面向制造业数字化的信息安全保障系统与试验验证平台，建立健全工业互联网信息安全风险评估、检查和信息共享机制。

（五）加大制造业数字化试点示范推广力度

在重点地区和行业，以基础条件优劣和需求迫切程度为标准选择骨干企业，在流程智能制造、离散智能制造、网络化协同制造、大批量个性化定制、工业云平台、产业链协同等方面积极推进试点示范，积累实践经验、探索有效模式。面向设计、建造、生产、管控、物流、能环、销售等全生命周期，遴选智能制造标杆企业，将成功模式在行业内复制和推广。同时，面向设备数字化、车间数字化、工厂数字化、产业链数字化、制造业智能化等领域，遴选为制造业提供数字化产品、平台、服务的标杆企业，以成功案例扩散试点示范效应，并围绕其引导构建良好的产业生态，进一步推动制造业数字化进程。

（六）促进制造企业数字化改造

将数字技术、智能技术、智能制造装备等应用于传统制造业关键工序，推动自动化、数字化、智能化改造升级，降本增效，在发展层次上努力迈向中高端。统筹规划、试点建设数字化车间、数字化工厂、智能化工厂，促进制造工艺智能优化、状态信息实时监测和自适应控制。以数字化手段加强产品全生命周期管理、客户关系管理和供应链管理，促进集团管控、设计与制造、产供销一体、业财衔接等关键环节集成。以龙头企业示范引领带动中小微企业推进自动化、数字化、智能化发展，引导基础条件较好的中小微企业推进产线自动化智能化改造、管理信息化和全流程数字化升级。建设云制造和云服务平台，在线提供核心工业软件、各类模型库和能力外包服务。

（七）培育制造业数字化产业生态体系

面向制造业数字化发展需求，推动装备、自动化、软件、云计算、大数据、人工智能等各领域企业紧密合作、协同创新，引导并促进产业链各环节企业分工协作、协调发展，逐步形成以系统集成商为核心、各技术方向领先企业联合推进、一大批在细分领域内"专、精、特"的企业深度参与的制造业数字化发展生态体系。培育一批具备"领域知识与数字技术有机融合"能力的系统解决方案供应商；发展一批国际领先的龙头企业；做强一批智能控制系统、智能传感器、智能仪表、平台软件等"专、精、特"企业。

（八）推进制造业数字化区域协同发展

积极建设国家智能制造示范区，引领制造业数字化区域协同发展。打造智能制造装备产业集聚区，推动建设围绕整个产业链将资源要素聚集起来的装备产业集群，完善产业链协同配套体系，以规范有序为目标推动产业集聚区快速发展。促进区域差异化发展，认真分析各区域发展基础，因地制宜、聚焦重点，对于制造业水平较好的地区，应率先实现优势产业数字化智能化转型，对于制造业欠发达地区，应着力补短板、打基础，加快自动化与数字化改造，循序渐进迈向智能化。加强区域资源协同，基于互联网搭建资源协同平台，加快设计资源、生产资源、服务资源、创新资源的匹配和对接，推进制造过程各环节和全价值链的并行组织和协同优化，实现区域优势资源互补和资源优化配置。

（九）培养制造业数字化人才队伍

加强人才培训，打造能够突破关键数字技术、带动制造业数字化智能化转型、既掌握制造业领域知识又擅长数字技术的高层次、复合型能力体系，培养能够开展技术开发、业务指导、门类齐全、技艺精湛、爱岗敬业的专业技术人才队伍。创新技术人才培养模式，充分发挥企业和院校的差异化优势，鼓励有条件的高校、院所、企业建设实训基地，支持高校开展面向制造业数字化的学科体系和人才体系建设。建立制造业数字化人才需求预测和信息服务平台，使人才供需信息充分对齐，进一步促进人才队伍快速发展和壮大。

第六节　大金融行业发展与安全

数字技术改变了社会互动的方式，信息技术与社会各行业开始了深度融合。在"互联网 +""人工智能 +"等概念火热的同时，大量的新经济模式和新业态不断涌现，既对传统行业和企业产生了巨大的冲击，也为其带来发展机遇与挑战。在这一数字经济浪潮中，大金融行业作为国民经济正常运行的支柱之一，也迎来了数字经济时代的冲击。在这一背景下，金融行业必须迎难而上，主动进行数字化转型，才能跟上数字时代的脚步。

一、大金融行业概述

"大金融"概念的提出始于我国著名经济学家黄达先生，其内涵和外延在 2013 年由时任中国人民大学校长陈雨露和马勇博士在其著作《大金融论纲》中进行正式的定义和阐述。"大金融"之所以为"大金融"，就在于其理念和视野上的整体性和大局观。陈雨露在《大金融论纲》中认为"大金融"命题有以下三方面的基本内涵：一是在金融学理论上强调宏观理论和微观理论的系统整合；二是在金融理念上强调金融和实体经济的和谐统一；三是在金融实践上强调一般规律和"国家禀赋"的有机结合。

一是从方法论来看，相较于传统的金融理论和宏观经济理论在体系和方法论上的割裂，"大金融"理论强调需要构建一个将宏观金融理论与微观金融理论相统一，金融和实体经济相和谐的统一的理论框架。陈雨露认为"大金融"突出了三个整体性：一是必须将整个金融体系视为一个统一的整体，而不是狭隘地考虑货币和信贷；二是必须将金融和实体经济视为一个统一的整体，而不是孤立地看待二者之间的关系；三是必须将中国和全球的金融发展视为一个统一的整体，而不是封闭和静态地看待国内的金融发展。

二是从行业结构来看，经过多年的发展，我国已经形成了以银行体系为主导，非银金融机构占据重要地位的复杂而系统的大金融行业体系。其中银行机构包括中央银行（中国人民银行）、政策性银行、国有大型商业银行、股份制银行和其他类型商业银行，如城商行、农商行、村镇银行和外资银行等。非银金融机构的种类和数量也逐渐增多，常见的有保险公司、证券公司、信托投资公司、基金公司，以及处置不良资产的资产管理公司和财务公司。此外，为了保证大金融行业的平稳健康发展，合理控制大金融行业风险，我国还设立了专门的金融监管机构，分别为监管银行、保险、信托和资产管理公司等机构的银保监会以及监管证券、基金、期货公司等机构的证监会。我国大金融行业体系结构具体如下图所示。

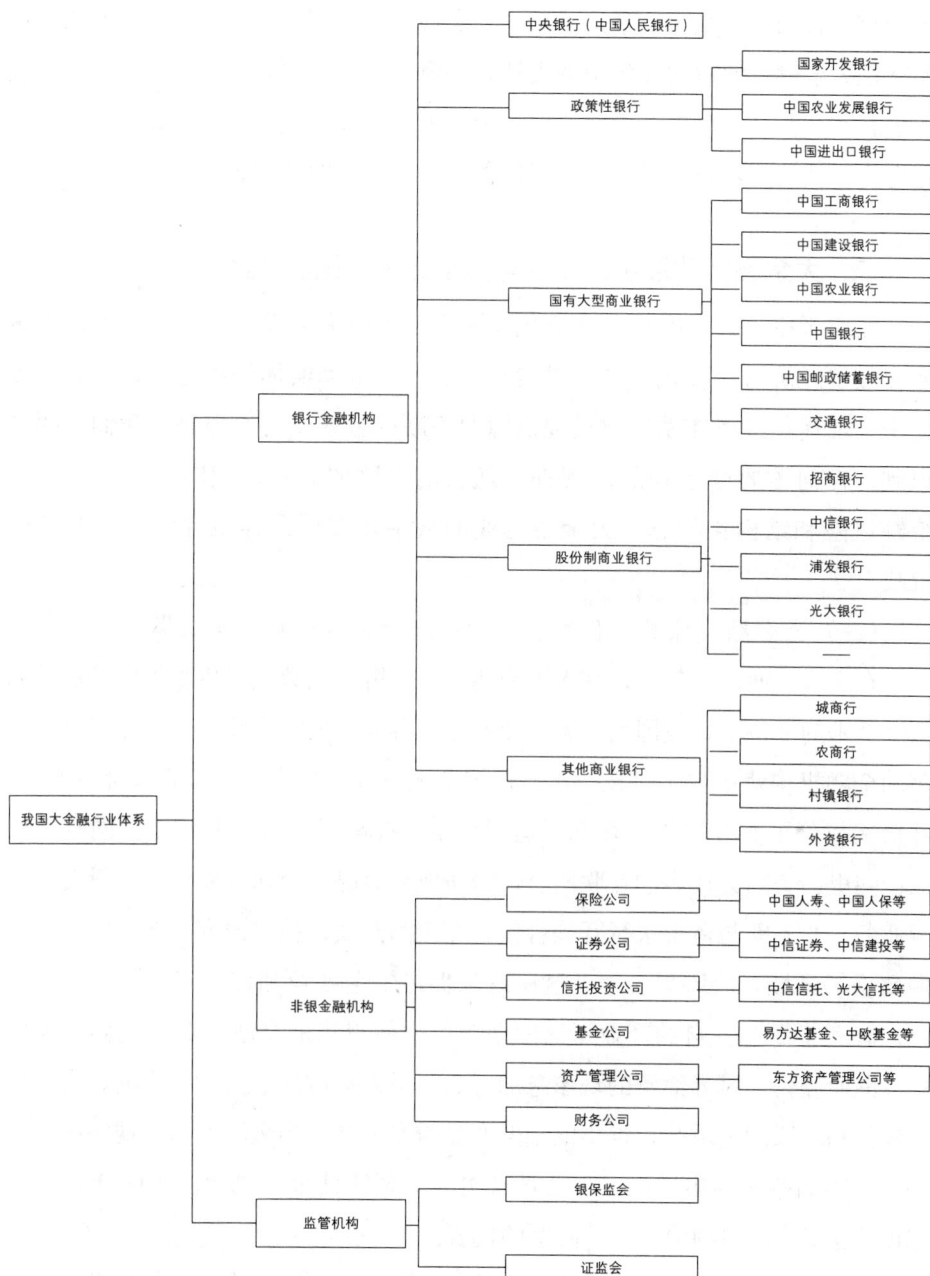

资料来源：张亦春等编写的《金融市场学（第五版)》。

三是从具体实践来看，我国的大金融行业的发展必须要在宏观经济和金融理论相结合的"大金融"理论的指导下实现健康、有序的发展，其发展路径需要保证大金融行业对实体经济的支持和保障，同时必须有所侧重，大力支持技术创新和产业升级换代。同时，要从根本上促进我国人民币国际化和各类国际化合作，从而为建设人类命运共同体奠定坚实的金融基础。

二、大金融行业数字化发展与安全建设所面临挑战

如前所述，大金融行业数字化发展带来了巨大的发展红利，能推动金融业在数字经济时代实现跨越式发展，并进一步推动实体经济进步，为我国社会主义现代化经济体系的建设提供源源不断的金融支持。但是，我们也要意识到，任何重要新事物的出现都伴随着旧事物的灭亡，同时带来一系列系统性风险和结构化问题，大金融行业的数字化发展同样也伴随着一些新的挑战。

（一）大金融行业数字化发展增加系统性金融风险发生概率

在宏观层面，近年来，在人工智能、区块链、大数据、生物识别等一系列数字技术的加持下，我国大金融行业发生了翻天覆地的变化。以商业银行为代表的金融机构使用数字科技，革新传统金融业务，推出了许多新型金融产品，并极大简化了业务流程，降低了运营成本，提高了自身的利润率。同时以腾讯、阿里、美团为代表的互联网公司纷纷成立金融子公司开展信贷、投资等金融业务，并不断与传统银行开展合作，在产品开发、技术研究、客户资源、金融数据等领域开展跨界合作，这些现象促进了金融业和传统互联网行业的融合，有利于提升各自的产业运营效率，但也使得当前金融行业的边界愈加模糊，混业经营、跨界经营的现象愈加突出，极大地增加了监管的难度。由于传统银行和互联网金融公司推出的金融产品纷繁复杂，当金融产品出现违约风险后，其影响范围会更广泛，也会带来更大的系统性金融风险，2018年以来的P2P行业集体倒闭潮便是这一问题的代表。

在微观层面，当前数字技术的运用使得金融产品更加丰富，产品设计也更加复杂。传统的金融产品以经验数据为基础，并普遍需要第三方机构进行信用背书，但是新型的互联网金融产品只需要利用大数据技术在线搜集客户信息，在算法的加持下智能生成客户信用画像，并以此为基础对客户进行授信和

审批。这些做法极大地提升了金融产品审批的效率，但是基于复杂金融模型的产品却可能过度简化了业务流程和合规控制环节，使得信用风险掩盖于数字技术之下。以美国2008年次贷危机为例，基于复杂金融算法模型的金融衍生品使得底层信贷产品的风险被掩盖，而通过资产证券化的方式不断衍出新的金融产品售卖给二级市场的投资者，导致投资者和监管层无法摸清底层资产的巨大风险，导致这类产品无限蔓延。最终危机爆发，无数人倾家荡产，全球经济衰退。同时金融市场的影响因素非常复杂难测，传统的数学模型和互联网技术往往很难将所有风险因素量化，这也会导致某些风险无法被纳入到产品设计中进而导致风险蔓延。

综上，无论从宏观层面还是产品设计研发的微观层面，大金融行业的数字化发展都可能会加大系统性金融风险出现的概率，并提高监管的难度。

（二）大金融行业数字化发展挤压传统金融业生存空间

数字技术的发展和在金融业的应用对传统金融业的影响无疑是巨大的，甚至对部分领域产生了颠覆性的影响。首先，传统金融行业依赖的客户资源源于日常的关系维护和长久的业务合作，但是新兴的互联网金融公司可以依赖大数据技术获得大量客户的网上交易数据，并以此快速大量地获得客户们的交易信息，以此对客户信用状况进行评价，并加速信用审批和产品研发。其次，客户在使用互联网金融产品时由于快速及时审批和精准营销，会获得远胜于传统金融产品的使用体验，对互联网金融产品会形成极大的黏性。因此在竞争中，新兴的互联网金融公司对传统金融行业拥有着巨大的技术优势，在竞争中传统金融行业会面临客户大量流失的困境，从而导致自身利润急速下降，进而引发裁员、闭店等一系列经营问题。同时，传统金融行业内部也会因为数字技术的不断应用而产生结构分化。由于技术创新往往需要大量和长时间的投入，但技术外部性又由于专利保护的原因而容易形成垄断。因此数字技术的应用在一定程度上导致大型金融机构拥有得天独厚的资金和人才优势，在金融业数字化转型中拔得头筹，从而在面对中小金融机构时拥有更大的竞争优势。最后，以阿里、腾讯、美团、京东等为代表的互联网公司不断加入金融行业，这些因素的叠加导致当前中小金融机构的生存空间被进一步挤压，可能会进一步加剧社会不平等，并引发一系列社会问题。

（三）大金融行业数字化发展增加信息安全风险

传统金融行业对保护客户隐私有着极高的要求，但在信息化时代，传统线下金融产品都被转移到线上进行销售，而开户、审批、授信、审查等一系列涉及客户信息的操作都被要求在线上进行无纸化操作。这导致海量的金融行业客户信息被上传到网络。由于互联网行业一直都存在技术风险、网络风险以及数据风险，金融行业在与互联网行业融合过程中难以避免地要面临这些问题。此外，黑客问题的长期存在使得金融业的客户信息在网络上随时有被泄露的风险，这对传统金融行业的信息技术能力和防黑客能力都提出了巨大的挑战。但是由于当前应用数字技术的金融产品在结构设计上更加复杂，可传统金融机构一般转型较慢，尤其是中小金融机构技术能力薄弱，防范技术风险意识薄弱，这些因素都导致大金融行业的信息安全风险被进一步放大。

三、大金融行业数字化发展与安全建设存在机遇

数字技术在各行各业的应用引起了产业界的巨大变革，数字技术带来的变革深入到大金融行业的制度、结构、业务、管理等各个方面，给予大金融行业以前所未有的发展机遇。

（一）数字技术引导传统金融制度深度变迁

传统的金融机构的制度设计是自上而下的，以服务实体经济为目的，以银行等金融中介机构为中心为实体经济提供资金融通服务。而在当前数字技术引领的新金融业态下，互联网金融机构率先开始了一种自下而上的金融制度。互联网金融机构以电商平台交易数据为基础，利用云计算、人工智能、深度学习、生物识别等数字技术，快速发展出以客户为中心的新型金融业务，这些业务涉及借贷、支付、股权投资、资产管理、信托投资、基金销售、保险、消费金融等各类金融产品，在各行各业与传统金融机构开展竞争。这些互联网机构的参与使得金融服务不断创新，业务种类不断丰富，金融生态环境不断向着高技术含量的方向发展。在这一环境下，金融机构纷纷以客户需求为中心，将主要精力放在针对不同种类客户的精准化营销上。与传统金融机构依赖物理网点开展业务相比，互联网金融机构能迅速回应客户需求，并摆脱了时间和地域的限制，可以全方位24小时对客户进行服务，从而极大地提高了客户黏性和忠

诚度，使得客户体验获得极大改善。与此同时，数字技术的运用也大幅提升了金融业的运营效率，使得金融服务的流程大为缩短，环节不断简化，资金融通的成本不断降低。因此，当前传统的银行、证券、保险、信托等金融机构正不断发展自己的金融科技部门，努力改造业务流程，不断加快自身结构转变，逐渐适应以客户为中心的金融制度。

（二）数字化技术应用加快普惠金融发展

传统金融机构的服务对象偏向于优质的个人和企业客户，而对于社会中普遍存在的中小微企业和个体户，由于其缺少较好的抵押品，且抗风险能力较低，一直都得不到银行等金融机构的青睐，因此导致我国小微企业融资难、融资贵问题一直得不到有效的解决。而数字技术的运用可能打破这一困局，使得金融业务不断下沉，针对城乡居民和小微企业的普惠金融将迎来前所未有的发展机遇。

民间借贷一直是小微企业和低收入群体的首要融资方式，由于这一融资方式往往脱离于监管之外，因此存在着各种各样的问题。但在数字技术引领的新型金融业态下，网络小贷和P2P等金融机构创新地利用大数据等先进科技将社会上本没有关系的借贷双方进行联系，同时根据客户的网络交易数据进行精准画像，根据算法计算出客户的信用水平，并以此为依据确定利率水平和借贷额度。这就一定程度上弥补了传统民间借贷缺乏利率定价机制的缺点。同时，这一模式极大地解决了传统金融机构对小微企业和低收入群体的排斥问题，使得社会大众能够得到真正普惠金融的实惠，这都要归功于数字技术加持下的强大的客户可触达能力和低成本优势。在互联网技术的应用下，越来越多不需要抵押品、担保品的金融产品如雨后春笋般出现，极大地解决了小微企业和低收入群体的资金需求，为普惠金融的跨越式发展提供了源源不断的动力。

四、大金融行业数字化发展与安全建设的主要影响因素

在数字经济深度改变人们生产生活方式的时代，大金融行业数字化发展与安全建设也会在未来稳步推进，这是金融行业自身发展需要与实体经济发展要求的必然结果，因此当前明确大金融行业数字化发展与安全建设的影响因素就十分必要。

（一）数字技术在传统金融业的成熟运用

当前数字技术在各行各业都得到了充分利用，极大地降低了生产销售成本，同时提高了产业运行效率。在大金融行业，生物识别、大数据技术的应用催生了无人银行的出现；云计算、大数据技术助推开放式银行走向千家万户；人工智能和大数据技术结合推出的智能投顾业务帮助普通人更合理地理财；生物识别技术的加持使得人脸识别、指纹识别支付慢慢取代了传统的支付方式。这些技术的应用无一不改善了用户的金融体验，革新了金融产品，简化了业务流程，同时也提升了整体大金融行业的效率。但是金融行业由于自身分化较为严重，许多地方由于自身资源禀赋有限，一些中小金融机构并没有足够的资金和实力应用金融科技，因此数字技术在全国各地的普遍应用尚需时日。同时由于部分技术的不成熟，信息安全风险、支付风险、网络风险层出不穷，因此只有数字技术真正开始成熟运用于我国的城乡各地，大金融行业的数字化发展和安全建设才能真正实现跨越式发展。

（二）数字技术人才的储备

当前以商业银行为代表的金融机构都大力发展金融科技，积极将数字技术应用于自身业务。这其中，人才队伍的建设成为金融机构转型的重中之重。由于互联网行业是技术密集型行业，而金融机构在引入互联网思维和技术的同时，自然要引进或培养自己的技术人才。只有数字技术人才的储备足够多，技术人才能力足够强，才能对金融机构的数字化转型产生足够的支撑和保障。但是由于金融机构自身在技术能力上相比互联网公司不具备优势，同时需要将资金更多地应用于传统业务的维护和发展，因此在高科技人才的争夺上往往无法与强势的互联网公司匹敌，这就对未来金融行业的发展提出了新问题：如何吸引更多数字技术人才加入大金融行业以增加数字技术人才的储备？

（三）数字基础设施和安全基础设施建设

传统银行等金融机构的业务是以物理网点为中心开展的，因此银行的资产很大一部分集中于这些物理网点基础设施。而在数字经济时代，数字技术的高强度应用对数字基础设施和安全设施的建设提出了新要求，尤其是当前5G概念的提出，要求各行各业都必须建设完善的5G网络和数据中心，这些基础设施需要大量科技和人才的投入，对金融机构提出了很大的挑战。因此在未来，数字基础设施和安全基础设施的建设速度和质量将直接影响大金融行业数字化发展和安全建设的发展程度。

（四）金融监管方式的有效转变

数字经济时代下大金融行业呈现出明显的跨界合作和混业经营的特点，这导致金融业务更加复杂，金融机构股权更加分散，风险可能会在不同行业进行蔓延，极大地增加了监管的难度。因此在这种环境下，我国的金融监管机构必须改变传统的分业监管方式，进一步下沉监管层次，增加对具体金融行为和金融产品的监管，同时减少各个监管机构的功能交叉和监管盲区，从根本上转型来适应大金融行业的数字化发展。同时监管机构自身也应加强金融科技的应用，采用大数据、人工智能等先进数字技术来提升自身监管水平，将自身的数据中心与各金融机构的数据中心进行联网，从而能实时有效地对大金融行业进行有效监管。

五、大金融行业产业数字化发展与安全建设实施路径

（一）加强监管力度，推进金融监管体制改革

由于金融监管体制要适应金融发展的需要，因此在大金融行业数字化发展的背景下，我国的金融监管体系也必须发生相应的变革。在数字化技术的加持下，金融行业的风险将更加密集和隐蔽，相应地，我国的金融监管体系也要在防范系统性金融风险的前提下加强数字化建设，建立全面、审慎的宏观监管框架，从对机构的监管转向对金融产品和金融行为的监管，从而实现监管功能的不断深入，严格控制金融风险。同时，监管当局要建立全国统一协调的金融风险预警平台，加强地方金融机构与监管平台的信息交流，强化金融机构信息披露，确保在金融风险发生之前能够进行实时预测，从而避免系统性金融风险的产生。

（二）加强金融科技实力，提升金融科技监管能力

大金融行业数字化发展主要依赖金融科技能力的提升，但金融科技迅速发展的同时也带来了风险的聚集。因此在发展金融科技提升金融服务能力的同时，也需要完善金融科技监管框架，有效防范金融科技风险。由于金融科技包含了许多信息技术在金融领域各个场景的应用，因此需要监管当局根据不同的

金融场景建立详细的监管标准，从而能实现对金融科技风险的全面监控。同时，对于以互联网平台为主要营销渠道的金融企业，要应用互联网思维，以网络风险管控为主要方式，增强对网络技术在金融企业应用的管控力度，并建立金融科技风险的监控预警体系，实现对金融科技风险的实时检测和防控预警。

(三) 促进金融衍生品市场的安全发展

金融行业在发展到一定程度后，都会出现金融衍生品大量爆发，占据产品主流的情况。金融衍生品对金融广度和深度的提高，提升整体金融行业效率有着重要意义。但是，衍生品种类和数量的大量出现会带来严重的风险隐患，因为底层金融资产收益的不确定性很容易被衍生品的复杂衍生套路所掩盖，美国 2008 年的次贷危机就是金融衍生品大量滋生蔓延而引发的系统性金融危机。因此大金融行业未来必然要大力发展金融衍生品，但是针对金融衍生品的监管也必须进一步加强。监管当局应当对金融衍生品的种类进行严格规定，按照衍生品的成熟程度稳步推出产品种类，并限制衍生品延伸的领域，将服务实体经济发展作为发展金融衍生品的主要原则，使金融衍生品真正成为投资者规避风险的工具，而不是谋取不正当利益的手段。

第九章 数字经济面临的挑战、
趋势与应对

在数字经济时代，数字素养是劳动者的基本素质。美国把数字素养作为"21 世纪技能"中三大必备技能之一。以色列历史学家、作家尤瓦尔·赫拉利在其著作《今日简史》中写道：在这样的世界里，老师最不需要教给学生的就是更多的信息。学生手上已经有太多信息，他们需要的是能够理解信息，判断哪些信息重要、哪些不重要，而最重要的是能够结合这点点滴滴的信息，形成一套完整的世界观。

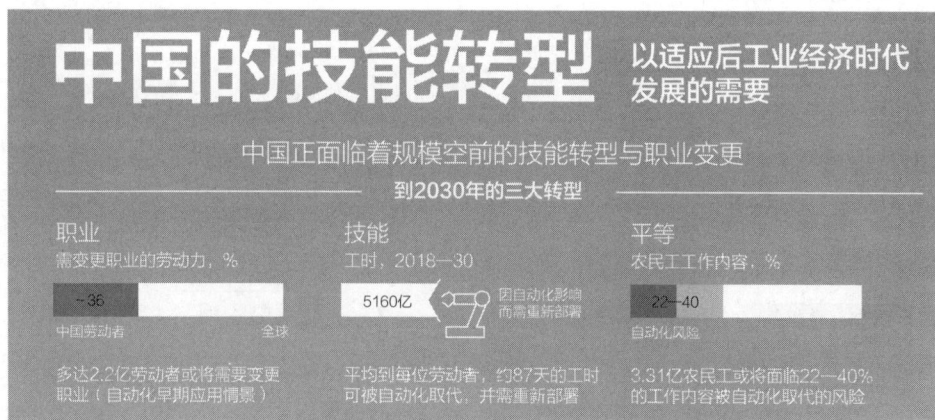

中国的技能转型 以适应后工业经济时代发展的需要

中国正面临着规模空前的技能转型与职业变更

—— 到2030年的三大转型 ——

职业 需变更职业的劳动力, %	技能 工时, 2018—30	平等 农民工工作内容, %
~36	5160亿 因自动化影响而需重新部署	22—40
中国劳动者　　全球		自动化风险
多达2.2亿劳动者或将需要变更职业（自动化早期应用情景）	平均到每位劳动者，约87天的工时可被自动化取代，并需重新部署	3.31亿农民工或将面临22—40%的工作内容被自动化取代的风险

资料来源：麦肯锡全球研究院编制的《中国的技能转型：推动全球规模最大的劳动者队伍成为终身学习者》。

在国家政策推动、数据要素驱动、科技平台拉动、产业发展联动等多方面因素的共同作用下，数字经济效果初步显现。十三届全国人民代表大会常务委员会委员、清华大学公共管理学院院长江小涓在《"十四五"时期数字经济发展趋势与治理重点》一文中认为，近十年来，我国数字经济快速发展。数字技术支撑的新产品、新服务、新业态、新商业模式成为经济增长的主要贡献力量。"十四五"期间，数字经济的作用和地位将继续提升，是今后经济增长的重要源泉，是提高全要素生产率的重要途径，是促进制造业服务业融合发展的重要载体，也是维护和提升全球产业分工体系稳定性安全性的重要依托。

数字经济发展面临着机遇和挑战同时并存的局面，我国应知难而上，顺势而为，抓住机遇，迎接挑战，主动有为。

第一节　数字经济面临的挑战

伴随每一次技术革命和技术—经济范式转换，都可能出现失业现象。劳动人员的技能结构不匹配可能是技术变革时期引发失业现象的主要原因，凯恩斯在《我们后代的经济前景》一文中认为，我们正在被一种新型疾病所折磨，一种某些读者甚至没有听说过名字的疾病，也是他们将在未来不断听到的疾病，那就是技术性失业。将因技术进步所引起的失业现象定义为"技术性失业"。

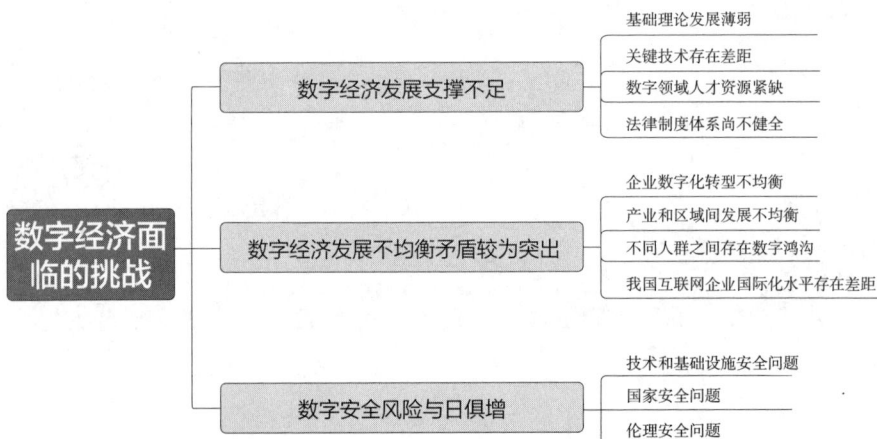

资料来源：根据张学颖《数字经济发展面临的挑战及有关建议》，李晓华《"十四五"时期数字经济发展趋势、问题与政策建议》，陈维宣、余心彤《"十四五"时期数字经济发展趋势研判与重点问题评析》及公开内容整理。

随着以 5IABCDE（5G、IoT——物联网、AI——人工智能、Blockchain——区块链、Cloud Computing——云计算、Big Data——大数据、Edge Computing——边缘计算）等为代表的新一代数字技术不断突破和广泛应用，数字经济蓬勃发展，数字技术快速融入生产生活，新业态新模式快速涌现。与此同时，数字经济发展也面临不少问题和挑战，主要体现在数字经济发展支撑不足、发展不均衡矛盾突出、数字安全风险增加三个方面。

一、数字经济发展支撑不足

（一）基础理论发展薄弱

数字经济发展当前面临的最基本的问题就是基础理论支撑不足，如数字经济的内涵外延、发展机制问题，数据确权、定价机制、交易流通、安全保护等问题，政府、市场和企业的职能界定和权责关系等问题，这些问题都没有形成完整清晰的理论框架，尚不能对数字经济实践产生良好的指导。与数字经济发达国家相比，我国基础理论发展仍然落后，大多数的数字技术前沿基础理论由发达国家的学者率先提出，计算机、互联网等数字技术产品和服务由发达国家的科技公司初创。由于缺乏产业数字化转型的整体方案和路线，我国传统产业在制定数字化转型战略时，仅仅将数字化转型视为纯技术改造，对于数字化对企业组织架构、运营方式、制度建设、文化构筑等影响研究不透彻，数字化与实体经济融合不够深入，转型和实际产出并未达到理想效果。

（二）关键技术存在差距

数字技术实力是关于数字经济发展和安全的"硬实力"。当前，我国的核心数字技术虽然取得了跨越式的进步，但相较数字经济发达国家仍存在较大差距，重点表现为关键技术自主创新能力不足、人工智能等数字科技相关产业仍处于中低端水平，数字化、智能化、微型化产品严重欠缺，在关键的数字经济发展领域仍面临"卡脖子"问题，在国际谈判时缺乏话语权和主动权等。2019 年，工信部梳理了我国 300 多项关键数字技术短板，如高端芯片、基础算法和软硬件、开发平台等。模拟芯片、光通信芯片、集成电路芯片制造装备、中高端传感器等高端产品和装备仍严重依赖进口，在欧美国家对我国施行高科技出口管制的情况下，我国数字经济发展面临供应链断链威胁。

（三）数字领域人才资源紧缺

关键数字技术的研发和应用人才，无疑决定着数字经济发展的速度和质量。与主要发达经济体相比，我国数字经济的持续创新发展受到较大制约，其中非常重要的制约因素之一就是高端人才和复合型人才的结构性短缺。（1）基础理论研究、高精尖技术研发的高端人才紧缺。综合国力的提升虽然加快了我国基础理论和高端技术追赶世界领先水平的步伐，我国不乏很多优秀的科技研究人才，但我国并未产生影响世界数字经济发展的基础理论和原创技术，在基础科技理论和技术研发方面非常缺乏高端人才。（2）随着数字经济和实体经济渗透融合，兼备数字技术和产业发展知识的复合型人才短缺。例如，在人工智能、大数据领域，高级从业人员除了要具备算法、互联网等知识和技能，还需懂得产品研发、市场营销等相关知识。根据 2020 年 InfoQ 研究院发布的《数字化转型中的人才技能重建》，人工智能和大数据产业面临严重的人才短缺问题，我国在这些产业和领域的人才缺口多达 650 万。

（四）法律制度体系尚不健全

由工业时代发展到数字时代，人类的生产工具和生产方式发生了转变，配套的法律制度体系亟须更新换代。不完善的法律制度可能导致数字技术滥用，掣肘数字经济进一步健康发展。（1）国内方面，由于法律制度的不完善或造成一些业务难以开展，或增加市场发展成本和风险。比如由于数据确权法律的不完善，导致数据交易流通难以进展；我国虽然制定了反垄断法，但是对于数据垄断等没有明确的法律规范，将会导致一些互联网企业运用自身积累掌握的用户数据，提高所在市场进入门槛，增加市场竞争成本；缺乏对 P2P 金融业务等互联网金融的有效监管，导致暴雷事件频频发生，增加了社会风险。（2）国际方面，数字领域的法律缺位将会导致我国在参与国际规则制定和国际竞争时缺乏主动权和话语权。随着数字经济发展，跨物理空间的数字空间中，将会出现新的法律关系主体，现有的给予物理和地域空间的法律体系将不再适用。随着数字经济的广泛渗透，尽早布局数字经济时代的配套法律制度迫在眉睫。

二、数字经济发展不均衡矛盾较为突出

我国数字经济发展速度快、数字经济总量大，据中国信通院的统计数据显

示，2019 年我国广义的数字经济增加值占 GDP 的比重达到 36.2%。但由于技术、资本和劳动力等生产要素逐渐向回报率更高的地区汇集，不同企业、产业和区域间的数字经济发展不均衡问题仍然突出，由于数字服务使用程度不同导致不同人群之间存在数字鸿沟。相比欧美等发达国家，我国数字企业国际化水平仍然存在差距。

（一）企业数字化转型不均衡

我国既存在像阿里、腾讯等全球领先的数字化企业，也存在数字化水平低、数字技术和人才缺乏、数字化转型意识不足的众多企业。这些企业受限于资金、技术、市场等内外部因素，尚未开启数字化转型进程，尤其是占据市场主体主要地位的中小微企业，数字化转型动力不足，导致不同类型、不同规模之间的企业存在数字化转型不均衡的现象。

（二）产业和区域间发展不均衡

（1）从产业分布来看，农业、工业产业数字化转型落后于服务业。人口红利辐射导致我国服务产业与消费领域的数字化转型快速发展，相比第一、二产业，第三产业发展相对超前。数字经济的渗透趋势是由第三产业向第一产业进行的，但当前服务业对于农业、工业产业的数字化渗透和带动作用有限。（2）从区域分布来看，不同城市间和城乡间数字经济发展差距将进一步拉大。根据中国信息通信研究院《中国数字经济发展白皮书（2020 年）》研究显示，2019 年我国数字产业强省广东和江苏的数字产业化增加值均超过 1.5 万亿元，数字产业化占 GDP 的比重超过 10%，而数字经济发展落后的西部地区，如青海、宁夏、甘肃、新疆等，数字产业化增加值不足 1000 亿元，数字产业化占 GDP 的比重也不足 1%。

（三）不同人群之间存在数字鸿沟

由于信息、数字技术的应用和普及程度不同，数字服务在人群之间扩散程度不同，导致在不同人群之间形成数字鸿沟。例如，相比于年轻人，老年人之间的智能终端普及率和互联网服务的使用率较低，疫情期间，老年人在健康码查询、远程医疗、线上买菜等方面遇到了很大困难。相较城市地区，农村地区经济基础相对薄弱，在数字经济发展基础方面相对落后，比如数字基建能力不足，居民受教育水平有限，信息技术产品和服务普及度相对较低。

（四）我国互联网企业国际化水平存在差距

与谷歌、亚马逊、苹果、脸谱等发达国家高科技公司相比，我国的百度、阿里巴巴、华为、腾讯等互联网科技公司的国际化水平尚显不足。这些互联网巨头的主营业务主要在国内，国际市场业务收入在其营收中占比较低。虽然近年来，字节跳动开发了抖音国际版 TikTok，阿里巴巴开发了淘宝海外国际版，但相比亚马逊、苹果等国际化程度，仍然处于"婴儿爬行期"。

三、数字安全风险与日俱增

（一）技术和基础设施安全问题

（1）新技术融合安全问题不断涌现。虽然数字技术已广泛渗透至现代经济生活的方方面面，但是新技术安全风险可能造成社会秩序紊乱和人类生命安全。典型的例子是 2020 年 6 月在台北仙桃，一辆特斯拉汽车在开启自动驾驶状态时，将白色翻倒的卡车误认为没有障碍物，导致毫不减速地撞上卡车，造成人员伤亡。网络钓鱼诈骗、网络敲诈勒索、金融电汇欺诈等犯罪案件层出不穷。据《2020 年上半年我国互联网网络安全监测数据分析报告》称，用户的智能设备可能被一些恶意程序家族通过漏洞入侵或通过暴力破解控制，将引发一系列安全威胁和风险问题，如用户数据泄露和非法利用、硬件设备被破坏或遭到非法控制等。（2）隐私泄露和数据滥用案件频发。随着大数据、云计算等数字技术的快速应用发展，数据采集和分析应用越来越普遍，大数据信息泄露案件频发，如 2018 年某世界知名国际酒店发生 5 亿条用户数据泄露事件。我国在个人隐私和数据保护方面的法律制度建设相对滞后，在数据确权、交易流通等方面的标准规范亟待完善。（3）重大数字基础设施面临网络攻击风险。随着互联网、物联网、区块链等数字技术的全球化应用，数字基础设施实现互联共通，但针对数字基建的网络攻击越来越密集，攻击手段越来越精准化、专业化，对传统网络安全防护模式提出挑战。

（二）国家安全问题

在非数字经济时代，大国争霸主要围绕地理空间和资源。在数字经济时代，数字强国崛起，网络空间大国利用核心数字科技和数据开展新一轮的争霸，全球的政治、经济和安全格局随之深刻改变。近年来，美国政府打压华为和

TikTok（抖音国际版），对我国数十家企业实行实体清单出口管制，此外一些中国大学和研究机构也被列入了实体清单。数字地缘的争夺将加剧国家之间的冲突和对抗，引起新一轮各方力量的改变，国家和世界安全将面临重大挑战。

（三）伦理安全问题

近年来，人工智能取得显著进步，一些重复性、高危性工作被替代，人类生活因此得到改善。但随着人工智能技术的成熟和广泛应用，人工智能或超级智能将对人类社会造成新的安全隐患，其中最为特殊的是伦理安全问题。如智能机器人的决策逻辑与人类社会伦理约束相背离，未来机器人可能不仅具备决策能力，还会具备感知能力和自主意识，机器反叛乃至机器统治的安全问题将不容忽视。

第二节　数字经济发展趋势

在 21 世纪，数字技术正在深刻影响现代经济的生产方式和社会形态，人类正在面临数字经济变革。在数字技术的支撑下，数字经济将进一步深刻发展，越来越多的数字化的新消费形态随之产生，数字化产业能力将不断增强，数字技术和基础设施建设进入新一轮布局，数字经济国际秩序将进入大变局时代。

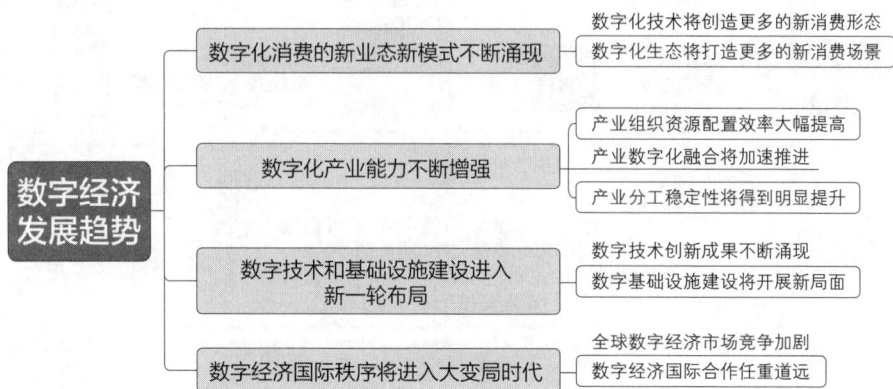

资料来源：根据李峰《五举措应对全球数字经济发展新趋势》李晓华：《"十四五"时期数字经济发展趋势、问题与政策建议》、陈维宣、余心彤《"十四五"时期数字经济发展趋势研判与重点问题评析》及公开内容整理。

一、数字化消费的新模式层出不穷

（一）数字化技术将创造更多的新消费形态

疫情期间，数字技术产品和服务为抗击疫情提供了重要支撑，根据赛迪研究院的统计，2020 年前三季度，信息传输、软件等数字产业对 GDP 增长的贡献率高达 90%。数字技术与医疗、教育等实体产业的深度融合，也催生了更多的线上消费经济形式。未来，在 5G、人工智能等新技术的支撑下，数字医疗、智能家居、线上教育、远程办公、智能出行等新消费形态具有强大的增长潜能。

（二）数字化生态将打造更多的新消费场景

随着平台经济的发展，消费需求趋向于场景化、平台化发展。数字技术的进步催生了数字生态的产生，通过核心企业对多个辅助企业的连接，数字生态打破行业壁垒，生态内各类生产要素和企业实现互通共连，为用户提供实时动态的产品服务，顾客可以实现一站式消费。比如，腾讯通过整合京东、永辉超市、腾讯音乐、蔚来汽车、贝壳、搜狗等企业和应用，打造集线上线下购物、文娱、出行、购房、金融、科技等为一体的智慧零售供给生态，为消费者带来线上线下融合的"新消费体验"。

资料来源：根据陶娟《收割者：腾讯阿里的 20 万亿生态圈》内容整理。

二、数字化产业能力不断增强

（一）产业组织资源配置效率大幅提高

数字技术的广泛应用，使得社会资源分配方式不断倾向于数字化资源配置方式。比如，物联网通过连接机器和雇员，以此组合为基本生产单位，进行分散化的生产组织管理，实现智能化资源匹配，实现快速、高效、低成本的生产组织，外卖、快递、超市购物配送等服务，都是这种柔性化生产组织的典型案例。再如，金融机构通过数字化转型，建立数字化风险控制模式，筛选不同信用类别的客户，为用户精准匹配相应的金融产品。

（二）产业数字化融合将加速推进

2020年5月，国家发改委会同网信办等有关部门，发起了"数字化转型伙伴行动"，打造数字化生态共同体，加快推动中小微企业数字化转型，促进我国经济高质量发展。随着数字技术的不断演进变化，数字经济将进入数字技术与实体经济全面融合和开放发展的阶段。（1）数字技术与教育、医疗、交通等生活领域融合，通过智能终端改善居民生活。比如，美国在生物医药研究方面引入机器学习技术，改善临床诊断，实现精准疗法和健康监测；未来车联网和无人驾驶技术能够大幅提高车辆数字化程度，实现车路协同、车车协同，大幅改善城市拥堵情况，为居民提供出行便捷。（2）数字技术与制造、运输、能源等生产领域融合，推动产业链升级，促进全球产业格局转变。比如，以色列初创公司 Raycatch 推出"DeepSolar"软件，通过获取分析太阳能发电厂所有的生产数据，利用人工智能技术对太阳能发电厂进行管理和运营，使能源分配和使用效率实现最大化。Raycatch 公司目前在全球范围内管理约1GW的光伏项目，服务客户包括 Enlight（以色列可再生能源公司）、Arava Power（以色列光伏开发商）、EDF（法国电力集团）、GE（通用电气）等大型能源公司。（3）数字贸易作为一种新型的贸易形态，是数字技术与全球产业链深度融合、共同演进的产物，为全球经济增长提供强劲动力和广阔空间。

（三）产业分工稳定性将得到明显提升

数据是数字经济的关键生产要素，也是产业链各环节的传播介质，数字化能够增加产业链上各类企业和生产要素提供交流机会，增强产业分工的稳定性。在2020年新冠肺炎疫情期间，受疫情防控影响，线下生产、零售、医疗等一些产业链发生断裂，数字化平台通过建立多点连接的产业网链，迅速实现生产端上下游、供应链和销售链的精准匹配，快速"焊接"产业链断链。

三、数字技术和基础设施建设进入新一轮布局

（一）数字技术创新成果不断涌现

以人工智能、云计算等数字科技为代表的技术革命和产业变革方兴未艾，变革式的数字技术创新成果层出不穷，带来了更多全新的发展模式。世界领先的 IT 研究和咨询公司高德纳（Gartner Group）通过评估上千种新兴技术，筛选出一组年度最具变革性的技术，发布年度战略科技发展趋势的技术成熟度曲线（Hype Cycle）。研究表明曲线上每年都会出现新兴科技，也会有一些现有技术会在曲线上消失，比如与 2019 年相比，2020 年人工智能潜力范围有所增加，而在技术成熟度曲线上，5G、AI 云服务、生物芯片等 20 余项技术被移除出曲线，或者被重新分配。新型数字技术的出现将带动相关数字产业和数字经济增长，还将更长远地影响未来的数字技术和产业发展。而数字技术发展方向上的高度不确定性，为新领域的"后来者居上"提供发展机会，很多初创企业由于发明了新型的数字技术而迅速成长为行业巨头。

（二）数字基础设施建设将开创新局面

（1）人工智能、5G 通信网络等数字基础设施将加快建设。例如，英美均提出加大人工智能的建设与升级，法国、俄罗斯、韩国等在数字经济战略部署中都强调加强 5G 基础设施建设，目的是加快实现物联网连接，构建数字生态系统。我国粤港澳大湾区、京津冀、长江三角洲等国家重大战略区域也在加快数字基建一体化布局。在金融基础设施方面，世界主要国家都在探索建立一个无国界的通用基础货币体系，数字货币的应用是大势所趋。（2）数据交易中心等场所逐渐涌现。近年来，多家政府主导的数据交易所或者数据交易中心在贵阳、北京、上海等地先后成立。未来，越来越多政企合作的数据交易中心将成立，并围绕数据确权、定价、交易等规则制定加快开展实验，促进数据要素市场的逐渐完善，形成数据共享、价值共赢的新发展模式。

四、数字经济国际秩序将进入大变局时代

（一）全球数字经济市场竞争加剧

数字经济的强大外部性、可持续增长动能与国家安全紧密关系，使数字经济成为世界主要国家之间竞争的焦点。数字经济是国家经济发展中最具发展空间和动能的重要部分，影响着其他产业未来发展的方向。数字技术越先进、数字经济发展越领先的国家，在全球产业链的话语权和主动权越大，对于其他国家产业发展的影响力越大。随着海量数据的产生和传输，如果国家层面无法实现关键核心技术的自主研发和应用，个人数据隐私和信息安全、国家产业安全、经济和政治安全乃至国防安全都会面临巨大安全威胁。因此，世界主要国家之间均在关键数字科技和数字经济发展方面都主动出击，加强数字经济发展的产业政策、法律制度和国家战略布局，以应对国际市场竞争。

（二）数字经济国际合作任重道远

近年来，世界主要的国际组织纷纷开启数字经济领域合作的规则谈判，并围绕信息保护、网络安全等方向发布了很多研究报告。比如，世界贸易组织在《2020年世界贸易报告》中强调要创新数字时代的政府政策，积极扩大开放合作。数字贸易将成为国际合作重要议题，跨境电商、数据跨国流通、数字税收等规则重建将迎来新一轮国际竞争与合作。例如，各国在征收数字税问题上各抒己见、争执不一，数字经济领域的国际合作存在较大障碍。目前，英国、法国、意大利等欧洲国家开启对跨国互联网企业征收数字税，而作为跨国互联网巨头公司大本营的美国则坚决反对税改计划，美国政府甚至选择退出数字税谈判，认为欧盟、英国等10个贸易伙伴存在"不公平"贸易行为，损害了美国的贸易权利，发起"301调查"进行打击报复。未来，数字经济也将在国际税收征管、反洗钱等领域面临挑战。

第三节　数字经济应对策略

在21世纪的历史发展进程中，数字技术和数字经济的浪潮汹涌澎湃。我国要积极顺应数字技术发展趋势，接受数字经济面的挑战，做好数字经济发展的战略布局。对内夯实数字经济发展基础，在关键技术创新、基础设施完善、

数字人才培养和产业数字化均衡发展四个方面上着重发力。对外在保障数字安全基础、保护好数字经济主权的基础上，积极参与全球化数字融合和规则制定，加强数字经济领域的国际合作，促进公平有序竞争，强化国际话语权。

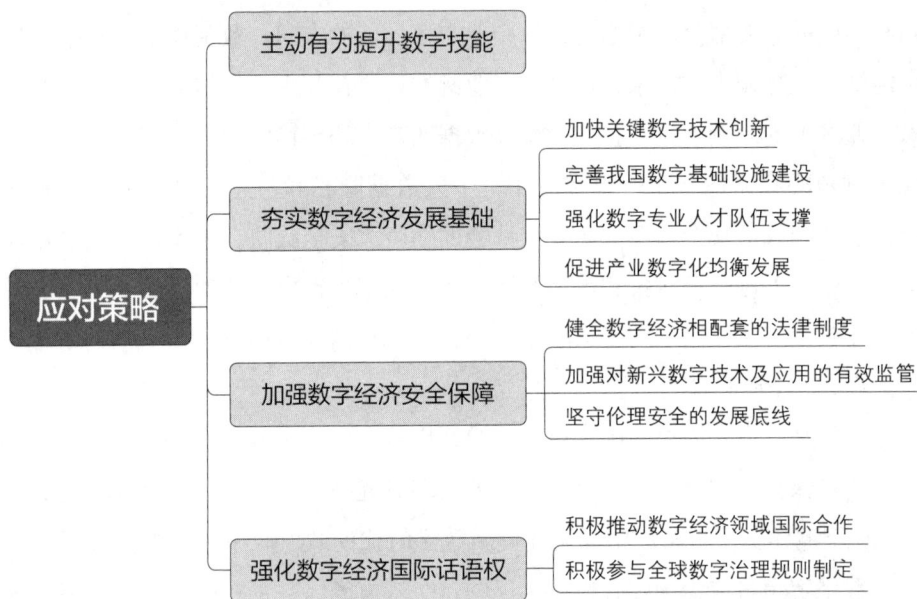

```
                    ┌─────────────────────┐
              ┌─────│  主动有为提升数字技能  │
              │     └─────────────────────┘
              │                           加快关键数字技术创新
              │     ┌─────────────────────┐
              │     │                     │ 完善我国数字基础设施建设
              ├─────│  夯实数字经济发展基础  │ 强化数字专业人才队伍支撑
┌─────────┐   │     │                     │ 促进产业数字化均衡发展
│         │   │     └─────────────────────┘
│ 应对策略 │───┤                           健全数字经济相配套的法律制度
│         │   │     ┌─────────────────────┐
└─────────┘   │     │                     │ 加强对新兴数字技术及应用的有效监管
              ├─────│  加强数字经济安全保障  │ 坚守伦理安全的发展底线
              │     │                     │
              │     └─────────────────────┘
              │                           积极推动数字经济领域国际合作
              │     ┌─────────────────────┐
              └─────│ 强化数字经济国际话语权 │ 积极参与全球数字治理规则制定
                    └─────────────────────┘
```

资料来源：根据陈煜波《数字人才——中国经济数字化转型的核心驱动力》、张学颖《数字经济发展面临的挑战及有关建议》，李崝《五举措应对全球数字经济发展新趋势》，李晓华《"十四五"时期数字经济发展趋势、问题与政策建议》，陈维宣、余心彤《"十四五"时期数字经济发展趋势研判与重点问题评析》及公开内容整理。

一、主动有为提升数字技能

以色列历史学家、作家尤瓦尔·赫拉利在其著作《今日简史》中写道：学校现在该教的就是"4C"，即批判性思考（critical thinking）、沟通（communication）、合作（collaboration）和创意（creativity）。学校不应太看重特定工作技能，而要强调通用生活技能。最重要的是能随机应变，学习新事物，在不熟悉环境里仍然保持心智平衡。想跟上 2050 年世界，人类不只需要发明新的想法和产品，最重要的是应该一次又一次地重塑自己。

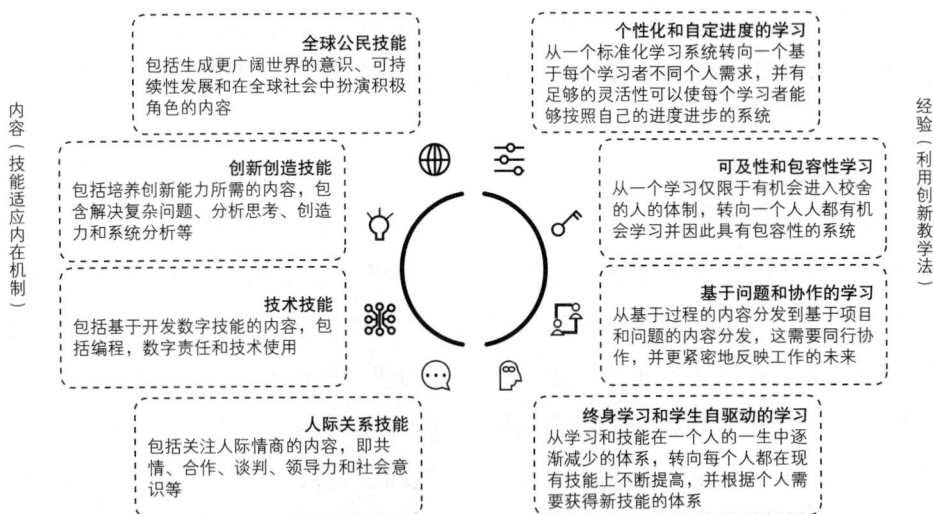

全球公民技能
包括生成更广阔世界的意识、可持续性发展和在全球社会中扮演积极角色的内容

个性化和自定进度的学习
从一个标准化学习系统转向一个基于每个学习者不同个人需求，并有足够的灵活性可以使每个学习者能够按照自己的进度进步的系统

创新创造技能
包括培养创新能力所需的内容，包含解决复杂问题、分析思考、创造力和系统分析等

可及性和包容性学习
从一个学习仅限于有机会进入校舍的人的体制，转向一个人人都有机会学习并因此具有包容性的系统

技术技能
包括基于开发数字技能的内容，包括编程，数字责任和技术使用

基于问题和协作的学习
从基于过程的内容分发到基于项目和问题的内容分发，这需要同行协作，并更紧密地反映工作的未来

人际关系技能
包括关注人际情商的内容，即共情、合作、谈判、领导力和社会意识等

终身学习和学生自驱动的学习
从学习和技能在一个人的一生中逐渐减少的体系，转向每个人都在现有技能上不断提高，并根据个人需要获得新技能的体系

内容（技能适应内在机制）

经验（利用创新教学法）

资料来源：世界经济论坛《未来学校：为第四次工业革命定义新的教育模式》。

　　世界经济论坛《未来学校：为第四次工业革命定义新的教育模式》认为未来的八种技能，其中一项重要技能就是技术技能，技术技能主要是发展数字化方面的技能，包括编程、数字责任和技术使用等。随着技术应用继续影响经济增长，技术设计和编程能力成为未来社会高需求的两项关键技能。虽然技能型人力资本是技术进步的关键因素，但今天的技能型人才已远远落后于数字技能的要求。

　　2021 年麦肯锡全球研究院发布最新研究报告——《中国的技能转型：推动全球规模最大的劳动者队伍成为终身学习者》显示，预计到 2030 年，5160 亿工时的工作或将被自动化技术所取代，按照每名劳动者每天工作 8 小时计算，约相当于平均每名劳动者或将有 87 天的工作被自动化技术所取代，从事相关工作的劳动者需要学习掌握新的技能。到那时，体力和人工操作技能的需求可能会下降 18%，而高技术技能的需求可能会上升 51%，多达 2.2 亿中国劳动者可能需要更换职业，约占劳动力总数的 30%。

　　在数字经济时代，"数字素养"这一新概念被提出，成为劳动者的基本素质，并被美国称为新时代三大必备技能之一。21 世纪初，互联网在中国兴起，依靠中国"人口红利"，海量的互联网客户支撑了消费领域的数字化发展。当前，消费领域的数字化正在向生产领域迁移，知识、技术、人才等生产要素占据更大的比重，"人才红利"对于生产领域的数字化发展越来越重要。因此，积极有为培养数字人才，主动提升数字技能，是提升数字经济竞争力的必要途径。

（一）数字人才的定义与分类

根据陈煜波《数字人才——中国经济数字化转型的核心驱动力》中的观点，当前数字人才的定义主要是基于从业人员是否拥有信息通信技术（ICT）相关的数字技能，具体包括 ICT 普通技能（如计算机打字、使用常见软件、浏览搜索信息等基础技能）、ICT 专业技能（如编程、软件设计、大数据分析和云计算等专业类技能）和 ICT 补充技能（如处理复杂问题、与客户沟通、提供解决方案等运用数字技能协助处理工作问题的能力），具备后两项技能的从业者即可被称为数字人才；按照数字产品和服务的价值链供应端各环节的不同职能，在战略发展、分析、研发、制造、运营和营销六个环节，数字人才可以分为六大类，具体分类见下图。

数字人才的智能分类

数字战略管理	深度分析	产品研发	先进制造	数字化运营	数字营销
数字化转型领导者	商业智能专家	产品经理	工业4.0实践专家	数字产品运营人员	营销自动化专家
数字化商业模型战略引导者	数据科学家	软件开发人员	先进制造工程师	质量监测/保证专员	社交媒体营销专员
数字化解决方案规划师	大数据分析师	视觉设计师	机器人与自动化工程师	数字技术支持	电子商务营销人员
数字战略顾问	算法工程师	硬件工程师			
	系统工程师				

资料来源：陈煜波、马晔风《数字人才——中国经济数字化转型的核心驱动力》。

（二）主动提升数字技能

企业和个人要积极融入数字化社会，跟上数字经济发展，就必须主动提升数字技能。（1）提升数字获取技能。要科学合理地运用互联网，精准抓取、分析和转化所需数据和信息，提高数据应用和管理能力。（2）提高数字交流技能。数字经济时代，在线交流成为人类主流的交流方式。要合法合规地运用数字技术实现信息共享、在线协作，提高交流效率。（3）提高数字消费技能。数字经济发展促进产生场景化、数字化、互联化数字消费，实现数字化生存，掌握数字支付等数字消费技能。（4）提高数字生产技能。学会运用数字技术对生产流程、各环节进行分析、指导和优化，提高产品和服务的生产质效，从而提高应对数字时代的竞争能力。（5）提高数字安全技能。个人方面要学会甄别对个人数据和设备的数字技术威胁，加强对身心健康的安全保护，了解人工智能等技术的优缺点，提高智慧医疗等健康服务方式的使用能力。企业方面要加强产品和服务生产数据的安全防控，培养组织网络安全管理识别、计划和实施组织网络安全防御的能力。

（三）加强数字人才培养

为实现数字经济全面高质量发展，必须实施人才强国战略，需要从国家层面出发，通过加强制度层面的顶层设计，规划数字技能培训和教育体系，加快教育方式变革，以创新为目标进行数字人才培养。制定支持多样化创新创业的相关政策，鼓励更加灵活的就业方式，为数字人才跨领域、跨地域的自由流动提供更多支撑。结合数字产业化和产业数字化对人才资源的需要，健全人力资源服务和保障体系，打造人力资源服务中心、产业园区或线上一体化服务平台，加强数字人才资源的流动聚集。

二、强化数字经济国际话语权

在数字经济时代，由于数据要素跨境流通、互联网新世界空间的建立，全球各国之间的经济依存度越来越高，经济全球化进程被加速推进。我国作为数字经济大国，更应该借助丰富的数据和人才资源、领先的5G通信基础设施等优势，推动数字经济领域的国际合作和协同治理。

（一）积极推动数字经济领域国际合作

党中央国务院多次强调"做大做强数字经济"，推动数字企业"走出去"是推动数字经济可持续发展的重要手段。要发挥数字技术开放性、交互性优势，促进全球数字经济体系开放、融合发展，推动建设互利共赢的数字经济"朋友圈"。应结合"一带一路"倡议，以"共商、共建、共享、共赢"为原则，积极推进各种双边和多边的数字投资和贸易协议制定，明确数字企业对外投融资、知识产权、技术标准等法律制度规范，为数字企业开拓海外市场提供有力支撑。

（二）在世界数字治理谈判桌上争取更大的话语权

我国不仅是人口大国，也是数字经济发展大国，在全球各国中具有较强的国际竞争力，参与推动全球数字治理规则的制定与应用，既是我们的发展需求，也是我们的发展责任。我国要充分发挥市场引领作用，对内加强政府部门、行业协会、领军企业、科研机构等密切合作，推动数字新技术和数据标准的制定，加快形成业界共识；对外推动中国标准国际化，促进数据跨境流动、网络安全、数字主权、数字贸易等领域达成全球共识，提升我国在全球数字化治理体系中的话语权。

三、夯实数字经济发展基础

（一）加快关键数字技术的创新

（1）加大科研投入力量。加大政府对基础理论和关键技术的研发投入，通过研发费用加计扣除比例、进口科研仪器关税减免等措施，鼓励行业领军企业加大数字技术尤其是基础技术的研发投入。鼓励网络开源社区发展，吸引国内外数字科技人才加入开源项目。（2）支持数字科技成果的产业落地。借鉴国家重大科学工程、国防采办等国际经验，为技术的产业化开辟"萌芽"空间。通过政府投资带动数字科技的大规模产业化，加速数字技术的成熟。通过设立国家科研项目，鼓励政府主导、高校、科研机构和互联网企业等多方共同参与研究的"产学研"融合模式，建立高校与科研院所、行业企业协同创新数字技术的长效机制，推进试验产品向产业化转化。（3）促进数据的开放共享。出台政务数据开放的法律制度，推动共享公共交通、企业登记、信用评价等不涉及国家机密的政务公开数据。推动制定数据确权、数据交易等相关法律制度，建立统一的数据交易市场，鼓励数据合规流通和共享。

（二）完善我国数字基础设施建设

（1）加快夯实支撑数据应用的软硬件基础。加快5G通信网络、数据中心等新型数字基础设施的统一规划和部署，为数据采集、存储、传输、交易、应用等各个环节提供坚实支撑。明确各地政府数字基建的详细投资计划和重点，严防投资和产能过剩风险。积极建造政府引导、市场参与的合作模式，强化高校、研究机构和企业等多方主体在关键数字技术领域的和协同创新，用专业的人做专业的事，推动实现数字产业发展自主可控、技术领先、体系完备，提高相关产业链的安全性、稳定性。（2）完善数字经济法律体系。加快数字经济重点方向和环节的立法工作，在推动数字经济快速发展的同时，保护好人民群众和国家利益，实现科技向善、科技为人的发展目标。促进建立安全高效的数据交易体系，尽快出台关于"数据资产"相关法律制度和规则，明确数字资产化相关规则，促进数据跨领域安全流通。（3）创造公平竞争发展环境。在包容审慎的监管原则下，推动产业政策与国际经贸规则的融合，促进数字产业化和产业数字化向市场化、公平竞争方向发展，避免政府不当干预。加强对互联网巨头反垄断监测，规范大型数字平台的市场竞争行为，为中小企业的成长发展提供公平的竞争环境。建设统一数字政务平台，统一数据开放标准，让更多企业和组织公平获取和挖掘数据价值，推动数字化全面发展。

（三）促进产业数字化均衡发展

（1）加强数字经济发展顶层设计。打造产业数字化生态协同体系。加强顶层设计，围绕粤港澳大湾区、京津冀、长江三角洲等国家重大战略地区，打造数字经济协同一体化发展试验田。充分总结数字经济发展创新实验区的先进经验，形成典型发展模式案例，向发展落后地区下沉推广，支持探索立足当地产业和区域的特色化数字经济发展，探索个性化的协同发展模式。推动建立产业数字化联盟、行业协会等，发挥组织纽带作用，构建体系协同发展优势。加强对企业数字化改造的支持，建设政府主导的数字技术开放公共服务平台，积极鼓励行业性数字经济平台、专业化数字解决方案提供商等行业赋能型企业发展，帮助中小企业实现数字化转型升级，推动产业数字化全面落地。（2）分地区分阶段推进数字经济落后地区数字基础设施建设。在数字经济发展相对落后的地区，优先建设通信网络、公共云空间等基础设施，通过政策补贴等方式鼓励数字龙头企业参与新型数字基础设施建设，帮助落后地区实现"数字脱贫"，有步骤、分阶段地缩小地域、人群间的"数字鸿沟"。

四、加强数字经济安全保障

（一）健全与数字经济发展相配套的法律制度

（1）健全数据确权和信息保护的法律制度。如加快出台《个人信息保护法》等相关法律法规，明确国家对个人信息的直接保护，规范个人信息采集、存储、传输、交易等各个环节的相关权责，针对非法交易、传输个人信息的恶劣行为，加大查处力度，坚决严厉打击，保护公民的人身、财产和隐私安全。（2）完善数据安全保护法律制度。如加快《中华人民共和国数据安全法》的起草和实施，明确数据安全保护责任和义务等内容，为数据安全筑牢"防火墙"。（3）制定数字知识产权保护法律制度。随着互联网的广泛快速普及，以及新技术、新产业的发展，新的数字产品，如数字图书、数字视频、数字音乐纷纷涌向市场，这些产品具有易窃取、易篡改的特点，为确保数字经济安全可持续发展，数字知识产权保护法的出台迫在眉睫。

（二）加强对新兴数字技术及应用的有效监管

（1）立足数字经济的行业应用场景，构建面向5G通信技术、区块链、量子计算等新兴数字技术应用的风险评估体系，加强对新技术新应用的安全监管。建立互联网平台、重点领域等相关运营主体的信用评级体系，引导其诚信、合规经营，严厉打击数据泄露、滥用、违规交易等违法违规行为，维护良好的数字经济社会秩序。（2）积极推动第三方组织或机构参与新技术、新应用安全评估，鼓励发展衍生安全服务市场。比如，鼓励第三方机构参与数据安全审计，针对有关行业领域的大数据平台和数字系统等开展常规性安全审计，推动相关企业或数字平台制定数据安全防护体系，提高数据安全防护能力。

（三）坚守"以人为本"的伦理安全发展底线

要坚持"以人为本"的原则，研发数字技术，发展数字经济，提升整个人类社会的生活质量。比如，在发展人工智能及应用时，不仅关注人工智能技术的经济效益，还应引入人类的价值观、幸福感，综合评判人工智能对人类健康、心理及社会环境发展带来的综合影响。政府部门应建立对人工智能等数字技术发展的"度量衡",通过一系列详细、贴切的指标度量为人类幸福带来的改变和影响,并加强对人工智能技术和相关企业平台的有效监管,确保人工智能发展和应用的安全合规。

主要参考文献

一、相关政策文件

1.《中共中央关于制定国民经济和社会发展第十四个五年规划和二〇三五年远景目标的建议》，新华网，2020 年 11 月 3 日。

2. 广东省人民政府：《广东省"数字政府"建设总体规划（2018—2020 年）》，广东省人民政府官网，2018 年 11 月 19 日。

3. 中共中央、国务院：《关于新时代加快完善社会主义市场经济体制的意见》，中国政府网，2020 年 5 月 11 日。

4. 工业和信息化部办公厅：《中小企业数字化赋能专项行动方案》，工业和信息化部官网，2020 年 3 月 18 日。

5. 中共中央、国务院：《关于构建更加完善的要素市场化配置体制机制的意见》，中国政府网，2020 年 3 月 30 日。

6. 浙江省第十三届人民代表大会常务委员会：《浙江省数字经济促进条例》，浙江省人大，2020 年 12 月 25 日。

7. 四川省人民政府：《关于加快推进数字经济发展的指导意见》，四川省政府官网，2019 年 8 月 14 日。

8. 中国信息通信研究院：《中国数字经济发展白皮书（2017 年）》，中国信息通信研究院官网，2017 年 7 月 3 日。

9. 国家发展改革委、中央网信办：《关于推进"上云用数赋智"行动培育新经济发展实施方案》，中国政府网，2020 年 4 月。

10. 广东省经济和信息化委：《广东省数字经济发展规划（2018—2025 年）》，广东省经济和信息化委网站，2018 年 4 月 7 日。

11. 发展改革委:《数字化转型伙伴行动倡议》,人民网,2020 年 5 月 13 日。

12. 国家信息中心信息化和产业发展部、京东数字科技研究院:《携手跨越重塑增长——中国产业数字化报告 2020》,国家信息中心,2020 年 6 月 30 日。

13. 国务院发展研究中心课题组:《传统产业数字化转型的模式和路径》,国务院发展研究中心,2018 年 3 月。

14. 国家发展改革委办公厅:《关于加快落实新型城镇化建设补短板强弱项工作有序推进县城智慧化改造的通知》,发改委网站,2020 年 7 月 28 日。

15. 中国信息通信研究院:《中国数字经济发展白皮书(2020 年)》,中国信息通信研究院官网,2020 年 7 月 3 日。

16. 普华永道:《数据资产生态白皮书》:构建可持续的数字经济新时代,普华永道,2020 年 11 月 7 日。

17. 国家信息中心、北京经济技术开发区、北京亦庄投资控股有限公司:《5G 时代新型基础设施建设白皮书》,网易,2019 年 11 月。

18. 国家工业信息安全发展研究中心和工业信息安全产业发展联盟:《工业互联网平台安全白皮书(2020)》,安全内参网,2020 年 12 月 4 日。

19. 王振:《数字经济蓝皮书·全球数字经济竞争力发展报告(2018)》,社会科学文献出版社 2018 年版。

20. 联合国:《2019 年数字经济报告》,联合国贸易与发展会议、软件定义世界,2019 年 9 月 4 日。

21. 国务院发展研究中心创新发展研究部"我国数字经济发展与政策研究"课题组:《推动我国数字经济发展亟须分类确定数据权利》,中国智库,2019 年 8 月。

22. 国信证券经济研究所:《2020 跨境电商行业专题研究报告》,国信证券,2020 年 8 月 23 日。

23. 国际数据公司(IDC):《数据时代 2025》,数据时代 2025 白皮书发布会,2017 年 5 月 11 日。

24. 华为公司:《华为行业数字化转型方法论白皮书(2019)》,华为官方网站,2019 年 3 月。

25. 中国信息通信研究院安全研究所:《人工智能数据安全白皮书(2019

年)》，中国信息通信研究院官网，2019 年 8 月 9 日。

26. 中国信息通信研究院安全研究所：《大数据安全白皮书（2018 年）》，中国信息通信研究院官网，2018 年 7 月 12 日。

27. 国家工业信息安全展研究中心：《中国两化融合发展数据地图（2018）》，国家工业信息安全发展研究中心官网，2018 年 11 月。

28. 工业互联网产业联盟：《工业互联网安全总体要求》，工业互联网产业联盟官网，2020 年 6 月 9 日。

29. 全国信息安全标准化技术委员会：《人工智能安全标准化白皮书（2019 版）》，全国信息安全标准化技术委员会官网，2019 年 10 月 27 日。

30. 中国信息通信研究院：《物联网白皮书（2011 年）》，中国信息通信研究院官网，2011 年 5 月 20 日。

31. 中共中央、国务院：《关于构建更加完善的要素市场化配置体制机制的意见》，新华社，2020 年 4 月 9 日。

32. 国家计算机网络应急技术处理协调中心：《2020 年上半年我国互联网网络安全监测数据分析报告》，"国家互联网应急中心 CNCERT"微信公众号，2020 年 9 月 26 日。

33. 中国信息通信研究院：《数字时代治理现代化研究报告——数字政府的实践与创新（2021 年）》，中国信息通信研究院官网，2021 年 3 月。

34. 赛迪顾问：《2020 中国数字经济发展指数白皮书》，赛迪工业和信息化研究院官方网站，2020 年 9 月 28 日。

35. 国务院：《2021 年政府工作报告》，中国政府网，2021 年 3 月 5 日。

36. 前瞻产业研究院：《2020 年中国数字经济发展研究》，《大数据时代》，2020 年 12 月。

37. 赛迪研究院数字经济形势分析课题组：《2021 年中国数字经济发展趋势》，赛迪研究院，2021 年 3 月。

38. 中国信息通信研究院：《数字中国产业发展报告——信息通信产业篇（2020）》，搜狐网，2020 年 6 月 7 日。

39. 中国工业和信息化部：《2020 年通信业统计公报》，工业和信息化部网站，2021 年 1 月 26 日。

40. 中国信息通信研究院:《电信业数字化转型白皮书——网络软化下的战略选择(2018)》,中文互联网数据资讯网,2018 年 7 月。

41. 王小鹏、邓萍萍:《5G 网络安全白皮书(2020)》,中通服咨询设计研究院有限公司,2020 年 7 月。

42. 工信部运行监测协调局:《2020 年互联网和相关服务业运行情况》,工信部官网,2021 年 2 月 1 日。

43. 中共中央宣传部:《习近平新时代中国特色社会主义思想学习纲要》,学习出版社、人民出版社 2019 年版。

44. 国务院:《中华人民共和国国民经济和社会发展第十四个五年规划和2035 年远景目标纲要》,自然资源部网站,2021 年 3 月 12 日。

45. 中央党校(国家行政学院)习近平新时代中国特色社会主义思想研究中心:《深刻理解和把握总体国家安全观》,人民网,2020 年 4 月 15 日。

46. 新华社:《"健康中国 2030"规划纲要全文》,新华网,2016 年 10 月 25 日。

47. 十二届全国人大第三次会议:《政府工作报告(2015)》,人民网,2015年 3 月 5 日。

48. 中华人民共和国国防部:国办印发《全国医疗卫生服务体系规划纲要(2015—2020 年)》,《解放军报》,2015 年 3 月 6 日。

49. 工业和信息化部:《关于积极推进"互联网 +"行动的指导意见》,中华人民共和国中央人民政府官网,2015 年 7 月 4 日。

50. 工业和信息化部、财政部:《智能制造发展规划(2016—2020 年)》,中国政府网,2017 年 6 月 20 日。

51. 中国社会科学院工业经济研究所:《中国工业发展报告(2020)》,经济管理出版社 2020 年版。

52. 国家工业信息安全发展研究中心:《数字经济发展报告(2018—2019)》,社会科学文献出版社 2019 年版。

53. 国家工业信息安全发展研究中心:《数字经济发展报告(2019—2020)》,电子工业出版社 2020 年版。

54. 第一健康网编辑:《中国大健康产业发展蓝皮书(2018)》,第一健康网,2019 年 1 月。

55. 中国工信部等十部门：《加强工业互联网安全工作的指导意见》，2019年9月28日。

56. 欧盟网络与信息安全局（ENISA）：《工业 4.0 网络安全：挑战与建议》，欧盟网络与信息安全局，2019年10月18日。

57. 尹丽波：《工业信息安全发展报告 2018—2019》，社会科学文献出版社2019年版。

58. 教育部、人力资源和社会保障部、工业和信息化部：《制造业人才发展规划指南》，2016年12月27日。

59. 国家制造强国建设战略咨询委员会：《中国制造 2025 蓝皮书（2017）》，电子工业出版社 2017年版。

60. 普华永道：《数据资产生态白皮书》，普华永道官网，2020年11月。

61. 中华人民共和国交通运输部：《2019 年交通运输行业发展统计公报》，中华人民共和国交通运输部官网，2020年5月12日。

62. 中华人民共和国交通运输部：《交通运输部关于推动交通运输领域新型基础设施建设的指导意见》，中华人民共和国交通运输部官网，2020年8月6日。

63. 中华人民共和国住房和城乡建设部：《关于加快新型建筑工业化发展的若干意见》，中华人民共和国住房和城乡建设部官网，2020年8月28日。

64. 中华人民共和国住房和城乡建设部：《关于推动智能建造与建筑工业化协同发展的指导意见》，中华人民共和国住房与城乡建设部官网，2020年7月3日。

65. 广联达科技股份有限公司：《数字建筑白皮书》，广联达科技股份有限公司，2018年1月17日。

66. 北京市政路桥管理养护集团有限公司：《移动车载全景影像及激光数据智能采集与处理系统技术创新项目研究报告》，北京市政路桥管理养护集团有限公司，2014年。

67. 中共中央、国务院：《国家综合立体交通网规划纲要》，中国政府网，2021年2月8日。

68. 国务院办公厅：《完善促进消费体制机制实施方案（2018—2020 年）》，国务院办公厅，2018年10月11日。

69.未来智库:《中国消费金融行业年度报告2019》,北大光华、度小满,2019年12月。

70.零壹财经、零壹智库:《消费金融行业发展报告2019》,零壹财经、零壹智库,2019年12月。

71.中国银行保险报、中关村互联网金融研究院:《2019中国保险科技发展白皮书》,中国银行保险报网,2019年10月。

72.北京金融科技研究院:《2020中国保险科技洞察报告》,2020年。

73.中华人民共和国国家质量监督检疫总局、中国国家标准化管理委员会:《信息安全技术——个人信息安全规范》,中国国家标准化管理委员会官网,2017年12月29日。

74.中国信息通信研究院、可信区块链推进计划:《区块链白皮书(2018年)》,中国信息通信研究院官网,2018年9月。

75.中国通信服务股份有限公司研究总院、广东省通信产业服务有限公司研究总院、中睿通信规划设计有限公司:《区块链赋能新基建领域应用白皮书》,创泽智能机器人官网,2021年3月。

76.国家计算机网络应急技术处理协调中心:《2016年中国互联网网络安全报告》,国家互联网应急中心官网,2017年5月。

77.国家计算机网络应急技术处理协调中心:《2017年中国互联网网络安全报告》,国家互联网应急中心官网,2018年8月。

78.国家计算机网络应急技术处理协调中心:《2018年我国互联网网络安全态势综述》,国家互联网应急中心官网,2019年4月。

79.国家计算机网络应急技术处理协调中心:《2018年中国互联网网络安全报告》,国家互联网应急中心官网,2019年7月。

80.国家计算机网络应急技术处理协调中心:《2019年我国互联网网络安全态势综述》,国家互联网应急中心官网,2020年4月。

81.360互联网安全中心:《全球关键信息基础设施网络安全状况分析报告》,360互联网安全中心官网,2017年4月。

82.全国人民代表大会常务委员会:《中华人民共和国网络安全法》,中国人大网,2016年11月7日。

83. 全国人民代表大会常务委员会:《中华人民共和国数据安全法(草案)》,中国人大网,2020 年 7 月 2 日。

84. 国家互联网信息办公室:《国家网络空间安全战略》,中国网信网,2016 年 12 月。

85. 中国信息通信研究院:《中国网络安全产业白皮书(2019 年)》,中国信息通信研究院官网,2019 年 9 月。

86. 中国国家标准化管理委员会:《金融服务信息安全指南》,中国国家标准化管理委员会官网,2011 年 12 月。

87. 国际信息系统安全认证联盟(ISC)^2:《(ISC)^2 Cyber security Workforce Study, 2019》,ISC2 官网,2019 年。

88. 中国人民银行:《金融科技(Fin Tech)发展规划(2019—2021 年)》,中国人民银行官网,2019 年 8 月 22 日。

89. 中国国家标准化管理委员会:《信息安全技术数据安全能力成熟度模型》,中国国家标准化管理委员会官网,2019 年 8 月。

90. 中国证券监督管理委员会:《证券期货业数据分类分级指引》,中国证券监督管理委员会官网,2018 年 9 月。

91. 全国信息安全标准化技术委员会:《人工智能安全标准化白皮书(2019 版)》,全国信息安全标准化技术委员会官网,2019 年 10 月。

92. 中国银行保险监督管理委员会:《银行业金融机构数据治理指引》,中国银行保险监督管理委员会官网,2018 年 5 月。

93. 中国信息通信研究院:《移动金融应用安全白皮书(2019 年)》,中国信息通信研究院官网,2019 年 10 月。

94. 中国电子技术标准化研究院:《人工智能标准化白皮书(2018 版)》,中国电子技术标准化研究院官网,2018 年 1 月。

95. 中国电子技术标准化研究院:《中国区块链技术和应用发展研究报告(2018)》,中国电子技术标准化研究院官网,2018 年 12 月。

96. 中国区块链技术和产业发展论坛:《中国区块链技术和应用发展白皮书(2016)》,中国区块链技术和产业发展论坛官网,2016 年 10 月。

97. 中国国家标准化管理委员会:《信息技术云计算概览与词汇》,中国国家标准化管理委员会官网，2015 年 12 月。

98. 中国电子技术标准化研究院:《云计算标准化白皮书》，中国电子技术标准化研究院官网，2014 年 7 月。

99. 全国信息安全标准化技术委员会:《大数据安全标准化白皮书（2018版)》，全国信息安全标准化技术委员会官网，2018 年 4 月。

100. 中国信息通信研究院:《电信网络诈骗治理与人工智能应用白皮书（2019 年)》，中国信息通信研究院官网，2019 年 12 月。

101. 全国金融标准化技术委员会:《区块链技术金融应用评估规则》，全国金融标准化技术委员会官网，2020 年 7 月。

102. 全国信息安全标准化技术委员会:《信息安全技术云计算服务安全指南》，全国信息安全标准化技术委员会官网，2014 年 9 月。

103. 全国信息安全标准化技术委员会:《信息安全技术云计算服务安全能力要求》，全国信息安全标准化技术委员会官网，2014 年 9 月。

104. 全国金融标准化技术委员会:《云计算技术金融应用规范安全技术要求》，全国金融标准化技术委员会官网，2018 年 8 月。

105. 中国电子技术标准化研究院:《边缘云计算技术及标准化白皮书(2018)》，中国电子技术标准化研究院官网，2018 年 12 月。

106. 中国指挥与控制学会:《网络安全架构I〈零信任架构（ZTA）建议〉解读》，中国指挥与控制学会微信公众号，2019 年 12 月。

107. 中国信息通信研究院:《量子信息技术发展与应用研究报告（2018年)》，中国信息通信研究院官网，2018 年。

108. 腾讯研究院、腾讯集团市场与公关部:《2020 产业安全报告:产业互联网时代的安全战略观》，腾讯网，2020 年。

109. 中国信息化百人会:《2017 中国数字经济发展报告》，北京,2018 年 7 月。

110. 清华大学全球产业研究院:《中国企业数字化转型研究报告》，先进制造业微信公众号，2020 年 12 月。

111. 腾讯安全战略研究部、腾讯安全联合实验室:《产业互联网安全十大趋势（2021)》，中国经济网，2020 年 12 月。

112. 中国电子信息产业发展研究院:《2019 年中国数字经济发展指数》，中国大数据产业观察网，2020年。

113. 中国信息通信研究院：《G20国家数字经济发展研究报告（2017年）》，中国信息通信研究院官网，2017年12月。

114. 中国信息通信研究院：《G20国家数字经济发展研究报告（2018年）》，中国信息通信研究院官网，2018年12月。

115. 中国信息通信研究院：《全球数字经济新图景（2020年）》，中国信息通信研究院官网，2020年12月。

116. 国际数据公司（IDC）、华为技术有限公司：《数字平台白皮书—数字平台破局企业数字化转型》，华为官网，2019年3月。

117. 中国移动、ZTE中兴：《5G+工业互联网安全白皮书（2020年）》，搜狐网，2020年。

118. 中金公司：《2020年数字新基建深度报告》，新经济智库，2020年7月。

119. 国家发展改革委等19部门：《关于发展数字经济稳定并扩大就业的指导意见》，中国政府网，2018年9月26日。

120. 国家工业信息安全发展研究中心：《数字基建》，国家工业信息安全发展研究中心信息技术分中心官网，2020年5月。

121. 工信部信息通信发展司：《工业和信息化部召开数字基础设施建设工作推进专家研讨会》，中国通信工业协会网，2020年4月17日。

122. 中国共产党第十九届中央委员会：《中国共产党第十九届中央委员会第五次全体会议公报》，中国政府网，2020年10月29日。

123. 委员长会议：《中华人民共和国数据安全法（草案）》，中国人大网，2020年7月3日。

124. 艾瑞咨询：《2020年中国企业数字化转型路径实践研究报告》，艾瑞咨询官网，2021年1月。

125. 国务院国资委：《关于加快推进国有企业数字化转型工作的通知》，国务院国资委官网，2020年9月22日。

二、中文专著

126. 秦荣生、赖家材等：《金融科技发展应用与安全》，人民出版社2020

年版。

127. 熊辉、赖家材、闵万里：《党员干部新一代信息技术简明读本》，人民出版社 2020 年版。

128.《党的十九届五中全会〈建议〉学习辅导百问》编写组：《党的十九届五中全会〈建议〉学习辅导百问》，学习出版社、党建读物出版社 2020 年版。

129.《新时代党员干部学习关键词（2020 版）》编写组：《新时代党员干部学习关键词（2020 版）》，党建读物出版社 2020 年版。

130. 北京国信数字化转型技术研究院：《数字化转型参考架构》，清华大学出版社 2020 年版。

131. 中国人民银行：《金融科技（FinTech）发展规划（2019—2021 年）》，中国人民银行官网，2019 年 9 月。

132. 吴军：《全球科技通史》，中信出版集团 2019 年版。

133. 张建锋：《数字政府 2.0：数据智能助力治理现代化》，中信出版社 2019 年版。

134. 张莉：《数据治理与数据安全》，人民邮电出版社 2019 年版。

135. 安筱鹏：《重构：数字化转型的逻辑》，电子工业出版社 2019 年版。

136. 汤潇：《数字经济：影响未来的新技术、新模式、新产业》，人民邮电出版社 2019 年版。

137.[以] 拉兹·海飞门、习移山、张晓泉：《数字跃迁：数字化变革的战略与战术》，机械工业出版社 2020 年版。

138. 黄奇帆：《结构性改革》，中信出版社 2020 年版。

139.[美] 布莱恩·阿瑟：《技术的本质（经典版）》，曹东溟、王健译，浙江人民出版社 2018 年版。

140. 杨青峰：《未来制造：人工智能与工业互联网驱动的制造范式革命》，电子工业出版社 2018 年版。

141.[美] 卡尔·夏皮罗、[美] 哈尔·R.范里安：《信息规则：网络经济的策略指导》，孟昭莉、牛露晴译，中国人民大学出版社 2017 年版。

142. 马晓东：《数字化转型方法论：落地路径与数据中台》，机械工业出版社 2021 年版。

143.鲍舟波:《未来已来:数字化时代的商业模式创新》,中信出版社 2018 年版。

144.陈雪频:《一本书读懂数字化转型》,机械工业出版社 2020 年版。

145.罗汉堂:《新普惠经济:数字技术如何推动普惠性增长》,中信出版社 2020 年版。

146.陈新宇、罗家鹰、邓通:《中台战略:中台建设与数字商业》,机械工业出版社 2019 年版。

147.宋星:《数据赋能》,电子工业出版社 2021 年版。

148.李剑峰、肖波、肖莉:《智能油田》,中国石化出版社 2020 年版。

149.科斯:《论生产的制度结构》,盛洪、陈郁译,三联书店 1994 年版。

150.[英] 卡萝塔·佩蕾丝:《技术革命与金融资本》,田方萌等译,人民大学出版社 2007 年版。

151.[意] G.多西等编:《技术进步与经济理论》,钟学义译,经济科学出版社 1992 年版。

152.北京国信数字化转型技术研究院(国信院)、中关村信息技术和实体经济融合发展联盟(中信联):《数字化转型工作手册》,数字化转型暨两化融合管理体系贯标 2.0 推进会,2020 年 10 月。

153.[以色列] 尤瓦尔·赫拉利:《今日简史:人类命运大议题》,林俊宏译,中信出版社 2018 年版。

154.李艺铭、安晖:《数字经济:新时代再起航》,人民邮电出版社 2017 年版。

155.丁烈云:《数字建造导论》,中国建筑工业出版社 2019 年版。

156.李孟刚:《产业安全理论》,高等教育出版社 2010 年版。

157.赵刚:《数据要素:全球经济社会发展的新动力》,人民邮电出版社 2021 年版。

158.《党的十九届五中全会〈建议〉学习辅导百问》编写组:《党的十九届五中全会〈建议〉学习辅导百问》,学习出版社、党建读物出版社 2020 年版。

159.林岗、卫兴华:《马克思主义政治经济学》,中国人民大学出版社 2003 年版。

160. 陈雨露、马勇：《大金融论纲》，中国人民大学出版社 2013 年版。

161. 张亦春、郑振龙、林海等：《金融市场学》，高等教育出版社 2017 年版。

162.《中国大百科全书》总编委会：《中国大百科全书（第二版)》，中国大百科全书出版社 2009 年版。

163. 赵泽茂、朱芳：《信息安全技术》，西安电子科技大学出版社 2014 年版。

164. 金江军：《数字经济引领高质量发展》，中信出版集团 2019 年版。

165. 黄慧群：《理解中国制造》，中国社会科学出版社 2019 年版。

三、学术论文

166. 秦荣生：《企业数据资产的确认、计量与报告研究》，《会计与经济研究》2020 年第 11 期。

167. 王祯祯：《秦荣生：数字化时代 CFO 新作为》，《新理财》2020 年第 12 期。

168. 秦荣生：《国家安全战略与金融科技发展安全》，《中国会计报》2021 年 1 月 8 日。

169. 闵万里：《智力革命是纵贯三次产业的升级动力》，《新经济导刊》2020 年第 2 期。

170. 张晓：《助力供给侧结构性改革数字经济需从产业互联网发力》，《人民邮电报》2020 年 7 月 20 日。

171. 谭建荣：《数字经济与数字产业：关键技术与发展趋势》，《中国信息化周报》2019 年 4 月 15 日。

172. 戴双兴：《数据要素市场为经济发展注入新动能》，《光明日报》2020 年 5 月 12 日。

173. 蓝庆新、窦凯：《美欧日数字贸易的内涵演变、发展趋势及中国策略》，《国际贸易》2019 年第 7 期。

174. 黄茂兴、唐杰、黄新焕：《G20 数字经济发展现状及提升策略》，《光明日报》2018 年 11 月 29 日。

175. 杨杰：《着力发挥数据基础性和战略性作用》，《学习时报》2020年6月5日。

176. 王汉生：《大数据时代怎样做好数据的确权与合规》，《中国信息化周报》2018年第14期。

177. 王海龙、田有亮、尹鑫：《基于区块链的大数据确权方案》，《计算机科学》2018年第2期。

178. 杨雅玲：《数字经济具有广阔的发展空间访清华大学公共管理学院院长江小涓》，《中国纪检监察报》2021年1月7日。

179. 江小涓：《"十四五"时期数字经济发展趋势与治理重点》，《光明日报》2020年9月21日。

180. 徐鹏远、苑博、冯晓琳：《我国数字经济高质量发展的路径研究》，《财经界（学术版）》2019年第4期。

181. 张鸿、刘中、王舒萱：《数字经济背景下我国经济高质量发展路径探析》，《商业经济研究》2019年第12期。

182. 秦海林、马涛：《数字经济赋能高质量发展》，《经济日报》2020年10月23日。

183. 马名杰、戴建军、熊鸿儒：《数字化转型对生产方式和国际经济格局的影响与应对》，《中国科技论坛》2019年第1期。

184. 张雪玲、焦月霞：《中国数字经济发展指数及其应用初探》，《浙江社会科学》2017年第4期。

185. 张伟东、王超贤、孙克：《探索制造业数字化转型的新路径》，《信息通信技术与政策》2019年第9期。

186. 易宪容、陈颖颖、位玉双：《数字经济中的几个重大理论问题研究——基于现代经济学的一般性分析》，《经济学家》2019年第7期。

187. 肖旭、戚聿东：《产业数字化转型的价值维度与理论逻辑》，《改革》2019年第8期。

188. 杨炎：《国际对比视角下我国数字经济发展战略探索》，《科技管理研究》2019年第19期。

189. 张占斌：《如何理解双循环新发展格局》，《国家治理》周刊2020年8

月第 3 期。

190. 郑健壮、李强:《数字经济的基本内涵、度量范围与发展路径》,《浙江树人大学学报》2020 年第 6 期。

191. 徐宗本:《数字化、网络化、智能化,把握新一代信息技术的聚焦点》,《人民日报》2019 年 3 月 1 日。

192. 蓝庆新:《数字经济是推动世界经济发展的重要动力》,《人民论坛·学术前沿》2020 年 5 月 29 日。

193. 李剑峰:《企业数字化转型的本质内涵和实践路径》,《石油科技论坛》2020 年第 5 期。

194. 杜庆昊:《以数字经济助力新阶段高质量发展》,《经济日报》2020 年 12 月 16 日。

195. 杜庆昊:《关于建设数字经济强国的思考》,《行政管理改革》2018 年第 5 期。

196. 耿志云:《数字经济关键要素解读》,《科学 24 小时》2019 年第 Z1 期。

197. 杨虎涛:《数字经济 2.0 如何成为高质量发展引擎》,《北京日报》2020 年 12 月 7 日。

198. 赵春明、班元浩:《发展数字经济推动形成新发展格局》,《人民日报》2020 年 12 月 1 日。

199. 盘和林:《推动数字经济与实体经济深度融合》,《湖北日报》2020 年 11 月 25 日。

200. 陈煜波:《数字人才是中国经济数字化转型的核心驱动力》,《清华管理评论》2018 年 1—2 月合刊。

201. 王小飞、闫丽雯、姜晓燕:《教育数字化转型的机遇与策略——来自中俄国家教育智库研究的启示》,《中国教育信息化》2020 年第 7 期。

202. 魏亮:《明晰数据产权保障数字经济安全》,《中国信息安全》2020 年第 11 期。

203. 申涛林:《当前数字经济发展面临的安全风险及保障建议》,《中国信息安全》2020 年第 5 期。

204. 吕欣、李阳:《统筹发展和安全推进数字经济高质量发展》,《中国信息安全》2020 年第 5 期。

205. 许璐：《基于区块链的服务数据资源交易研究》，北京邮电大学，2019 年 5 月。

206. 唐要家：《数据产权的经济分析》，《社会科学辑刊》2021 年第 1 期。

207. 李鸿磊：《工业 4.0 时代商业模式的特征与趋势》，《现代管理科学》2017 年第 5 期。

208. 张晓、鲍静：《数字政府即平台：英国政府数字化转型战略研究及其启示》，《中国行政管理》2018 年第 3 期。

209. 杰弗里·伊梅尔特、维贾伊·戈文达拉扬：《制造企业数字化转型的机会与痛点》，《纺织科学研究》2019 年第 9 期。

210. 马名杰、戴建军、熊鸿儒：《数字化转型对生产方式和国际经济格局的影响与应对》，《中国科技论坛》2019 年第 1 期。

211. 高昕：《360 深度解析：数字基建时代的四大安全挑战》，《红刊财经》2020 年第 3 期。

212. 葛红玲、杨乐渝：《实现数字经济和实体经济深度融合》，《经济日报》2021 年 1 月 19 日。

213. 工业和信息化部运行监测协调局：《2019 年中国电子信息制造业综合发展指数报告》，《智能制造》2020 年第 7 期。

214. 赵昌文：《高度重视平台经济健康发展》，《学习时报》2019 年 8 月 14 日。

215. 杨学山：《数字经济的特征与研究重点》，《软件和集成电路》2019 年第 12 期。

216. 闫德利：《数字经济的兴起、特征与挑战》，《新经济导刊》2019 年第 6 期。

217. 张国庆：数字经济的趋势与前景，《中国外资》2020 年第 21 期。

218. 曹达华：《总体国家安全观的四重内涵》，《学习时报》2017 年 6 月 28 日。

219. 高太山、马源：《中国数字经济发展的问题，机遇和建议》，《中国经济报告》2020 年第 2 期。

220. 杨培芳：《数字经济：千年变局中的十三个转折点》，《中国经济报告》2020 年第 2 期。

221. 张磊：《科学认识总体国家安全观的核心要义》，《新西部》2019 年第 12 期。

222. 邵春堡：《新时代数字技术、数字转型与数字治理》，《中国井冈山干部学院学报》2020 年第 6 期。

223. 邓龙安、徐玖平：《技术范式竞争下网络型产业集群的生成机理研究》，《科学学研究》2009 年第 4 期。

224. 杨青峰、李晓华：《数字经济的技术经济范式结构、制约因素及发展策略》，《湖北大学学报（哲学社会科学版）》2021 年第 1 期。

225. 黄群慧、贺俊：《"第三次工业革命"与中国经济发展战略调整——技术经济范式转变的视角》，《中国工业经济》2013 年第 1 期。

226. 欧阳日辉、陈端、李艺铭：《圆桌｜充分发挥数字经济引擎作用助力"双循环"新发展格局》，《中国经济时报》2020 年 11 月 17 日。

227. 鄢显俊：《从技术经济范式到信息技术范式——论科技—产业革命在技术经济范式形成及转型中的作用》，《数量经济技术经济研究》2004 年第 12 期。

228. 孙启贵：《社会—技术系统的构成及其演化》，《技术经济与管理研究》2010 年第 6 期。

229. 杨青峰：《产用融合——智能技术群驱动的第五制造范式》，《中国科学院院刊》2019 年第 1 期。

230. 杨青峰、任锦鸾：《制造范式的演进规律与发展新制造的政策建议》，《中国科学院院刊》2019 年第 12 期。

231. 李晓华：《数字经济新特征与数字经济新动能的形成机制》，《改革》2019 年第 11 期。

232. 陈畴镛、许敬涵：《制造企业数字化转型能力评价体系及应用》，《科技管理研究》2020 年第 11 期。

233. 杨瑛哲、黄光球、郑皓天：《企业技术变迁路径与转型绩效关系研究：基于中国制造企业的实证分析》，《统计与信息论坛》2018 年第 8 期。

234. 肖旭、戚聿东：《产业数字化转型的价值维度与理论逻辑》，《改革》2019 年第 8 期。

235. 江小涓：《高度联通社会中的资源重组与服务业增长》，《经济研究》2017 年第 3 期。

236. 陈晓红：《数字经济时代的技术融合与应用创新趋势分析》，《社会科学家》2018 年第 8 期。

237. 肖红军：《共享价值、商业生态圈与企业竞争范式转变》，《改革》2015 年第 7 期。

238. 熊鸿儒：《我国数字经济发展中的平台垄断及其治理策略》，《改革》，2019 年第 7 期。

239. 何大安：《互联网应用扩张与微观经济学基础——基于未来"数据与数据对话"的理论解说》，《经济研究》2018 年第 8 期。

240. 李辉、梁丹丹：《企业数字化转型的机制、路径与对策》，《贵州社会科学》2020 年第 10 期。

241. 叶雅珍、刘国华、朱扬勇：《数据资产相关概念综述》，《计算机科学》2019 年 11 月。

242. 王伟玲：《以数字化转型加快推动政府治理现代化》，《网络安全和信息化》2020 年 9 月。

243. 闫娜、蒋海军、王敏生：《埃尼公司数字化转型的经验及启示》，《国际石油经济》2020 年 9 月。

244. 翟云：《"后疫情"时期数字化转型意义、困境及进路》，《互联网经济》2020 年 8 月。

245. 吴少文：《浅论传统企业信息化的"数字化"转型》，《中国信息化》2020 年 8 月。

246. 陈琪琪、胡晓治：《数据资源助力普惠金融纵深发展》，《发展研究》2020 年第 11 期。

247. 王伟玲：《数据治理：数字化转型的核心议题》，《互联网经济》2020 年第 63 期。

248. 敦宏程：《数据要素市场化环境下的数据安全思考》，《中国金融电脑》2020 年第 37 期。

249. 吕铁：《传统产业数字化转型的趋向与路径》，《人民论坛·学术前沿》

2019 年 9 月。

250. 陈松晨、陈晟：《数字化转型进入"深水区"的破局路径研究》，《信息通信技术与政策》2020 年 3 月。

251. 马述忠、房超：《弥合数字鸿沟推动数字经济发展》，《光明日报》2020 年 8 月 4 日。

252. 陈锦、王禹、成林、杜文越：《从生产要素角度看数据安全保护存在的问题》，《中国信息安全》杂志 2020 年第 11 期。

253. 陈涛：《数据资源确权的必要性和可能性》，《市场周刊》2020 年。

254. 李齐、郭成玉：《数据资源确权的理论基础与实践应用框架》，《中国人口·资源与环境》2020 年第 11 期。

255. 王琼洁、高婴劢：《数字经济新业态新模式发展研判》，《中国电子报》2020 年 7 月 17 日。

256. 徐宗本：《把握新一代信息技术的聚焦点》，《人民日报》2019 年 3 月 1 日。

257. 曾宇：《以新一代信息技术驱动我国数字经济发展》，《经济日报》2018 年 5 月 24 日。

258. 陈锦、王禹、成林、杜文越：《从生产要素角度看数据安全保护存在的问题》，《中国信息安全》，2020 年第 11 期。

259. 黄奇帆：《黄奇帆谈新基建：万亿级投资打造"数字智能生命体"》，《瞭望》2020 年第 25 期。

260. 朱扬勇、叶雅珍：《从数据的属性看数据资产》，《大数据》2018 年第 6 期。

261. 何立胜：《推动数据由资源向要素转化》，《解放日报》2020 年 11 月 9 日。

262. 张学颖：《数字经济发展面临的挑战及有关建议》，《信息安全研究》2020 年第 9 期。

263. 孙松儿：《主动安全：数字经济时代的安全基石》，《中国信息安全》2018 年第 12 期。

264. 方兴、朱通、费媛：《从数据流转角度看数据生产要素的安全治理——〈数据安全法（草案）〉解读》，《信息安全与通信保密》2020 年第 8 期。

265. 吕铁:《传统产业数字化转型的主要趋向、挑战及对策》,《经济日报》2020 年 2 月 4 日。

266. 赛迪智库数字转型课题组:《数字转型:从工业经济迈向数字经济》,《中国信息化周报》2019 年 2 月 26 日。

267. 祝合良、王春娟:《数字经济引领产业高质量发展:理论、机理与路径》,《财经理论与实践》2020 年第 9 期。

268. 杨杰:《以"四个数字化创新"顺应社会经济数字化转型》,《中国电子报》2020 年 7 月 2 日。

269. 刘松:《数字基础设施——数字化生产生活新图景》,《人民日报》2020 年 4 月 28 日。

270. 樊轶侠:《汲取国际经验支持数字基础设施建设》,《中国财经报》2021 年 1 月 20 日。

271. 钞小静:《新型数字基础设施促进我国高质量发展的路径》,《西安财经学院学报》2020 年第 2 期。

272. 赵敏:《〈重构:数字化转型的逻辑〉导读》,《中国机械工程》2019 年第 21 期。

273. 李君、邱君降、成雨:《工业企业数字化转型过程中的业务综合集成现状及发展对策》,《中国科技论坛》2019 年第 7 期。

274. 杨大鹏:《数字产业化的模式与路径研究:以浙江为例》,《中共杭州市委党校学报》2019 年第 5 期。

275. 李永红、黄瑞:《我国数字产业化与产业数字化模式的研究》,《科技管理研究》2019 年第 8 期。

276. 曹伟伟、华昊:《如何理解"加快推进数字产业化、产业数字化"》,《解放军报》2018 年 9 月 22 日。

277. 翟月荧、孙晓宇:《数字化生存应提升全民数字技能》,《学习时报》2021 年 1 月 8 日。

278. 张晓:《数字经济发展的逻辑:一个系统性分析框架》,《电子政务》2018 年第 6 期。

279. 许旭:《我国数字经济发展的新动向、新模式与新路径》,《中国经贸导刊》2017 年第 29 期。

280. 逄健、朱欣民：《国外数字经济发展趋势与数字经济国家发展战略》，《科技进步与对策》2013 年第 8 期。

281. 张雪玲、焦月霞：《中国数字经济发展指数及其应用初探》，《浙江社会科学》2017 年第 4 期。

282. 黄新焕、张宝英：《全球数字产业的发展趋势和重点领域》，《经济研究参考》2018 年第 51 期。

283. 覃洁贞、吴金艳、庞嘉宜、梁瑜静：《数字产业化高质量发展的路径研究——以广西南宁市为例》，《改革与战略》2020 年第 7 期。

284. 李东红：《夯实数字产业链的关键环节》，《学习时报》2020 年 12 月 25 日。

285. 韦柳融：《关于加快构建我国数字基础设施建设体系的思考》，《信息通信技术与政策》2020 年第 9 期。

286. 黄舍予：《中国信通院院长刘多："数字基建"在"新基建"中发挥核心作用》，《人民邮电》2020 年 4 月 22 日。

287. 徐辉：《基于"数字孪生"的智慧城市发展建设思路》，《人民论坛·学术前沿》2020 年 5 月 29 日。

288. 布轩：《数字基础设施建设工作推进专家研讨会召开》，《中国信息化》2020 年第 4 期。

289. 牟春波、韦柳融：《新型数字基础设施的建设运营模式》，《网络传播》2020 年第 5 期。

290. 安筱鹏：《解构与重组，迈向数字化转型 2.0（上）》，《今日制造与升级》2019 年第 9 期。

291. 安筱鹏：《解构与重组，迈向数字化转型 2.0（下）》，《今日制造与升级》2019 年第 10 期。

292. 陈煜波：《中国数字经济的未来》，《中国日报》海外版 2021 年 1 月 28 日。

293. 陈劲、杨文池、于飞：《数字化转型中的生态协同创新战略——基于华为企业业务集团（EBG）中国区的战略研讨》，《清华管理评论》2019 年第 6 期。

294.陆峰：《发挥数据生产要素的创新引擎作用》，《学习时报》2020年6月14日。

295.吴君杨：《打造数字科技与经济发展深度融合的"新实体经济"》，《中国党政干部论坛》2020年第12期。

296.李冠宇：《深化新一代信息技术与实体经济融合》，《学习时报》2020年3月6日。

297.王建伟、高超、董是、徐晟、袁长伟：《道路基础设施数字化研究进展与展望》，《中国公路学报》2020年第11期。

298.罗燊、张永伟：《"新基建"背景下城市智能基础设施的建设思路》，《城市发展研究》2020年第11期。

299.章燕华、王力平：《国外政府数字化转型战略研究及启示》，《电子政务》2020年第11期。

300.华强森、成政珉：《麦肯锡：推动全球规模最大的劳动者队伍成为终身学习者》，《观中国》2021年1月26日。

301.王永固、许家奇、丁继红：《教育4.0全球框架：未来学校教育与模式转变——世界经济论坛〈未来学校：为第四次工业革命定义新的教育模式〉之报告解读》，《远程教育杂志》2020年第3期。

302.杨杰：《建立健全数据要素市场体系助力数字经济发展》，《人民邮电报》2020年5月26日。

303.闵万里：《数字化转型：不能固步自封，更不能东施效颦》，《财经》2019年5月27日。

304.刘刚：《数智时代，如何构筑产业数字化转型"新基建"？》，《中国勘察设计》2020年第10期。

305.王姝楠、陈江生：《数字经济的技术—经济范式》，《上海经济研究》2019年第12期。

306.刘蕊：《数字经济中的跨国公司》，《经验交流》2018年3月20日。

307.王立利、金丹丹、吴洁蕙、锁苗等：《数字经济对我国国际税收规则的挑战》，《中国税务报》2017年2月22日。

308.叶卫平：《国家经济安全定义与评价指标体系再研究》，《中国人民大学学报》2010 年第 4 期。

309.李林芝：《发展国产芯片，中国不能三心二意了》，《环球时报》2018
年 4 月 17 日。

310.李晓华、王怡帆：《数据价值链与价值创造机制研究》，《经济纵横》
2020 年第 11 期。

311.闫娜、蒋海军、王敏生：《埃尼公司数字化转型的经验及启示》，《国
际石油经济》2020 年第 28 期。

312.胡查平、汪涛、朱丽娅：《制造业服务化绩效的生成逻辑：基于企业能
力理论视角》，《科研管理》2018 年第 39 期。

313.陈松晨、陈晟：《数字化转型进入"深水区"的破局路径研究》，《信
息通信技术与政策》2020 年第 3 期。

314.许军：《数字化转型中，如何统筹产业上云的发展和安全?》，《人民邮
电》2021 年第 1 期。

315.许旭、鲁金萍、王蕊、王婧、王珂飞、黄向前：《发挥信息化创新引
领赋能全域作用着力推进产业数字化转型》，《网络安全和信息化》2020 年第
12 期。

316.安晖：《加强网络安全建设促进产业数字化转型》，《中国信息安全》
2020 年第 11 期。

317.张勇：《云计算环境下计算机网络安全问题研究》，《网络安全技术与
应用》2019 年第 8 期。

318.新华三集团安全服务技术部：《数字经济下的安全服务新模式——云
端安全运营中心》，《中国信息安全》2020 年第 10 期。

319.袁胜、齐向东：《数字经济时代的新型网络安全体系建设方法》，《中
国信息安全》2020 年第 10 期。

320.刘高峰、权小凤、刘丽婷：《我国数字安全产业发展思路》，《通信企
业管理》2020 年第 10 期。

321.陈慧慧、夏文：《"数字新基建"安全态势分析与技术应对》，《信息安
全与通信保密》2020 年第 10 期。

322.谢江：《面向数字新基建产业群的安全保障体系建设思考》，《信息安

全与通信保密》2020 年第 10 期。

323. 高昕:《新基建站上风口，产业新秩序建立将更依赖安全这张牌》，《互联网经济》2020 年第 4 期。

324. 王力:《关于数字资产的若干思考》，《银行家》2020 年第 10 期。

325. 盘和林:《顺应三大定律，让中国"数字经济"发展如虎添翼》，《经济日报》2019 年 5 月 9 日。

326. 黄奇帆:《数字化重塑全球金融生态》，《探索与争鸣》2019 年第 11 期。

327. 逯峰:《整体政府理念下的"数字政府"》，《中国领导科学》2019 年 11 月 15 日。

328. 张学颖:《数字经济发展面临的挑战及有关建议》，《信息安全研究》2020 年 9 月 9 日。

329. 李峥:《五举措应对全球数字经济发展新趋势》，《中国国情国力》2020 年第 2 期。

330. 陈煜波、马晔风:《数字人才——中国经济数字化转型的核心驱动力》，《清华管理评论》2018 年第 1 期。

331. 古天龙:《数字化社会需要补上数字素养教育》，《光明日报》2019 年 9 月 24 日。

332. 陈昌盛:《把握数字时代趋势创新宏观治理模式》，《经济日报》2020 年 9 月 2 日。

333. 张晓、鲍静:《数字政府即平台:英国政府数字化转型战略研究及其启示》，《中国行政管理》2018 年第 3 期。

334. 苏扬、王晓明、罗一飞:《传统产业数字化转型势在必行》，《中国经济时报》2018 年 4 月 13 日。

335. 韩昱:《当前我国电子信息产业安全面临的问题及对策》，《天津科技》2015 年第 12 期。

336. 闵万里:《传统产业数字化转型需打通"三点一线"》，《第一财经》2019 年 8 月 20 日。

337. 李长江:《关于数字经济内涵的初步探讨》，《电子政务》2017 年第 9 期。

338. 裴长洪、倪江飞、李越:《数字经济的政治经济学分析》，《财贸经济》

2018 年第 9 期。

339. 牛沐萱：《中国乳企的数字化转型》，《农经》2018 年第 12 期。

340. 王晓玲、孙德林：《数字产品及其定价策略》，《当代财经》2003 年第
12 期。

341. 涂圣伟：《我国产业高质量发展面临的突出问题与实现路径》，《中国
发展观察》2018 年第 14 期。

342. 曹红艳、周雷、吴浩：《数字经济：转型发展的新蓝海》，《中国贸易
报》2020 年 9 月。

343. 鲁春丛、孙克：《繁荣经济的思考》，《中国信息界》2017 年 2 月。

344. 耿宇宁、燕志鹏、史敏：《数字科技进步对中国金融生态环境的机遇
与挑战》，《中北大学学报（社会科学版）》2020 年第 6 期。

345. 陈林龙、包宇：《正本清源区块链迎接数字金融新机遇》，《中国银行
业》2018 年第 11 期。

346. 林媛、羊怡莹：《金融科技助力下的商业银行发展与转型》，《金融经
济》2018 年第 18 期。

347. 期刊编辑部：《理性看待创历史新高的量收剪刀差》，《通信企业管理》
2018 年第 4 期。

348. 宋镇亮、任博、董晓颖：《国际运营商数字化转型发展模式探究》，《产
业与政策》2020 年第 11 期。

349. 李俊艳：《电信运营商业务平台安全防护体系规划》，《信息技术与信
息化》2011 年第 14 期。

350. 韦峻峰：《互联网化转型下的电信业务支撑系统安全思考》，《电信技
术》2019 年第 6 期。

351. 杨子真：《积极推进数字化转型实现电信业可持续发展》，《信息通信
技术与政策》2019 年第 3 期。

352. 单志广、徐清源、马潮江、唐斯斯、王威：《基于三元空间理论的数
字经济发展评价体系及展望》，《宏观经济管理》，2020 年第 2 期。

353. 沈建光：《释放数据生产力》，《企业观察家》2020 年第 10 期。

354. 王钢、任桂田、李晓永：《企业互联网综合服务平台安全防护探讨》，

《科技创新导报》2017 年第 8 期。

355. 冯登国：《网络空间安全——理解与思考》，《网络安全技术与应用》2021 年第 1 期。

356. 王仝杰：《"互联网＋政务服务"背景下政府网站网络安全的思考》，《网络信息安全》2017 年第 3 期。

357. 龚晓莺、杨柔：《数字经济发展的理论逻辑与现实路径研究》，《当代经济研究》2021 年第 1 期。

358. 秦荣生：《企业数字化转型中的风险管控新模式》，《中国内部审计》，2021 年第 1 期。

359. 谢江：《面向数字新基建产业群的安全保障体系建设思考》，《信息安全与通信保密》2020 年第 10 期。

360. 高伟：《计算机网络信息安全及防护对策》，《价值工程》2019 年第 8 期。

361. 李季芙：《探究计算机互联网信息安全防御技术》，《数码世界》2019 年第 9 期。

362. 张衡：《大数据安全风险与对策研究——近年来大数据安全典型事件分析》，《信息安全与通信保密》2017 年第 6 期。

363. 冯建元：《计算机网络安全与实现》，《计算机与网络》2010 年第 3 期。

364. 高祖贵：《把握总体国家安全观的科学内涵》，《解放军报》2016 年 2 月 29 日。

365. 刘建飞：《总体国家安全观：理论指导和根本方法》，《学习时报》2016 年 5 月 3 日。

366. 陶廷昌、王浩斌：《习近平新时代总体国家安全观的内涵旨要及其辩证方法论》，《北京警察学院学报》2019 年 9 月。

367. 曹达华：《总体国家安全观的四重内涵》，《学习时报》2017 年 6 月 28 日。

368. 高祖贵：《以总体国家安全观指引中国特色国家安全道路》，《科学社会主义》2015 年第 1 期。

369. 张钰芸：《抓紧形成数字贸易中国方案》，《新民晚报》2020 年 9 月 6 日。

370. 刘权：《发展数字经济，大数据安全是前提》，《光明日报》2018 年 7 月 25 日。

371.陈元：《新时代金融科技发展与展望》，《中国金融》2020年第1期。

372.徐鹏远、苑博、冯晓琳：《我国数字经济高质量发展的路径研究》，《财经界》2019年第4期。

373.杨帆：《智能化，助力制造企业"加速跑"》，《工人日报》2020年1月。

374.沈建光：《产业数字化打造数字经济新高地》，《中国服饰》2020年第12期。

375.海青山、金亚菊：《大健康概念的内涵和基本特征》，《中医杂志》2017年第13期。

376.王盼：《医疗健康产业数字化的未来：消费者参与的新世界》，《清华管理评论》2020年第10期。

377.李爱勤、胡群：《影响我国数字内容产业发展的关键因素研究》，《现代情报》2010年第10期。

378.赵晖：《杭州促进产业数字化的"五个问题"和"五个关键"》，《杭州》2020年第2期。

379.王慧芳：《从供给侧改革看教育产业人才产品的供给问题》，《教育理论与实践》2019年第18期。

380.谢晓峰：《智慧＋教育，产业园开启新篇章》，《城市开发》2019年第20期。

381.李运林、张瑜：《论信息化教育产业——再论"信息化教育"》，《理论探讨》2010年第4期。

382.陈江华、乜勇：《我国数字教育产业的发展研究》，《数字教育》2015年第2期。

383.邓文勇、黄尧：《人工智能教育与数字经济的协同联动逻辑及推进路径》，《中国远程教育》2020年第5期。

384.高峰、康重庆：《以数字化转型为着力点　推动能源互联网规模化发展》，《科技日报》2020年12月21日。

385.孙福友：《数字化转型与能源革命》，《能源》2020年第11期。

386.华夏能源网编辑部：《全球能源转型的真实成本》，华夏能源网，2020年12月28日。

387. 范珊珊：《德国能源产业：拥抱数字》，《能源》2019 年第 1 期。

388. 李孟刚：《产业安全的核心是产业竞争力》，《招商周刊》2007 年第 25 期。

389. 田杰棠、刘露瑶：《交易模式、权利界定与数据要素市场培育》，《改革》2020 年第 7 期。

390 苗圩：《信息化带来了千载难逢的发展机遇》，《人民日报》2019 年 10 月 8 日。

391. 秦海林、封殿胜：《把握制造业高质量发展的战略机遇》，《经济日报》2020 年 12 月 25 日。

392. 宋大伟：《新阶段我国战略性新兴产业发展思考》，《中国科学院院刊》2021 年第 3 期。

393. 龚炳铮：《简析智能工业与信息安全的关键要素》，《微型机与应用》2015 年第 9 期。

394. 吕建中：《制造企业数字化智能化转型的可持续发展路径》，《中国工业与信息化》2020 年第 5 期。

395. 刘朝阳：《大数据定价问题分析》，《图书情报知识》2016 年第 1 期。

396. 刘阿千：《基于区块链技术的数据资产交易体系构建探讨》，《财会通讯》2020 年第 2 期。

397. 赵丽：《如何加快传统基础设施向"新基建"融合基础设施转变?》，《互联网天地》2020 年第 6 期。

398. 王建伟、高超等：《道路基础设施数字化研究进展与展望》，《中国公路学报》2020 年第 11 期。

399. 郭朝先等：《中国信息基础设施建设：成就、差距与对策》，《企业经济》2020 年第 9 期。

400. 张伟丽等：《关于新型内生安全信息基础设施的思考》，《无线电通信技术》2020 年第 4 期。

401. 罗燊、张永伟：《"新基建"背景下城市智能基础设施的建设思路》，《城市发展研究》2020 年第 11 期。

402. 刘佳俊：《融合基础设施　让"传统"走向"智慧"》，《中国城乡金融报》

2020 年 6 月。

403. 刘艳红等：《中国"新基建"：概念、现状与问题》，《北京工业大学（社会科学版）》2020 年第 6 期。

404. 郭朝先等：《"新基建"赋能中国经济高质量发展的路径研究》，《北京工业大学（社会科学版）》2020 年第 6 期。

405. 方宇：《BIM 技术在城市交通基础设施管理中的应用》，《中国科技信息》2016 年第 8 期。

406. 盛磊：《新型基础设施建设的投融资模式与路径探索》，《改革》2020 年第 5 期。

407. 刘锋：《新基建的内涵、意义和隐忧，基于互联网大脑模型的分析》，《中国科学报》2020 年。

408. 王和：《区块链：保险创新的新视角》，《新金融世界》2016 年。

409. 赵占波：《保险基础设施建设的几个维度》，《中国金融》2018 年第 11 期。

410. 王健宗、黄章成、肖京：《人工智能赋能金融科技》，《大数据》2018 年第 3 期。

411. 伍旭川、刘学：《浅谈金融科技信息技术安全三个重要体系的建设》，《债券》2017 年第 8 期。

412. 吴静等：《加强技术与科学的互动推动数字经济进入发展新阶段》，《科技日报》2020 年 8 月 31 日。

413. 单志广：《从"技术应用"到"数字重构"：数字科技要全面助力增长》，《经济参考报》2020 年 8 月 20 日。

414. 广联达研究院：《数字建筑引领建筑产业变革与发展》，《中国勘察设计》2018 年。

415. 刘谦：《数字驱动共赢未来——BIM 技术助力工程建设项目招投标创新发展》，《招标采购管理》2018 年第 5 期。

416. 袁正刚：《建筑企业的数字化转型之路》，《施工企业管理》2019 年第 2 期。

417.《中国勘察设计》编辑部：《数智"加码"，打造"中国建造"升级版》，

《中国勘察设计》2020 年第 9 期。

418. 刘刚：《数字建筑推动行业转型升级》，《中国勘察设计》2017 年第 12 期。

419. 蒋建民：《BIM 技术推动医院项目建设精细化管理——协同、降本、增效、提质、节能》，《财经界》2019 年第 17 期。

420. 秦荣生：《区块链技术在会计、审计行业中的应用》，《高科技与产业化》2017 年第 7 期。

421. 谢宗晓、董坤祥、甄杰：《信息安全管理系列之五十四信息安全、网络安全与隐私保护》，《中国质量与标准导报》2019 年第 7 期。

422. 唐辉：《金融信息系统网络安全风险分析》，《清华金融评论》2019 年第 1 期。

423. 许晔：《美国〈国家网络战略〉对我国的防范遏制与对策建议》，《科技中国》2020 年第 1 期。

424. 张丽霞：《守护金融信息安全 20 年》，《金融电子化》2019 年第 10 期。

425 董贞良：《金融领域网络与信息安全政策综述》，《中国信息安全》2017 年第 7 期。

426. 李燕：《金融科技时代信息安全意识提升之路》，《中国信息安全》2019 年第 6 期。

427. 尹志超、余颖丰：《重视金融科技在金融发展中的作用》，《光明日报》2018 年 11 月 20 日。

428. 丁丽媛：《基于数据生命周期的金融数据安全管理研究》，《信息安全研究》2018 年第 6 期。

429. 朱建明、杨鸿瑞：《金融科技中数据安全的挑战与对策》，《网络与信息安全学报》2019 年第 4 期。

430. 许予朋：《数据泄露：21 世纪金融安全的"拦路虎"》，《中国银行保险报》2019 年 11 月 11 日。

431. 杜明泽：《密码学的研究与发展综述》，《中国科技信息》2010 年第 24 期。

432. 罗继尧：《信息系统数据可用性恢复方法研究》，《计算机与数字工程》

2018 年第 6 期。

433. 郝杰、逯彦博、刘鑫吉、夏树涛：《分布式存储中的再生码综述》，《重庆邮电大学学报（自然科学版）》2013 年第 1 期。

434. 彭枫：《区块链与金融信息安全》，《中国信息安全》2018 年第 11 期。

435. 李拯：《区块链，换道超车的突破口》，《人民日报》2019 年 11 月 4 日。

436. 孙枫：《知识图谱在金融机构网络安全中的应用》，《金融科技时代》2020 年第 6 期。

437. 郑方、艾斯卡尔·肉孜、王仁宇、李蓝天：《生物特征识别技术综述》，《信息安全研究》2016 年第 1 期。

438. 邵江宁：《基于人工智能后发制人的网络安全新对策》，《信息安全研究》2017 年第 5 期。

439. 郭南：《解读高级持续性威胁》，《信息安全与通信保密》2014 年第 11 期。

440. 董刚、余伟、玄光哲：《高级持续性威胁中攻击特征的分析与检测》，《吉林大学学报（理学版）》2019 年第 2 期。

441. 张京隆：《DDOS 攻击检测方法综述》，《科技经济导刊》2020 年第 12 期。

442. 李恒、沈华伟、程学旗、翟永：《网络高流量分布式拒绝服务攻击防御机制研究综述》，《信息网络安全》2017 年第 5 期。

443. 程杰仁、邓奥蓝、唐湘滟：《分布式拒绝服务攻击与防御技术综述》，《网络安全技术与应用》2016 年第 10 期。

444. 宋文纳、彭国军、傅建明、张焕国、陈施旅：《恶意代码演化与溯源技术研究》，《软件学报》2019 年第 1 期。

445. 王广平：《网络信息安全与技术综述》，《数字技术与应用》2018 年第 12 期。

446. 刘建伟、姜斌：《硬件防火墙关键技术综述》，《信息安全与通信保密》2003 年第 6 期。

447. 张焱焱、冉祥金：《入侵检测技术综述》，《电子世界》2016 年第 17 期。

448. 邬贺铨：《新一代信息基础设施亟须同步建设网络安全能力》，《中国电子报》2020 年 4 月 26 日。

449.李伟:《金融创新与安全要"双轮"同进》,《中国金融家》2017 年第 6 期。

450.谭铁牛:《人工智能的历史、现状和未来》,《中国科技奖励》2019 年第 3 期。

451.韩璇、刘亚敏:《区块链技术中的共识机制研究》,《信息网络安全》2017 年第 9 期。

452.任佩、刘润一:《区块链技术中共识机制的安全分析》,《2019 中国网络安全等级保护和关键信息基础设施保护大会论文集》,2019 年 10 月。

453.梅秋丽、龚自洪、刘尚焱、王妮娜:《区块链平台安全机制研究》,《信息安全研究》2020 年第 1 期。

454.章恒:《云计算环境的风险评估研究》,《信息安全研究》2017 年第 10 期。

455.张锋军、杨永刚、李庆华、许杰、牛作元、石凯:《大数据安全研究综述》,《通信技术》2020 年第 5 期。

456.赵阔、邢永恒:《区块链技术驱动下的物联网安全研究综述》,《信息网络安全》2017 年第 5 期。

457.王勇、徐衍龙、刘强:《云计算安全模型与架构研究》,《信息安全研究》2019 年第 4 期。

458.高德纳、奇安信:《零信任架构及解决方案》,https://www.gartner.com/teamsiteanalytics/servePDF?g=/imagesrv/media-products/pdf/Qi-An-Xin/Qianxin-1-1XXWAXWM.pdf,2020 年 4 月。

459 张宇、张妍:《零信任研究综述》,《信息安全研究》2020 年第 7 期。

460.左英男:《零信任架构:网络安全新范式》,《金融电子化》2018 年第 11 期。

461.尚可龙、古强:《零信任安全体系设计与研究》,《保密科学技术》2020 年第 5 期。

462.王旋编译:《2014 年的云计算:走向零信任安全模式》,《网络世界》2014 年 1 月。

463.邵山、郑岩:《感知"互联网+"挑战,破题金融信息安全》,《金融电子化》2016 年第 10 期。

四、英文学术论文

464. M Adas, M R Smith, "Does Technology Drive History? The Dilemma of Technological Determinism", Technology & Culture, Vol.54, No.2, 1995.

465. Frank Geels, "Co-evolution of Technology and Society: The Transition in Water Supply and Personal Hygiene in the Netherlands（1850-1930）—A Case Study in Multi-level Perspective", Technology in Society, Vol.27, No.3, 2005.

466. Patrizia Gazzola, Gianluca Colombo, et al. "Consumer Empowerment in the Digital Economy: Availing Sustainable Purchasing Decisions", Sustainability, Vol.9, No.5, 2017.

467. Carlota Perez:《Technological Revolutions and Techno-Economic Paradigms》,《Cambridge Journal of Economics》, No.34, 2010.

468. JACOBIDES M G, CENNAMO C, GAWERA. Towards a theory of ecosystems[J]. Strategic Management Journal, 2018.

469.WILLIAMSON J, DE MEYER P A. Ecosystem advantage: How to successfully harness the power of partners[J]. California Management Review, 2012.

470. ADNER R. Ecosystem as structure: an actionable construct for strategy[J]. Journal of Management, 2017, 43（1）: 39-58.

471. ADNER R. Match your innovation strategy to your innovation system [J]. Harvard Business Review, 2006, 84（4）: 98-107.

472. NIDEN H L, SPRIGGS T G. How smart, connected products are transforming companies:Interaction[J]. Harvard Business Review, 2016, 71（3）: 75-86.

473. IanJ.Goodfellow, JonathonShlens, ChristianSzegedy:《EXPLAINING AND HARNESSING ADVERSARIAL EXAMPLES》, International Conference on Learning Representations, May, 2015.

474.Tuyet Duong, Lei Fan, Hong-Sheng Zhou: 2-hopBlockchain: Combining Proof-of-Workand Proof-of-StakeSecurely, http://eprint.iacr.org/2016/716.pdf,

2017。

五、其他

475.秦荣生：《贯彻安全发展理念建设更高水平的安全中国——学习"十四五"规划和2035年远景目标纲要草案的体会》，国会研究生教育微信公众号，2021年3月10日。

476.彭文生：《数字经济的下个十年》，新华网客户端，2020年9月21日。

477.赛迪顾问：《2020中国数字经济发展指数（DEDI）》，赛迪顾问官网，2020年10月13日。

478.李大光：《我国科技安全面临的挑战和战略思考》，昆仑策研究院，2017年4月16日。

479.贵阳大数据交易所：《英国正式出台，〈英国数字化战略〉》，"贵阳大数据交易所"搜狐号，2017年4月5日。

480.汤道生：《产业互联网时代，安全成为CEO的一把手工程》，腾讯网，2019年7月30日。

481.汤道生：《效率、安全、生态是产业数字化的三大关键词》，腾讯网，2020年9月10日。

482.CECBC：《传统产业数字化转型的思考与建议》，金色财经网，2020年9月8日。

483.赵春晓、吕骞：《阿里巴巴发布新一代安全架构：让数字基建的每块砖安全可溯源》，人民网，2020年3月31日。

484.邬江兴：《新基建安全痛点与拟态防御亮点》，2020第二届中国电子政务安全大会，2020年9月16日。

485.柯瑞文：《数字经济正成为构建新发展格局的新动能》，人民网，2020年11月23日。

486.李晓华：《"十四五"时期数字经济发展趋势、问题与政策建议》，人民论坛网，2021年1月19日。

487.中国软件评测中心：《赛迪发布"2020年数字政府服务能力评估结果"》，中国软件评测中心，2020年12月17日。

488. 孙克：《数字经济：发展、问题和政策》，澎湃网，2020 年 11 月 3 日。

489. 李仪、徐金海：《数字经济的内涵、特征与未来》，中国金融新闻网，2019 年 1 月 10 日。

490. 腾讯研究院：《变量：2021 数字科技前沿应用趋势》，腾讯科技向善暨数字未来大会 2021，2021 年 1 月 9 日。

491. 田杰棠：《数据要素的独特特征与市场培育》，腾讯研究院微信公众号，2020 年 12 月 10 日。

492. 陈维宣：《企业数字化转型的战略拐点》，腾讯研究院，2020 年 12 月 2 日。

493. 盛朝迅：《推动新一代信息技术向纵深发展》，人民网，2020 年 4 月 20 日。

494. [译] 王滢波：《Oracle：数据资本的兴起》，www.technologyreview.com，2016 年 10 月。

495. 吴绪亮：《制度设计是数据要素定价的关键》，中国经济网，2020 年 10 月 26 日。

496. 埃森哲、中关村信息技术和实体经济融合发展联盟、国家工业信息安全发展研究中心：《2019 埃森哲中国企业数字转型指数研究》，埃森哲官网，2019 年 11 月 10 日。

497. Focus Crossover：《数字化时代的商业模式重构》，知乎网，2019 年 12 月 29 日。

498. 小龙女：《工业互联网与产业互联网的区分》，知乎网，2018 年 12 月 19 日。

499. 数通畅联：《浅谈工业互联网与产业互联网区别》，CSDN 网，2019 年 12 月 4 日。

500. 工业互联网产业联盟：《工业互联网安全总体要求》，工业互联网产业联盟官网，2018 年 2 月 16 日。

501. 方兴：《再谈作为生产要素的数据安全》，安全内参网，2020 年 5 月。

502. 数据观：《如何评估企业的数字化转型程度?》，知乎网，2018 年 8 月 22 日。

503. 张昕嫱、王海龙、魏强:《数字经济下新型基础设施建设的五大特点》,搜狐网,2020 年 7 月 6 日。

504. 朱克力:《数据要素市场培育与产业数字化新场景》,《新经济智库》2020 年 12 月 26 日。

505. 郭为民:《数字经济时代的新挑战和新格局》,新华社客户端,2020 年 12 月 9 日。

506. 世界经济论坛:《未来学校:为第四次工业革命定义新的教育模式》,世界经济论坛,2020 年 1 月。

507. 中国电子学会:《全球产业数字化转型趋势及方向研判》,国家工业信息安全发展研究中心信息技术分中心官网,2019 年 12 月。

508. 赛迪研究院、腾讯云、腾讯研究院:《新基建引领产业互联网发展,新基建、新要素、新服务、新生态》,搜狐网,2020 年 12 月 16 日。

509. 殷利梅、李宏宽、赵令锐、路广通、李端、刘芷君:《我国数字基础设施建设现状及推进措施研究》,国家工信安全中心官网,2020 年 5 月。

510. 高晓雨:《数字基建的思考与建议》,腾讯研究院,2020 年 3 月。

511. 陈永伟:《如何发展数字经济?》,比较微信公众号,2021 年 1 月 5 日。

512. 丁烈云:《助力"新基建",提升"老基建"》,中国建筑工业出版社搜狐号,2020 年 4 月 15 日。

513. 姜琳、阳娜、王秋韵、盖博铭:《插上数字化翅膀,让服务跨越空间——从服贸会看数字贸易新发展》,央广网,2020 年 9 月 6 日。

514. 白宛松:《习近平主持召开十九届中央国家安全委员会第一次会议并发表重要讲话》,中国政府网,2014 年 4 月 15 日。

515. 焦非:《习近平:把我国从网络大国建设成为网络强国》,国务院新闻办公室网站,2014 年 2 月 28 日。

516. 姜晨:《习近平出席全国网络安全和信息化工作会议并发表重要讲话》,中国政府网,2018 年 4 月 21 日。

517. 肖旭、戚聿东:《产业数字化转型的价值维度与理论逻辑》,改革网,2019 年 9 月 5 日。

518. 黄奇帆:《5G 背景下金融科技的特征、路径》,新浪财经,2020 年 6

月 10 日。

519. InfoQ 研究院：《数字化转型中的人才技能重建》，AI 前线，2020 年 9 月 18 日。

520. 李晓华：《"十四五"时期数字经济发展趋势、问题与政策建议》，人民论坛网，2021 年 1 年 19 日。

521. 陈维宣、余心彤：《十四五时期数字经济发展趋势研判与重点问题评析》，腾讯研究院，2020 年 11 月 4 日。

522. 陶娟：《收割者：腾讯阿里的 20 万亿生态圈》，新财富官网微信公众号，2020 年 11 月 10 日。

523. IMT-2020（5G）推进组：《电子信息制造业 5G 应用需求》，IMT-2020（5G）推进组官方网站，2019 年 10 月。

524. 吴志刚：《让数据成为高质量发展的引擎》，中国电子信息产业发展研究院微信公众号，2021 年 1 月 26 日。

525. 世界经济论坛：《消费市场的未来运营模式》，世界经济论坛，2018 年 1 月。

526. 盛朝迅：《构建现代产业体系的瓶颈制约与破除策》，改革网，2019 年 3 月 26 日。

527. 拓墣产业研究院：《全球固网宽带市场发展趋势解读》，搜狐网，2021 年 1 月 4 日。

528. 全球移动通信系统协会 GSMA：《全球 5G 商用网络已增至 106 张用户渗透率达到 7%》，搜狐网，2020 年 9 月 14 日。

529. 湖南省经信委：《互联网对服务业带来的十大影响》，湖南省经济和信息化委员会官网，2017 年 11 月 10 日。

530. 新华社：《筑牢网络安全之基保护人民群众信息安全——新时代我国网络安全发展成就综述》，中国政府网，2020 年 9 月 13 日。

531. 百度百科：《信息安全》，百度百科，2019 年 9 月。

532. 赛迪智库：《2020 年中国软件和信息技术服务业发展形势展望》，赛迪智库网站，2020 年 3 月 30 日。

533. CSDN：《2017 嵌入式软件行业现状及概述》，CSDN 网站，2017 年

11月5日。

534.上海论文网:《计算机网络和数据安全问题与防护措施》,上海论文网,2019年。

535.《中国信息安全六大基本技术》,中国产业研究报告网,2019年。

536.陈文清:《总体国家安全观的生动实践和丰富发展》,求是网,2020年4月17日。

537.林宏宇:《新国家安全观四大内核》,人民论坛,2016年6月4日。

538.胡正坤:《欧盟委员会发布"2030数字指南:实现数字十年的欧洲路径"》,CAICT国际治理观察微信公众号,2021年3月4日。

539.马兴瑞:《加快数字化发展》,求是网,2021年1月16日。

540.国家卫健委:《我国居民健康素养水平提升近十个百分点》,搜狐网,2020年12月11日。

541.湖南省中国特色社会主义理论体系研究中心省委讲师团基地:《认识新常态适应新常态引领新常态》,中国共产党新闻网,2015年1月16日。

542.国家卫健委、中商产业研究院整理:《2019年全国卫生总费用65195.9亿占GDP比重6.6%》,东方财富网,2020年6月28日。

543.周剑:《制造业数字化转型的机遇挑战和对策建议》,新华网,2019年3月1日。

544.华夏邓白氏、微码邓白氏:《2019中国企业数字化转型及数据应用调研报告》,"数驭未来——数智赋能企业"数字化转型高峰论坛暨2019数智卓越奖颁奖典礼,2019年。

545.安筱鹏:《数据要素如何创造价值|深度解读》,阿里研究院官网,2021年3月7日。

546.沈建光、朱太辉、张或通:《释放数据生产力》,新浪财经官网,2020年9月29日。

547.如是金融研究院:《"老基建"VS"新基建":重点投资领域与相关公司梳理》,网易新闻,2020年3月6日。

548.IBM:《分析:大数据在现实世界中的应用》,搜狐网,2013年。

549.技术的本质:《技术革命与经济进化之间是一种什么关系?》,知乎网,

2017 年 11 月 9 日。

550.孟洁、张淑怡：《〈数据安全法（草案）〉十一大亮点解读，兼议企业合规义务》，环球律师事务所官网，2020 年 7 月 14 日。

后　记

数字经济正在席卷全球，在世界范围内迅猛发展，成为全球经济发展的新引擎。面对数字经济这一突飞猛进的大浪潮，作为未来有志之士，主动积极拥抱一千载难逢的机遇，顺势而为，迎难而上，以开放心态，拥抱科技，拥抱未来，锐意进取，整合一切可用资源，加速自身变革和数字化转型，重构经济模式，把科技应用的初心使命转化为实际行动，为我国经济高质量发展做出新的更大贡献。

编者希望编写一本数字经济教材，以帮助广大从业者、潜在从业者、科技人员、党政干部了解数字经济的基础知识、应用现状、发展趋势、安全问题，更好了解数字经济带来的发展机遇，为如何应对数字经济挑战提供一些思路、对策、建议与解决方案。

数字经济作为一门学科，可谓内容广泛、涉及面广、博大精深，跨界经济与科技，是一项浩大的工程，需要汇聚数字经济、新一代信息技术等多学科背景的团队协作才能完成。本书由知名学者、专家领衔，组织从业经验丰富的兼具经济和科技基因的经济界、科技界和企业界精英人士参与编写，我们认真研读了数字经济相关的政策文件，查阅了大量数字经济方面资料，学习参考了诸多领导和精英的知识精髓，吸收了目前国内外数字经济最新、最优科研成果，包括期刊、网络、会议、自媒体等方面的内容，提炼了数字经济的实践经验，也研学了很多数字经济实际应用案例，并增加了编者对数字经济的思考、发展趋势的理解与感悟。"海纳百川，有容乃大"，以开放心态选择材料内容，在本书编写过程中访谈了很多专家、学者、专业人士，引用了很多机构、领导、专家学者的观点，尤其是有些机构（如中国信息通信研究院、国家工信安全中心）、领导与专家（如中国移动通信集团有限公司董事长杨杰、中国电信集团公司董事长柯瑞文、十三届全国人民代表大会常务委员会委员兼清华大学公共管理学院院长江小涓、中石化集团信息和数字化首席专家李剑峰、中国信息经济学会原理事长杨培芳、中金公司首席经济学家彭文生、国家信息中心信息化和产业发展部主任单志广、中国信息通信研究院数字经济研究部主任孙克、工业和信息化部原副部长杨学山、阿里研究院副院长安筱鹏、腾讯研究院闫德利、中国电子信息产业发展研究院王伟玲、中共中央党校（国家行政学院）翟云老师、清华大学经管学院陈劲老师、国家发展改革委评督司副司长吴君杨、工信部人事教育司副司长李冠宇、《比较》研究部主管陈永伟）的观点可谓精辟之至，取材之时，难以割舍，其实，这些机构、领导、专家学者也是致力于助推我国数字经济大业的本书编委会"广义团队概念"的一员，在默默支持、指导我们。在此向这些机构、领导、专家学者一并表示诚挚的谢意！因本书定位为一本数字经济教材、应用指导参考读物，资料引用之处不是很详细，未在文中一一标明出处，对书中引用较多的，为了避免重复和便于读者阅读，仅在第一次引用该文内容时标明其出处，后续可能引用同一文内容时未重复标明其出处。敬请谅解！

特别感谢以下单位、朋友在本书编写过程给予笔者的鼎力支持：广联达科技股份有限公司、腾讯研究院、广东数字政府研究院、中国电子信息产业发展研究院。另外，还有其他给予我们支持的单位、朋友，在此就不一一列举。

由于数字经济是一个新生事物且处在不断发展中，加之作者水平有限、时间仓促，书中疏漏甚至错误在所难免，敬请广大读者批评指正，我们将在后续版本中不断完善。

编者

2021 年 4 月 18 日